**Fotobearbeitung am Computer
für Oldies**

Sven Fischer

Fotobearbeitung am Computer für Oldies

Bibliografische Informationen Der Deutschen Bibliothek
Die Deutsche Bibliothek verzeichnet diese Publikation in der
Deutschen Nationalbibliografie; detaillierte bibliografische
Daten sind im Internet über <http://dnb.ddb.de> abrufbar.

ISBN 3-8266-0969-7
1. Auflage 2003

Alle Rechte, auch die der Übersetzung, vorbehalten. Kein Teil des Werkes darf in irgendeiner Form (Druck, Fotokopie, Mikrofilm oder einem anderen Verfahren) ohne schriftliche Genehmigung des Verlages reproduziert oder unter Verwendung elektronischer Systeme verarbeitet, vervielfältigt oder verbreitet werden. Der Verlag übernimmt keine Gewähr für die Funktion einzelner Programme oder von Teilen derselben. Insbesondere übernimmt er keinerlei Haftung für eventuelle, aus dem Gebrauch resultierende Folgeschäden.

Die Wiedergabe von Gebrauchsnamen, Handelsnamen, Warenbezeichnungen usw. in diesem Werk berechtigt auch ohne besondere Kennzeichnung nicht zu der Annahme, dass solche Namen im Sinne der Warenzeichen- und Markenschutz-Gesetzgebung als frei zu betrachten wären und daher von jedermann benutzt werden dürften.

© Copyright 2003 by mitp-Verlag/Bonn,
ein Geschäftsbereich der verlag moderne industrie Buch AG & Co.KG/Landsberg

Printed in Germany

Lektorat: Katja Schrey
Korrektorat: Petra Heubach-Erdmann
Satz und Layout: G&U e.Publishing Services GmbH, Flensburg
Umschlaggestaltung: Christian Kalkert
Druck: Kösel, Kempten

Inhaltsverzeichnis

Vorwort **9**

Einleitung **11**

Kapitel 1 Wie entstehen digitale Bilder und wie bekomme ich sie in meinen PC? **13**
- Was sind digitale Bilder und wie entstehen sie? 14
- Digitale Kameras 19
- Grundlegende Fragen 21
- Zusammenfassung 29
- Übungsfragen 30

Kapitel 2 Überblick über Photoshop Elements **31**
- Der Arbeitsbereich 32
- Bildfenster und Navigation 49
- Widerrufen von Arbeitsschritten 52
- Zusammenfassung 57
- Übungsfragen 58

Inhaltsverzeichnis

Kapitel 3 **Grundlagen digitaler Bildverarbeitung ...** **59**

Wie sehen Menschen eigentlich und warum ist
das für die Bildbearbeitung so wichtig? 60

Korrektur von Helligkeit und Kontrast – ein Bild
heller, dunkler oder schärfer machen 64

Verändern von Farben 77

Übungsfragen 92

Kapitel 4 **Bildretusche – Tipps und Tricks,**
damit Bilder besser aussehen **95**

Rote Augen entfernen 96

Staub und Kratzer entfernen 101

Scharfzeichnen 108

Geometrische Veränderungen 121

Aus alt mach neu 135

Zusammenfassung 138

Übungsfragen 139

Kapitel 5 **Wie kann ich meine Bilder speichern? ....** **141**

Wozu gibt es eigentlich so viele verschiedene Formate? 142

Speichertipps 144

Datenkompression – Speicherplatz sparen 145

Die wichtigsten Speicherformate 148

Die Exoten – Speicherformate, die selten
gebraucht werden 167

Zusammenfassung 170

Übungsfragen 171

Kapitel 6 **Die Spielwiese der kreativen**
Bildbearbeitung **173**

Auswahlbereiche 174

Ebenen und was Sie damit alles anstellen können 200

Zusammenfassung 259

Übungsfragen 260

Kapitel 7 Mit Photoshop Elements malen 263
Von Anfang an – Bilddateien völlig neu erstellen 264
Die Malwerkzeuge 272
Muster und Flächen 299
Panoramabilder 310
Zusammenfassung 315
Übungsfragen 315

Kapitel 8 Filter und Effekte 317
Filter in Hülle und Fülle 318
Ausgewählte Beispiele der Filter 319
Effekte und Filter 326
Neue Filter installieren 327
Zusammenfassung 328
Übungsfragen 328

Kapitel 9 Weiterverarbeitung digitaler Bilder 329
Bilder für Internetseiten aufbereiten 330
Websichere Farben 345
Eine Web-Fotogalerie zusammenstellen 347
Bilder als E-Mail verschicken 352
Bilder auf einem Farbdrucker ausdrucken 356
Zusammenfassung 359
Übungsfragen 359

Kapitel 10 Farbmanagement – oder wie sehr kann ich mich auf Farben verlassen? 361
Warum ist Farbmanagement eigentlich notwendig? 362
Was soll Farbmanagement bewirken? 364
Farbmanagement in Photoshop Elements 365
Zusammenfassung 372
Übungsfragen 372

Inhaltsverzeichnis

Kapitel 11 **Hilfen für ein effektives Arbeiten mit vielen Bildern** **373**
- Der Dateibrowser — 374
- Automatisierung — 377
- Zusammenfassung — 383
- Übungsfragen — 384

Anhang **Antworten zu den Übungsfragen** **385**

Stichwortverzeichnis **395**

Vorwort

Ist es nicht wunderbar, dass in der heutigen Welt des Jugendlichkeitwahns immer mehr ältere Menschen sich nicht zum alten Eisen zählen lassen wollen und neue Dinge angehen? Dieses neue Selbstbewusstsein ist Basis unseres Titels »Fotobearbeitung am Computer für Oldies«.

Wir haben die Bücher unserer Reihe »... für Oldies« stilistisch, konzeptuell und nicht zuletzt optisch so gestaltet, dass gerade Leser der zweiten Lebenshälfte sich angesprochen fühlen. Wir haben eine große, gut lesbare Schrift gewählt, uns für ein klares Layout und deutliche Abbildungen entschieden. Alles wird Schritt für Schritt und direkt an konkreten Beispielen vorgestellt, aber ruhig und ohne Hektik und ohne Stress. Selbstverständlich werden alle neuen Begriffe, gerade diese vielen »neudeutschen« Ausdrücke, erklärt.

Dass die Bücher unserer Reihe »... für Oldies« so geworden sind, wie eines davon nun hier vor Ihnen liegt, verdanken wir auch zahlreichen Seniorenvereinigungen, die uns mit Rat und Tat zur Seite gestanden haben und uns maßgeblich dabei geholfen haben, das Buch so zu gestalten, dass speziell eine etwas reifere Leserschaft sich schnell in der Welt der digitalen Technik zurechtfindet.

All diese Vereinigungen finden Sie im Internet, ihre Webseiten sind allesamt besuchenswert und vielleicht knüpfen Sie dort ja auch den einen oder anderen Kontakt?

Vorwort

Ich möchte mich ganz herzlich bedanken bei:
- Senioren Computer AG beim Gemeinschaftswerk Senioren in Emmaus/ Langenhagen, (*http://www.gesel.eu.cx*)
- Seniorenclub Schleiz (*http://www.sensok.sokworld.de*)
- Seniorenportal GmbH (*http://www.seniorenportal.de*)
- Senioren-Club Willich (*http://www.computer-club-willich.de*)
- Senioren Computer Club ab 50 im Institut für Sozialarbeit in Frankfurt (*http://www.senioren-initiativen.de/initiativen/082.html*)
- Die Online Senioren, Zentrum für Medienkompetenz, Kassel (ZMK) im Hessischen Landesinstitut für Pädagogik (*http://www.die-online-senioren.de*)
- PC-Senioren Ostalb (*http://www.pc-senioren-ostalb.de*)
- Seniorenarbeitsgruppe "Multimedia/Internet" an der Hochschule Mittweida (*http://www.htwm.de/wbildung/multimedia_internet.htm*)
- SeniorenNet Kiel (*http://www.seniorennet-kiel.de*)
- SeniorenNet Stuttgart (*http://www.seniorennet.de/stuttgart/stgt1.htm*)
- SeniorenNet Berlin (*http://www.seniorennet.de/berlin*)
- SeniorenNet Süd (*http://www.sn-work.de/seniorennet/muenchen/*)
- Verein Cybersenior (*http://www. seniorworld.at*)
- Silbersurfer an der FH Potsdam (*http://www.silber-surfer.de*)
- Senioren Online beim Kuratorium Deutsche Altershilfe (*http://www.senioren-online.net*)
- Netzwerkonline Untermain, Seniorencomputerclub Alzenau (*http://www.netzwerkonline-untermain.de*)

Außerdem gilt mein Dank Herrn Klaus Bobermien, Herrn Detlef Schneider-Suderland und ganz besonders Frau Petra Heubach-Erdmann und Herrn Jürgen Erdmann.

Esther Neuendorf
Lektoratsleiterin mitp-Verlag

Einleitung

Liebe Leserinnen und Leser,

toll, dass Sie sich für Ihr neues Hobby begeistern – denn das wird die digitale Bildbearbeitung mit Sicherheit werden, wenn Sie erst einmal gesehen haben, was man damit alles machen kann! Dieses Buch wird Ihnen wichtige Grundlagen dazu in theoretischer und praktischer Form vermitteln. Sie bekommen das notwendige Hintergrundwissen, um Bilder beurteilen und die richtigen Korrekturen durchführen zu können. Als Bildbearbeitungs-Software dient Adobe Photoshop Elements 2.0, eines der führenden Programme speziell für Einsteiger. Aber es bietet auch einige Möglichkeiten, die nicht einmal die professionelle Version Adobe Photoshop bietet. Eine Demoversion von Photoshop Elements 2.0 finden Sie auf der CD, die dem Buch beiliegt.

In praktischen Übungen werden Sie Schritt für Schritt anhand von Beispielbildern, die Sie ebenfalls auf der CD finden, die Themen der einzelnen Kapitel nachvollziehen und vertiefen. Auch wenn Abbildungen und die Hinweise zum Betriebssystem auf Windows-Anwender abzielen, gilt der Inhalt des Buches ebenso für Anwender von Apple Macintosh Computern. Auch die Bilder auf der CD sind ebenso für Mac-Anwender nutzbar.

Einleitung

Sie werden an vielen Stellen des Buches hervorgehobene Texte finden, die Sie auf Gefahren hinweisen, bzw. Ihnen Tipps zur Arbeit geben sollen. Es gibt folgende Symbole dazu:

 Dieses Symbol bedeutet »Vorsicht«! Hier sollte man genau überlegen und aufpassen.

 Dieses Symbol soll Sie davor warnen, unüberlegt zu handeln. Es könnten Daten verloren gehen und Bilder unwiederbringlich »kaputt retuschiert« werden. Höchste Risikostufe!

 Mit diesem Symbol werden Sie auf wichtige Hintergrundinformationen aufmerksam gemacht. Es ist ratsam diese Informationen ernst zu nehmen.

 Dieses Symbol bedeutet »Tipp«. Hier finden Sie nützliche Ratschläge für die Arbeit und oft genug Tricks, die in keinem Handbuch stehen!

Ich wünsche Ihnen viel Spaß mit diesem Buch und hoffe, dass Sie nach der Lektüre genauso begeistert Ihre digitalen Bilder retuschieren und kreativ bearbeiten, wie ich es seit fast 20 Jahren in der professionellen Druckvorstufe mache.

Sven Fischer,
Bamberg, im Januar 2003

Kapitel 1
Wie entstehen digitale Bilder und wie bekomme ich sie in meinen PC?

Seit etwa fünf bis sechs Jahren sind digitale Kameras immer mehr in das Bewusstsein von Bildverarbeitungsprofis und engagierten Laien gedrungen. Vor allem in den letzten zwei Jahren haben sie enorme Qualitätssprünge gemacht und sind preislich auch für den interessierten Laien attraktiv geworden. Auch Flachbettscanner sind heute für jeden Heimanwender erschwinglich und liefern immer bessere Qualitäten. Digitale Kameras und Scanner sind die wichtigsten Voraussetzungen, um eigene Fotos in den PC zu bekommen und sie dort nach Belieben bearbeiten zu können.

In diesem Kapitel erfahren Sie

- ✓ wie digitale Kameras und Scanner funktionieren
- ✓ was es mit Auflösung und Datentiefe auf sich hat
- ✓ worauf Sie beim Kauf von Scanner oder digitaler Kamera achten sollten
- ✓ wie Sie Scanner und digitale Kamera optimal einsetzen
- ✓ wie Sie Bilder in den PC übertragen

Kapitel 1   Wie entstehen digitale Bilder?

Was sind digitale Bilder und wie entstehen sie?

Wenn Sie sich »normale« Fotoabzüge auf Papier ansehen, dann benötigen Sie dazu ausreichendes Licht, um Farben und Details erkennen zu können. Um Dias betrachten zu können, ist ein Projektor notwendig, der die Bilder auf eine Leinwand projiziert. Auch dies erfolgt mit Hilfe künstlicher Lichtquellen. Licht, Papierfotos, Dias oder Leinwand bezeichnen wir als **analoge** Informationen, oder ganz einfach gesagt – die herkömmliche Betrachtungsweise.

Computer brauchen Bits

Ein Computer arbeitet da ganz anders. Er benötigt Informationen in Form winzig kleiner Häppchen, so genannter **Bits**. Ein Bit ist die kleinste Informationseinheit, die ein PC versteht, und entspricht der guten, alten elektrischen Schaltung – Strom an, Strom aus. Diese beiden Zustände kann man auch in Zahlen darstellen, nämlich mit 0 und 1.

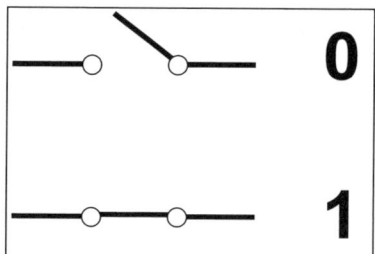

Abbildung 1.1: Schaltung mit Strom an/aus und die entsprechenden Bits

Um beispielsweise Fotos auf einem PC verarbeiten zu können, müssen die (analogen) Informationen eines Bildes in digitale Bits zerlegt werden, und genau das macht ein Scanner. Man nennt das **Digitalisieren**. Was passiert dabei?

Scanner-CCDs machen Pixel

Im Scanner wird die Vorlage, beispielsweise ein Foto, auf eine Glasplatte gelegt und durch den Deckel flach angedrückt. Der Scanner enthält eine Lichtquelle, die mit Hilfe eines Motors an der Vorlage vorbeigeführt wird und das Foto anstrahlt. Das Licht wird von der Vorlage reflektiert und mit Hilfe von Spiegeln weitergeleitet auf so genannte »Sensoren«.

Was sind digitale Bilder und wie entstehen sie?

Diese Sensoren, abgekürzt **CCD** (= Charged Coupled Device), wissen, welche Lichtmenge die Lampe des Scanners abgestrahlt hat, und messen nun, wie viel davon zurückkommt. Eine helle Stelle im Foto reflektiert viel Licht, eine dunkle Stelle reflektiert wenig Licht. Daraus errechnen die Sensoren unterschiedliche elektrische Spannungssignale. Eine dunkle Stelle in der Vorlage generiert einen niedrigen Spannungswert, eine helle Stelle einen hohen.

Siehe Abbildung F1 im Farbteil: Schematischer Aufbau eines Scanners

Die CCD-Sonsoren können Sie sich als winzig kleine Zellen vorstellen, die auf einer Leiterplatte nebeneinander liegen. Die Anzahl der Sensoren ist ein wichtiges Kriterium dafür, wie genau ein Scanner Details in einem Foto erkennen kann. Die Sensoren nehmen nämlich nicht nur die Menge des reflektierten Lichts auf, sondern zerlegen die Vorlage auch in einzelne Bildpunkte, so genannte **Pixel** (aus engl. Picture element = Bildelement). Je mehr Pixel ein Bild enthält, umso mehr Details können theoretisch in dem digitalen Bild vorhanden sein. Die Anzahl der Pixel in einem Bild bezeichnet man als **Bildauflösung**.

In einem Bildbearbeitungsprogramm wie Photoshop Elements bearbeiten Sie letztlich die einzelnen Pixel eines Bildes. Dabei werden die Farbinformationen der einzelnen Pixel verändert.

Ein digitales Bild besteht also aus einer Ansammlung horizontaler und vertikaler Zeilen von Pixeln, einer so genannten **Bildmatrix** oder **Bitmap**. Jedes Pixel ist im Übrigen exakt gleich groß.

Abbildung 1.2: Pixelmatrix schematisch und vergrößert

... but Goldies

Der A/D-Wandler und die Datentiefe

Nun werden Sie sicherlich sagen, reflektiertes Licht und Spannungswerte der CCDs sind doch auch alles »analoge« Informationen. Richtig! Der Clou kommt aber noch. Die Sensoren haben nämlich noch einen wichtigen Partner im Scanner, den so genannten **Analog/Digital-Wandler** (= A/D-Wandler). Der setzt die analogen Informationen der Sensoren in digitale Werte um, macht also 0 und 1 daraus. Das versteht dann auch der Computer.

Sorgen die CCDs in erster Linie für die Auflösung eines Bildes, so ist der A/D-Wandler für die so genannte **Datentiefe** verantwortlich. Was kann man sich darunter vorstellen?

Jedes einzelne Pixel in einem digitalen Bild trägt Farbinformationen bzw. Helligkeitsinformationen. Um unterschiedliche Farben oder Helligkeiten digital definieren zu können, benötigen wir die Bits. Mit einem Bit können wir zwischen 0 und 1 unterscheiden, oder anders ausgedrückt, zwischen Schwarz und Weiß. Das Pixel kann also entweder schwarz oder weiß sein, wenn ihm entweder der Wert 0 oder der Wert 1 zugeordnet sind. Das entspricht dem größten Helligkeitsunterschied, oder **Kontrast**, den es in der Natur gibt.

Graustufen

Nun enthält ein analoges Foto aber nicht nur reine Schwarz- und Weißinformationen, sondern auch Abstufungen dazwischen, so genannte **Grautöne** oder Tonwertstufen. Damit ein Pixel in einem digitalen Bild auch solche Tonwerte wiedergeben kann, müssen dem Pixel mehr als nur ein Bit an Information zugeordnet werden können. Wenn man beispielsweise zwei Bit kombiniert, dann ergeben sich daraus vier verschiedene Kombinationsmöglichkeiten aus **0** und **1** – **00, 10, 01** und **11**. Die Kombinationen **00** und **11** bleiben, wie vorher auch, Schwarz und Weiß, die Eckwerte. Die anderen beiden Kombinationen können nun Grautöne darstellen, beispielsweise ein 60-prozentiges Schwarz oder ein 30-prozentiges Schwarz.

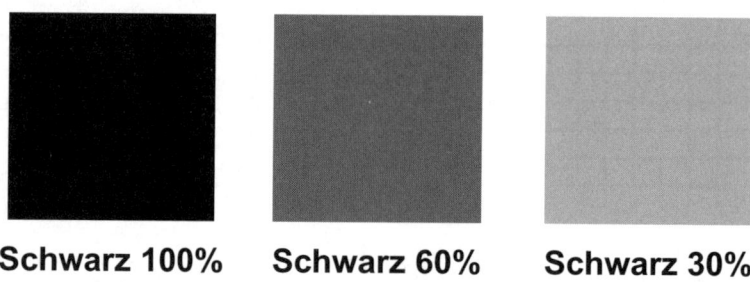

Abbildung 1.3: Grauabstufungen in 100 %, 60 % und 30 % Schwarz

Je mehr Bits kombiniert werden, umso mehr Abstufungen lassen sich digital definieren. Bei 4 Bit, man spricht dann von einer **Datentiefe** von 4 Bit, hat man 2 hoch 4 Kombinationsmöglichkeiten, also **16**. In diesem Fall lassen sich also zwischen Schwarz und Weiß noch 14 weitere Graustufen bestimmen. Bei einer Datentiefe von 8 Bit ergeben sich 256 verschiedene Kombinationen aus 0 und 1 (= 2 hoch 8). Das sind schon wesentlich mehr, als unsere Wahrnehmung unterscheiden kann. Ein »normaler« Betrachter kann schätzungsweise 160 bis 180 Grauabstufungen unterscheiden. Mit 8 Bit Datentiefe kann also mehr Information bestimmt werden, als unser Auge verarbeiten kann, und damit sind wir in der Bildverarbeitung auf der sicheren Seite. Mit 7 Bit wären es nämlich nur 128 Abstufungen und das sind wiederum zu wenig. Wir würden dann einzelne Stufen unterscheiden können und ein Verlauf von hell nach dunkel sähe stufig und abgerissen aus, also nicht mehr »schön«.

Farbabstufungen

Abbildung 1.4: Verlauf mit ausreichenden und mit wenigen Abstufungen

Ich habe jetzt die ganze Zeit von Schwarz und Weiß und Graustufen geschrieben. Was aber tun, wenn die Vorlage auch bunte Farben enthält? Der Scanner behilft sich da mit Farbfiltern und zwar in den Farben Rot, Grün und

Kapitel 1 Wie entstehen digitale Bilder?

Blau (= RGB). Auf diese Farbbereiche des Lichts reagieren übrigens auch unsere Augen. Ich werde darauf zu einem späteren Zeitpunkt zurückkommen. Der Scanner fährt die Vorlage einmal mit rotem, einmal mit blauem und einmal mit grünem Licht ab. Zumindest hat er das früher tatsächlich so gemacht. Moderne Scanner fahren nur einmal die Vorlage ab und benutzen stattdessen drei parallel geschaltete CCD-Zeilen, die rot, grün und blau bedampft sind. In jedem Fall zerlegt der Scanner die farbige Vorlage in drei so genannte Teilbilder, eines enthält die Hell-Dunkel-Unterschiede im Rotbereich, eines die Hell-Dunkel-Unterschiede im Grün-Bereich und eines die Hell-Dunkel-Unterschiede im Blau-Bereich. Zusammengesetzt ergeben die drei Kanäle Rot, Grün und Blau das farbige Bild. Photoshop Elements bietet jedoch keinen direkten Zugriff auf einzelne Kanäle, wie dies in der professionellen Variante Adobe Photoshop möglich ist.

Siehe Abbildung F2 im Farbteil: Rot-Grün-Blau-Informationen zusammen ergeben das Farbbild.

Damit im digitalen Bild die Hell-Dunkel-Unterschiede in den Farben Rot, Grün und Blau auch so fein unterschieden werden können wie in einem Graustufenbild, benötigt man für jeden Farbkanal 8 Bit Datentiefe, so dass ein RGB-Farbbild insgesamt eine Datentiefe von 24 Bit besitzt. Daraus ergibt sich theoretisch eine Menge von **16,7 Millionen Farbnuancen** (= 256 Rottöne x 256 Grüntöne x 256 Blautöne), die sich digital definieren lassen.

Siehe Abbildung F3 im Farbteil: 3 x 8 Bit ergeben ein 24-Bit-RGB-Bild.

Gibt es Bilder mit so vielen Farbtönen? Nein. Da jedes Pixel nur *eine* Farbmischung aus Rot, Grün und Blau enthalten kann, gibt es in einem digitalen Bild nur so viele Farben wie Pixel.

Sind so viele Farbtöne denn überhaupt notwendig? Ja. Das digitale Bild soll die Wirklichkeit, bzw. die Vorlage, ja möglichst genau wiedergeben. Da es in der Natur ja auch Millionen verschiedener Farbnuancen gibt, muss in der digitalen Bildverarbeitung auch die Möglichkeit bestehen, annähernd so viele Farbnuancen digital bestimmen zu können.

Sie können sich diese 16,7 Millionen Farben am besten wie eine riesige Farbpalette vorstellen, aus der Sie auswählen, welche Farben in Ihrem Bild enthalten sein sollen, damit es der Vorlage möglichst genau entspricht. Und mit 16,7 Millionen Farben (= Datentiefe 24 Bit) können Sie wahrlich aus dem Vollen schöpfen.

Zusammenfassung

Ein Scanner zerlegt also eine Vorlage in einzelne Bildpunkte (Pixel) und ordnet ihnen mit Hilfe des A/D-Wandlers Graustufen- bzw. Farbwerte zu. Bei einer Datentiefe von 24 Bit erhält man ein farbiges Bild aus Rot-, Grün- und Blauanteilen (= Kanäle), das z.B. mit Photoshop Elements bearbeitet werden kann. Ein Graustufenbild besitzt eine Datentiefe von 8 Bit und enthält 256 Grauabstufungen zwischen Schwarz und Weiß, bzw. dem hellsten und dunkelsten Punkt des Bildes.

Digitale Kameras

Worin unterscheiden sich nun ein Scanner und eine digitale Kamera? Im Prinzip ist eine digitale Kamera eine Art tragbarer Scanner. An der Stelle, an der bei einer analogen Kamera der Film transportiert wird, sitzt eine Sensorfläche. Sie hat in etwa die Größe eines Kleinbilddias.

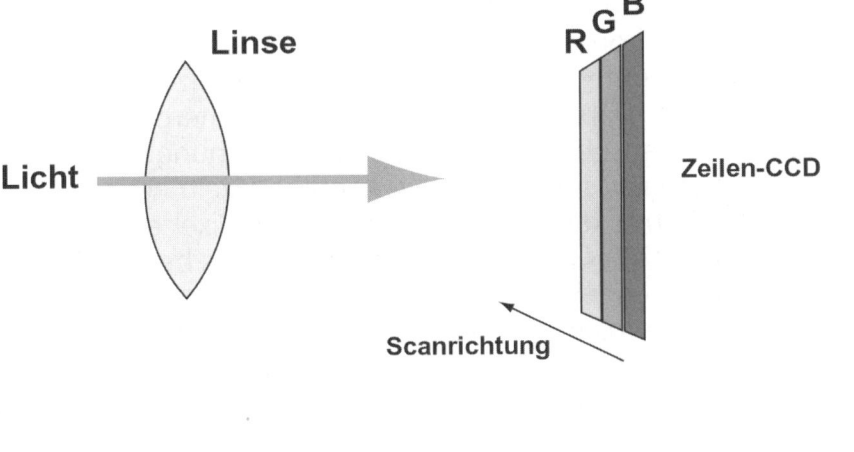

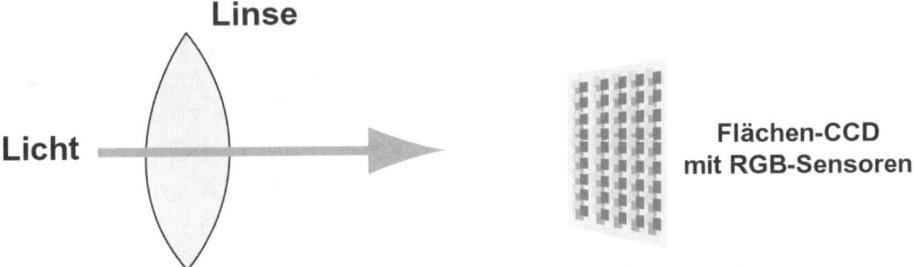

Abbildung 1.5: Flächen-CCD (Digitalkamera) und Zeilen-CCD (Scanner)

Das Funktionsprinzip ist dem des Scanners sehr ähnlich, nur dass eine digitale Kamera eine Vorlage nicht Zeile für Zeile abtastet, sondern eine ganze Fläche in der Größe eines Kleinbilddias schlagartig belichtet. Sie benutzt keine zeilenförmige CCD-Anordnung, sondern eine so genannte **Flächen-CCD**. Wenn sich die Blende der Kamera öffnet und Licht einlässt, empfangen die Sensoren der Flächen-CCD alle gemeinsam und zur gleichen Zeit Lichtinformationen. Diese werden dann auch wieder an einen A/D-Wandler weitergegeben und dort in 0 und 1 gewandelt.

Wie beim Scanner gilt auch bei der digitalen Kamera das Prinzip, bei einer Farbaufnahme das Bild aus Rot-, Grün- und Blauinformationen zu einem Gesamtbild zusammenzusetzen. Man spricht in diesem Fall immer von einem **RGB-Composite-Bild**.

Auflösung und Interpolation

Wie beim Scanner bestimmt die Anzahl der Pixel in einem Bild, wie genau Details wiedergegeben werden können. Beim Scanner wird die Angabe der Auflösung fast immer nur auf die Anzahl der horizontalen Pixel bezogen. In den meisten Fällen sind horizontale und vertikale Auflösung gleich. Es gibt jedoch Scanner, die mit unterschiedlichen Werten für horizontale und vertikale Auflösung arbeiten. Dabei wird in einer Richtung interpoliert. Bei einer Pixel-Interpolation werden über mathematische Berechnungen (= Algorithmen) aus den vorhandenen, vom Scanner erkannten Pixeln neue Bildpunkte künstlich errechnet. Damit kann zwar die Anzahl der Pixel erhöht werden, die Qualität steigt damit aber nicht unbedingt, da nur aus bereits bekannten Farbwerten Mischwerte errechnet werden können. Eine interpolierte Auflösung ist qualitativ nie vergleichbar mit der »echten« (= optischen) Auflösung.

Da eine digitale Kamera ein Bild nicht zeilenweise erzeugt wie der Scanner, sondern eine Fläche mit einem Schlag belichtet wird, hat es sich eingebürgert, als Auflösung die Gesamtzahl der Pixel anzugeben, die generiert werden können. Beispielsweise findet man Angaben in **Megapixel**. Eine Auflösung von 1,5 Megapixel bedeutet, dass die Kamera in der Lage ist, die Fläche eines Kleinbilddias (24 x 35 mm) mit 1,5 Millionen Pixel zu füllen, das entspricht 1.500 Pixel in der Breite und 1.000 Pixel in der Höhe.

Aktuelle Kameras, die auch für Nicht-Profis erschwinglich sind, arbeiten bereits mit Auflösungen von bis zu 6 Megapixel, also 3.000 x 2.000 Pixel. Damit lassen sich auf digitalen Farbdruckern (Farblaserdrucker oder Tintenstrahldrucker) bereits Bilder in einer Größe von etwa 10 x 15 cm in sehr guter Qualität wiedergeben.

Auflösung alleine macht nicht selig

Bedenken Sie jedoch, dass die Auflösung, also die Anzahl der Pixel im Bild, nicht das einzige Qualitätskriterium für digitale Bilder ist. Mindestens genauso wichtig ist die oben erwähnte Datentiefe.

Die meisten Scanner und digitalen Kameras arbeiten heute bereits mit Datentiefen von 10 bis 12 Bit pro Farbkanal, können also Rot-, Grün und Blauinformationen noch sehr viel feiner zerlegen und damit besser wiedergeben.

Wichtig für die Detailgenauigkeit eines digitalen Bildes ist auch die Fähigkeit des Scanners bzw. der digitalen Kamera, Tonwerte in der Vorlage genau zu trennen bzw. zu erkennen. Man könnte hier von der **Empfindlichkeit** der Kamera oder des Scanners sprechen.

Alles in allem ist ein gutes digitales Bild immer eine Kombination verschiedener technischer Fähigkeiten der Kamera oder des Scanners. Grundsätzlich gilt – je besser die Qualität der Eingabe ist, umso besser kann die Qualität in der Ausgabe (= Druck) sein. Scanner, digitale Kameras und Bildbearbeitungsprogramme wie Photoshop Elements können leider noch nicht zaubern und so können Sie aus einer schlechten Vorlage kein Hochglanzbild machen und ein verwackeltes, unscharfes Bild von der digitalen Kamera wird immer verwackelt und unscharf bleiben.

Grundlegende Fragen

Welche Scanauflösung soll ich nehmen?

Für viele Neulinge in der digitalen Bildbearbeitung hat sich die Auflösung zum wichtigsten Qualitätskriterium hochstilisiert, da es meist das Einzige ist, was man in einem Scanprogramm verändern kann. Auf den Rest der Technik haben Sie nämlich keinen Einfluss. Die Datentiefe ist durch den A/D-Wandler festgelegt und kann nicht verändert werden. Auch auf die Optik eines Scanners oder einer einfachen Digitalkamera lässt sich meist kein Einfluss nehmen. Bleibt also nur die Auflösung.

Mit welcher Auflösung ein Bild gescannt wird, richtet sich in der Regel nach der gewünschten Ausgabe. Bei der Ausgabe auf einem Tintenstrahl- oder

Kapitel 1   Wie entstehen digitale Bilder?

Farblaserdrucker kann meist mit einer Auflösung von 200 dpi oder maximal 300 dpi gearbeitet werden.

Was sind **dpi**? Die Bezeichnung »dpi« steht für »dots per inch« (= Punkte pro Zoll). Zwar sind Scannerauflösung und Druckerauflösung nicht dasselbe (obwohl beide meist mit »dpi« bezeichnet werden), aber der Drucker benötigt eine bestimmte Menge an Information, um ein Bild mit seinen Drucker-Auflösungspunkten in guter Qualität zu Papier zu bringen. Als Richtwert haben sich hier für digitale Farbdrucker Werte zwischen 200 und 300 dpi Scanauflösung eingebürgert. Höhere Auflösungen bringen keine qualitativen Vorteile, da das Mehr an Information nicht mehr auf das Papier gebracht werden kann.

Zu hohe Bildauflösungen verlangsamen nur die Verarbeitungsgeschwindigkeit, bringen qualitativ aber meist nicht mehr.

Die **doppelte** Auflösung hat nämlich schon die **vierfache** Datenmenge zur Folge!

Ein Beispiel: Ein Farbbild in der Größe 9 x 13 cm mit einer Auflösung von 200 dpi besitzt eine Datenmenge von 2,1 MB (= Megabyte = Millionen Byte; 1 Byte = 8 Bit). Bei einer Auflösung von 400 dpi hätte dieses Bild bereits eine Datenmenge von 8,4 MB! Diese Datenmenge muss bei jedem Bearbeitungsschritt berechnet werden und stellt enorm hohe Anforderungen an die Hardware, also an die Rechnerausstattung. Lohnt es sich also bei jedem Mausklick, Ewigkeiten zu warten, nur um *vielleicht* ein winziges Stück mehr an Qualität zu bekommen? Ihre Geduld wird diese Frage wahrscheinlich schnell beantworten.

Sollen die Bilder jedoch lediglich auf einem Computer-Monitor betrachtet werden, sind sogar 200 dpi Auflösung zu hoch. Ein Standard-PC kann mit seiner Grafikkarte auf dem Monitor meist Auflösungen von 800 x 600 Pixel oder 1.024 x 768 Pixel darstellen. Das entspricht etwa einem Wert von 72 oder 96 dpi. Für reine Monitordarstellung ist also keine höhere Auflösung beim Scannen erforderlich. Diese Vorgehensweise gilt beispielsweise auch für das Internet. Sollen Bilder für die Verwendung auf Internetseiten verwendet werden, ist keine höhere Auflösung als 72 dpi notwendig.

Grundlegende Fragen

Abbildung 1.6: Vergleich von 200 dpi und 72 dpi Auflösung

Die Bildauflösung in Photoshop Elements verändern

Wie jedes andere Bildbearbeitungsprogramm bietet auch Photoshop Elements die Möglichkeit, nachträglich die Bildgröße zu verändern. Grundsätzlich gilt dabei – solange die Option **BILD NEUBERECHNEN** im Dialogfeld **BILDGRÖSSE** aktiviert ist, wird die Auflösung interpoliert!

Abbildung 1.7: Photoshop Elements Dialogfenster BILDGRÖSSE mit aktiviertem »Neuberechnen«

Kapitel 1 Wie entstehen digitale Bilder?

Nur wenn diese Option nicht aktiviert ist, bleibt die Anzahl der Pixel gleich, wird also nicht interpoliert. Dann kann man den Wert unter **AUFLÖSUNG** verändern, das Bild wird im Ausdruck nur größer (= niedrigere Auflösung) oder kleiner (= höhere Auflösung).

Abbildung 1.8: Ohne »Neuberechnen« bleibt die Anzahl der Pixel immer gleich.

Mit aktivierter Option **BILD NEUBERECHNEN** lässt sich eine Bildauflösung relativ problemlos *herunter*rechnen. Wenn mehr Pixel vorhanden sind, als benötigt werden, kann man die überflüssigen Pixel problemlos entfernen. Schwieriger wird das Ganze, wenn zu wenig Pixel vorhanden sind, weil beispielsweise beim Scannen eine zu niedrige Auflösung gewählt wurde und das Bild für die Ausgabe vergrößert werden soll, weil es beispielsweise von einer Internetseite heruntergeladen wurde und nun gedruckt werden soll. In all diesen Fällen muss die Auflösung teilweise beträchtlich erhöht werden. Das kann nur unter Verzicht auf Bildqualität erreicht werden.

 Eine sehr niedrige Bildauflösung kann nachträglich nicht beliebig erhöht werden. Wird das Foto mit einer höheren Auflösung benötigt, ist es unter Qualitätsgesichtspunkten meist besser, das Original mit höherer Auflösung neu zu scannen, sofern diese Möglichkeit besteht.

Wurde ein Bild bereits mit 200 oder gar 300 dpi gescannt und es soll geringfügig vergrößert werden, sagen wir 30–40 %, dann geht das meist ohne allzu große Beeinträchtigung der Qualität.

Je besser die Qualität der Vorlage, also beispielsweise eines Fotos, umso besser wird auch die Qualität des gescannten bzw. letztlich des gedruckten Bildes sein.

Worauf müssen Sie beim Umgang mit Scanner und digitaler Kamera achten?

Ich will hier keine Kaufberatung für Scanner oder Digitalkameras leisten. Dafür gibt es zu viele verschiedene Geräte von Dutzenden von Herstellern. Der Markt ist zudem ständig in Bewegung. Alle paar Wochen erscheinen neue Geräte mit unterschiedlichen Fähigkeiten, die Qualität wird in immer kürzeren Abständen erhöht und die Preise sinken immer schneller. Das beste Informationsmedium ist hier das Internet (nutzen Sie am besten Suchmaschinen wie www.google.de) oder Zeitschriften, die sich auf den PC- und Foto-Markt spezialisiert haben. Dann haben Sie meist einen aktuellen Überblick.

Natürlich könnte man denken, »Na ja, wenn die Preise ständig sinken und die Qualität immer besser wird, dann warte ich eben noch ein bisschen.« Das ist etwa so wie der Wettlauf von Hase und Igel. Ein digitales Gerät, das man sich heute kauft, ist meist morgen technisch »veraltet«. Das heißt aber noch lange nicht, dass es schlecht geworden ist und nichts mehr taugt. Denken Sie daran, dass digitale Bildbearbeitung nur zu einem Teil aus der Hardware, also Scanner, Kamera und PC, besteht. Dazu gehört in gleichem Maße auch die Software und vor allem – die Erfahrung im Umgang mit all diesen »Werkzeugen«. Wenn Sie immer nur warten, fehlen Ihnen diese Erfahrungen. Scanner, Kamera und Software (z.B. Photoshop Elements) ersetzen in keiner Weise die Erfahrung, die notwendig ist, um Fotos digital zu bearbeiten. Sie sind Werkzeuge – und jedes Werkzeug muss man erst mal **erlernen**.

Kapitel 1   Wie entstehen digitale Bilder?

Sauberkeit

Worauf sollten Sie nun achten, wenn Sie sich einen Scanner oder eine Digitalkamera zugelegt haben? Zunächst einmal ist es natürlich wichtig, dass die Glasplatte des Scanners bzw. das Objektiv der Kamera immer sauber ist. Schmutzpartikel, Staubkörnchen, Flusen oder Schlieren werden vom Scanner und der Kamera »gesehen« und erscheinen als dunkle Flecken oder unscharfe Bereiche im digitalen Bild. Man muss sie dann nachträglich mühsam herausretuschieren, also künstlich entfernen. Das ist zeitaufwändig, setzt Wissen und Geschick voraus und klappt in vielen Fällen nicht zufrieden stellend.

Welche Ausgabe?

Überlegen Sie sich beim Scannen immer vorher, für welchen Ausgabezweck ein Bild digitalisiert werden soll. Für eine Darstellung am Monitor, also etwa auf einer Internetseite, reicht eine Auflösung von 72 dpi. Damit Sie ein bisschen Spielraum haben, sollten Sie ein solches Bild trotzdem mit 100 bis 150 dpi scannen und später bei Bedarf herunterrechnen (= Photoshop Elements Menü **BILDGRÖSSE**), also die Größe in Photoshop Elements anpassen.

Vergrößern?

Soll ein Bild ausgedruckt werden, scannen Sie es mit 200 bis 300 dpi ein. Diese Auflösung gilt für eine 1:1-Ausgabe. Das Bild wird in diesem Fall genauso groß ausgedruckt wie das Original. Für eine Vergrößerung muss der Vergrößerungsfaktor mit berücksichtigt werden. Die meisten Scanprogramme bieten dazu Hilfestellungen und entsprechende Menüs an.

Nehmen wir an, Sie haben ein Bild in der Größe 9 x 13 cm und wollen es auf Ihrem Tintenstrahldrucker in DIN-A4-Größe (»normale« Größe für ein Blatt Papier) ausdrucken. DIN A4 hat das Format 29,7 x 21 cm (im Querformat). Die Vorlage müsste in diesem Fall um 230 % vergrößert werden (29,7 / 13 = 2,28). Das bedeutet, das Bild soll bei 13 cm Breite eine Auflösung von 300 dpi haben und in 29,7 cm Breite auch. Damit dafür genügend Pixel eingescannt werden, muss die Scanauflösung 300 dpi mit 2,3 multipliziert werden.

Die Vergrößerungsfaktoren sind insbesondere beim Scannen von Kleinbilddias wichtig. Sie werden wahrscheinlich kaum ein Dia in seiner Originalgröße drucken wollen (24 x 35 mm). Wenn Sie ein Kleinbilddia in A4 drucken wol-

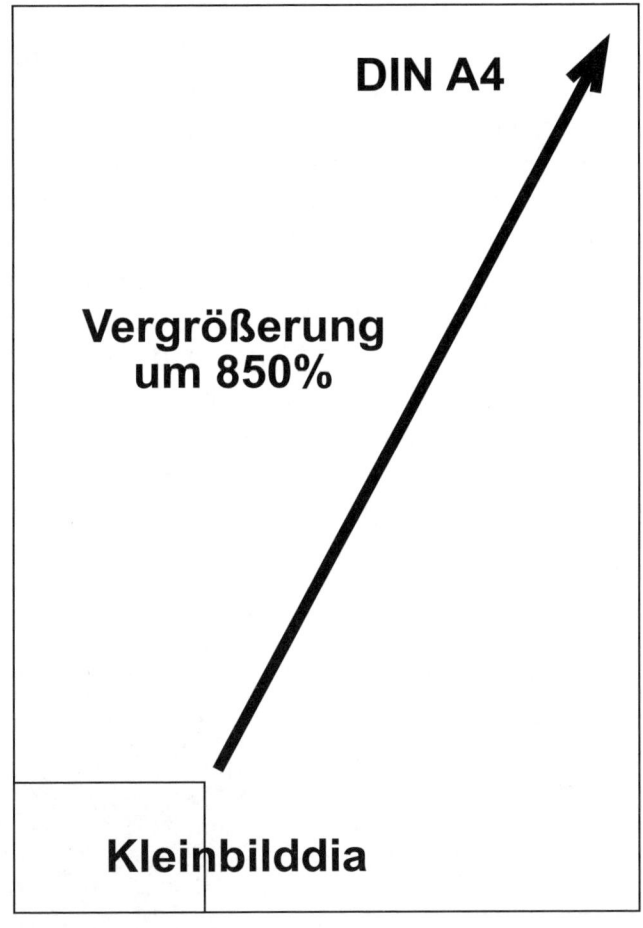

Abbildung 1.9: Skalierung vom Kleinbilddia auf DIN A4

len, entspricht das etwa einem Vergrößerungsfaktor von 850 %! Bei einer angepeilten Auflösung von 300 dpi für das A4-Bild muss das Original also mit rund 2.500 dpi eingescannt werden, damit auch das A4-Bild genügend Pixel enthält, um für eine ausreichende Druckqualität zu sorgen! Das geht weit über die optische Auflösung der meisten Scanner hinaus, die im Preissegment unter 1.000 EUR liegen.

Motiv

Eine Digitalkamera nimmt Ihnen viele Voreinstellungen ab, die beim Scanner manuell erfolgen müssen. Meist kommt man mit den Standards gut klar. Sie können sich also ganz auf das Motiv konzentrieren.

Kapitel 1 Wie entstehen digitale Bilder?

Wie bekomme ich die Bilder in den PC?

Moderne Computer besitzen meist einen **USB-Anschluss** (= Universal Serial Bus = Universeller Serieller Anschluss). Über einen solchen Anschluss lassen sich eine ganze Reihe verschiedener Peripherie-Geräte (Scanner, Drucker, Kameras, Kartenleser u.Ä.) mit dem PC verbinden. Die dazu nötigen Kabel werden meist mit dem jeweiligen Gerät mitgeliefert. Sie brauchen die Kabel also nur noch in den entsprechenden Anschluss zu stecken.

Mit jedem Scanner und jeder digitalen Kamera bekommen Sie auch Software auf CD-ROM geliefert. Für den Scanner ein so genanntes Scanprogramm, mit dem der Scanner angesteuert wird und die Scaneinstellungen vorgenommen werden. Die Übertragung erfolgt dann automatisch über die Kabelverbindung USB.

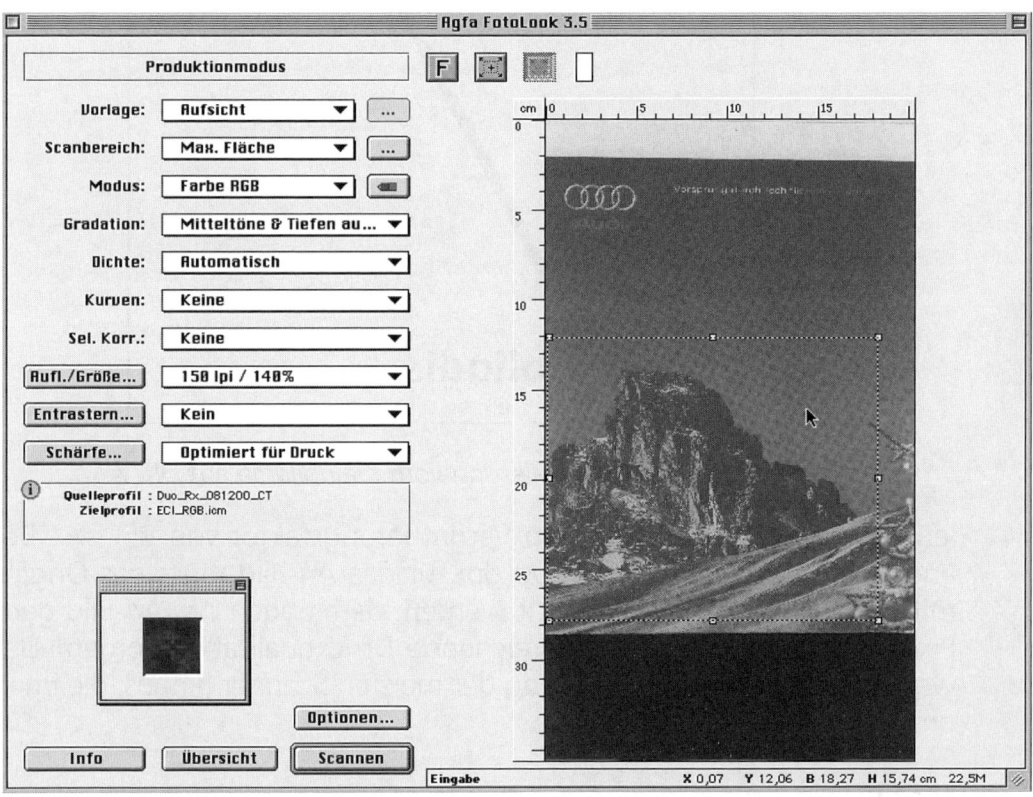

Abbildung 1.10: Scanprogramm mit typischen Einstellungen

Eine digitale Kamera speichert die aufgenommenen Bilder auf einer so genannten **Flash-Card**. Das ist eine Festplatte im Kreditkartenformat. Eine solche Festplatte hat natürlich nur begrenzte Kapazitäten. Irgendwann ist sie voll und Sie können keine Fotos mehr aufnehmen. Also werden Sie die Bilder an den PC übertragen und dort aufbewahren, bearbeiten und ansehen.

Um die Bilder in den PC zu übertragen, dient zum einen wieder der USB-Anschluss, den auch eine digitale Kamera besitzt, zum anderen eine Software, die eine Verbindung zur Festplatte der Kamera herstellt und es Ihnen ermöglicht, ganz in Ruhe eine Auswahl aus den aufgenommenen Bilder zu treffen, bevor sie auf den PC kopiert werden.

Scanner, wie sie im professionellen Bereich eingesetzt werden, besitzen meist einen **SCSI-Anschluss** (= Small Computer Systems Interface = Schnittstelle für Kleincomputer). Dafür benötigen Sie jedoch im Windows-PC eine zusätzliche Schnittstellenkarte, da ein Windows-PC den SCSI-Anschluss nicht standardmäßig bereitstellt. Lediglich Apple-Macintosh-Computer besitzen in vielen Fällen standardmäßig einen SCSI-Anschluss.

Zusammenfassung

Das war ziemlich viel Theorie für den Anfang. Aber sie ist notwendig, um ein Verständnis für Zusammenhänge zu bekommen.

Sie haben erfahren, dass Scanner und digitale Kameras Bilder in einzelne Bildpunkte zerlegen, die Pixel. Die Menge der Pixel in einem Bild bestimmt, in welcher Größe es später einmal gedruckt werden kann und wie viele Details in einem Bild zu erkennen sind.

Sowohl ein Scanner als auch eine Digitalkamera liefern ein Bild, das aus Rot-, Grün- und Blauinformationen zusammengesetzt ist. Jeder dieser drei Farbbereiche kann in 256 Feinabstufungen unterteilt werden. Man nennt das **Datentiefe** oder Farbtiefe. Ein RGB-Composite-Bild besitzt eine Datentiefe von 24 Bit.

Die Bildgröße eines digitalen Bildes lässt sich in Photoshop Elements verändern. Während das Verkleinern unproblematisch ist, kann ein Bild nur mit Qualitätseinbußen vergrößert werden.

Die Übertragung digitaler Fotos vom Scanner oder der Digitalkamera erfolgt meist über den USB-Standardanschluss. In Photoshop Elements werden

Kapitel 1   Wie entstehen digitale Bilder?

letztlich die einzelnen Pixel eines digitalen Bildes bearbeitet und deren Bitinformationen, also Farben und Graustufen, verändert.

Übungsfragen

1. Was sind Pixel?
2. Was ist eine Bitmap?
3. Welche zwei Kriterien entscheiden über die Qualität eines digitalen Bildes?
4. Was bedeutet RGB?
5. Welche Bildauflösung benötigen Sie, um ein digitales Foto auf einem Tintenstrahldrucker auszudrucken?
6. Wie übertragen Sie Fotos von Ihrer Digitalkamera zum PC?
7. Können Sie die Bildgröße eines digitalen Fotos nachträglich verändern?

Kapitel 2
Überblick über Photoshop Elements

Photoshop Elements ist ein Bildbearbeitungsprogramm, das sehr viele Möglichkeiten bietet. Das macht sich leider in einer Vielzahl von Menüleisten, Paletten und Werkzeugen bemerkbar. Am Anfang ist es sicherlich schwierig, da den Überblick zu behalten. Versuchen Sie also zunächst einmal, sich diesen Überblick zu verschaffen.

In diesem Kapitel erfahren Sie

- ✓ wie der Arbeitsbereich von Photoshop Elements aufgebaut ist
- ✓ welche Menüs es ‚gibt und wozu sie dienen
- ✓ welche Werkzeuge es in Photoshop Elements gibt
- ✓ wie Ihnen Photoshop Elements hilft
- ✓ wie Sie sich durch ein Bild navigieren
- ✓ was ein Protokoll ist

Der Arbeitsbereich

Zunächst einmal gibt es da die Menüs, deren Funktionen Sie sicher schon aus anderen PC-Programmen kennen. Die Menübefehle sind natürlich andere als in einer Textverarbeitung wie beispielsweise Microsoft Word. Es gibt folgende Menüs:

Abbildung 2.1: Die Menüleiste von Photoshop Elements

Die Menüs

Menü Datei

In diesem Menü finden sich hauptsächlich Befehle zum Öffnen, Schließen, Speichern und Drucken von Bildern. Außerdem finden sich hier spezielle Menübefehle wie **WEBFOTOGALERIE** und **AUTOMATISIEREN**, mit denen Sie sich später noch im Detail beschäftigen werden.

Menü Bearbeiten

Wie in allen anderen Windows-Programmen auch finden sich hier die Standard-Befehle **AUSSCHNEIDEN**, **KOPIEREN**, **EINFÜGEN**, **RÜCKGÄNGIG**. Darüber hinaus enthält dieses Menü eine Reihe von Grundeinstellungen, die Befehle zum Füllen von Flächen und Konturen, und es lassen sich Muster und Werkzeugspitzen definieren.

Menü Bild

Hier lassen sich vor allem geometrische Veränderungen an Bildern durchführen, also Drehen, Spiegeln, Skalieren (= Verändern der Bildgröße), Verzerren, Abschneiden von Bildkanten (= Freistellen) und Ähnliches.

Menü Überarbeiten

Dieses Menü enthält hauptsächlich Befehle, um Farbe, Helligkeit und Kontrast zu verändern.

Menü Ebene

Ein Bild kann aus mehreren Schichten, so genannten Ebenen aufgebaut sein. Vor allem für fortgeschrittene Anwender ist das eine herrliche Spielwiese, da mit Hilfe von Ebenen **Bildmontagen** gemacht werden können, also das Zusammenfügen verschiedener Bilder zu einem neuen Bild mit ganz anderem Bildinhalt. Solche Bildmontagen sind vor allem in der so genannten Regenbogenpresse an der Tagesordnung. Das Menü EBENE enthält Einstellungsmöglichkeiten, die im Zusammenhang mit Ebenen und Bildmontagen interessant sind.

Abbildung 2.2: Beispiel einer Bildmontage aus fünf Bildern, aufgenommen im Aquarium von Vancouver, Canada

Menü Auswahl

Mit Hilfe spezialisierter Werkzeuge können in einem Bild bestimmte Bereiche ausgewählt werden, um Bearbeitungen nur auf diese Bereiche zu beschränken. Der Rest des Bildes außerhalb einer Auswahl ist geschützt, wird also nicht verändert. Man spricht auch von **Maskieren**. Im Menü AUSWAHL finden sich Befehle, die nur aktiv sind, wenn in einem Bild eine Auswahl vorhanden ist. Sie kann mit Hilfe dieser Befehle modifiziert werden.

Menü Filter

Auch hinter diesem Menü verbirgt sich eine wunderbare Spielwiese, übrigens nicht nur für fortgeschrittene Anwender. Filter sind im Prinzip Bearbeitungsmethoden, die die Pixel eines Bildes auf der Basis mathematischer Berechnungen verändern. Dazu gehören einige Filter, die die Qualität von Bildern verbessern sollen, der größte Teil sind jedoch kreative Filter, mit denen man beispielsweise ein Bild in einem Strudel versinken lassen oder in ein Fresko oder ein Aquarell verwandeln kann.

Abbildung 2.3: Originalbild und das Bild mit Strudelfilter und Aquarellfilter

Menü Ansicht

Dieses Menü enthält Befehle, die die Darstellung eines Bildes im Bearbeitungsfenster modifizieren. Man kann in ein Bild hineinzoomen oder herauszoomen.

Abbildung 2.4: Ein- und Auszoomen in einem Bild

Man kann sich das Bild auch in der 1:1-Darstellung oder in Druckgröße anzeigen lassen. Außerdem lassen sich in diesem Menü Lineale und ein virtuelles Raster ein- oder ausschalten.

Menü Fenster

Mit den Befehlen dieses Menüs lässt sich steuern, welche der vielen Paletten auf dem Bildschirm zu sehen sind.

Die Paletten

Und damit bin ich beim nächsten wichtigen Merkmal des Arbeitsbereichs von Photoshop Elements, den Paletten. Sie können sehr verschiedene Optionen bereithalten. Es gibt Paletten für Werkzeuge, für Farben, Ebenen oder Filter. Es gibt Paletten mit Informationen zum Bild oder auch mit Tipps und Rezepten.

Kapitel 2   Überblick über Photoshop Elements

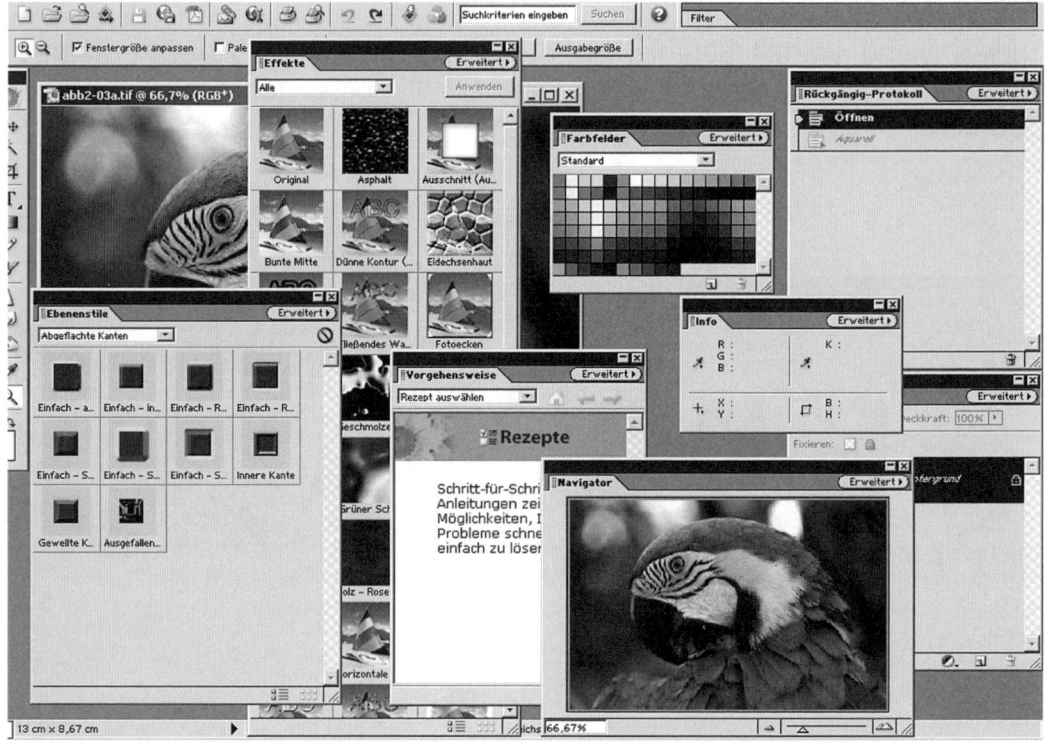

Abbildung 2.5: Eine Vielzahl von Paletten

Paletten lassen sich zusammenfalten, in anderen Kombinationen zusammenstellen, öffnen und schließen. Sie können auch im Palettenraum angedockt werden. Das ist der graue Bereich rechts am Bildschirmrand. Klicken Sie dazu auf den Bereich des Karteireiters und ziehen Sie die Palette mit gedrückter Maustaste in den Palettenraum. Sie wird automatisch angedockt.

Der Vorteil des Palettenraums liegt in der übersichtlicheren Gestaltung des Arbeitsbereichs. Meistens stehen Paletten nur im Weg und verdecken Bildteile, an denen man gerade arbeiten möchte. Die Vielzahl der Paletten von Photoshop Elements macht es im Übrigen auch nicht gerade leicht, den Überblick zu behalten.

Um eine Palette, die angedockt ist, zu öffnen, genügt es, wenn Sie auf die Palette klicken (es ist noch nicht einmal ein Doppelklick notwendig!), die Palette klappt auf. Wenn Sie einen Befehl oder das gewünschte Objekt aus der Palette ausgewählt haben und irgendwo anders klicken, klappt die Palette automatisch wieder zu.

Der Arbeitsbereich

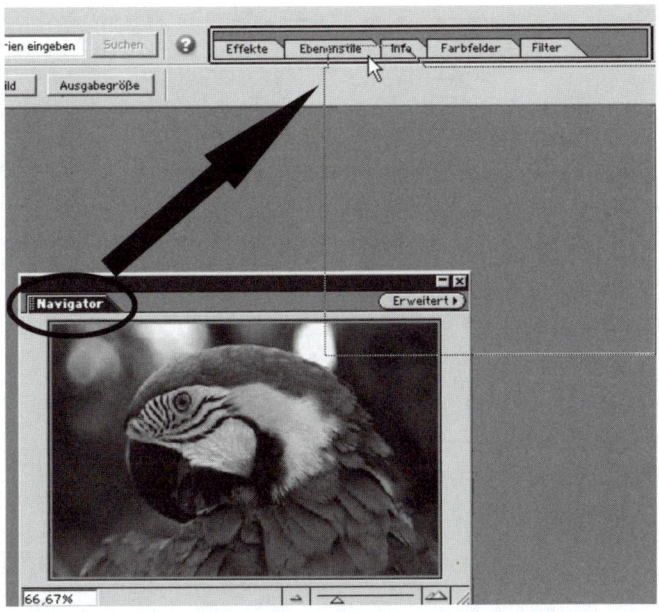

Abbildung 2.6: Andocken von Paletten

Gleich noch ein Tipp, der viel Zeit sparen kann. Photoshop Elements hat intern den äußeren linken und rechten Bereich des Bildschirms für die Paletten reserviert. Dort stören sie am wenigsten und stehen nicht im Bild herum, verdecken also keine Bilddetails. Photoshop Elements öffnet ein neues Bild auch immer im Bereich zwischen den Palettenreihen. Lassen Sie also die Paletten auch dort außen stehen. Manche Anwender verbringen nämlich viel Zeit damit, die Paletten ständig hin und her zu schieben.

Die Zusammenstellung von Paletten, wie Photoshop sie anbietet, müssen Sie nicht einfach so übernehmen. Sie können die Paletten auch abreißen und wieder neu zusammenstellen. Klicken Sie dazu einfach auf den Karteireiter und ziehen Sie mit gedrückter Maustaste die Palette an eine andere Stelle. Um Paletten neu zusammenzustellen, ziehen Sie den Karteireiter einer Palette einfach neben den Karteireiter der Palettenkombination, die die einzelne Palette aufnehmen soll.

... but Goldies

Kapitel 2 Überblick über Photoshop Elements

Abbildung 2.7: Abreißen und Neu-Zusammenstellen von Paletten

Sie können eine Palette auch einzeln stehen lassen. Wenn Sie das mit allen Paletten machen, brauchen Sie allerdings bald einen zweiten Monitor. Das nimmt nämlich sehr viel Platz weg.

Die Leisten

Unterhalb der Menüleiste verlaufen zwei weitere horizontale Leisten, die Symbolleiste (oben) und die Optionsleiste.

Symbolleiste

Sie enthält die wichtigsten Menübefehle in Form kleiner Symboldarstellungen. Dazu gehören beispielsweise Drucken, Speichern, Öffnen, Importieren, diverse Bearbeitungsmenüs und eine Suchfunktion. Die **SUCHFUNKTION** ist Teil des Hilfesystems von Photoshop Elements. Ganz rechts außen in der

Symbolleiste befindet sich der **Palettenraum**, an den die Paletten angedockt werden können.

Wenn Sie mit dem Mauszeiger etwas länger auf einem der Symbole bleiben, erscheint ein kleines Textfenster mit der Bezeichnung des jeweiligen Symbols. Das gilt im Übrigen auch für die Werkzeuge in der Werkzeugpalette.

Abbildung 2.8: Die Symbolleiste

Optionsleiste

Sie verändert sich ständig und zeigt Optionen zum gerade gewählten Werkzeug an. Adobe Systems, der Hersteller von Photoshop Elements, bezeichnet das mit dem Ausdruck »Kontext-sensitiv«, also »abhängig vom Kontext, dem Zusammenhang«.

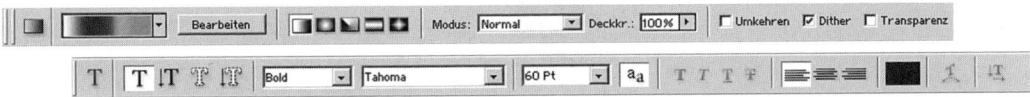

Abbildung 2.9: Die Optionsleiste mit verschiedenen Inhalten

Die Werkzeuge

Werkzeuggruppen

Am linken Rand des Arbeitsfensters stellt Photoshop Elements eine Palette mit Werkzeugen bereit. Diese Werkzeuge werden unabhängig von Menübefehlen eingesetzt. Zu ihnen gehören jeweils Detaileinstellungen, so genannte Optionen, die über die Optionsleiste modifiziert werden können.

Wenn hinter einem Werkzeugsymbol ein kleines, schwarzes Dreieck zu sehen ist, bedeutet dies, dass sich bei Klick auf das Werkzeug (und ein bis zwei Sekunden Geduld) ein Menüfenster öffnet, in dem sich weitere Werkzeuge auswählen lassen.

Kapitel 2 Überblick über Photoshop Elements

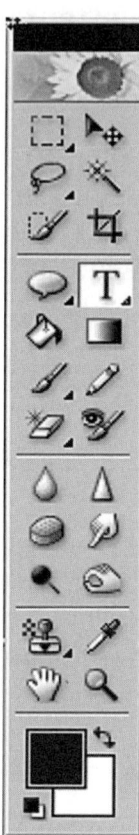

Abbildung 2.10: Werkzeugleiste

Auswahl- und Verschiebenwerkzeuge

Die Werkzeuge lassen sich in Arbeitsgruppen gliedern. Die oberen sechs Werkzeuge dienen dem Erstellen von Auswahlbereichen, so genannten »Masken«. Damit lassen sich Bearbeitungen auf bestimmte Teile eines Bildes beschränken. Eine Ausnahme ist das Werkzeug rechts oben, das Verschieben-Werkzeug. Mit ihm lassen sich Objekte einer Ebene im Fenster verschieben.

Form- und Textwerkzeuge

Es folgen auf der linken Seite die Form-Werkzeuge. Damit lassen sich Vektorobjekte erstellen. Diese haben den Vorteil, dass sie beliebig skaliert, also in der Größe verändert werden können. Rechts daneben befinden sich die Text-

Der Arbeitsbereich

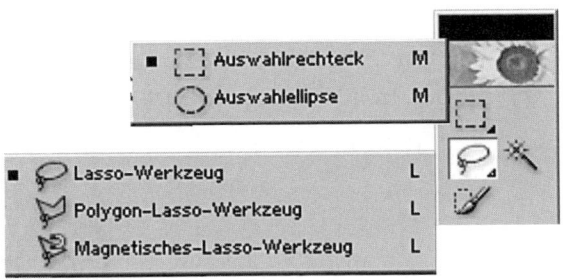

Abbildung 2.11: Auswahlwerkzeuge

Werkzeuge, mit denen sich einem Bild Text hinzufügen lässt. Auch Text wird zunächst als Vektorinformation (und damit auflösungsunabhängig und beliebig skalierbar) in ein Bild eingefügt. Beide Werkzeugtypen (Formen und Text) erstellen automatisch neue Ebenen.

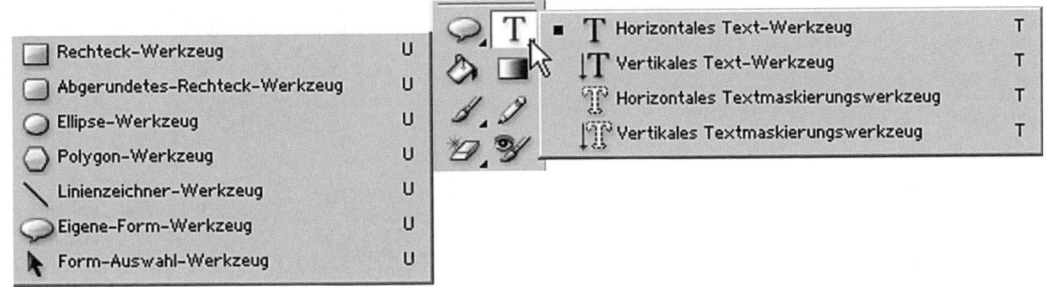

Abbildung 2.12: Form- und Textwerkzeuge

Auf die Vektorebenen, wie auf die anderen Ebenen auch, lassen sich Ebenenstile anwenden. Allerdings funktionieren die meisten Filter auf diesen Ebenen nicht, da sie nur mit Pixeln umgehen können. Damit die Filter auch auf den Form- und Textebenen funktionieren, müssen diese Ebenen umgewandelt werden. Man nennt diesen Vorgang »rastern« oder, in Photoshop Elements, »vereinfachen«. Danach sind es keine Vektor-, sondern Pixelebenen und Text lässt sich natürlich nicht mehr inhaltlich bearbeiten.

Kapitel 2   Überblick über Photoshop Elements

Malwerkzeuge

Es folgen die klassischen Malwerkzeuge. Dazu gehören der Farbeimer zum Füllen von Flächen, das Verlaufswerkzeug, Malpinsel und Buntstift.

Abbildung 2.13: Malwerkzeuge

Auch wenn das Malen mit Hilfe einer Computermaus sicherlich gewöhnungsbedürftig ist, lassen sich damit recht realistische Ergebnisse erzeugen, zumal Photoshop Elements eine Vielzahl von Möglichkeiten bereithält, die Werkzeuge, beispielsweise die Pinselspitze, -größe oder Füllmethode und Deckkraft zu verändern und damit andere Maleffekte zu erzielen.

 Wer trotzdem zu keinen vernünftigen Ergebnissen beim »Computer-Malen« kommt, sollte sich vielleicht die Anschaffung eines so genannten Grafiktabletts überlegen. Das sind kleine Unterlagen, die sich an den PC anschließen lassen und es ermöglichen, den Computer mit einem speziellen Stift anstelle der Maus zu steuern.

Der Arbeitsbereich

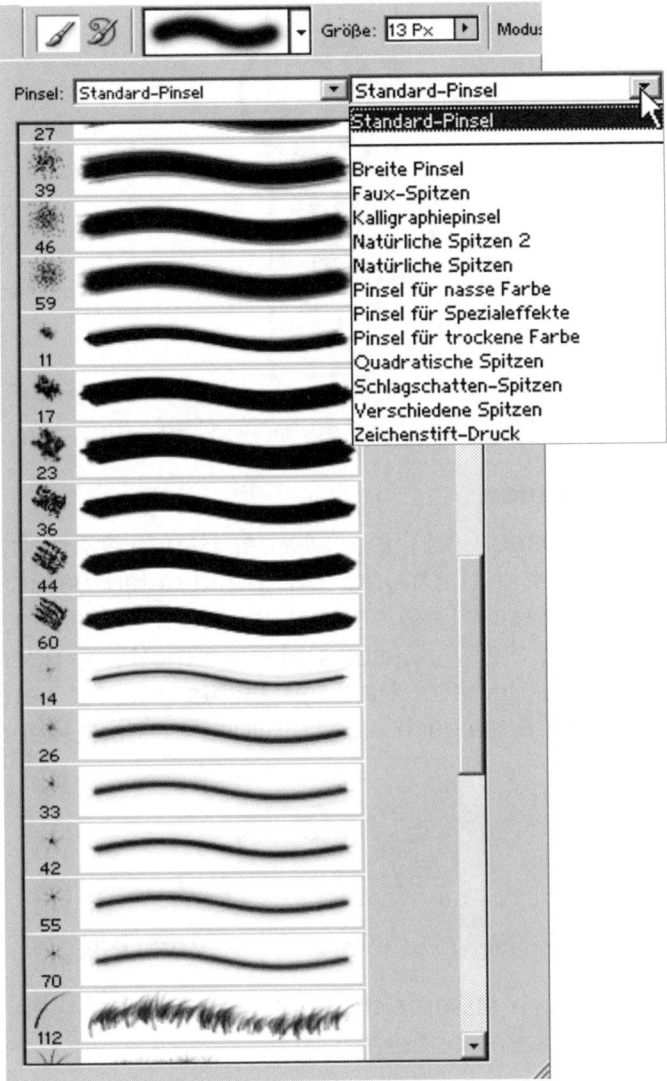

Abbildung 2.14: Verschiedene Werkzeugspitzen für die Malwerkzeuge

Die nächste Gruppe von Werkzeugen wird für Retuscheaufgaben eingesetzt, also inhaltliche oder qualitative Korrekturen an Bildern. Dazu gehören ein Radiergummi, ein Pinsel zum Entfernen roter Augen, Weich- und Scharfzeichner und Werkzeuge zum Intensivieren von Farben, Helligkeit und Kontrast. Nicht zu vergessen der Kopierstempel, eines der interessantesten Retusche-Werkzeuge.

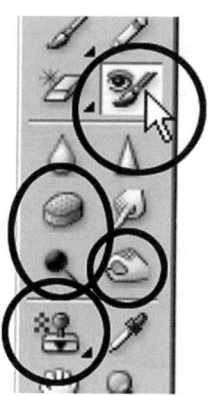

Abbildung 2.15: Die Retusche-Werkzeuge

Verschieben und Zoomen

Zu guter Letzt folgen Hand und Lupe. Mit der Hand verschiebt man ein Bild im Fenster in jede beliebige Richtung. Das funktioniert natürlich nur, wenn lediglich ein Teil des Bildes im Fenster zu sehen ist. Mit der Lupe kann man in ein Bild hineinzoomen, die Darstellung also vergrößern, oder auszoomen, also die Darstellung verkleinern. Dies hat nichts mit der Veränderung der Bildgröße zu tun! Es geht lediglich um die Bildschirmdarstellung.

Abbildung 2.16: Hand- und Lupenwerkzeug

In hohen Vergrößerungen lassen sich die einzelnen Pixel erkennen, aus denen ein digitales Bild zusammengesetzt ist .

Der Arbeitsbereich

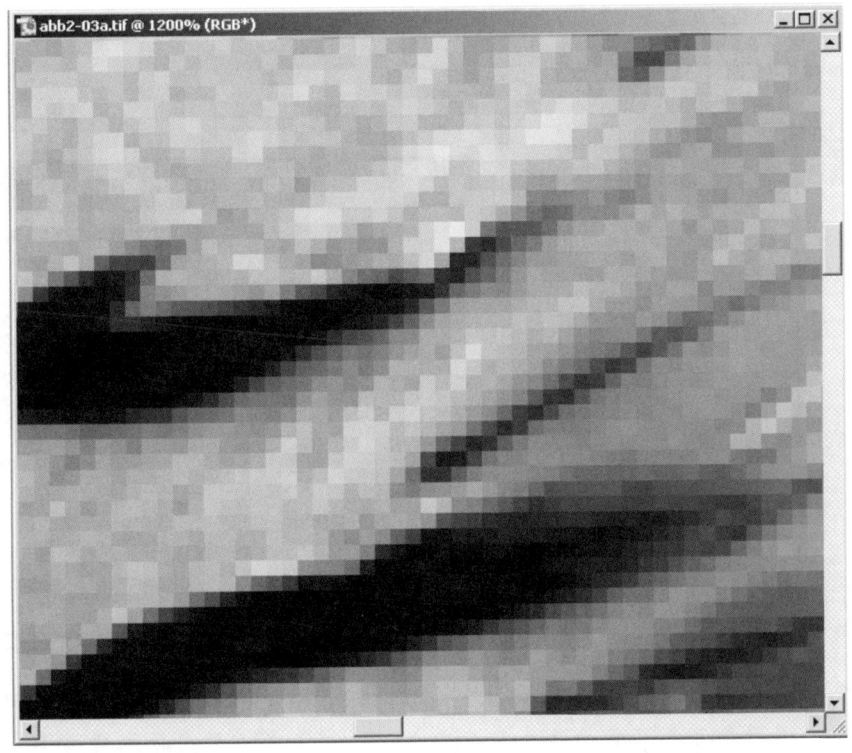

Abbildung 2.17: In der Vergrößerung werden die einzelnen Pixel eines Bildes sichtbar

Das Hilfesystem

Photoshop Elements verfügt über ein ausgezeichnetes Hilfesystem. Sonst wäre die Einarbeitung in ein solch vielfältiges Programm sicherlich erheblich schwerer. Das Hilfesystem besteht aus drei Teilen.

Die Online-Hilfe

Die Online-Hilfe ist ein komplettes Handbuch zu Photoshop Elements. Sie lässt sich während der Arbeit im Programm jederzeit aufrufen, indem man im Menü **HILFE** den Menüpunkt **PHOTOSHOP ELEMENTS HILFE** aufruft, die Funktionstaste [F1] drückt oder in irgendeinem Dialogfeld auf das Fragezeichen klickt.

Kapitel 2   Überblick über Photoshop Elements

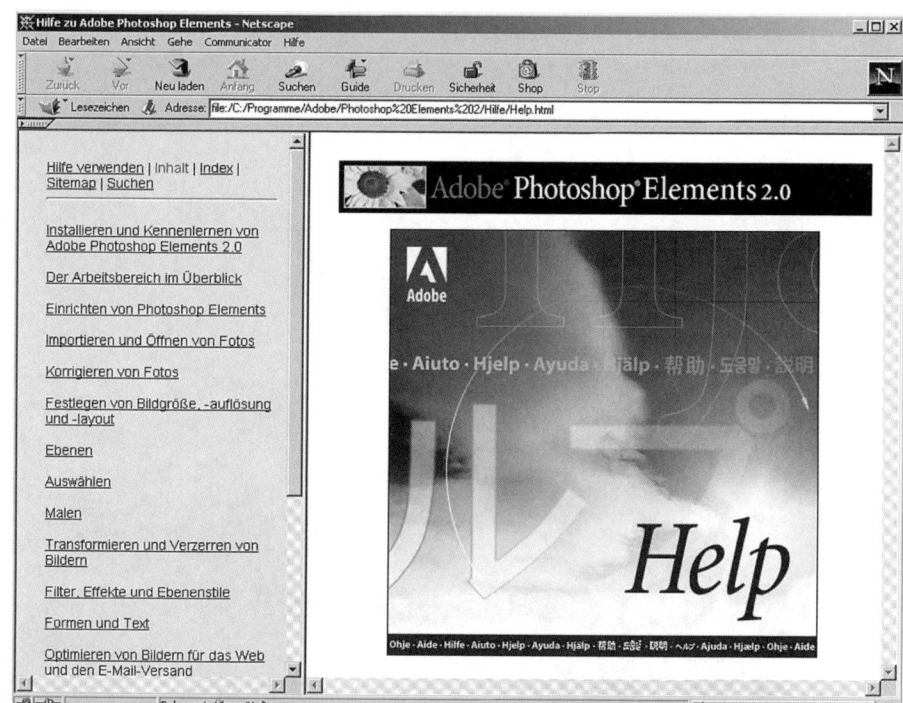

Abbildung 2.18: Aufrufen der Hilfefunktion

Um die Hilfe benutzen zu können, muss auf dem Computer ein Internet-Browser (Netscape Navigator ab Version 4.75 oder Internet Explorer ab Version 5.0) installiert sein. Das Hilfesystem ist nämlich aufgebaut wie eine Internet-Präsentation, basiert also auf HTML-Seiten (HTML = Hypertext Markup Language; Skriptsprache, die für die Programmierung von Internetseiten benutzt wird). Der Vorteil eines solchen Aufbaus liegt darin, dass die einzelnen Seiten miteinander verknüpft werden können. Sie können also bequem auch Querverweisen folgen und sich ein Thema regelrecht erarbeiten.

Über ein Inhaltsverzeichnis können Sie sich einzelne Themen herausgreifen bzw. über einen Index gezielt nach Begriffen suchen und sich die entsprechenden Seiten anzeigen lassen. Darüber hinaus lassen sich einzelne Seiten der Online-Hilfe natürlich auch ausdrucken.

Suchfunktion

Neben der Online-Hilfe können Sie auch direkt in der Symbolleiste eine Suchfunktion nutzen und nach bestimmten Begriffen suchen lassen. Photoshop Elements startet dann automatisch die Online-Hilfe und zeigt die Seiten zu dem eingegebenen Suchbegriff an.

Der Arbeitsbereich

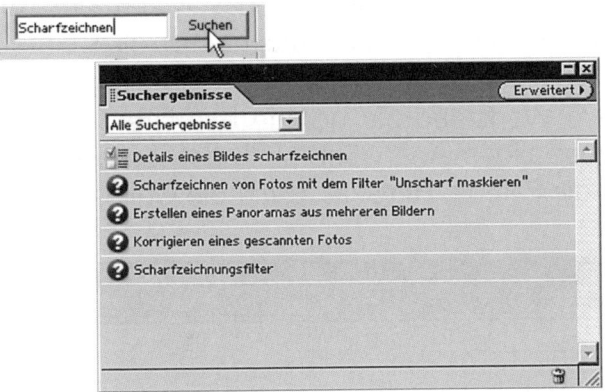

Abbildung 2.19: Suchfunktion in der Symbolleiste

Tipps und Rezepte

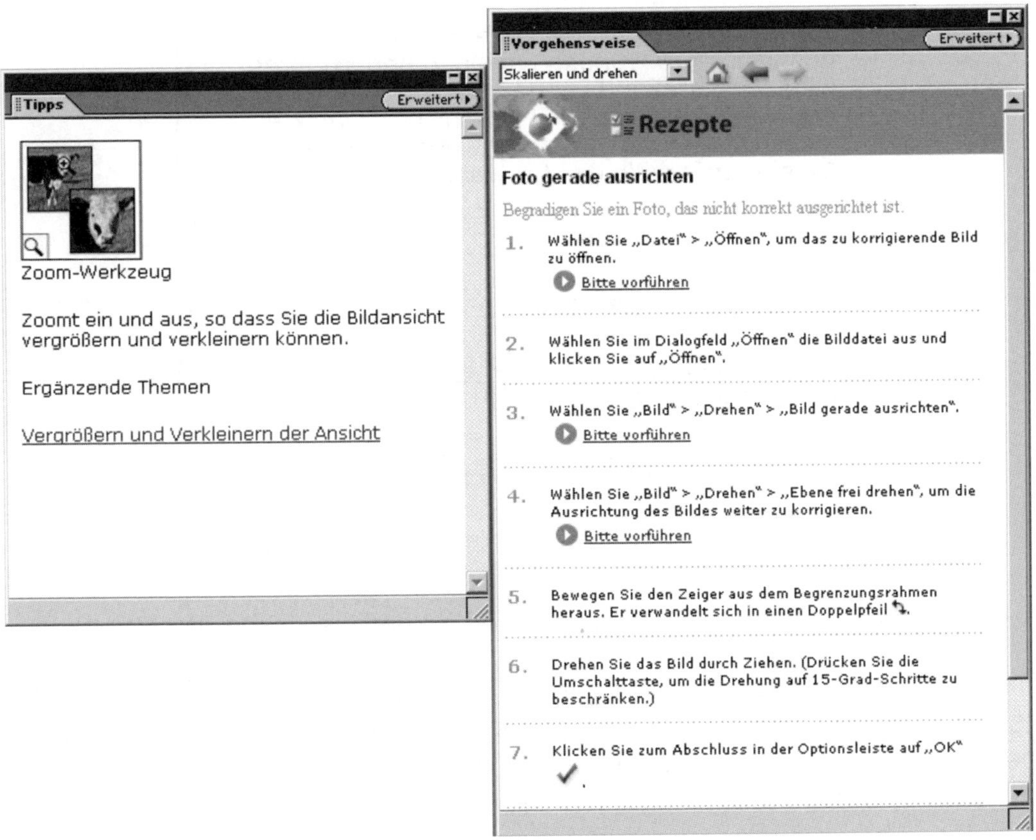

Abbildung 2.20: Paletten für Tipps und Rezepte

Kapitel 2   Überblick über Photoshop Elements

Eine der interessantesten Neuerungen ist das System der Tipps und Rezepte. Da haben sich die Entwickler wirklich mal etwas Tolles einfallen lassen. Tipps und Rezepte bestehen aus zwei Paletten.

Egal, mit welchem Werkzeug Sie gerade hantieren, werden in der Palette **TIPPS** Hinweise zum allgemeinen Gebrauch des jeweiligen Werkzeugs angezeigt. Auch über die Palette **TIPPS** lässt sich die Online-Hilfe aufrufen.

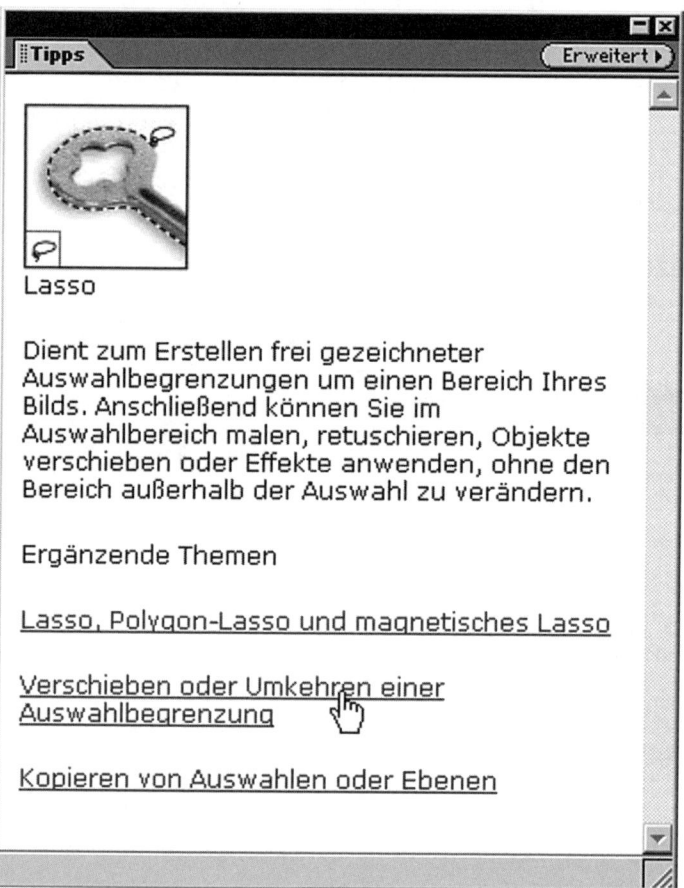

Abbildung 2.21: Auswahlwerkzeug und die entsprechende TIPPS-Palette

Die Rezepte enthalten Anleitungen für bestimmte Arbeitstechniken, insbesondere für Problemfälle. Den Anleitungen kann man Schritt für Schritt folgen und sich von Photoshop Elements Arbeitstechniken zeigen lassen, die durchaus professionellen Charakter haben.

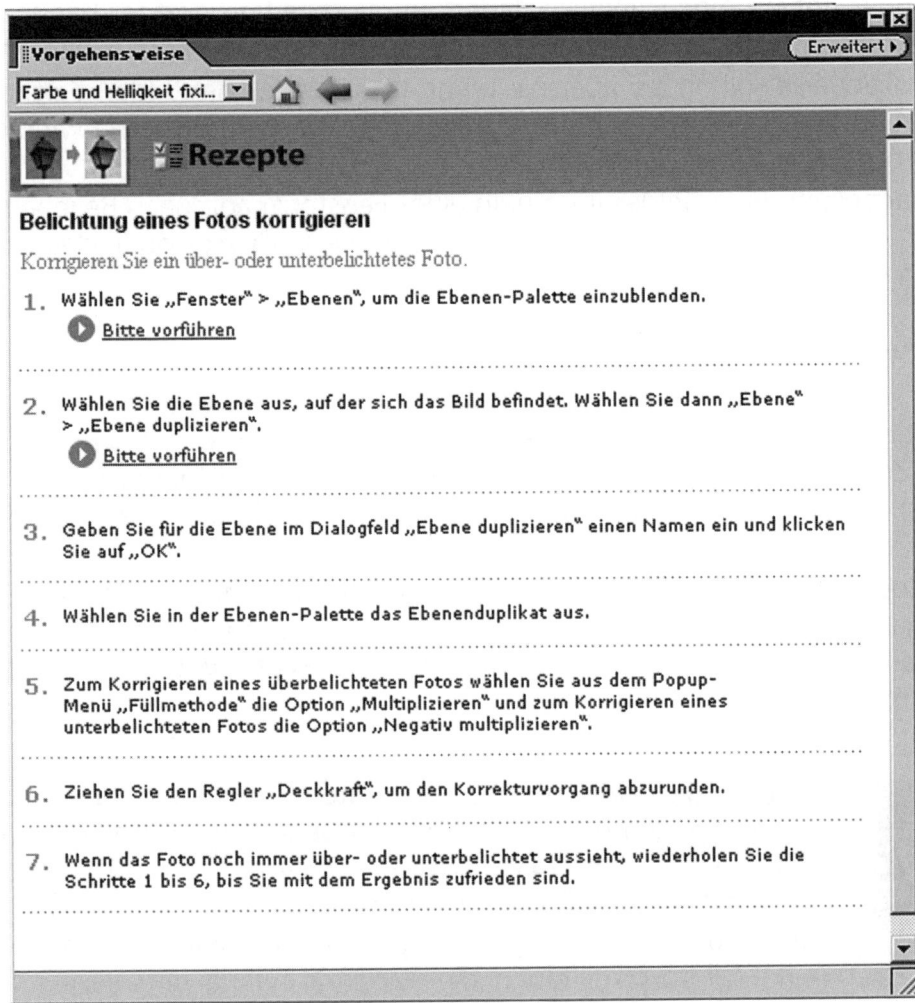

Abbildung 2.22: Rezeptanleitung zum Aufhellen eines Bildes

Die **Rezepte**-Palette enthält ein Menü mit Themen, aus denen Sie auswählen können, zu welchem Problem Sie sich eine Technik vorführen lassen möchten. Dazu gehören beispielsweise häufige Schwierigkeiten wie rote Augen entfernen, ein Bild scharfzeichnen, ein Bild skalieren oder auch ein Bild aufhellen.

Bildfenster und Navigation

Jedes geöffnete Bild wird in Photoshop Elements in einem eigenen Fenster angezeigt. Sie können auch mehrere Bilder gleichzeitig öffnen, manchmal ist das sogar notwendig! Wie viele Bilder Sie gleichzeitig geöffnet haben können, ist eigentlich nur durch den Arbeitsspeicher Ihres Computer begrenzt.

Sinnvollerweise sollten Sie aber nie mehr als drei oder vier Bilder gleichzeitig öffnen, da sich sonst in den meisten Fällen die Verarbeitungsgeschwindigkeit des Programms ziemlich verlangsamt.

Die Darstellung eines Bildes innerhalb eines Fensters kann nach Belieben verändert werden. Sie können ein Bild beispielsweise größer oder kleiner darstellen lassen.

Zoomen

Unter »Zoomen« versteht man das Vergrößern oder Verkleinern der Bildschirmdarstellung. Bitte verwechseln Sie »Zoomen« nicht mit »Bildgröße«. Beim Zoomen wird nur die Darstellung eines Bildes am Monitor größer oder kleiner. Beim Verändern der Bildgröße wird die Anzahl der Pixel im Bild vergrößert oder verkleinert.

Das Zoomen dient dazu, Details eines Bildes am Monitor größer darzustellen, um sie besser korrigieren oder verändern zu können. Dazu verwendet man am besten die Lupe bzw. die Menübefehle **EINZOOMEN** und **AUSZOOMEN** im Menü **ANSICHT**.

Um die Qualität eines Bildes realistisch beurteilen zu können, lassen Sie sich die tatsächliche Größe anzeigen. Das geht mit dem Menübefehl **TATSÄCHLICHE GRÖßE** im Menü **ANSICHT** oder mit Doppelklick auf die Lupe (= Zoomstufe 100 %). Dabei wird das Bild 1:1 angezeigt, d.h., ein Bildpixel wird durch ein Monitorpixel (auch der Monitor hat ja eine Pixelauflösung!) dargestellt. Alle anderen Zoomstufen werden durch Interpolation angezeigt. Dabei kann es zu Ungenauigkeiten der Darstellung kommen. Schräge Linien können beispielsweise gezackt aussehen und manchmal sieht man auch Schlieren im Bild. Um zu überprüfen, ob die gezackte Linie oder die Schlieren wirklich im Bild existieren, gehen Sie in die Zoomstufe 100 %. Sehen Sie die Fehler dann immer noch, ist das Bild wirklich qualitativ schlecht!

Bildfenster und Navigation

Abbildung 2.23: Gezackte Linien bei interpolierter Zoomstufe sind in der 100%-Darstellung nicht zu sehen.

Der Menübefehl **AUSGABEGRÖSSE** im Menü **ANSICHT** versucht, am Bildschirm die Größe der gedruckten Darstellung zu simulieren. Dazu greift er auf die aktuellen Einstellungen im Menü **DRUCKEN** zu. Dort ist nämlich die Papiergröße des aktuell gewählten Druckers eingestellt.

Navigator

Der Navigator ist, wie sollte es auch anders sein, noch eine weitere Palette. Sie lässt sich jedoch, im Unterschied zu vielen anderen Paletten, in der Größe verändern. Mit Hilfe des Navigators können Sie stufenlos in einem Bild ein- und auszoomen. Und das ganz einfach per Schieberegler.

Das Ergebnis des Zoomen sehen Sie sofort im Bildfenster. Man nennt dies »in Echtzeit«. Durch eine geschickte Programmierung der Speicherverwaltung ist es den Adobe-Entwicklern gelungen, dieses Zoomen in Echtzeit fast unabhängig von der Größe des Bildes zu machen. Auch in einem sehr gro-

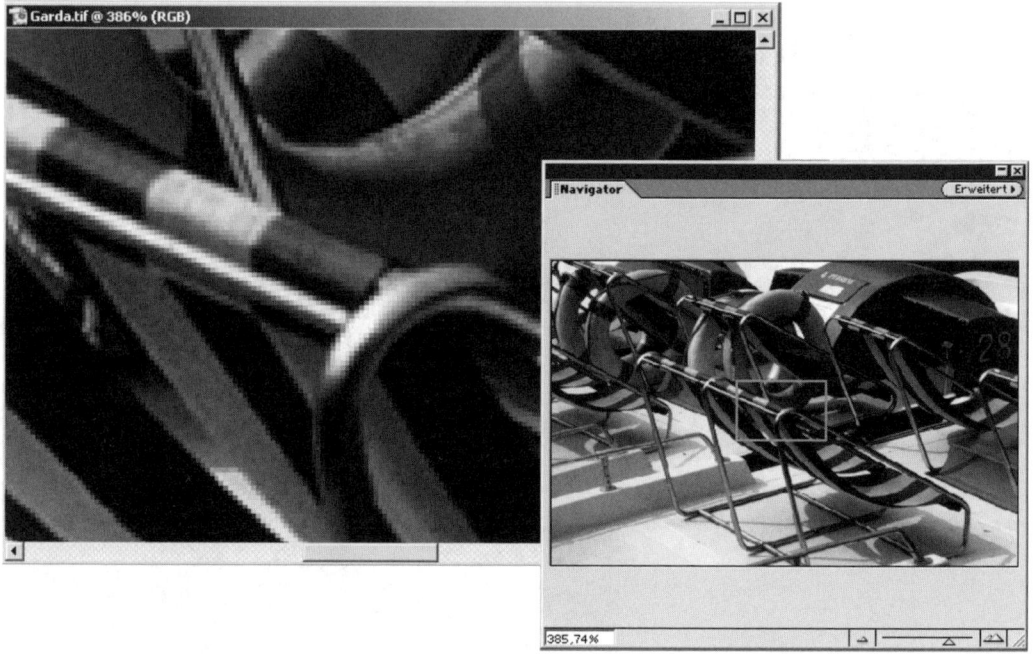

Abbildung 2.24: Navigator zum stufenlosen Zoomen

ßen Bild funktioniert das Zoomen mit Hilfe des Navigators praktisch ohne zeitliche Verzögerung.

Die Zahl links unten in der Palettenecke zeigt die aktuelle Zoomstufe an. Durch Klicken auf die kleinen und großen Berge links und rechts vom Schieberegler können Sie in größeren Sprüngen ein- oder auszoomen.

Widerrufen von Arbeitsschritten

Rückgängig machen

Sie kennen das sicher von anderen Programmen. Schnell hat man sich mal verschrieben oder einen Menübefehl angeklickt, den man eigentlich nicht wollte oder man hat ganz einfach aufs falsche Knöpfchen gedrückt. Praktisch jedes Programm auf einem Computer bietet Ihnen die Möglichkeit, den letzten Arbeitsschritt rückgängig zu machen. Natürlich auch Photoshop Elements.

Widerrufen von Arbeitsschritten

Den Befehl finden Sie unter Windows in jedem Programm an der gleichen Stelle, nämlich im Menü **BEARBEITEN**. Das Tastenkürzel dafür ist, auch wieder in allen Windows-Programmen, [Strg]+[Z].

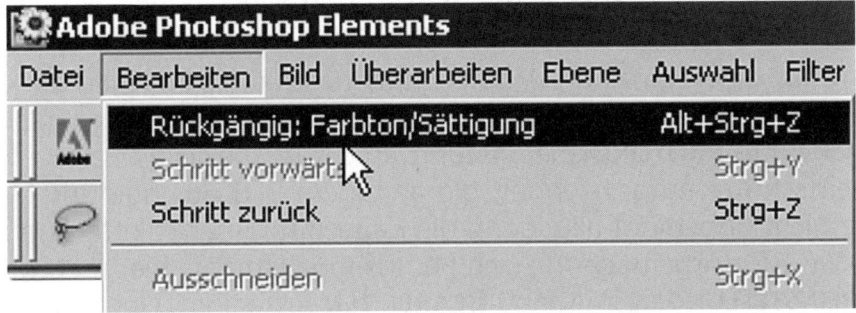

Abbildung 2.25: Den letzten Arbeitsschritt rückgängig machen

Die andere Möglichkeit ist, zur letzten gespeicherten Version eines Bildes zurückzukehren. Damit werden aber **alle** Arbeitsschritte gelöscht, die seit dem letzten Speichern des Bildes durchgeführt wurden.

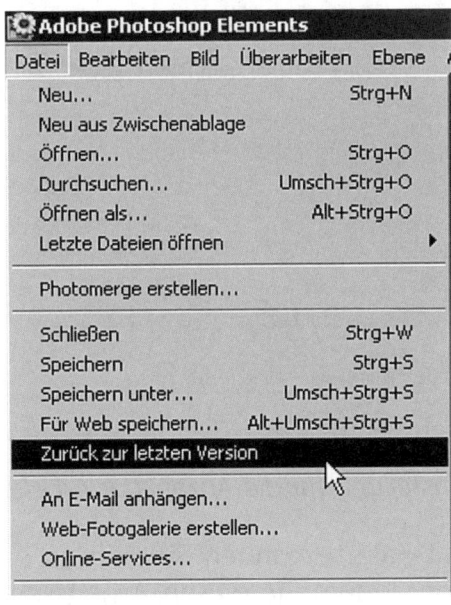

Abbildung 2.26: Zurück zur letzten gespeicherten Version eines Bildes

Protokoll

Bildbearbeitung in Photoshop Elements besteht meist aus mehreren, aufeinander folgenden Befehlen oder es werden verschiedene Werkzeuge benutzt oder eine Kombination aus Menübefehlen und Werkzeugen. Das ist sogar die häufigste Variante.

Um nicht nur einen einzigen Arbeitsschritt rückgängig machen zu können oder gar alle Bearbeitungen seit dem letzten Speichervorgang, hat Adobe das so genannte **PROTOKOLL** eingeführt. In dieser speziellen Palette werden alle Arbeitsschritte aufgezeichnet, die an einem Bild durchgeführt werden. Nun gut, nicht unbedingt alle, denn die Kapazität dieser Palette ist auch begrenzt. Wie viele Arbeitsschritte sich Photoshop Elements hier merkt, wird in den **VOREINSTELLUNGEN** im Menü **BEARBEITEN** festgelegt. Der Standard sind 20 Schritte.

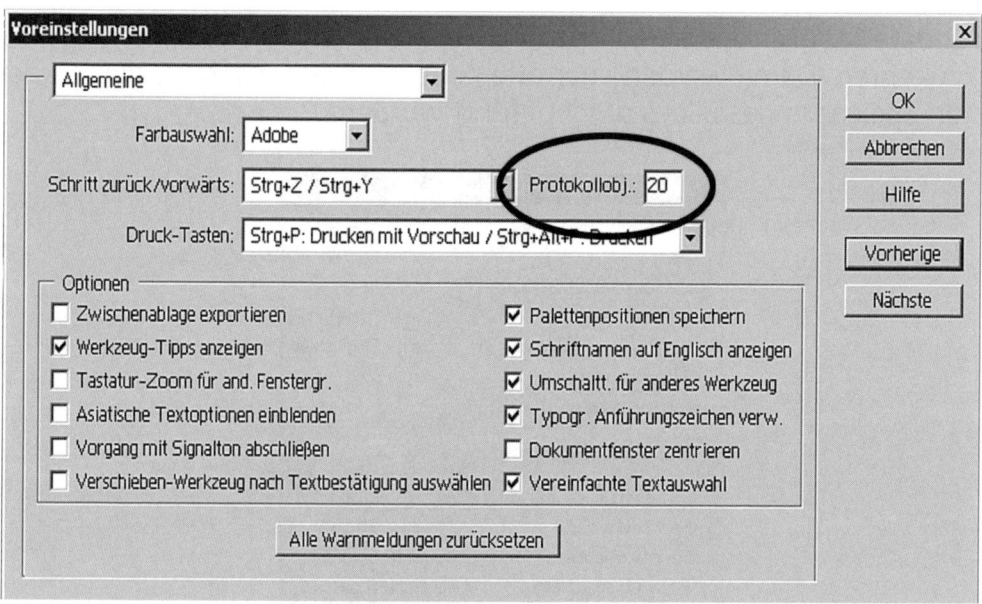

Abbildung 2.27: Voreinstellung für die Anzahl der Arbeitsschritte im Protokoll

Anhand der **PROTOKOLL**-Palette können Sie nun zu einem bestimmten Arbeitsschritt zurückkehren, indem Sie diesen Arbeitsschritt in der Palette anklicken. Von dort aus lässt sich dann weiterarbeiten und alle Arbeitsschritte, die nach dem angeklickten Schritt kamen, werden in der Palette gelöscht.

Normalerweise reicht die Zahl von 20 Arbeitsschritten aber aus. Ansonsten sollten Sie sich vielleicht auch mal Gedanken über Ihre Arbeitsweise machen.

Widerrufen von Arbeitsschritten

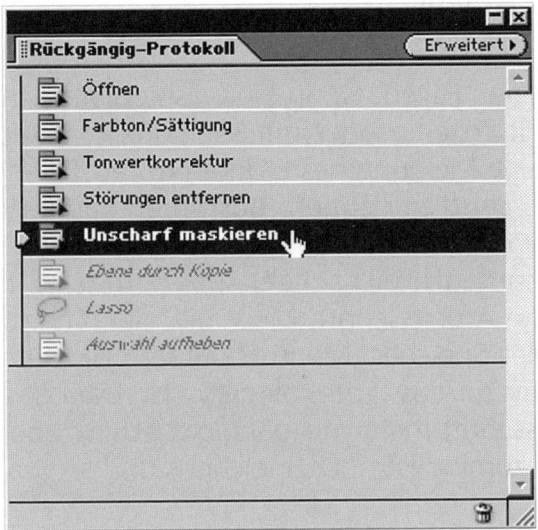

Abbildung 2.28: Zurück zu einem bestimmten Arbeitsschritt

Auch hier ist Vorsicht geboten. Photoshop Elements zeichnet jeden einzelnen Klick mit der Maus auf. Wenn Sie also beispielsweise mit dem Radiergummi fünfmal klicken, um Pixel zu löschen, dann sind das fünf Arbeitsschritte. Die Standardzahl von 20 Schritten ist auf diese Weise schnell erreicht. Photoshop Elements fängt dann neu an, indem der erste Arbeitsschritt in der Liste gelöscht und durch den aktuellen Schritt ersetzt wird.

Sie können natürlich auch 120 Arbeitsschritte vorgeben, aber denken Sie daran, das kostet alles Arbeitsspeicher und damit auch Arbeitsgeschwindigkeit. Das Protokoll wird zudem für jedes geöffnete Bild geführt. Wenn Sie also mehrere Bilder gleichzeitig geöffnet haben, erhöht das den Speicherbedarf enorm. Die Protokolle werden erst wieder gelöscht, wenn ein Bild geschlossen wird. Bislang gibt es auch keine Möglichkeit, das Protokoll mit dem Bild zu speichern. Dann könnte man nämlich nachvollziehen, was man mit einem Bild so alles gemacht hat. Vielleicht ein Vorschlag fürs nächste Update?

Kapitel 2 Überblick über Photoshop Elements

Der Speicherplatz ist voll

In seltenen Fällen, wenn Sie beispielsweise mit sehr vielen Bildern gleichzeitig oder mit sehr großen Bilddateien arbeiten, kann eine Meldung des Programms auftauchen, dass es einen Arbeitsschritt nicht mehr ausführen kann, weil kein Speicher mehr vorhanden ist. Das ist besonders ärgerlich, weil sich das Bild dann auch nicht mehr speichern lässt, das ist schließlich auch ein Arbeitsschritt. Meist hilft dann nur noch das **ENTLEEREN** aller Speicher (Menü **BEARBEITEN**). Damit wird auch der Speicher für das Protokoll gelöscht. Dann lässt sich zwar kein Arbeitsschritt mehr rückgängig machen, aber Sie können Ihre Arbeit zumindest noch speichern und sie war nicht ganz umsonst.

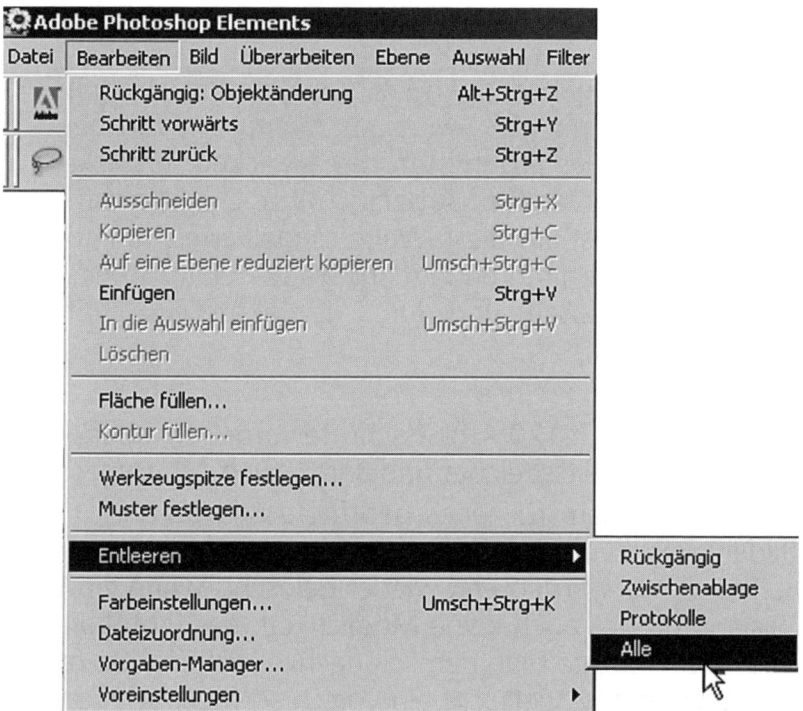

Abbildung 2.29: Entleeren aller Speicherbereiche

Sollte Ihnen das Programm jedoch einmal sagen, dass »das primäre Arbeitsvolume voll ist«, hilft Ihnen auch das Entleeren nicht mehr. Photoshop Elements legt nämlich auf Ihrer Festplatte so genannte **Arbeitsdateien** an, man nennt das **virtuelle Speicherverwaltung**. Das machen auch andere Programme. Bei der Bildverarbeitung können jedoch ungewöhnlich große Arbeitsdateien entstehen, insbesondere bei der Arbeit an vielen Bildern gleichzeitig oder bei der Arbeit mit sehr großen Dateien.

Mit der erwähnten Meldung will Ihnen Photoshop Elements zu verstehen geben, dass auf der Festplatte kein Platz mehr für seine Arbeitsdateien ist. Dann hilft nur noch: Festplatte aufräumen, alles runter, was nicht unbedingt gebraucht wird. Und vor allem mal über eine größere Festplatte nachdenken. Speichermedien in der Größenordnung von 10 Gigabyte und mehr sind heute enorm günstig geworden und können problemlos nachträglich in den Computer eingebaut werden.

Zusammenfassung

In diesem Kapitel haben Sie erfahren, wie der Arbeitsbereich von Photoshop Elements aussieht. Ich habe Ihnen einen Überblick darüber gegeben, welche Menüs es in dem Programm gibt und wozu sie dienen. Ich habe erklärt, wozu Paletten gut sind und dass Sie sie abreißen und neu zusammenstellen können. Ich habe außerdem erklärt, welche Werkzeuge es in Photoshop Elements gibt und wozu sie da sind.

Sie haben erfahren, dass Photoshop Elements ein umfangreiches Online-Hilfesystem besitzt, und Sie haben gelernt, wie man damit umgeht. Zu guter Letzt haben Sie erfahren, wie man Arbeitsschritte rückgängig macht und das Protokoll gezielt einsetzt.

Kapitel 2 Überblick über Photoshop Elements

Übungsfragen

1. In welchem Menü finden sich die Befehle, um Farbe, Helligkeit und Kontrast zu verändern?
2. Wie können Sie die Anordnung und Zusammenstellung von Paletten ändern?
3. Was zeigt die Optionsleiste?
4. Wozu dienen Auswahlwerkzeuge?
5. Was versteht man unter *Rastern*?
6. Wozu dient das Hand-Werkzeug?
7. Wie können Sie das Online-Hilfesystem aufrufen?
8. Was sind Rezepte?
9. Warum sollten Sie sich ein Bild in der Zoomstufe 100 % anzeigen lassen?
10. Wird beim Zoomen die Anzahl der Bildpixel verändert, um ein Bild größer darzustellen?
11. Wozu dient der **Navigator**?
12. Wie können Sie den letzten Arbeitsschritt rückgängig machen?
13. Was ist der Unterschied zwischen **Rückgängig** und **Zurück zur letzten Version**?
14. Was listet das **Protokoll** auf?
15. Können Sie zu einem ganz bestimmten Punkt der Bildbearbeitung zurückkehren?
16. Wann wird ein Protokoll gelöscht?
17. Wozu dient eine »virtuelle Arbeitsdatei«?

Kapitel 3
Grundlagen digitaler Bildverarbeitung

Bevor ich mich den Möglichkeiten digitaler Bildbearbeitung zuwende und mit vielen interessanten Techniken beschäftige, wie man Bilder verändern, verschönern oder zusammenbasteln kann, sollten Sie einen kleinen Ausflug in die Theorie unternehmen. Ich weiß, Theorie ist meistens langweilig oder kompliziert oder beides zusammen.

Ich will ja auch nicht zu tief einsteigen, aber ein bisschen Theorie hilft ganz gewaltig, um zu verstehen, wie die einzelnen Bildbearbeitungstechniken funktionieren. Und was man versteht, ist auch leichter nachvollziehbar, ganz abgesehen davon, dass man es sich leichter merken kann!

In diesem Kapitel erfahren Sie

- ✓ etwas über Farbtheorie
- ✓ wie wir sehen und warum das für Bildbearbeitung wichtig ist
- ✓ was Helligkeit und Kontrast sind und wie man sie verändert
- ✓ wie man Farben in einem Bild verändert

Kapitel 3   Grundlagen digitaler Bildverarbeitung

Wie sehen Menschen eigentlich und warum ist das für die Bildbearbeitung so wichtig?

Warum retuschieren Sie eigentlich Bilder? Warum müssen »qualitative Verbesserungen« an Bildern überhaupt vorgenommen werden? Nun, das hat mit unserer Art und Weise zu tun, wie wir Bilder sehen und wie wir Farben wahrnehmen.

Beschäftigen Sie sich also erst einmal mit dem Sehen. Die wichtigste Voraussetzung, damit Sie überhaupt etwas sehen, ist Licht. Eigentlich ist Licht, gemeint ist natürlich Sonnenlicht, ein Teil der elektromagnetischen Strahlung. Unsere Augen haben sich im Laufe der Evolution darauf spezialisiert, einen Teil dieser Strahlung wahrnehmen zu können. Sie besitzen, vergleichbar mit den Sensoren eines Scanners, Nervenzellen, die auf verschiedene Wellenlängenbereiche des Lichtes reagieren.

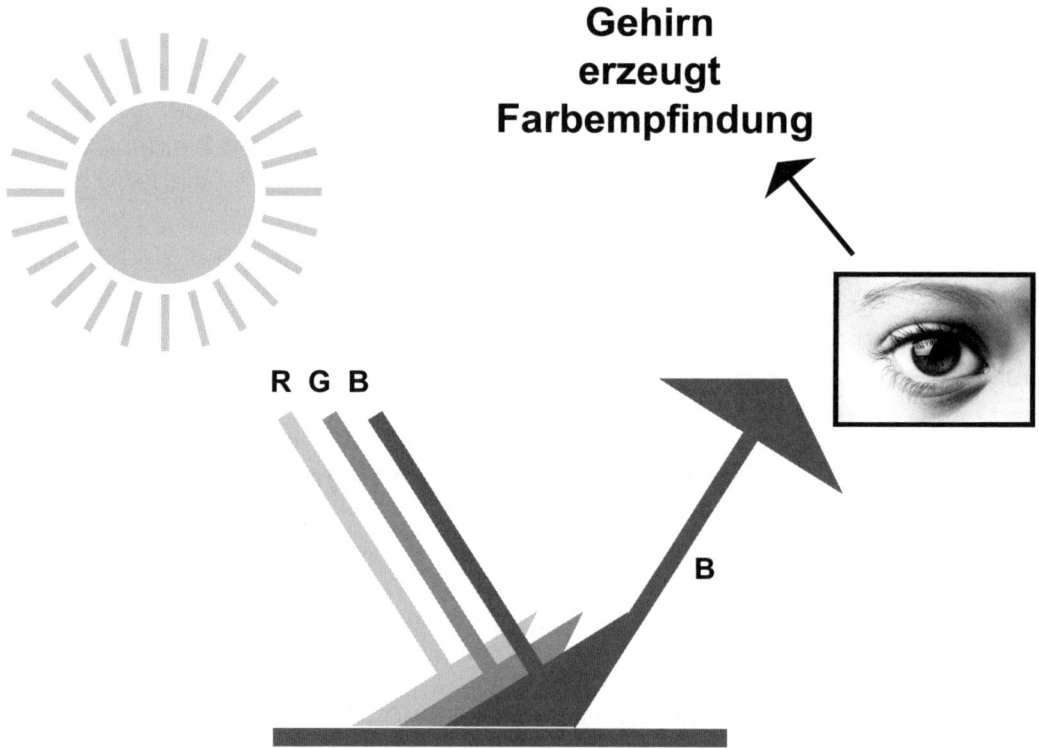

Abbildung 3.1: Schematischer Ablauf der Sehfunktion

Wie sehen Menschen eigentlich?

Additive und subtraktive Farbmischung

Vielleicht können Sie sich noch an den Physikunterricht in der Schule erinnern. Da gab es diesen schönen Versuch mit einem roten, grünen und blauen Strahler. Wenn man alle gemeinsam auf eine weiße Wand richtet, bleibt die Wand dort, wo sich alle drei überschneiden, weiß. Dort, wo sich jeweils nur zwei Farben überlappen, entstehen die Mischfarben Cyan (= Hellblau), Magenta (= helles Weinrot) und Gelb. Man bezeichnet die Farben Rot, Grün und Blau auch als **additive Grundfarben,** da sie sich zu Weiß addieren. Die Mischfarben Cyan, Magenta und Gelb sind die **subtraktiven Grundfarben**. Sie wirken als Filter für die additiven Grundfarben. Dabei filtert Cyan Rot aus, Magenta filtert Grün aus und Gelb filtert Blau aus. Wenn man alles ausfiltert, bleibt kein Licht mehr übrig. Es ist dunkel oder anders ausgedrückt – Schwarz. Cyan, Magenta und Gelb zusammen ergeben also, theoretisch, Schwarz.

Siehe Abbildung F4 im Farbteil: Rotes, grünes und blaues Licht ergeben zusammen weißes Licht.

Siehe Abbildung F5 im Farbteil: Die Mischfarben Cyan, Magenta und Gelb wirken als Filter und ergeben Schwarz.

Das Sonnenlicht empfinden wir normalerweise als weiß bzw. farblos. Wird es jedoch durch ein Prisma zerlegt wie bei einem Regenbogen, lässt sich erkennen, dass es aus verschiedenen Grundfarben besteht, die zusammen Weiß ergeben. Auf die Farbbereiche Rot, Grün und Blau haben sich beispielsweise auch die Nervenzellen in unseren Augen spezialisiert. Wir sehen also primär Rot, Grün und Blau.

Kommt Ihnen bekannt vor? Richtig – auch der Scanner tastet die Vorlage mit Licht ab und zerlegt sie in einen roten, grünen und einen blauen Anteil. Er ahmt also unsere Sehweise nach.

Aus dem oben beschriebenen Versuch lässt sich leicht der so genannte Farbkreis erstellen. Er zeigt die Farben in der Reihenfolge ihrer Wellenlängen und bildet die Grundlage für alle Farbmodelle und -beschreibungen, die Sie im Laufe dieses Buches noch kennen lernen werden. Diese Reihenfolge der Grundfarben ist immer gleich, da sie ja durch die Physik des Lichtes vorgegeben ist, und spielt auch bei Farbkorrekturen in Photoshop Elements eine wichtige Rolle.

Siehe Abbildung F6 im Farbteil: Spektrum des sichtbaren Lichts, aufgegliedert in seine Farbbestandteile

Siehe Abbildung F7 im Farbteil: Farbkreis, der sich aus der Physik des Lichts ergibt

Komplementärfarben

Wichtig für die Farbbearbeitung digitaler Bilder ist das Prinzip der so genannten **Komplementärfarben**, das sich aus dem Farbkreis ergibt. Als Komplementärfarben versteht man alle Farben, die sich im Kreis genau gegenüberliegen. Daraus lassen sich drei charakteristische Farbenpaare zusammenstellen – Komplementärfarbenpaare:

    Rot   – Cyan
    Grün – Magenta
    Blau – Gelb

Was hilft Ihnen das bei der Farbbearbeitung? Nun, wenn ein Bild beispielsweise zu rot ist, also einen roten Farbstich enthält, kann man das ausgleichen, indem man die Komplementärfarbe Cyan verstärkt. Genauso funktioniert das bei Grün und Magenta und bei Blau und Gelb. Die Komplementärfarben ergeben immer eine so genannte **Farbbalance** im Bild.

Helligkeit und Kontrast

Sie haben bereits erfahren, dass unsere Augen Nervenzellen enthalten, die auf Farbanteile des Lichtes reagieren. Nun gibt es aber noch eine zweite Sorte von Nervenzellen in unseren Augen, die nur auf Helligkeit reagieren. Mit diesen Nervenzellen sehen wir nämlich nachts. Nachts ist meist zu wenig natürliches Licht vorhanden, um Farben sehen zu können. Damit wir in der nächtlichen Dunkelheit überhaupt etwas sehen können, haben wir diese zweite Sorte von Sehzellen, die nur auf Hell-Dunkel reagieren.

Wie heißt es so schön – nachts sind alle Katzen grau. Klar, wenn Sie nachts keine Farben wahrnehmen können, bleibt ja nur noch hell und dunkel übrig oder irgendetwas dazwischen, also grau.

Unsere optische Wahrnehmung ist demnach zweigeteilt. Wir sehen Farben und wir sehen Hell-Dunkel. Den Unterschied zwischen Hell und Dunkel bezeichnet man als **Kontrast**. Der größte Kontrast in der Natur besteht aus Schwarz und Weiß. Es gibt nichts Helleres als Weiß und nichts Dunkleres als Schwarz.

Abbildung 3.2: Verlauf von Schwarz nach Weiß mit Graustufen

Kommt Ihnen auch wieder bekannt vor? Richtig, auch der Scanner unterscheidet zwischen hellen und dunklen Stellen in der Vorlage. Die Abstufungen zwischen Schwarz und Weiß haben wir dort als Graustufen oder Tonwerte bezeichnet. Die kann man beispielsweise mit Hilfe einer **Tonwertkorrektur** verändern.

Auch zwischen Farben bestehen Unterschiede. Es gibt beispielsweise helle und dunkle Farben. In diesem Fall spricht man genauer von **Farbkontrast**. Die meisten Menschen würden wahrscheinlich eher **Farbunterschied** sagen.

Der Kontrast ist im Übrigen für unser Sehen wichtig, wenn es um Details geht. Bei höherem Kontrast können wir Details besser auseinander halten, wir sehen »schärfer«. Diesen Umstand macht man sich bei dem so genannten »Scharfzeichenfilter« zunutze. Ein Scharfzeichner erhöht einfach nur die Kontraste im Bild. Sie können dadurch Details besser auseinander halten und sehen das Bild »schärfer«.

Durch einen Scharfzeichenfilter kommen jedoch nicht mehr Details ins Bild, als vorher schon da waren! Sie sehen sie nur besser. Details, die der Scanner nicht erkannt hat, sind nun eben mal nicht im digitalen Bild vorhanden. Auch können Sie auf diese Weise ein unscharfes Bild nicht wieder scharf bekommen. Das hat nämlich nicht unbedingt etwas mit Kontrast zu tun, sondern mit der Fokussierung, also der Bildschärfeebene beim Fotografieren. **Einmal unscharf heißt immer unscharf!**

Kapitel 3   Grundlagen digitaler Bildverarbeitung

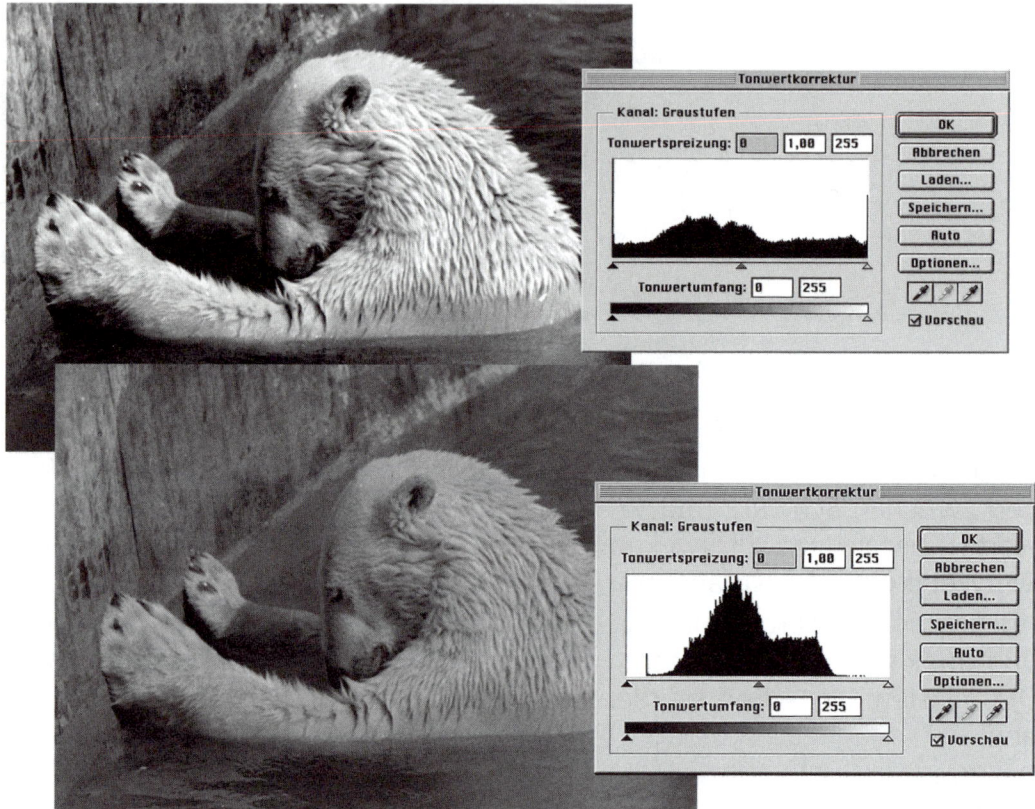

Abbildung 3.3: Ein Bild wirkt schärfer durch höheren Kontrast.

Korrektur von Helligkeit und Kontrast – ein Bild heller, dunkler oder schärfer machen

Um die Helligkeit eines Bildes zu korrigieren, gibt es eine ganze Reihe von Möglichkeiten. In den meisten Fällen bietet Ihnen Photoshop Elements mindestens zwei Möglichkeiten an – eine narrensichere und mehr oder weniger automatische Korrektur oder Sie können selber drehen und schieben. Die Befehle zum Korrigieren von Helligkeit und Kontrast finden Sie (fast) alle im Menü ÜBERARBEITEN.

Quickfix – der schnellste Weg

Beginnen Sie mit der narrensicheren Methode und öffnen Sie das Menü QUICKFIX. Dieses Menü ist der schnellste Weg, ein Bild grundlegend zu

Korrektur von Helligkeit und Kontrast

überarbeiten. Sie können Anpassungskategorien wählen wie Helligkeit, Farbkorrektur, Fokus oder Drehen.

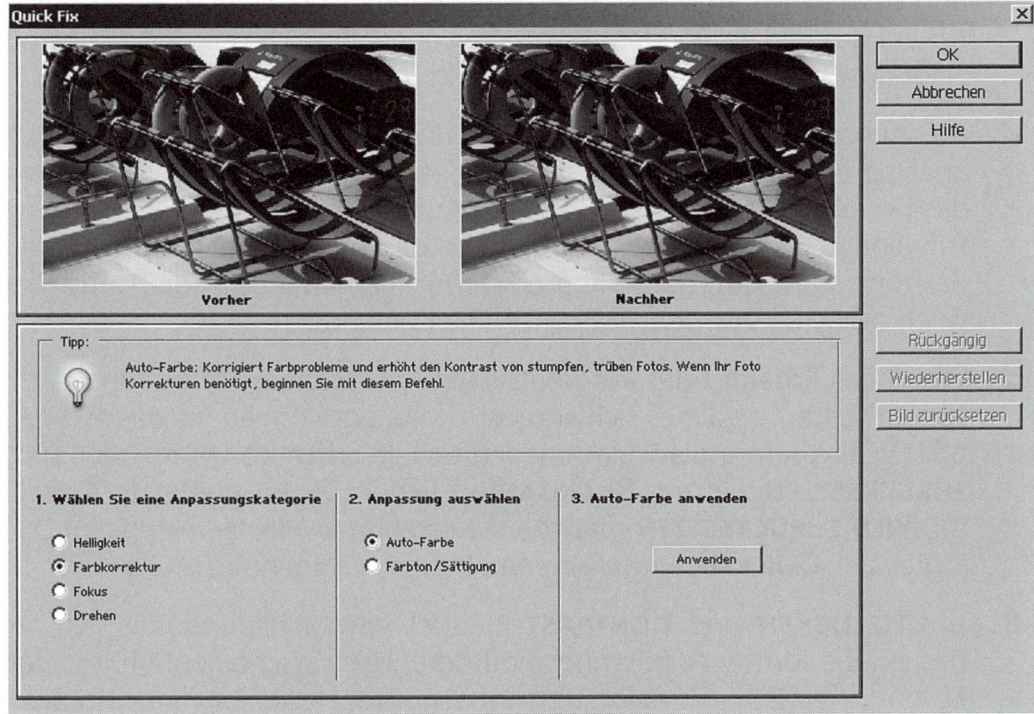

Abbildung 3.4: Das Korrekturdialogfenster QUICKFIX

Zu jeder Anpassungskategorie und Anpassungsmethode gibt es auch hier wieder umfangreiche Hilfetexte, die erklären, wie und wofür eine Option eingesetzt wird. Ansonsten gilt grundsätzlich – **Ausprobieren**! Solange Sie das Dialogfenster QUICKFIX (oder irgendein anderes Dialogfenster) nicht mit **OK** bestätigen, passiert ja in der Bilddatei sowieso nichts. Sie können in jedem Dialogfenster nach Belieben ausprobieren, und wenn es Ihnen nicht gefällt, verlassen Sie das Dialogfenster mit **ABBRECHEN**. Dann passiert gar nichts!

Kapitel 3   Grundlagen digitaler Bildverarbeitung

1. Klicken Sie auf die Anpassungskategorie **Helligkeit**. Der Inhalt des Menüs rechts daneben ändert sich und zeigt fünf Anpassungen: Auto-Kontrast, Auto-Tonwertkorrektur, Helligkeit/Kontrast, Aufhellblitz und Gegenlicht. Im Menü ganz rechts können Sie die gewählte Korrektur auf das Bild anwenden lassen. Der obere Bereich des Dialogfensters zeigt das Bild vor und nach den Korrekturen im direkten Vergleich.

2. Die Anpassungen **Auto-Kontrast** und **Auto-Tonwertkorrektur** analysieren das Bild und passen den Gesamtkontrast und die Farbigkeit des Bildes nach festen Vorgaben an. Auf diese Vorgaben haben Sie, als Anwender, jedoch keinerlei Einfluss. In den meisten Fällen funktioniert das auch ganz gut, Sie sollten erfahrungsgemäß jedoch die Auto-Tonwertkorrektur **vor** dem Auto-Kontrast anwenden.

3. Wenn das Ergebnis der automatischen Korrekturen doch einmal nicht so sein sollte, wie Sie es sich vorgestellt haben, können Sie das erst einmal widerrufen, indem Sie auf den Schalter **Rückgängig** oder **Bild zurücksetzen** klicken. **Rückgängig** widerruft nur die letzte Korrektur, **Bild zurücksetzen** macht alle Korrekturen, die Sie bereits im Dialogfenster **Quickfix** vorgenommen haben, rückgängig.

4. Um **Helligkeit** und **Kontrast** manuell einzustellen, eignet sich am besten die dritte Anpassungsmethode. Hier erscheinen im rechten Menü zwei Schieberegler, mit denen Sie Helligkeit und Kontrast getrennt und nach Belieben erhöhen oder verringern können (siehe Abbildung 3.5).

Die beiden letzten Anpassungen für Helligkeit und Kontrast stammen aus der Trickkiste der Fotografen.

5. Ein **Aufhellblitz** wird beispielsweise eingesetzt, um eine Person oder einen Gegenstand von vorne zu beleuchten, wenn die natürlichen Lichtquellen hinter der Person oder dem Gegenstand liegen. Unser digitaler Aufhellblitz macht ein zu dunkles Bild insgesamt heller. Das lässt sich über einen Schieberegler einstellen. Damit die Farben nicht zu blass werden, lässt sich die Intensität der Farben, im Fachjargon als **Sättigung** bezeichnet, ebenfalls über einen Schieberegler erhöhen (siehe Abbildung 3.6).

Korrektur von Helligkeit und Kontrast

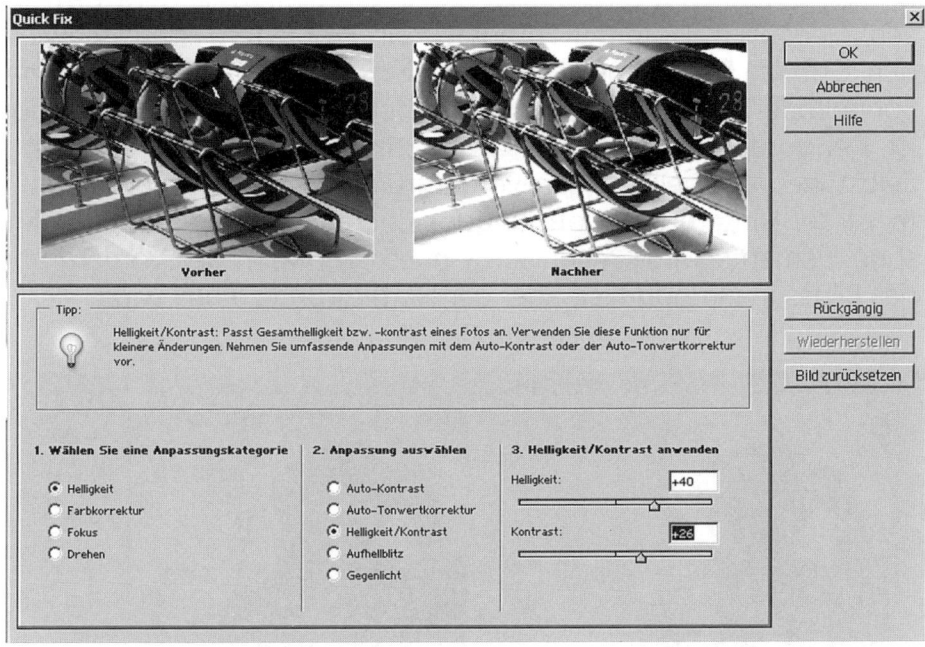

Abbildung 3.5: Helligkeit und Kontrast manuell einstellen

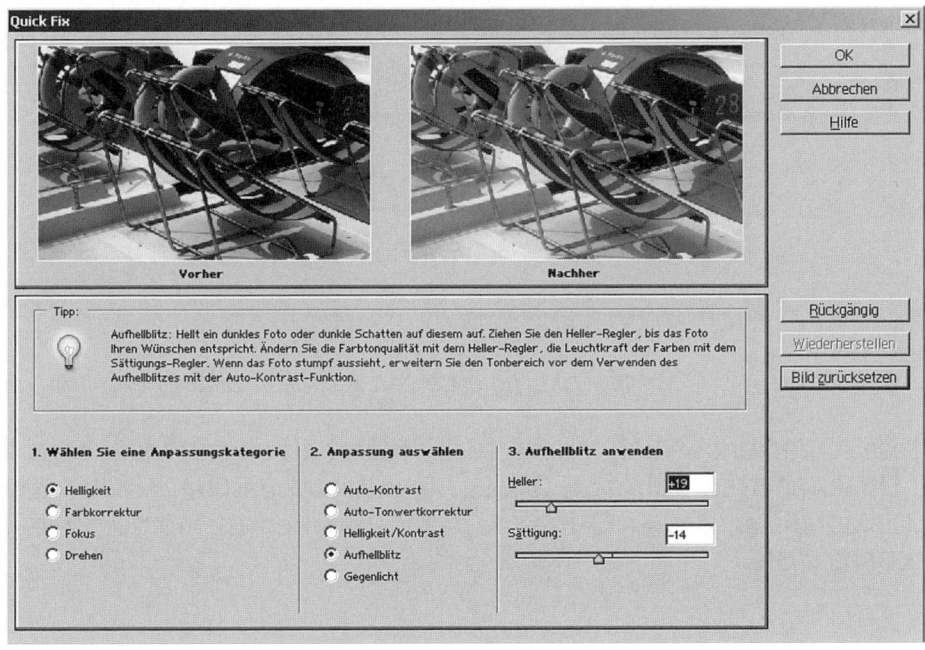

Abbildung 3.6: Aufhellblitz bei einem zu dunklen Originalbild

Kapitel 3 Grundlagen digitaler Bildverarbeitung

6. Das Gegenteil wird erreicht, wenn Sie die Option **GEGENLICHT** einsetzen. Gegenlicht ist in der Fotografie ein Problem, das nur schwierig in den Griff zu bekommen ist. Es bezeichnet eine Situation, wenn die Sonne (oder Lichtquelle) dem Fotografen genau gegenüber positioniert ist. Der Vordergrund wird meist zu dunkel und der Hintergrund zu hell. Selbst wenn es gelingt, den Vordergrund korrekt auszubelichten, wird meist der Hintergrund hoffnungslos überbelichtet. Im Falle von Photoshop Elements wird Gegenlicht eingesetzt, wenn der Vordergrund eines Bildes in Ordnung ist, aber der Hintergrund zu hell wirkt.

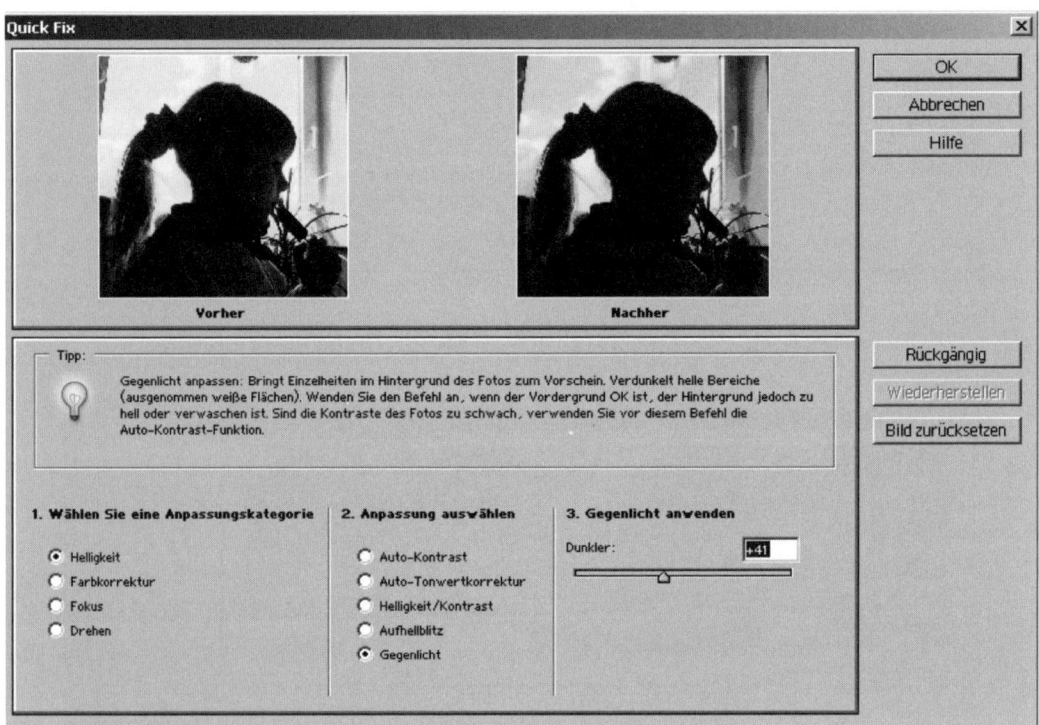

Abbildung 3.7: Gegenlicht korrigiert einen zu hellen Bildhintergrund.

Alle diese Anpassungen können Sie auch separat als eigene Menübefehle im Menü **ÜBERARBEITEN** aufrufen. Dieses Menü bietet darüber hinaus ein weiteres Dialogfenster, das in **QUICKFIX** nicht enthalten ist, nämlich die **TONWERTKORREKTUR**.

Tonwertkorrektur – das manuelle Einstellen von Helligkeit und Kontrast

Dieses interessante Menü ist zu finden unter **HELLIGKEIT/KONTRAST ANPAS-SEN**. Es zeigt Ihnen zunächst einmal ein seltsames Gebirge aus Strichen. Man nennt es **Histogramm**.

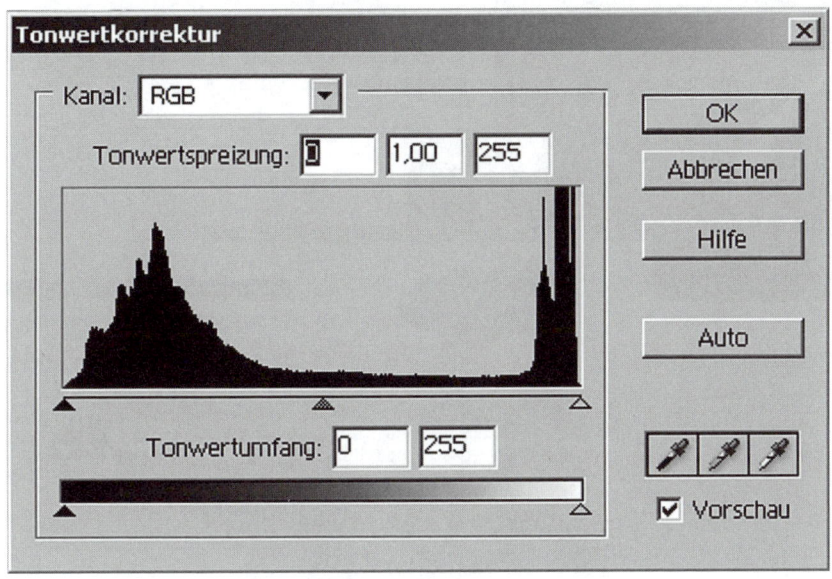

Abbildung 3.8: Histogramm für die Tonwertkorrektur

Was macht dieses Histogramm? Man könnte es als eine statistische Verteilungskurve für Tonwerte bezeichnen. Klingt wieder fürchterlich kompliziert! Das Histogramm zeigt Ihnen zunächst von links nach rechts die Tonwerte von Schwarz bis Weiß, man nennt das **Tonwertumfang**. Die Höhe der Striche bezeichnet die Anzahl der Pixel, die im Bild für den jeweiligen Tonwert existieren. Je höher der Strich, umso mehr Pixel gibt es im Bild, die den entsprechenden Tonwert besitzen.

Man kann aus einem Histogramm also ablesen, ob ein Bild heller oder dunkler ist. Liegt der größte Berg auf der linken Seite, gibt es mehr dunkle Pixel, das Bild ist also dunkler. Liegt der größere Berg auf der rechten Seite, enthält das Bild mehr helle Pixel, es ist heller.

Kapitel 3 Grundlagen digitaler Bildverarbeitung

Abbildung 3.9: Histogramme für ein dunkles und ein helles Bild

Man kann aus einem Histogramm aber noch mehr ablesen. Beispielsweise, welches der hellste und der dunkelste Tonwert ist. Die 256 Graustufen, die ein Bild enthalten kann, werden mit Zahlenwerten charakterisiert. Sie gehen von »0« (= Schwarz) bis »255« (= Weiß). Wenn der Umfang des Histogramms von ganz links außen bis ganz rechts außen geht, besitzt das Bild einen hohen Kontrast und vor allem den vollen **Tonwertumfang**. Der Unterschied zwischen dem hellsten und dem dunkelsten Tonwert ist sehr groß, der Kontrast ist also hoch.

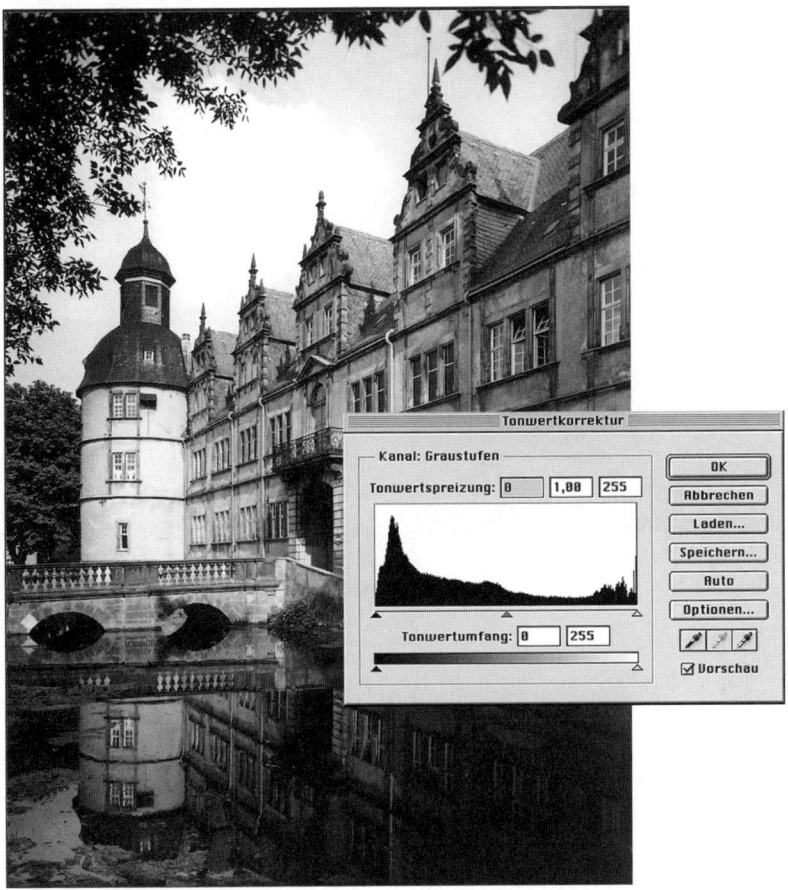

Abbildung 3.10: Kontrastreiches Bild und das dazu gehörende Histogramm

Ein Bild, das eher flau aussieht, also keinen hohen Kontrast enthält, enthält ein Histogramm, dessen Eckwerte weiter innen liegen. Je weiter die Werte für Schwarz und Weiß vom linken und rechten Rand entfernt sind, umso niedriger ist der Kontrast im Bild.

Kapitel 3   Grundlagen digitaler Bildverarbeitung

Abbildung 3.11: Kontrastarmes Bild und das dazu gehörende Histogramm

Mit Hilfe eines Histogramms kann man den Kontrast in einem Bild erhöhen. Nehmen wir folgendes Beispiel:

1. Öffnen Sie das Bild MOUNTAIN.TIF von der CD.

2. Rufen Sie den Menübefehl ÜBERARBEITEN|HELLIGKEIT/KONTRAST ANPASSEN|TONWERTKORREKTUR auf.

3. Schieben Sie den schwarzen Regler und den weißen Regler nach innen. Den schwarzen Regler etwa auf die Position 30, den weißen Regler etwa auf Position 230.

Korrektur von Helligkeit und Kontrast

Abbildung 3.12: Durch Schieben der Regler nach innen wird der Kontrast erhöht.

4. Klicken Sie auf **OK.**

Vergleichen Sie das Bild vorher und nachher, indem Sie abwechselnd [Strg]+[Z] und [Strg]+[Y] drücken. Damit machen Sie den letzten Arbeitsschritt rückgängig bzw. stellen ihn wieder her.

Nachdem Sie die Tonwertkorrektur angewandt haben, sollten Sie noch einmal das Dialogfenster **TONWERTKORREKTUR** öffnen. Jetzt sehen Sie nämlich ein verändertes Gebirge aus Strichen. Unter Umständen haben sich bereits weiße Striche, also Unterbrechungen des Zusammenhangs gebildet.

... but Goldies

Kapitel 3   Grundlagen digitaler Bildverarbeitung

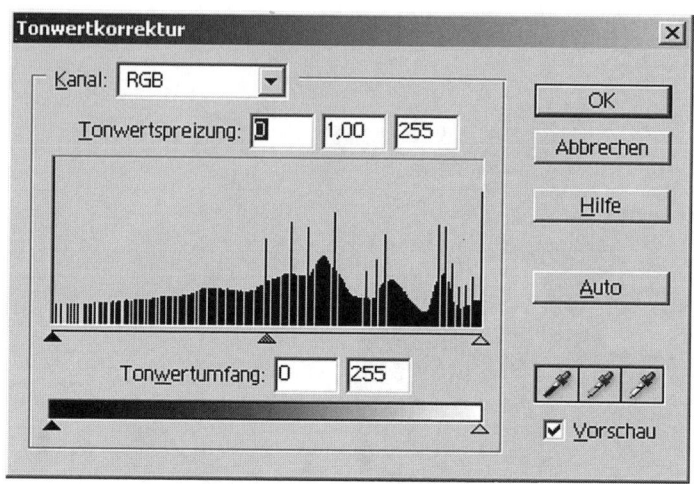

Abbildung 3.13: Zerrissenes Histogramm nach Korrektur

Das Problem ist nämlich, dass bei Korrekturen am Kontrast Tonwerte im Bild verloren gehen. Das Bild enthält keine 256 Abstufungen mehr. Meistens stört das unsere Wahrnehmung nicht weiter. Im Gegenteil, das Bild gefällt uns mit dem höheren Kontrast ja in vielen Fällen besser. Solche Korrekturen kann man aber nicht endlos machen, da bei jeder Kontrasterhöhung Tonwerte eliminiert werden.

Irgendwann entstehen so genannte **Abrisse**. Dann sind Farbübergänge oder Hell-Dunkel-Übergänge nicht mehr stufenlos, sondern wirken wie abgehackt. Es entstehen ausgefranste Farbflächen und das Bild wirkt nicht mehr wie ein Foto. Mit zu starken Korrekturen kann man auch das Gegenteil von dem bewirken, was man eigentlich möchte, also ein klassisches »Verschlimmbessern«.

 Wenden Sie also eine manuelle Tonwertkorrektur nur an, wenn Sie genau wissen, wie weit Sie gehen können und was Sie da tun. Dazu gehört einige Erfahrung! Die bekommen Sie am besten durch häufiges Ausprobieren.

Natürlich können Sie diese Problematik auch positiv nutzen! Sie können nämlich anhand eines Histogramms erkennen, ob jemand an einem Bild schon mal »rumgefummelt« hat.

Korrektur von Helligkeit und Kontrast

Abbildung 3.14: Abrisse entstehen durch zu starke Korrekturen am Kontrast

Normalerweise liefern sowohl Scanner als auch digitale Kamera Bilder, die ein geschlossenes Histogramm über den gesamten Tonwertumfang besitzen. Wenn Sie von Bekannten digitale Bilder bekommen, beispielsweise auf CD oder per E-Mail, dann öffnen Sie die Bilder in Photoshop Elements und überprüfen Sie im Dialogfenster **TONWERTKORREKTUR** das Histogramm.

Sieht es aus wie in Abbildung 3.8, dann dürfte es sich um das unkorrigierte Originalbild aus der Kamera oder dem Scanner handeln. Sieht das Histogramm dagegen aus wie in Abbildung 3.13, dann hat jemand bereits an diesen Bildern Veränderungen vorgenommen. In diesem Fall sollten Sie vorsichtig vorgehen und, wenn überhaupt, nur noch moderate Änderungen an dem Bild vornehmen.

Kapitel 3 Grundlagen digitaler Bildverarbeitung

Tontrennung als grafischer Effekt

Was im Extremfall dabei herauskommen kann, wenn sehr viele Tonstufen aus einem Bild entfernt werden, können Sie mit Hilfe der **Tontrennung** sehen. In diesem Dialogfenster, zu erreichen über das Menü **BILD|EINSTELLUNGEN|TONTRENNUNG**, werden die 256 Tonstufen pro Farbkanal RGB auf beispielsweise vier reduziert. Der Wert kann auch verändert werden.

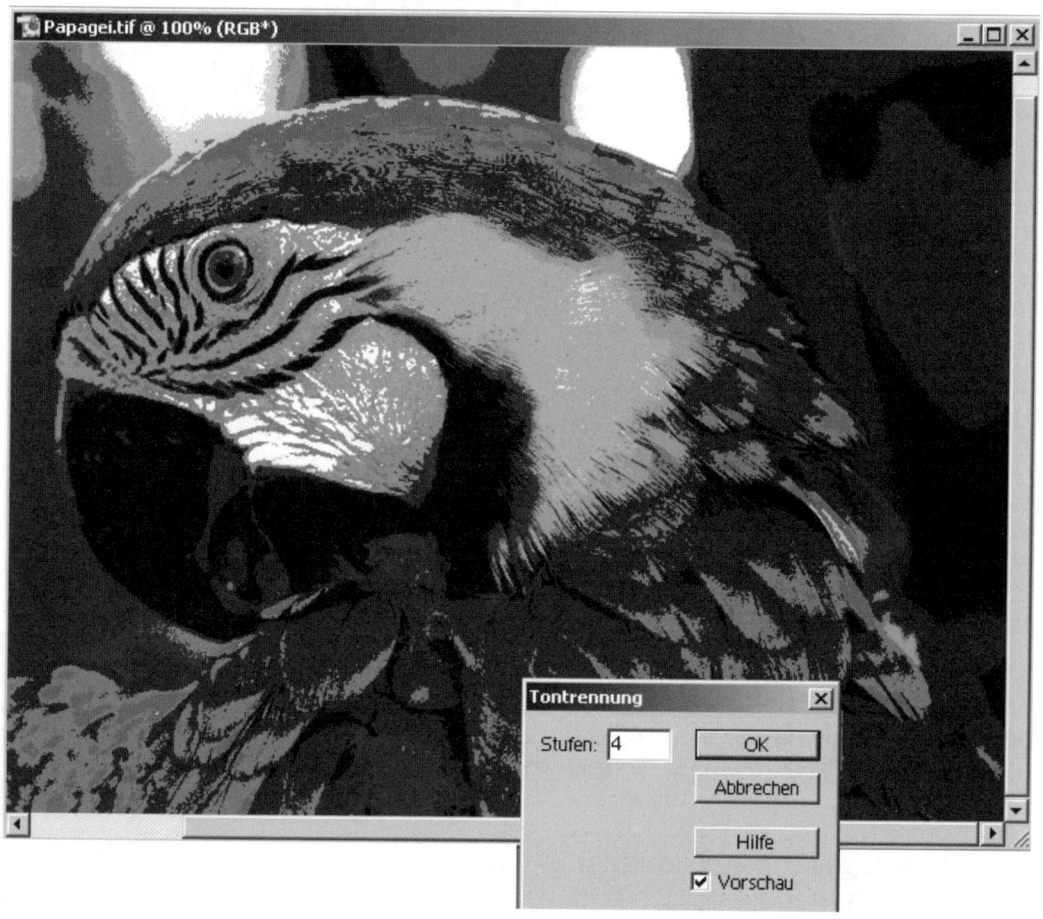

Abbildung 3.15: Tontrennung reduziert die Anzahl der Tonwertstufen.

Das Histogramm zeigt nach einem solchen Eingriff wirklich nur noch vier Striche!

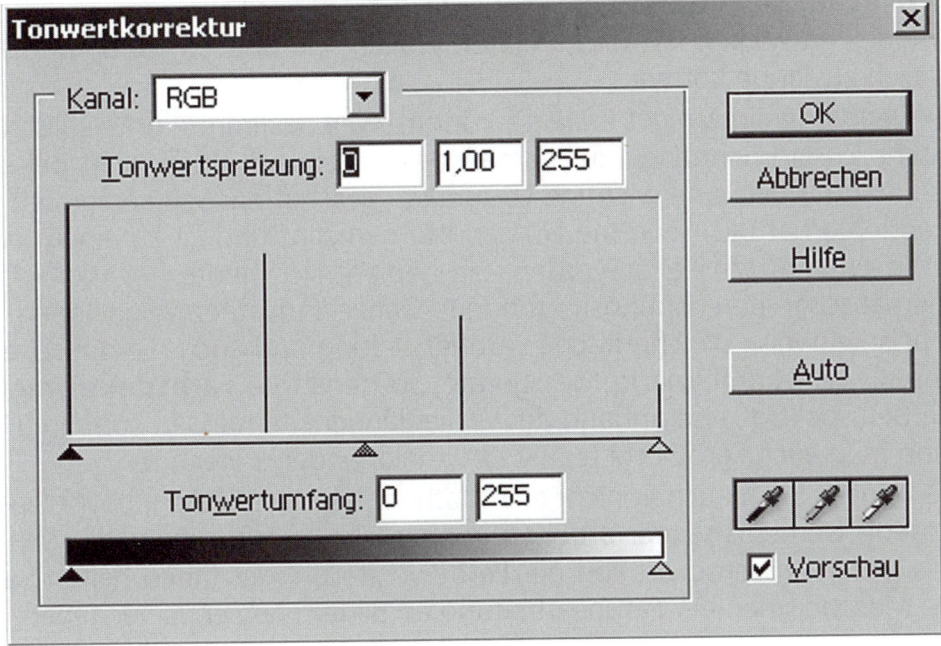

Abbildung 3.16: Histogramm nach einer Tontrennung auf vier Stufen

Verändern von Farben

Farbkorrekturen gehören sicherlich zu den »großen Spielwiesen«, die Ihnen Photoshop Elements bietet. Bevor Sie sich allerdings mit den Möglichkeiten beschäftigen, Farben in Bildern zu verändern, kommen Sie an ein bisschen Theorie nicht vorbei.

Farbmodelle

Am Anfang dieses Kapitels haben Sie bereits einiges über additive und subtraktive Farbmischung erfahren, auch dass unsere Wahrnehmung zudem zwischen Farbsehen und Hell-Dunkel-Sehen unterscheidet.
Die Unterschiede zwischen hellen und dunklen Nuancen einer Farbe kommen aber in den grafischen Darstellungen von additiver und subtraktiver

Kapitel 3   Grundlagen digitaler Bildverarbeitung

Farbmischung gar nicht vor. Solche grafischen Darstellungen nennt man auch **Farbmodelle**. Sie dienen zur Verdeutlichung der Zusammenhänge.

Schon **Johann Wolfgang von Goethe** hat sich vor über 200 Jahren mit solchen Farbmodellen beschäftigt. Er war in der Tat der Erste, der ein solches Farbmodell entwickelt hat und erklären wollte, wie dieses Phänomen Farbe eigentlich zustande kommt.

Auch wenn er einiges nicht erklären konnte, weil bestimmte physikalisch-biologische Zusammenhänge zur damaligen Zeit einfach noch nicht bekannt waren, hat er doch eine wichtige Grundlage geschaffen. Seit seiner Zeit hat die Farblehre natürlich enorme Fortschritte gemacht und ist zu einem eigenen Wissenschaftszweig geworden. Sie bedient sich heute hochkomplexer mathematischer Berechnungsmethoden. Ganze Industriezweige leben davon, beispielsweise die chemische Farbherstellung und auch die optische Industrie. Es gibt komplizierte Messgeräte, so genannte **Farbspektrometer**, die Farben spektral, also anhand der Wellenlängen, vermessen können. Heute kann man auch Farbwerte relativ exakt ineinander umrechnen.

Keine Angst – Sie brauchen nicht erst Mathematik zu studieren, bevor Sie mit Photoshop Elements weiter arbeiten können! Ich möchte Ihnen nur ein Ergebnis dieser Wissenschaft von der Farbe vorstellen, das Ihnen helfen kann, einige Mechanismen der Farbbearbeitung an Bildern besser zu verstehen.

Das HSB-Farbmodell

Unterhält man sich mit anderen Menschen über Farben und lässt sich Farben beschreiben, wird man feststellen, dass immer wieder ähnliche Charakterisierungen und Aussagen getroffen werden.

Meistens wird zunächst einmal eine vorherrschende Farbe genannt. Eine wahrgenommene Farbe ist z.B. Grün oder Blau oder Orange. Es wird also der **Farbton** beschrieben, der vorrangig wahrgenommen wird.

Außerdem wird meistens auch beschrieben, ob ein Farbton als intensiv oder eher lasch empfunden wird, z.B. ein »kräftiges Rot« oder ein »flaues Grün« oder ein »Quietsch-Pink«. Es wird also eine Aussage über die Intensität einer Farbe getroffen, oder, anders ausgedrückt, über die **Sättigung**.

Zu guter Letzt wird meistens noch beschrieben, ob jemand einen Farbton als heller oder dunkler empfindet. Er trifft also eine Aussage über die **Helligkeit** einer Farbe.

Verändern von Farben

Diese drei Grundaussagen bei der intuitiven Beschreibung von Farben werden im Englischen als **Hue, Saturation** und **Brightness** bezeichnet, abgekürzt **HSB**.

Legt man den Farbkreis zugrunde, kann man über eine Winkelangabe zwischen 0 und 360 Grad den Farbton bestimmen. Rot liegt dabei auf 0 Grad. Sie werden feststellen, dass die sechs Grundfarben jeweils um 60 Grad auseinander liegen. Die Komplementärfarben liegen sich jeweils um 180 Grad gegenüber.

Vom äußeren Rand des Kreises zum Zentrum des Kreises wird eine Skala von 100 bis 0 für die Sättigung angelegt und senkrecht dazu, durch den Mittelpunkt des Kreises läuft die so genannte Helligkeitsachse von 0 bis 100 (= Weiß bis Schwarz). Daraus lässt sich ein übersichtliches grafisches Modell entwickeln:

Siehe Abbildung F8 im Farbteil: Grafische Darstellung des HSB-Farbmodells

Dieses Modell beschreibt sehr schön die intuitive, menschliche Farbwahrnehmung und lässt sich auch hervorragend für Farbveränderungen einsetzen. Es liegt dem Dialogfeld **FARBTON/SÄTTIGUNG** zugrunde, das Sie in Photoshop Elements unter dem Menü **ÜBERARBEITEN|FARBE ANPASSEN** finden.

Farbton/Sättigung

In diesem Dialogfeld stehen zunächst einmal drei Schieberegler zur Verfügung, die den drei Kategorien des HSB-Farbmodells entsprechen – Farbton, Sättigung und Helligkeit.

Verändern Sie den Schieberegler bei **FARBTON**, drehen Sie praktisch den Farbkreis um einen bestimmten Winkelgrad. Ziehen Sie den Schieberegler nach rechts, entspricht das einem Drehen des Farbkreises **gegen den Uhrzeigersinn**. Wenn Sie also den Regler auf die Position 60 ziehen, werden alle Farben des Bildes um 60 Grad im Farbkreis weitergedreht. Aus einem Rot wird Gelb, aus Gelb wird Grün, aus Grün wird Cyan, aus Cyan wird Blau, aus Blau wird Magenta und aus Magenta wird Rot.

Siehe Abbildung F9 im Farbteil: Drehen um +60 Grad verändert die Farben entgegen dem Uhrzeigersinn des Farbkreises.

Beim Ziehen nach links, auf die Position -60 Grad, wird der Farbkreis **im Uhrzeigersinn** gedreht und es ergeben sich dementsprechend andere Farben.

Kapitel 3 Grundlagen digitaler Bildverarbeitung

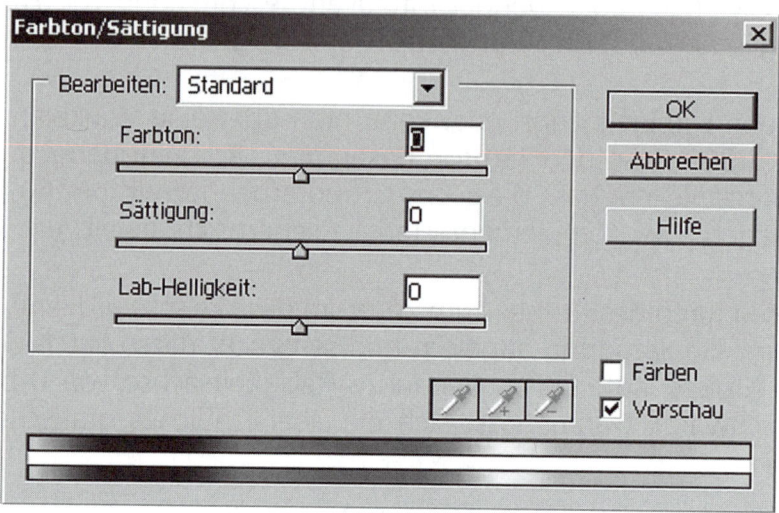

Abbildung 3.17: Dialogfeld FARBTON/SÄTTIGUNG

Nun wird aus Rot ein Magenta, aus Magenta wird Blau, aus Blau wird Cyan, aus Cyan wird Grün, aus Grün wird Gelb und aus Gelb wird Rot.

Siehe Abbildung F10 im Farbteil: Drehen um -60 Grad verändert die Farben im Uhrzeigersinn des Farbkreises.

Die beiden farbigen Balken am unteren Rand des Dialogfelds bieten einen gute optische Hilfe. Anfangs sind beide Balken gleich. Ziehen Sie jedoch mit dem Schieberegler bei **FARBTON**, verändert sich der untere Balken und zeigt die neue Farbabfolge.

Siehe Abbildung F11 im Farbteil: Anhand der Farbbalken kann man sich orientieren.

Mit Hilfe des FARBTON-Schiebereglers ist es relativ leicht, Farben gegeneinander zu verdrehen und Bilder sozusagen »umzufärben«. Dies wird in der Werbung häufig eingesetzt. Nehmen wir beispielsweise ein rotes Auto. Mit »rotem Auto« werden die meisten Leute wahrscheinlich einen Ferrari assoziieren. Wir begnügen uns hier mit einem Spielzeug-Ferrari. Ziel soll es sein, den Ferrari blau umzufärben.

Übung

1. Öffnen Sie das Bild **FERRARI.TIF** und rufen Sie das Dialogfeld **FARBTON/SÄTTIGUNG** auf.

Verändern von Farben

2. Achten Sie darauf, dass die Option **Vorschau** angeklickt ist.

3. Ziehen Sie den Schieberegler **Farbton** auf die Position -120.

Siehe Abbildung F12 im Farbteil: Der rote Ferrari ist nun blau geworden.

Der Ferrari ist nun zwar blau geworden, leider hat sich aber auch das Ferrari-Schildchen verändert. Das schwarze Pferd sitzt nun nicht mehr auf gelbem Grund, sondern auf Grün. Diese Veränderung hatten wir allerdings nicht beabsichtigt.

Doch auch dieses Problem lässt sich recht einfach lösen. Im Dialogfeld **Farbton/Sättigung** findet sich ganz oben ein Menü **Bearbeiten**. Dort steht anfangs **Standard**, das heißt, dass sich ein Ziehen des Schiebereglers **Farbton** auf alle Farben bezieht und dementsprechend auch alle Farben verändert werden.

Klicken Sie auf das Menü, erscheint eine Liste mit den Grundfarben des Farbkreises. Sie können dort einen Farbbereich auswählen und damit die Änderung des Farbtons nur auf diese Farbe beschränken. Alle anderen Farben bleiben unangetastet.

Übung

1. Öffnen Sie das Bild **Ferrari.tif** von der CD und rufen Sie das Dialogfeld **Farbton/Sättigung** auf.

2. Klicken Sie auf das Menü **Bearbeiten** und wählen Sie **Rottöne**.

3. Ziehen Sie den Schieberegler **Farbton** auf die Position -120.

Der Ferrari ist wieder blau geworden, das Schildchen mit dem Pferd jedoch ist nach wie vor gelb. Durch die leicht geänderte Bearbeitungsweise haben Sie Photoshop Elements dazu gebracht, wirklich nur die roten Farbtöne im Bild zu verändern. Dadurch ist das gelbe Schildchen so geblieben, wie es vorher war.

Wenn Sie das Bild ein bisschen vergrößern – ja, Sie können das Dialogfeld ein bisschen zur Seite schieben (in der Titelleiste anklicken und mit gedrückter Maustaste ziehen), so dass Sie das Bild sehen. Drücken Sie dann die Taste [Strg] und die [   ] (Leertaste) auf der Tastatur gleichzeitig (das ist das Tastenkürzel für die Lupe) und klicken Sie mit der Maustaste zweimal. Um wieder zurückzuzoomen, drücken Sie die Tasten [Strg]+[Alt]+[   ] und klicken einmal mit der Maustaste.

... but Goldies

Kapitel 3   Grundlagen digitaler Bildverarbeitung

Sie können grundlegende Werkzeuge wie Lupe (Tastenkürzel [Strg]+[   ] bzw. [Strg]+[   ]+[Alt]) und Hand (Tastenkürzel = [   ])auch aktivieren, wenn ein Dialogfeld geöffnet ist.

Doch nun wieder zurück zu unserer Aufgabe – wenn Sie also das Bild etwas vergrößern, werden Sie feststellen, dass an den Rändern der blauen Flächen noch etwas Rot durchschimmert. Photoshop Elements hat also noch nicht alle Rottöne erfasst und in Blau umgewandelt. Wie können Sie dem Programm beibringen, noch mehr Rottöne umzuwandeln?

Sehen Sie sich dazu nochmals das Dialogfeld **FARBTON/SÄTTIGUNG** mit der Einschränkung auf Rottöne an. Wenn die Bearbeitung auf einen Farbbereich, wie z.B. die Rottöne eingegrenzt wird, erscheinen zwischen den Farbbalken am unteren Dialogrand Markierungen, die beschreiben, welche Farbtöne im Farbkreis tatsächlich verändert werden.

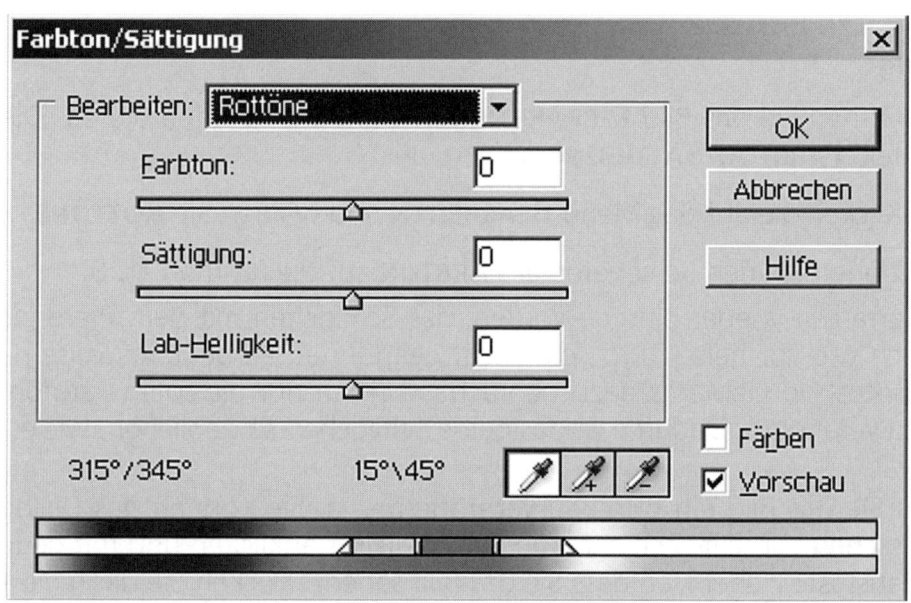

Abbildung 3.18: Markierungen zeigen den Farbbereich an, der verändert wird.

Es gibt dabei zwei verschiedene Markierungen. Eine dunkle in der Mitte, sie bezeichnet die Farbtöne, die in jedem Fall vollständig verändert werden. Rechts und links daneben haben wir hellere Markierungen. Sie bezeichnen Farbtöne, die noch zum Toleranzbereich zählen und nur teilweise verändert werden. Bei Rot als Farbbereich zählen dazu die benachbarten Farbtöne, wie Orange und Magenta. Die Markierungsbegrenzungen lassen sich jedoch bewegen und so beispielsweise der Kernbereich erweitern.

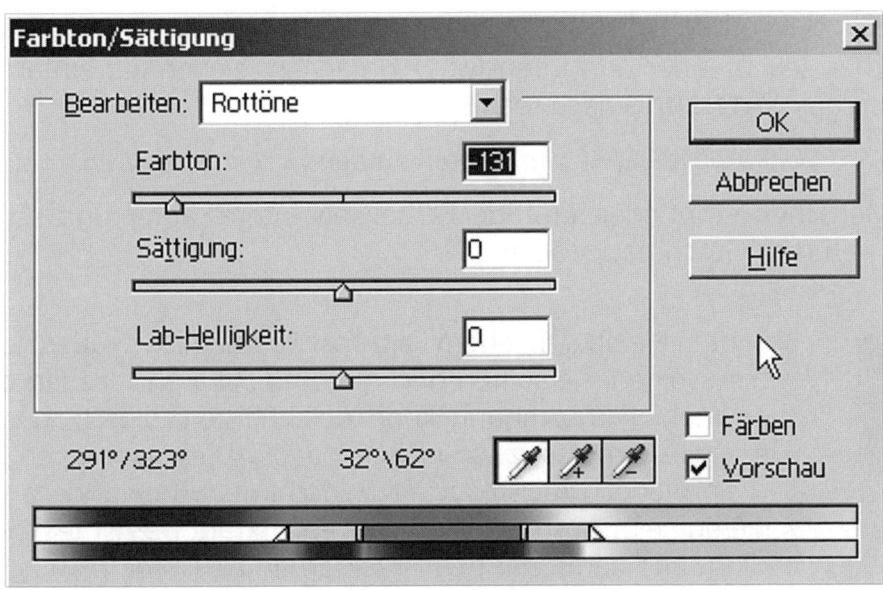

Abbildung 3.19: Durch Ziehen der Begrenzungen nach außen lassen sich noch mehr Farbtöne verändern.

Je größer der Kernbereich wird, umso mehr Rottöne werden in Blau gewandelt. Natürlich kann man das nicht endlos machen, aber mit ein bisschen Geduld und Übung werden Sie mit diesem Dialogfeld schnell umgehen lernen.

Ein ganz wichtiger Aspekt bei dieser Art der Farbveränderung ist, dass die neue Farbe, in unserem Beispiel also das Blau, nicht einfach wie mit einem Farbeimer über das Bild geschüttet wird, sondern dass die Hell-Dunkel-Unterschiede der Rottöne, also die Zeichnungsstrukturen des Bildes, erhalten bleiben. Das Bild sieht nach wie vor natürlich aus, und die Retusche ist für die meisten Betrachter nicht wahrnehmbar.

Kapitel 3   Grundlagen digitaler Bildverarbeitung

Das ist bei der Bildbearbeitung sowieso das Wichtigste. Eine Retusche darf nicht als solche zu erkennen sein. Es gibt nichts Peinlicheres als einen Eingriff in ein Bild, der sofort für jeden Betrachter ersichtlich ist.

Mit den beiden anderen Schiebereglern im Dialogfeld **FARBTON/SÄTTIGUNG** können Sie entweder Farben intensiver und kräftiger machen (= Sättigung erhöhen) oder Farben heller und dunkler machen (= Helligkeit verändern).

Um Farben leuchtender und intensiver zu machen, ziehen Sie einfach den Schieberegler **SÄTTIGUNG** nach rechts.

Siehe Abbildung F13 im Farbteil: Farben werden intensiver.

Viele Menschen empfinden kräftige Farben als interessanter und schöner. Das ist natürlich Geschmackssache.

Beachten Sie aber in jedem Fall, dass Farben nicht »überdreht« wirken sollten, sie sollten den Augen nicht weh tun! Ein bisschen mehr Farbsättigung kann den meisten Bildern, gerade von Digitalkameras, zwar nicht schaden. Die intensiveren Farben sind jedoch meist nur am Bildschirm zu bewundern und verlieren beim Ausdruck stark an Leuchtkraft. Das ist technisch bedingt und hängt mit den Druckfarben zusammen.

Die Farbsättigung lässt sich natürlich nicht nur erhöhen, sondern auch verringern. Dazu ziehen Sie den Schieberegler **SÄTTIGUNG** nach links. Wenn Sie den Regler ganz nach links ziehen, wird jegliche Farbintensität entfernt und es bleiben nur noch die Hell-Dunkel-Unterschiede im Bild zurück, mit anderen Worten ein Graustufenbild! Das geht genauso mit dem Menübefehl **FARBE ENTFERNEN,** ebenfalls zu finden im Menü **ÜBERARBEITEN|FARBE ANPASSEN**.

Siehe Abbildung F14 im Farbteil: Wird die Farbsättigung komplett zurückgefahren, bleibt ein Graustufenbild übrig.

Mit Hilfe anderer Techniken, wie Auswahlbereiche, lassen sich daraus interessante Effekte zaubern. Dazu später mehr!

Siehe Abbildung F15 im Farbteil: Graustufenbilder mit farbigen Inlays

Verändern von Farben

Mit dem dritten Schieberegler im Dialogfeld **Farbton/Sättigung** können die Farben des Bildes heller oder dunkler gemacht werden. Auch hier sollten Sie moderat vorgehen. Je heller die Farben eingestellt werden, umso blasser sehen sie aus. Wird die Helligkeit zu stark herunter gefahren, sind in dunkleren Bildteilen keine Details mehr zu erkennen, man sagt dann »das Bild schmiert zu«.

Siehe Abbildung F16 im Farbteil: Zu viel Helligkeit lässt Farben verblassen.

Siehe Abbildung F17 im Farbteil: Bei zu wenig Helligkeit gehen Details in den Bildtiefen verloren.

Die Helligkeit eines Bildes werden Sie mit diesem Dialogfeld wahrscheinlich eher selten ändern. Nehmen Sie dazu besser die Tonwertkorrektur.

Doch auch hierzu ein Beispiel aus der Praxis. Sicherlich haben Sie schon einmal festgestellt, dass Fotos oder auch Computerfarbdrucke schnell ausbleichen, wenn sie direkter Lichteinstrahlung ausgesetzt sind. Das ist eine Reaktion der Farbpartikel auf die UV-Anteile des Sonnenlichts.

Bekommen Sie ein solches Bild als Vorlage, die digital bearbeitet werden soll, würde es sich anbieten, nach dem Scannen das Bild dunkler zu machen. Das könnten Sie einerseits mit dem Helligkeitsregler im Dialogfeld **Farbton/ Sättigung** vornehmen, in den meisten Fällen werden Sie jedoch mit einer **Auto-Tonwertkorrektur** mehr erreichen und vor allem kontrastreichere Bilder erhalten.

Farbe ersetzen

Mit dem Dialogfeld **Farbton/Sättigung** lässt sich also eine Farbe in eine andere Farbe umwandeln. Sie haben auch gesehen, dass sich der ausgewählte Farbbereich erweitern oder verkleinern lässt, indem die Markierungen auf den Farbbalken bewegt werden. Eine weitere Methode, Farben auszuwählen und zu verändern, bietet das Dialogfeld **Farbe ersetzen** im Menü **Überarbeiten|Farbe anpassen**.

Kapitel 3 Grundlagen digitaler Bildverarbeitung

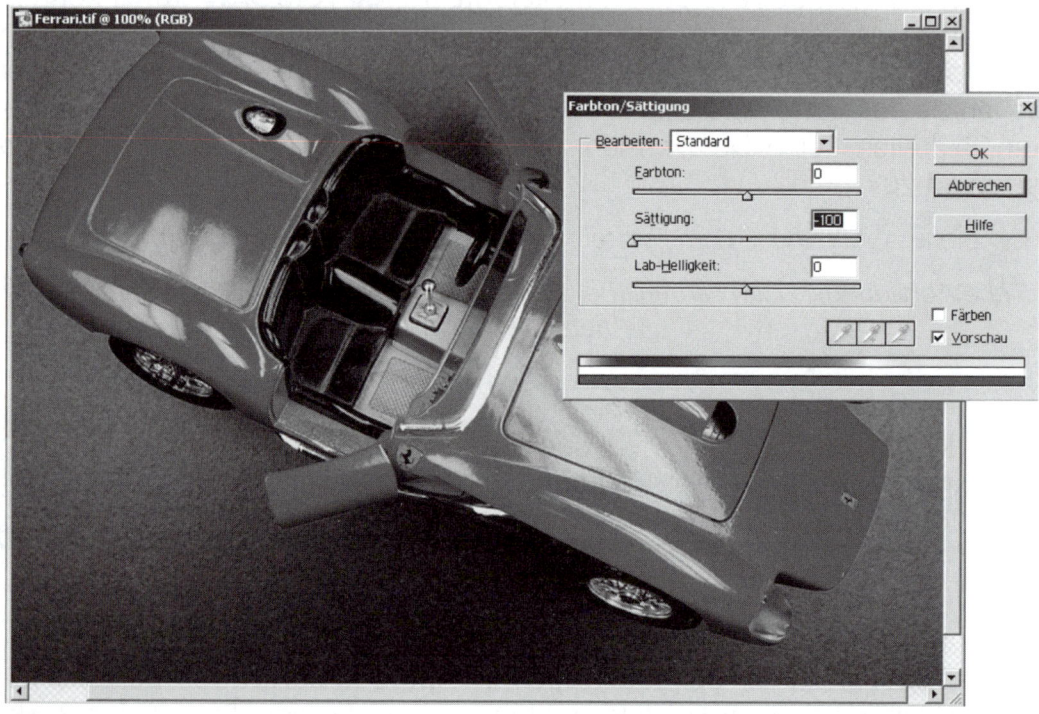

Abbildung 3.20: Dialogfeld FARBE ERSETZEN

Dies basiert grundsätzlich auf dem Dialogfeld **FARBTON/SÄTTIGUNG**, bietet aber eine erweiterte und genauere Methode, den gewünschten Farbbereich auszuwählen. Im oberen Teil des Dialogfelds befindet sich ein Fenster, das das zu bearbeitende Bild in Kleindarstellung zeigt. Anfangs ist es jedoch nur eine schwarze Fläche. Rechts davon gibt es mehrere Pipetten.

 Mit Pipetten lassen sich in Photoshop Elements immer Farben aufgreifen und weiter verwenden.

Ich möchte Ihnen anhand eines Bildes des Westernstädtchens Winthrop in Wyoming, USA, zeigen, wie das Dialogfeld **FARBE ERSETZEN** genutzt werden kann.

Verändern von Farben

Übung

1. Öffnen Sie das Bild **WINTHROP.TIF** und rufen Sie den Menübefehl **ÜBERARBEITEN|FARBE ANPASSEN|FARBE ERSETZEN** auf.

2. Klicken Sie mit der Pipette in den blauen Himmel. Die Kleindarstellung des Bildes zeigt die ausgewählten Farbbereiche als weiße Fläche. Allerdings ist nur der oberste Bereich des Himmels ausgewählt.

3. Aktivieren Sie die Pipette mit dem Plus-Zeichen. Mit ihr können weitere Farbnuancen ausgewählt werden.

4. Klicken Sie in einen Teil des Himmels, der in der Kleindarstellung noch nicht weiß markiert ist, beispielsweise rechts und links des Hausaufbaus.

5. Wenn in der Kleindarstellung der gesamte Himmel weiß ist, ändern Sie den Farbtonregler auf **+18** und den Sättigungsregler auf **+35**.

6. Das Ergebnis ist ein wunderschöner, blauer Himmel.

Siehe Abbildung F18 im Farbteil: Zuerst wird mit den Pipetten der Himmel ausgewählt, dann der Farbton des Himmels »verbessert«.

Mit Hilfe der Pipetten werden also Farbnuancen im Bild ausgewählt und anschließend mit den Schiebereglern verändert. Sie können Farbnuancen mit der Minus-Pipette wieder aus der Farbauswahl herausnehmen. Außerdem gibt es ganz oben im Dialogfeld den Schieberegler **TOLERANZ**. Damit lässt sich einstellen, wie viele Farbnuancen Photoshop Elements noch als »ähnlich« zur Ausgangsfarbe toleriert. Je höher der Toleranzwert gesetzt wird, umso mehr Farbtöne werden ausgewählt und damit auch verändert.

Farbstiche

Sehr häufig sieht man Bilder, die einen Farbstich enthalten. Dann ist eine Farbe im Bild dominant und zieht sich durch alle Farbnuancen hindurch. Sie kennen den Effekt sicherlich von alten Fotos. Betrachtet man Fotos oder Dias, die schon zwanzig oder mehr Jahre auf dem Buckel haben, ist dieser Rotstich ziemlich auffällig.

Siehe Abbildung F19 im Farbteil: Fotos aus den Sechziger- und Siebzigerjahren haben meist einen starken Rotstich.

Kapitel 3 Grundlagen digitaler Bildverarbeitung

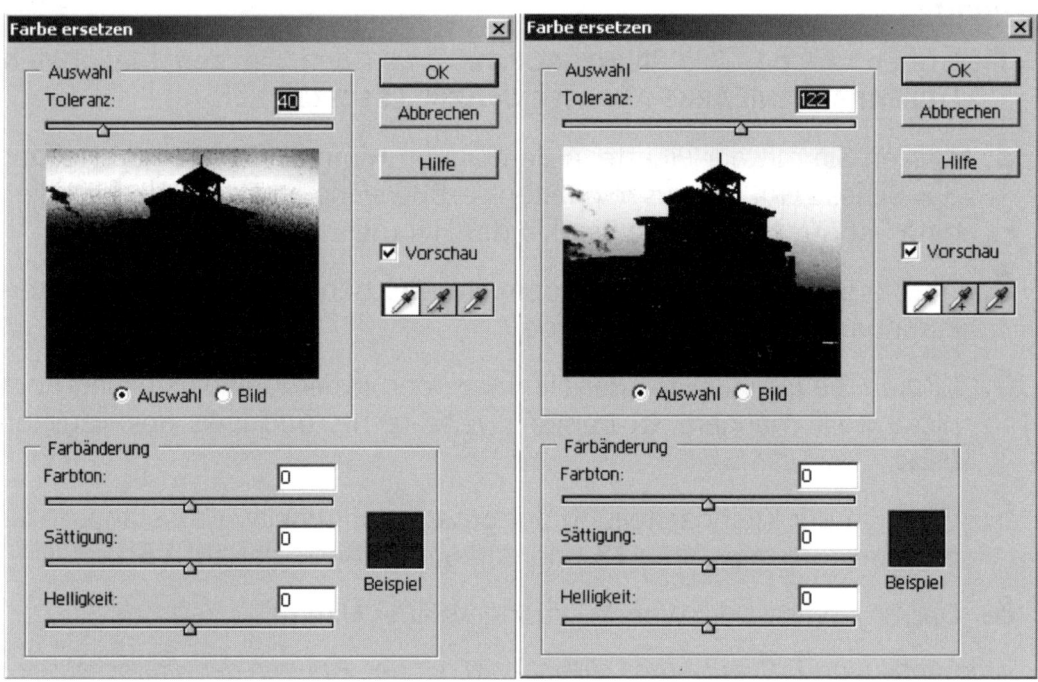

Abbildung 3.21: Auswählen von mehr oder weniger Farbnuancen über den Toleranzwert

Der Farbstich entsteht in diesem Fall durch die Reaktion der Farbpartikel des Fotos mit dem Luftsauerstoff. Grüne und blaue Partikel reagieren stärker mit dem Sauerstoff in der Luft. Das führt dazu, dass nach vielen Jahren die roten Partikel in der Überzahl sind und den Farbstich hervorrufen.

Farbstiche können natürlich auch beim Scannen durch defekte CCD-Elemente oder falsche Scaneinstellungen entstehen. Auch eine Digitalkamera kann farbstichige Bilder liefern, wenn die Automatik für den Weißabgleich defekt ist. Mit Hilfe eines Weißabgleichs justiert sich die Kamera auf das Umgebungslicht, um korrekte und neutrale Farben zu liefern.

Photoshop Elements bietet ein recht einfach einzusetzendes Dialogfeld an, mit dem sich Farbstiche reduzieren und in vielen Fällen auch gänzlich entfernen lassen. Dieses Menü **FARBSTICH** ist ebenfalls im Menü **ÜBERARBEITEN|FARBE ANPASSEN** zu finden.

Das Dialogfeld fordert Sie auf, in einen Bildbereich zu klicken, der »neutral grau, weiß oder schwarz« sein soll. Wenn Sie mit dem Cursor das Dialogfeld verlassen, ändert sich das Aussehen des Cursors zu einer kleinen Pipette. Mit ihr lassen sich normalerweise per Mausklick Farbtöne aus dem Bild abgrei-

Verändern von Farben

fen. In diesem Fall sollte es eine neutrale, graue Farbe sein. Gemeint ist damit ein Grau ohne Farbstich. Mit Weiß oder gar Schwarz ist die Korrektur schwieriger als mit Grau, daher ist ein Grau empfehlenswerter.

Die größte Schwierigkeit dürfte sein, eine Farbfläche zu finden, die neutral grau oder weiß sein soll. Bei extremen Farbstichen ist es oft nur schwer möglich zu beurteilen, welche Bildteile früher einmal grau waren. Suchen Sie in den Bildern möglichst nach Objekten, die Sie aus der Realität als grau oder weiß kennen, also beispielsweise Straßenpflaster oder Plakate mit Text.

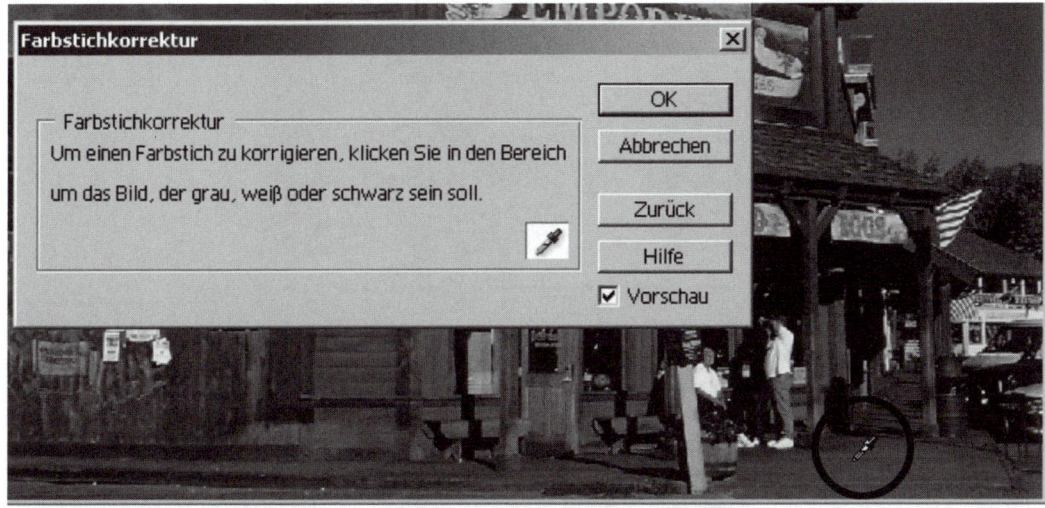

Abbildung 3.22: Durch Klick in den Bereich des Straßenpflasters wird ein Großteil des roten Farbstichs zurückgenommen.

Meistens sollten Sie im Anschluss an die Entfernung des Farbstichs gleich den Bildkontrast erhöhen, um die Farben wieder kräftiger wirken zu lassen.

Auch wenn es sicherlich Spaß macht, selber auszuprobieren, ob man ein Bild manuell korrigieren kann – der schnellere und in vielen Fällen auch bessere Weg ist jedoch der Befehl **AUTO-FARBKORREKTUR**!

Kapitel 3 Grundlagen digitaler Bildverarbeitung

Farbvariationen

Zum Schluss gibt es noch eine Möglichkeit, Farben quasi im Multiple-Choice-Verfahren zu verändern. Sie kennen vielleicht die Fragenbögen bei Ämtern, Ärzten oder auch bei Prüfungen, in denen man zu jeder Frage immer eine oder mehrere Möglichkeiten ankreuzen kann. Im Menü **ÜBERARBEITEN|FARBE ANPASSEN** gibt es dazu das Dialogfeld **FARBVARIATIONEN**.

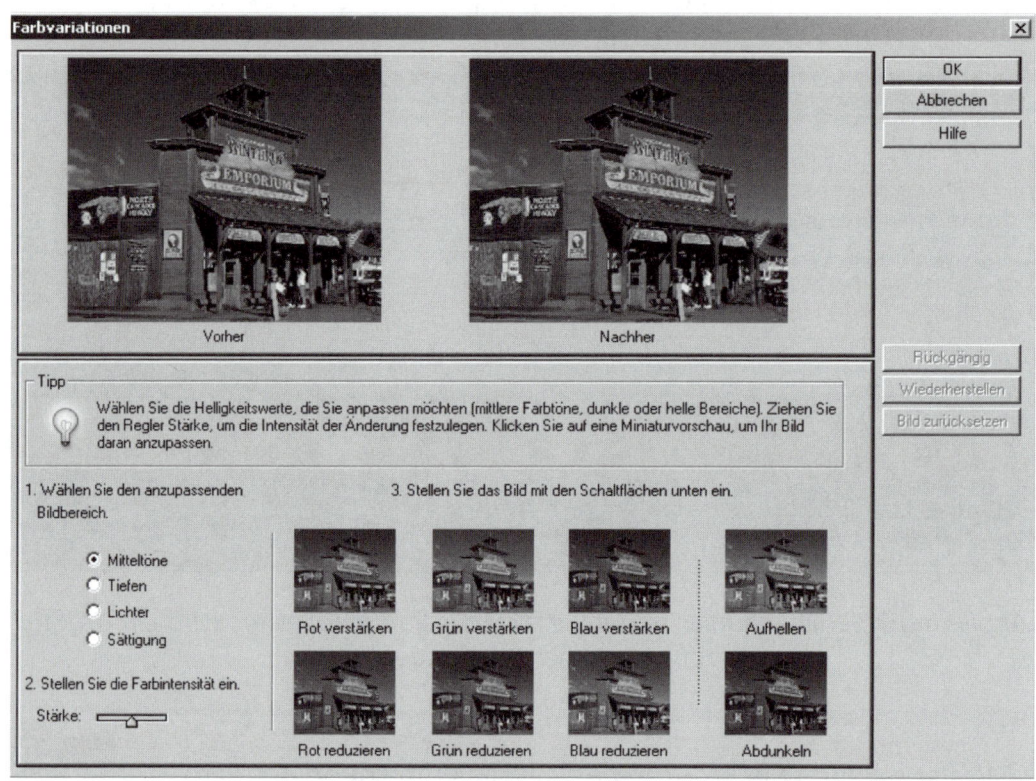

Abbildung 3.23: Dialogfeld FARBVARIATIONEN

Er funktioniert ähnlich wie das **QUICKFIX**-Dialogfeld. Sie wählen zuerst aus, ob Sie Farben in den hellen, dunklen oder mittleren Bereichen des Bildes verändern wollen. Im rechten Teil des Dialogfelds können Sie auswählen, welcher Farbbereich verstärkt oder reduziert werden soll: Rot, Grün oder Blau.

Durch Klick auf das jeweilige Bildchen im rechten Teil des Dialogfelds wird die Änderung im Bild vorgenommen. Die Stärke der Änderung können Sie über den Schieberegler **STÄRKE** variieren. Alternativ können Sie das Bild

Verändern von Farben

auch nur heller oder dunkler machen, dazu dienen die beiden Bildchen rechts außen. Die jeweilige Änderung wird sofort anhand einer Kleindarstellung im oberen Teil des Dialogfelds angezeigt. Hier lässt sich auch der direkte Vergleich zwischen vor und nach der Bearbeitung ziehen

Siehe Abbildung F20 im Farbteil: Durch zwei Klicks wurde das Bild dunkler gemacht und das Blau verstärkt.

Zusätzlich können Sie auf der linken Seite auch die Option **SÄTTIGUNG** auswählen, wenn Sie beispielsweise nur die Intensität der Farben erhöhen oder verringern möchten.

Sie sehen also, auch dieses Menü verändert die Farben Ihres Bildes nach dem Prinzip von Farbton, Sättigung und Helligkeit. Letztlich bietet auch das Menü **QUICKFIX** Korrekturmöglichkeiten nach demselben Prinzip.

Letztlich können Sie mit den Dialogfeldern **FARBTON/SÄTTIGUNG**, **FARBE ERSETZEN** und **FARBVARIATIONEN** zu dem gleichen, korrigierten Ergebnis kommen. Es gibt in Photoshop Elements eben meistens mehrere Wege, die nach Rom führen.

Zusammenfassung

In diesem Kapitel haben Sie einiges erfahren über die Art und Weise, wie Menschen sehen, insbesondere darüber, wie sie Farben wahrnehmen. Sie haben erfahren, was es mit additiver und subtraktiver Farbmischung auf sich hat, nämlich dass sich die Grundfarben Rot, Grün und Blau zu Weiß addieren und ihre Komplementärfarben Cyan, Magenta und Gelb als Filter fungieren, die zusammen theoretisch Schwarz ergeben.

Sie haben auch gesehen, dass unsere Wahrnehmung nicht nur auf Farben ausgerichtet ist, sondern auch auf die Wahrnehmung von Hell-Dunkel-Unterschieden. Man bezeichnet dies als Kontrastsehen.

Anschließend haben Sie ausprobiert, wie man in Bildern Helligkeit und Kontrast verändert und welche Auswirkungen diese Korrekturen auf die Wahrnehmung eines Bildes haben können. In diesem Zusammenhang haben Sie auch erfahren, was Histogramme sind und was sie über ein Bild aussagen können.

Kapitel 3 Grundlagen digitaler Bildverarbeitung

Um Helligkeit und Kontrast in einem Bild zu verändern, können Sie die Menüs **QUICKFIX**, **HELLIGKEIT/KONTRAST**, **TONWERTKORREKTUR**, **BELEUCHTUNG ANPASSEN**, sowie **AUTO-KONTRAST** und **AUTO-TONWERTKORREKTUR** einsetzen.

Sie haben außerdem ein komplexeres Farbmodell kennen gelernt, das unsere intuitive Farbwahrnehmung besser charakterisiert als additive und subtraktive Farbmischung, nämlich das **HSB-Modell**.

Sie haben sich mit einigen Menüs beschäftigt, die auf diesem HSB-Modells aufbauen und das Austauschen, Ersetzen oder Modifizieren von Farben erlauben. Dazu gehören die Dialogfelder **FARBTON/SÄTTIGUNG**, **FARBE ERSETZEN** und **FARBVARIATIONEN**.

Schließlich haben Sie noch gesehen, wie man effektiv Farbstiche aus digitalen Bildern herauskorrigiert.

Übungsfragen

1. Was ist die wichtigste physikalische Voraussetzung dafür, damit wir sehen können?
2. In welche Grundfarben lässt sich das Spektrum des Lichts zerlegen (Regenbogenfarben)? In welcher Reihenfolge treten diese Grundfarben auf?
3. Auf welche Grundfarben reagieren die Sehzellen unserer Augen?
4. Welches sind die Komplementärfarbenpaare?
5. Welches sind die additiven, welches die subtraktiven Grundfarben?
6. Was ist Kontrast?
7. Was ist der größte, natürliche Kontrast?
8. Was bewirkt ein höherer Kontrast für unsere Wahrnehmung?
9. Was macht ein Scharfzeichnungsfilter?
10. Was kann ein Scharfzeichnungsfilter nicht?
11. Mit welchen Menübefehlen können Sie Helligkeit und Kontrast verändern?

Übungsfragen

12. Was bezeichnet man mit dem Begriff »Sättigung« in Bezug auf Farben?

13. Was ist ein Histogramm?

14. Was ist der Tonwertumfang?

15. Wie viele Tonwertstufen kann ein Graustufenbild enthalten?

16. Wann entstehen Abrisse in einem Bild?

17. Wozu braucht man Farbmodelle?

18. Aus welchen Komponenten ist das HSB-Farbmodell aufgebaut?

19. Mit welchem Tastenkürzel können Sie jederzeit die Lupe und die Schiebehand aufrufen?

20. Was bezeichnet die **TOLERANZ** im Dialogfeld **FARBE ERSETZEN**?

21. Wozu dient die Pipette in Photoshop Elements?

22. Welche Möglichkeiten kennen Sie für das Entstehen von Farbstichen?

Kapitel 4
Bildretusche – Tipps und Tricks, damit Bilder besser aussehen

Im letzten Kapitel haben Sie eine ganze Menge über die Grundlagen digitaler Bildbearbeitung erfahren. Dabei ging es hauptsächlich um grundsätzliche Veränderungen an Bildern hinsichtlich Helligkeit, Kontrast und Farben.

Bilder können aber auch eine ganze Menge anderer Unzulänglichkeiten oder Fehler aufweisen, die sich mit allgemeinen Farbkorrekturen oder einer Tonwertkorrektur nicht beheben lassen. Dazu braucht man Werkzeuge und Arbeitstechniken, die über das bloße Aufrufen von Menübefehlen hinausgehen.

In diesem Kapitel erfahren Sie

- ✓ wie man den Rote-Augen-Effekt korrigiert
- ✓ Allgemeines über Malwerkzeuge
- ✓ wie sich Staub und Kratzer in einem Bild entfernen lassen
- ✓ wie man ein Bild professionell schärft
- ✓ wie man Bildteile ansetzt
- ✓ wie man alte Fotos auf neu trimmt

Kapitel 4   Tipps und Tricks zur Bildretusche

Rote Augen entfernen

Die hässlichen roten Augen sind ein sehr häufig auftretendes Problem, wenn Personen mit Blitzlicht fotografiert werden. Sie entstehen durch die Reflexion des Blitzlichts in der Iris des Auges.

Viele moderne Kameras besitzen die Möglichkeit, rote Augen zu vermeiden, indem sie vor der eigentlichen Aufnahme so genannte »Vorblitze« senden. Dadurch wird erreicht, dass sich die Pupillen zusammenziehen und somit den Lichtblitz nicht mehr reflektieren. Nachteil dieser Methode ist, dass ein eventueller Überraschungseffekt verloren geht, denn die Vorblitze sind schließlich deutlich sichtbar. Außerdem entsteht eine kurze Verzögerung, bis die eigentliche Aufnahme erfolgen kann, so dass Schnappschüsse praktisch nicht mehr möglich sind.

Bei Digitalkameras gehört eine solche Programmierung zur absoluten Ausnahme. Wenn Sie also Personenaufnahmen mit Digitalkameras machen, werden Sie, zumindest auf absehbare Zeit, immer das Problem mit den roten Augen haben.

Photoshop Elements bietet zur Korrektur jedoch eine denkbar einfache Methode an. Zum Entfernen roter Augen haben die Entwickler dem Programm ein eigenes Werkzeug spendiert, den Rote-Augen-Pinsel.

Abbildung 4.1: Der Pinsel zum Entfernen roter Augen

Zwar gibt es unter den Rezepten eigens eine Anleitung zum Entfernen roter Augen. Ich möchte an dieser Stelle aber etwas ausführlicher darauf eingehen und gleich noch einige grundlegende Hinweise zum Einsatz von Werkzeugen in Photoshop Elements geben.

Werkzeugspitzen und rote Augen

Pinsel gehören ja im Allgemeinen zu den Malwerkzeugen. Auch Photoshop Elements besitzt eine ganze Reihe davon. Malwerkzeuge, insbesondere Pinsel, gibt es im richtigen Leben in allen möglichen Größen und Dicken. In

Rote Augen entfernen

Photoshop Elements brauchen Sie nicht eine ganze Schublade verschiedener Pinsel vorrätig zu halten, sondern Sie modifizieren bei Bedarf einfach die Pinselspitze.

Wenn Sie den Rote-Augen-Pinsel in der Werkzeugpalette auswählen, wird automatisch die Optionsleiste verändert und zeigt Ihnen Einstellungsmöglichkeiten, die dieses Werkzeug betreffen. Dort finden Sie Menüs, um die Größe der Werkzeugspitze einzustellen, um zu definieren, ob die Kanten der Werkzeugspitze weich oder hart sein sollen, welche Farben betroffen sein und wie stark die Veränderungen wirken sollen. Doch der Reihe nach.

Übung

1. Öffnen Sie das Bild **ROTE_AUGEN.TIF** von der CD und wählen Sie den Rote-Augen-Pinsel in der Werkzeugpalette.

2. Im Menü **PINSEL** wählen Sie eine weichgezeichnete Spitze mit einem Durchmesser von 35 Pixel.

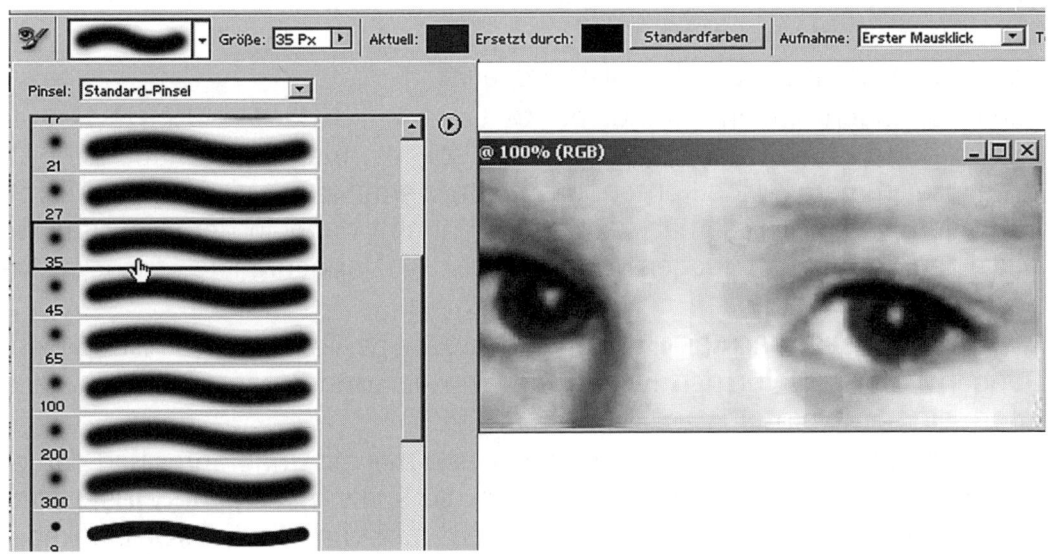

Abbildung 4.2: Es wird eine weichgezeichnete Werkzeugspitze mit einem Durchmesser von 35 Pixel ausgewählt.

3. Ändern Sie im Menü **GRÖSSE** mit Hilfe des Schiebereglers den Durchmesser auf ca. 30 Pixel, damit er in etwa der Größe der Augen entspricht.

Kapitel 4   Tipps und Tricks zur Bildretusche

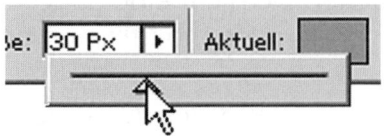

Abbildung 4.3: Größe des Rote-Augen-Pinsels einstellen

4. Klicken Sie auf den Schalter **STANDARDFARBEN**.

5. Im Menü **AUFNAHME** aktivieren Sie die Option **ERSTER MAUSKLICK**.

6. Im Menü **TOLERANZ** stellen Sie den Wert auf **50 %**.

7. Positionieren Sie den Mauscursor im hellen Bereich der Iris und klicken Sie.

8. Bewegen Sie dann den Cursor mit gedrückter Maustaste über das rote Auge.

9. Wenn im Auge kein Rot mehr zu sehen ist, können Sie das andere Auge genauso bearbeiten.

Was haben Sie jetzt eigentlich alles gemacht?

Zunächst haben Sie eine grundlegende Eigenschaft der Pinselspitze festgelegt, nämlich ob sie weich oder hart sein soll. Normalerweise haben vor allem Pinsel immer weiche Kanten, das heißt, wenn Sie mit einem Pinsel Farbe auftragen, verläuft diese nach außen und nimmt dabei in der Intensität ab. Mit einem Buntstift hingegen werden meist hart abgegrenzte Striche gezogen.

Im Menü **PINSELVORGABEN** finden Sie unzählige Typen von Pinselspitzen, übrigens nicht nur für den Rote-Augen-Pinsel, sondern auch für den ganz »normalen« Malpinsel.

Die Kleindarstellungen im Menü geben schon mal ein ungefähres Bild der jeweiligen Pinselspitze wieder. Zwar haben die Spitzen im Menü **PINSELVORGABEN** bereits eine feste Größe, die lässt sich aber im Menü **GRÖSSE** beliebig modifizieren. Der maximale Durchmesser liegt bei aberwitzigen 2.500 Pixel!

Damit Sie den richtigen Durchmesser für Ihre Arbeit festlegen können, sollte immer die Größe der Werkzeugspitze im Bild durch einen Kreis dargestellt werden. Das ist zwar eine Standardvorgabe, sollte dies aber einmal nicht der Fall sein, können Sie es im Menü **BEARBEITEN|VOREINSTELLUNGEN|BILDSCHIRM & ZEIGERDARSTELLUNG** ändern. Aktivieren Sie dort für Malwerkzeuge die Option **GRÖSSE DER SPITZE.**

Nachdem Sie die richtige Größe Ihrer Werkzeugspitze eingestellt haben, geht es darum, mit welcher Farbe die »roten« Augen denn nun ersetzt werden sollen. Wenn Sie mit dem Cursor einfach mal durchs Bild fahren, ohne zu klicken, werden Sie im Feld **AKTUELL** immer die Farben sehen, über die die Pinselspitze gerade fährt.

Klicken Sie dann mit der Maus in den roten Bereich der Augen, nimmt Photoshop Elements diese Farbe auf und ersetzt sie beim Malen mit dem Rote-Augen-Pinsel durch die Farbe, die unter **STANDARDFARBEN** eingestellt ist. Normalerweise sollte das ein Schwarz sein.

Sie sollten die **STANDARDFARBE** auch bei Schwarz belassen. Das führt zu den besten Ergebnissen. Natürlich können Sie dort eine andere Farbe einstellen, meist sieht das aber alles andere als natürlich aus.

Unter **AUFNAHME** sollten Sie **ERSTER MAUSKLICK** aktiviert haben. Das bedeutet, dass die erste Farbe, auf die Sie mit dem Cursor klicken, durch die Standardfarbe ersetzt wird.

Der Wert bei **TOLERANZ** bezieht sich darauf, wie stark sich die Rotnuancen im Auge voneinander unterscheiden dürfen, um noch durch die Standardfarbe beim Malen ersetzt zu werden. Ein hoher Toleranzwert bezieht viele Farbtöne in die Änderung mit ein, ein niedriger Toleranzwert nur wenige, die sich nicht sonderlich von der aufgenommenen Farbe unterscheiden.

Farben auswählen

An dieser Stelle sollten Sie, quasi nebenbei, erfahren, wie Sie in Photoshop Elements Farben für Bearbeitungen oder auch zum Malen wählen können. Machen Sie am besten folgende Übung mit.

Übung

1. Klicken Sie auf das schwarze Feld neben **STANDARDFARBEN**. Es erscheint der Photoshop-Farbwähler.

    Siehe Abbildung F21 im Farbteil: Photoshop-Farbwähler

2. Ziehen Sie die weißen Markierungspfeile an dem senkrechten Balken mit dem Farbspektrum einmal langsam von oben nach unten. Im linken Feld werden die korrespondierenden Farbbereiche angezeigt.

3. Die Farbbereiche im linken Feld werden von rechts nach links jeweils blasser. Sie verlieren also an Farbsättigung. Von oben nach unten werden sie dunkler. Rechts oben in der Ecke haben Sie immer die Farbe mit der maximalen Sättigung.

Auch der Photoshop-Farbwähler arbeitet also nach dem Prinzip Farbton, Sättigung und Helligkeit (= HSB-Farbmodell).

4. Klicken Sie mit dem Mauscursor in das Farbfeld und ziehen Sie mit gedrückter Maustaste im Feld hin und her. Sie werden bemerken, dass sich die Zahlen in den Eingabefeldern rechts ständig ändern. Die Zusammensetzung jeder Farbe wird Ihnen in Zahlenwerten angezeigt, einerseits im HSB-Farbmodell, andererseits nach dem RGB-Modell (= additive Farbmischung).

5. Wie der gewählte Farbton aussieht, zeigt Ihnen die Farbfläche rechts oben.

6. Klicken Sie auf **OK**, um die gewählte Farbe für die Korrektur zu übernehmen, oder auf **ABBRECHEN**, um die ursprüngliche Farbe zu behalten.

Der gerade beschriebene Farbwähler steht in Photoshop Elements an vielen Stellen zur Verfügung. Beispielsweise lassen sich auf diese Weise Vorder- und Hintergrundfarbe bestimmen.

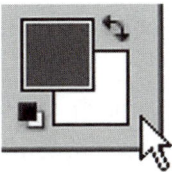

Abbildung 4.4: Bestimmen von Vorder- und Hintergrundfarbe

Das linke obere Farbkästchen bestimmt die Vordergrund-, das rechte untere Kästchen die Hintergrundfarbe. Ein Klick auf den gebogenen Pfeil tauscht Vorder- und Hintergrundfarbe aus, und ein Klick auf die winzigen Schwarz-Weiß-Kästchen daneben stellt Vorder- und Hintergrundfarbe wieder auf die Standards Schwarz (= Vordergrund) und Weiß (= Hintergrund) zurück.

Um eine Vordergrundfarbe auszuwählen, klicken Sie mit dem Cursor in das Feld der Vordergrundfarbe, stellen im daraufhin erscheinenden Farbwähler die gewünschte Farbe ein und klicken auf **OK**. Verfahren Sie genauso mit der Hintergrundfarbe.

Eine Vordergrundfarbe können Sie auch durch Klick auf ein Farbfeld in der Palette **FARBFELDER** einstellen. Diese Palette können Sie über das Menü **FENSTER|FARBFELDER** erreichen.

Ein Klick mit gedrückter [Strg]-Taste auf ein Feld in der Palette **FARBFELDER** wählt die Hintergrundfarbe.

Siehe Abbildung F22 im Farbteil: Auch in der Palette FARBFELDER lassen sich Vorder- und Hintergrundfarbe auswählen.

Staub und Kratzer entfernen

Haben Sie alte Fotos, die Sie mit Hilfe Ihres Scanners digitalisieren wollen? Dann sind Sie bei diesem Thema genau richtig! Vor allem alte Fotografien strotzen meist nur so von Flecken oder Kratzern, die das Vergnügen an der Betrachtung erheblich schmälern können. Aber auch bei neuen Fotos kann es beim Einscannen schnell passieren, dass Sie feinste Staubkörnchen auf der Glasplatte des Scanners mit einscannen. Sie machen sich im Bild dann durch kleine schwarze Flecken bemerkbar.

Kapitel 4   Tipps und Tricks zur Bildretusche

Aber keine Sorge, auch diese Probleme sind mit unserem »Zauberkasten« Photoshop Elements lösbar. Allerdings ist dazu erheblich mehr Aufwand nötig als bei den roten Augen.

Grundsätzlich gibt es auch hier wieder mal mehrere Wege, um zum gewünschten Ziel zu kommen. Genauer gesagt, zwei Wege. Photoshop Elements bietet Ihnen einen Filter **STAUB UND KRATZER ENTFERNEN** und ein Werkzeug, den **KOPIERSTEMPEL**, an.

Man kann es am besten so formulieren: Für kleine Kratzer und einfache Korrekturen nehmen Sie den Filter, für größere Kratzer und stark verschmutzte Bilder nehmen Sie den Kopierstempel.

 Was sind **FILTER**? Technisch gesprochen sind Filter mathematische Berechnungen, die die Farbwerte der Pixel verändern, man nennt so etwas auch **Algorithmen**. In der Anwendung sind es einfach nur Menübefehle, die Sie aufrufen, um ein ganzes Bild oder Teile davon zu verändern. Die meisten Filter bieten Ihnen ein Dialogfeld an, in dem Sie Einstellungen zur Wirkungsweise und -stärke des Filters vornehmen können.

Zurück zu dem Problem. Nehmen Sie einmal folgendes Bild:

Abbildung 4.5: Altes Foto mit starken Flecken und Kratzern

Staub und Kratzer entfernen

Das Bild weist starke Kratzer auf und ist ziemlich von Flecken übersät. Hier sind starke Korrekturen notwendig, die sich am besten mit dem **KOPIERSTEMPEL** anbringen lassen. Es eignet sich aber auch hervorragend, um die Möglichkeiten und Grenzen des Filters **STAUB UND KRATZER ENTFERNEN** zu demonstrieren.

Übung

1. Öffnen Sie das Bild **ALTES_FOTO_MIT_KRATZERN.TIF** von der CD.
2. Rufen Sie im Menü **FILTER|STÖRUNGSFILTER** den Filter **STAUB UND KRATZER ENTFERNEN** auf.

Im oberen Teil des Dialogfeld wird ein Ausschnitt des Bildes gezeigt. Durch Klicken auf **PLUS** und **MINUS** können Sie ins Bild einzoomen und auszoomen. Achten Sie darauf, dass die Vorschau aktiviert ist. Wenn Sie mit der Maus in den Bildausschnitt klicken und die Maustaste gedrückt halten, sehen Sie das Bild im Urzustand. Lassen Sie die Maustaste wieder los, wird die mit den aktuellen Einstellungen korrigierte Version angezeigt. Klicken Sie mit der Maus und ziehen Sie mit gedrückter Maustaste, können Sie den Bildausschnitt bewegen und einen anderen Teil des Bildes anzeigen lassen.

Weiter unten gibt es zwei Einstellungsmöglichkeiten: Den **RADIUS** und den **SCHWELLENWERT**. Der Filter sucht nach Helligkeits- und Farbunterschieden im Bild und gleicht sie aus. Er verringert also Kontraste, um Farbunterschiede weniger deutlich wahrnehmbar zu machen. So etwas bezeichnet man als **Weichzeichnen**.

Der Radius gibt an, wie groß der Bereich sein soll, in dem Photoshop Elements nach Pixelunterschieden sucht. Je größer der Radius ist, desto verschwommener wirkt das Bild.

Kapitel 4   Tipps und Tricks zur Bildretusche

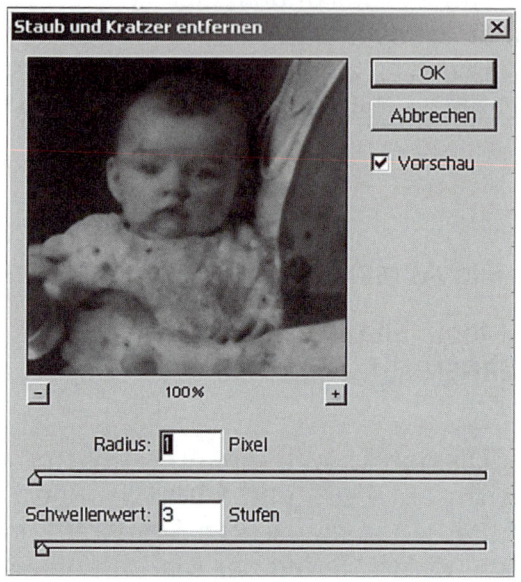

Abbildung 4.6: Dialogfeld STAUB UND KRATZER ENTFERNEN mit Detailansicht des Bildes

3. Ziehen Sie versuchsweise den Regler **RADIUS** auf den Wert **9**. Das Bild verschwimmt völlig, und es sind nur noch mit Mühe Details ausfindig zu machen.

   Der Schwellenwert bestimmt, wie verschieden die Pixelwerte sein müssen, damit der Filter zum Einsatz kommt

4. Ziehen Sie den Regler **SCHWELLENWERT** auf die Position **20**. Sie können die Zahl auch direkt eintippen.

Das Bild wird wieder schärfer und es werden grobe Flecken auch weniger stark angezeigt, nur – es entstehen neue Flecken! Sie könnten nun stundenlang probieren, die Werte für **RADIUS** und **SCHWELLENWERT** anzupassen, um zu einem vernünftigen Ergebnis zu kommen. Ich kann Ihnen jetzt schon verraten – Sie werden es wahrscheinlich nicht schaffen! Dieses Bild ist einfach zu kompliziert für einen Filter, der so pauschal arbeitet.

Staub und Kratzer entfernen

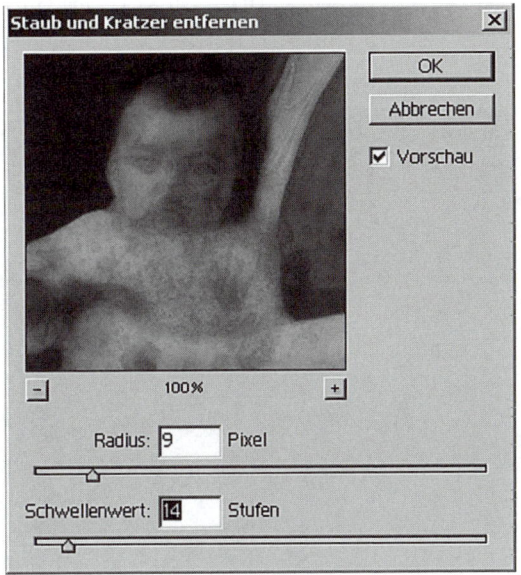

Abbildung 4.7: Das Foto mit zu starken Radius- und Schwellenwerteinstellungen

Hier ist Handarbeit angesagt! Und dazu nehmen Sie den **KOPIERSTEMPEL**.

Abbildung 4.8: Der Kopierstempel in der Werkzeugleiste

Der Kopierstempel macht das, was sein Name vermuten lässt – er kopiert Bildteile an eine andere Stelle.

Übung

1. Vergrößern Sie zunächst mit der Lupe den Kopf des Babys.
2. Aktivieren Sie den Kopierstempel in der Werkzeugleiste.
3. Stellen Sie in der Leiste **OPTIONEN** die Werkzeugspitze des Kopierstempels auf eine weichgezeichnete Spitze mit 9 Pixel Durchmesser.
   Zunächst sollen einige Flecken im Gesicht des Babys entfernt werden.

4. Drücken Sie dazu die [Alt]-Taste und klicken Sie gleichzeitig auf folgende Stelle:

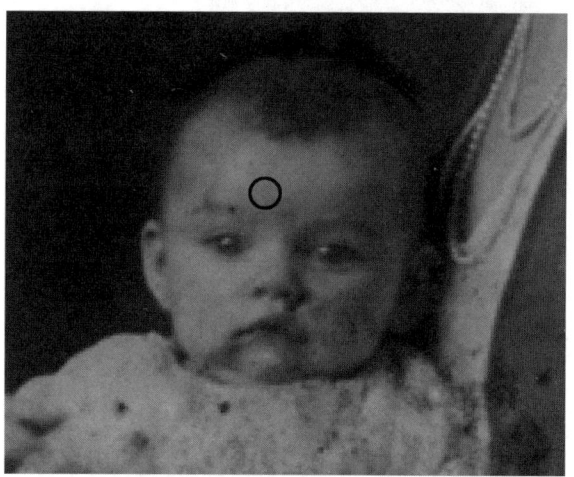

Abbildung 4.9: [Alt]-Taste drücken und gleichzeitig auf diese Stelle klicken

5. Klicken Sie nun auf den dunklen Fleck oberhalb des linken Auges. Er ist weg!

Was ist passiert? Der Kopierstempel kopiert an der Stelle, an der Sie mit gedrückter [Alt]-Taste klicken, die Pixel. Wenn Sie an einer anderen Stelle erneut klicken, werden die kopierten Pixel an diese Stelle übertragen und überdecken die Pixel, die vorher dort waren. Durch die weichgezeichnete Werkzeugspitze werden die kopierten Pixel sanft aufgetragen und dadurch fällt die Änderung nicht auf.

Nun kennen Sie das Prinzip. Der Rest ist Feinarbeit, der bei diesem Foto sicherlich einiges an Geduld erfordert. Sie können auch jederzeit die Größe der Spitze ändern, um kleinere oder größere Teile zu kopieren. Manchmal ist es auch sinnvoll, mit der **Deckkraft** zu spielen. Mit einer Deckkraft von 100% werden die kopierten Pixel absolut deckend aufgetragen. Mit geringerer Deckkraft werden sie transparenter. Dann scheint mehr vom Untergrund durch und man kann die Wirkung dadurch oft ganz fein anpassen.

Ein Hinweis fehlt noch: In der Optionsleiste gibt es neben dem Regler für die Deckkraft ein kleines Häkchen mit der Bezeichnung **Ausgerichtet**. Dieses kleine Detail kann sehr wichtig sein.

Es bedeutet, dass sich Photoshop Elements die ursprüngliche Ausrichtung und Entfernung zwischen dem ersten Klick mit der Alt -Taste und dem zweiten Klick merkt. Dies ist hilfreich, wenn Sie unerwünschte Bereiche entfernen möchten, wie z.B. Stromleitungen oder einen Riss in einem Foto.

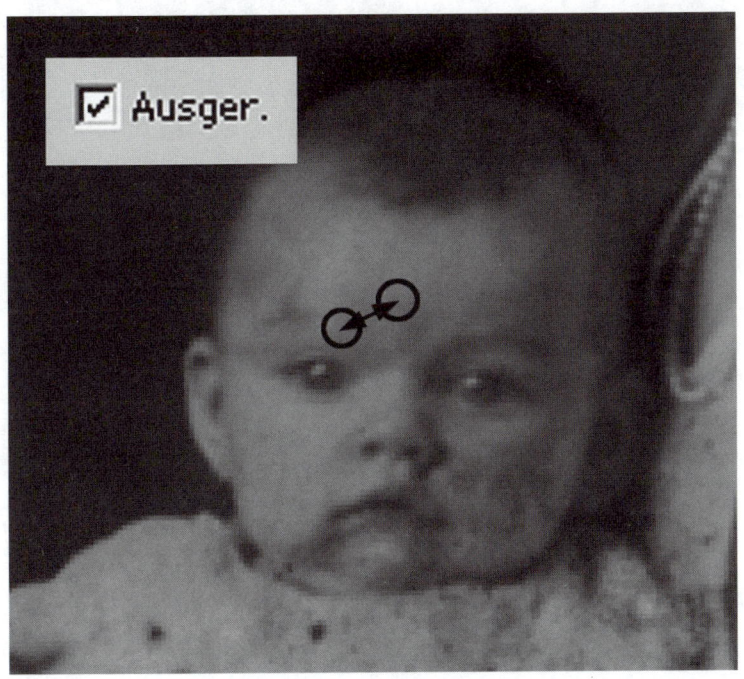

Abbildung 4.10: Mit der Option AUSGERICHTET wird auch beim dritten Klick der Abstand zwischen erstem und zweitem Klick beibehalten.

Sie können dadurch problemlos an eine andere Bildstelle gehen und dort erneut klicken. Photoshop Elements kopiert dann die Pixel, die an der neuen Position im gleichen Abstand liegen.

Wird die Option ausgeschaltet, kopiert Photoshop Elements immer die Pixel, die an der Position des ersten Alt -Klicks liegen, egal wohin Sie danach im Bild klicken.

Im vorliegenden Foto ist sehr viel Kleinarbeit gefragt, aber mit einer Kombination aus ganz geringen Einstellungen des Filters **STAUB UND KRATZER ENTFERNEN** sowie viel Klicken mit dem Kopierstempel kann durchaus ein überzeugendes Ergebnis erzielt werden.

Kapitel 4 Tipps und Tricks zur Bildretusche

Abbildung 4.11: Das korrigierte Bild und das fleckige Original

Bildretusche mit dem Kopierstempel

Wie bereits angedeutet, eignet sich der Kopierstempel für jede Art von Bildretuschen, auch um beispielsweise unerwünschte Bildteile zu entfernen. Heutzutage findet man kaum noch Plätze, an denen keine Stromleitungen herumhängen. Mit dem Kopierstempel ist das alles kein Problem mehr (siehe Abbildung 4.12).

Auch Portraitfotos lassen sich auf diese Weise hervorragend verändern. Pickel, Muttermale, Narben und Ähnliches können mühelos entfernt werden. Was meinen Sie wohl, warum die Models in den Modezeitschriften immer so makellose Haut haben? In der Werbung gehört ein Werkzeug wie der Kopierstempel zur Grundausstattung (siehe Abbildung 4.13).

Scharfzeichnen

Im Kapitel über Veränderungen an Helligkeit und Kontrast wurde das Thema bereits angeschnitten. Sie erinnern sich noch? Die menschliche Wahrnehmung ist so ausgerichtet, dass wir bei höherem Kontrast Details deutlicher wahrnehmen, also anscheinend »schärfer« sehen.

Scharfzeichnen

Abbildung 4.12: Stromleitungen vorher und nachher

Abbildung 4.13: Makellose Haut durch Retusche mit dem Kopierstempel

... but Goldies

Genau auf dieser Eigenart basiert ein Scharfzeichnungsfilter. Er erhöht im Bild die Farb- und Helligkeitsunterschiede zwischen den einzelnen Pixeln.

Abbildung 4.14: Bilddetails mit und ohne Scharfzeichner

Man kann sich das Ganze am einfachsten so vorstellen. Zwei Pixel werden miteinander bezüglich ihrer Farbwerte verglichen. Es wird dabei festgestellt, welches der hellere und welches das dunklere Pixel ist. Anschließend wird das hellere Pixel eben noch ein bisschen heller gemacht und das dunklere Pixel noch ein bisschen dunkler.

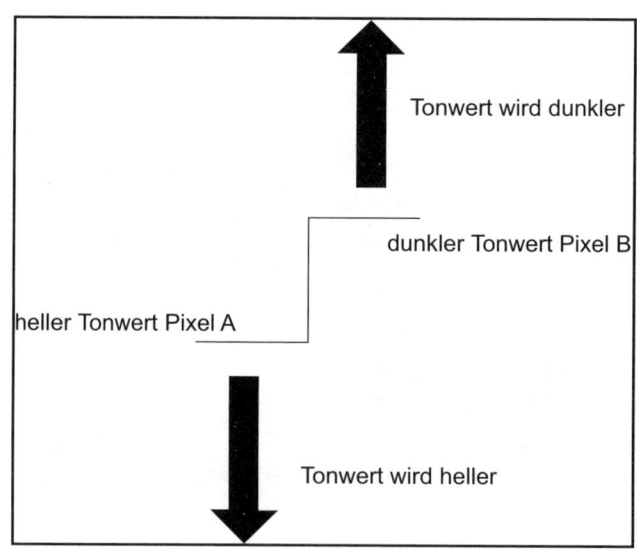

Abbildung 4.15: Funktionsschema eines Scharfzeichnungsfilters

Scharfzeichnen

Dabei können allerdings auch sehr unschöne Effekte auftreten.

Ein blauer Himmel beispielsweise, den wir alle so gern sehen, besteht in einem Foto aus vielen Blaunuancen, deren Unterschiede allerdings so nahe beieinander liegen, dass wir sie nicht so genau unterscheiden können. Daher hat ein blauer Himmel immer so einen schönen Verlauf von Hell- nach Dunkelblau.

Wenn Sie ein solches Bild mit einem Scharfzeichner »traktieren«, werden die Unterschiede der feinen Blaunuancen deutlich sichtbar. Der Himmel sieht aus wie mit Schleifpapier bearbeitet.

*Abbildung 4.16: Blauer Himmel mit und ohne Scharfzeichner –
der Schleifpapiereffekt*

Normalerweise wird man den Kontrast dort erhöhen, das Bild also »scharfzeichnen«, wo bereits ein gewisser Kontrast vorhanden ist, also beispielsweise an Hell-Dunkel-Kanten. Bildteile, die von Haus aus einen geringen Kontrast aufweisen, belässt man so, wie sie sind. Ideal wäre also ein Scharfzeichnungsfilter, der »entscheidet«, wo scharfgezeichnet wird und wo nicht.

Scharfzeichnungsfilter

Photoshop Elements bietet im Menü **FILTER|SCHARFZEICHNUNGSFILTER** vier verschiedene Möglichkeiten. So viel gleich vorneweg, die Filter **KONTUREN SCHARFZEICHNEN**, **SCHARFZEICHNEN** und **STARK SCHARFZEICHNEN** bieten alle keine Einstellungsmöglichkeiten und eignen sich nur für eine ganz pauschale Anwendung.

Die Filter **SCHARFZEICHNEN** und **STARK SCHARFZEICHNEN** sind am wenigsten für anspruchsvolle Arbeiten geeignet, da vor allem sie es sind, die den berüchtigten **Schleifpapiereffekt** hervorrufen. Sie erhöhen pauschal nach festen Voreinstellungen den Kontrast zwischen allen Pixeln im gesamten Bild. Beide Filter unterschieden sich nur in der Stärke, mit der die Kontrastanhebung erfolgt.

Der Filter **KONTUREN SCHARFZEICHNEN** arbeitet nicht ganz so pauschal im gesamten Bild, sondern sucht Kanten, also deutliche Hell-Dunkel-Unterschiede und erhöht den Kontrast dort. Er verursacht normalerweise keinen Schleifpapiereffekt, bietet allerdings auch keine weiteren Einstellungsmöglichkeiten.

Unscharfmaskierung

Der einzige Scharfzeichnungsfilter, der gewissermaßen positiv aus der Reihe tanzt, ist die so genannte **UNSCHARFMASKIERUNG**. Zugegeben, der Name klingt nicht gerade nach Scharfzeichnungsfilter, aber es ist wirklich einer!

Der Name stammt aus der analogen Bearbeitung im Fotolabor. Dort hat man Bilder in der Dunkelkammer nachträglich geschärft, indem man eine »unscharfe Maske« erzeugt hat, mit der das Original neu belichtet und damit stärker kontrastiert wurde. Durch die »unscharfe Maske«, meist eine Graustufenversion des Originals, wurde der Schärfungseffekt auf Bildteile konzentriert, die bereits einen höheren Kontrast aufwiesen.

Was macht dieser Filter nun eigentlich genau? Schließlich gibt es hier ein Dialogfeld mit drei Einstellungsmöglichkeiten. Auch hier werden die Farbunterschiede zwischen Pixeln verglichen. Im Unterschied zu den anderen Scharfzeichnungsfiltern gibt es aber die Möglichkeit, über den **SCHWELLENWERT** zu bestimmen, wie groß der Farbunterschied sein muss, damit der Filter überhaupt eingreift. Standardwerte für »normale« Fotos liegen zwischen drei und fünf Stufen (gemeint sind die 256 Tonwertstufen eines 8-Bit-Graustufen- bzw. 24-Bit-RGB-Bildes).

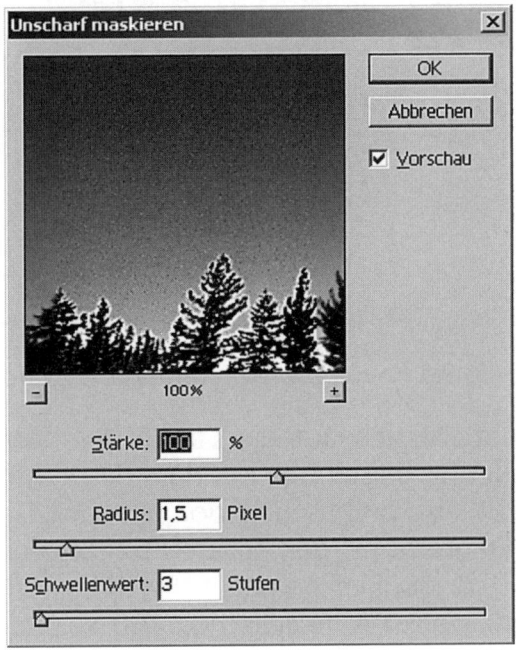

Abbildung 4.17: Dialogfeld UNSCHARFMASKIERUNG

Der Wert **RADIUS** bestimmt die Größe des Umfeldes, das für die Berechnung herangezogen wird. Es werden nicht nur nebeneinander liegende Pixel verglichen, sondern auch die Pixel, die in den Scanzeilen darüber und darunter liegen. Ein Standardwert für den Radius liegt bei 1,5 Pixel. Bei sehr großen Bildern, also beispielsweise einem Foto im DIN-A4-Format, kann der Wert auf bis zu 2,5 Pixel angehoben werden. Größer sollte er allerdings auch dann nicht gewählt werden, da sonst zu starke Hell-Dunkel-Linien im Bild entstehen.

Kapitel 4   Tipps und Tricks zur Bildretusche

Abbildung 4.18: Starke Hell-Dunkel-Kanten bei zu hohem Radius

Der Wert **STÄRKE** bezieht sich auf die Stärke der Kontrastanhebung. Ein Wert von 100 % bedeutet beispielsweise, dass der Kontrast zwischen Pixeln um 100 % angehoben, also praktisch verdoppelt wird. Der Kontrast wird dabei in beide Richtungen erhöht, das hellere Pixel also um 50 % heller, das dunklere Pixel um 50 % dunkler gemacht. Für Bilder, die gedruckt werden sollen, nehmen Sie meistens Werte zwischen 100 % und 150 %.

Es ist ein bisschen Übung und Ausprobieren erforderlich, um optimale Einstellungen zu finden. Meistens sehen die Bilder am Bildschirm viel kontrastreicher und schärfer aus als im Druck. Für Ausdrucke auf Tintenstrahl- und Laserdruckern kann man eventuell mit dem Wert für **STÄRKE** etwas anziehen. Sie sollten aber auch dann nicht über 200 % hinaus gehen.

Die genannten Werte (Schwellenwert = 3–5 Stufen, Radius = 1,5 Pixel, Stärke = 100–150 %) sind Anhaltspunkte, mit denen Sie in den meisten Fällen gute Ergebnisse erzielen. Die optimalen Einstellungen lassen sich nur durch

Ausprobieren herausfinden. Es ist unmöglich, pauschale Empfehlungen zu geben, die für alle Bilder und Situationen einsetzbar sind.

Bei zu starken Einstellungen wird das Bild »überschärft« und sieht einfach nicht mehr gut aus:

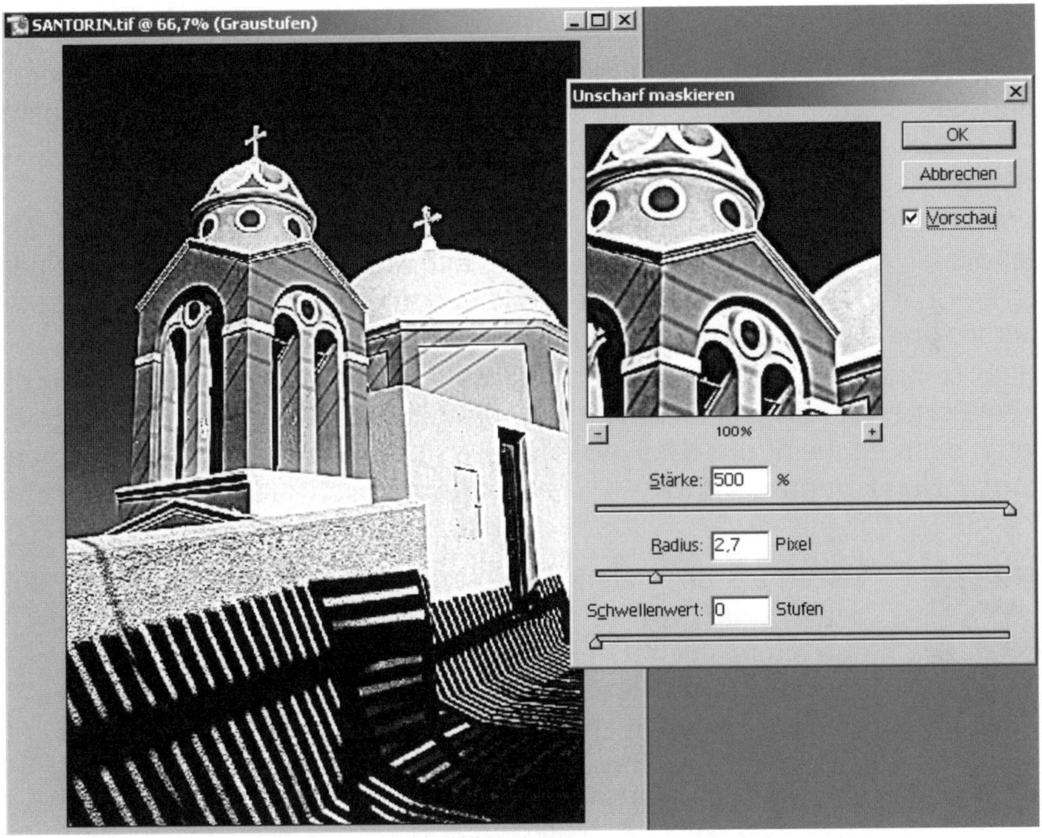

Abbildung 4.19: Überschärftes Bild

Leider erlebt man auch bei professionellen Anwendern oft einen nicht unbedingt professionellen Umgang mit der Schärfung von Bildern. Also – gewöhnen Sie sich die üblichen Fehler gar nicht erst an!

Auch das Dialogfeld **UNSCHARFMASKIERUNG** bietet wieder die Möglichkeit einer Detailvorschau, die sich über die Plus- und Minusschalter vergrößern und verkleinern lässt. Auch hier bietet ein Klick in die Vorschau einen direkten Vergleich zwischen Vorher und Nachher.

Porträtfotos

Ich hatte vorhin über Einstellungen für »normale« Fotos geschrieben. Damit sind die üblichen Urlaubs- und Erinnerungsfotos gemeint, die meist ganz »normale« Szenerien zeigen. Hier noch ein Tipp für etwas anspruchsvollere Hobbyfotografen, die auch einmal Porträtfotos machen.

Wenn Sie Gesichter fotografieren, insbesondere in Großaufnahme, und diese digital nachbearbeiten, müssen Sie mit anderen Schärfeeinstellungen agieren! Sonst arbeiten Sie nämlich jede einzelne Hautpore und jeden Pickel heraus und das bekommt den wenigsten Gesichtern gut.

Haut soll normalerweise glatt und makellos wirken. Was spricht uns an einem Porträtfoto als Erstes an? Richtig, die Augen! Wenn die Augen »strahlen«, dann erscheint uns das Foto interessant, die Person oft auch als sympathisch. Nun kommt der Trick:

Setzen Sie beim Filter **UNSCHARFMASKIERUNG** in diesem Fall den Schwellwert auf etwa 12 bis 15 Stufen herauf. Es muss also ein relativ hoher Farbunterschied zwischen Pixeln vorhanden sein, damit der Filter überhaupt greift. Die Hauttöne liegen aber meist recht nah beieinander und bleiben dadurch außen vor. Zwischen dem dunklen Auge, dem hellen Augapfel und der wieder dunkleren umgebenden Haut haben Sie aber ziemlich hohe Farbunterschiede, so dass hier der Filter greift.

Scharfzeichnen

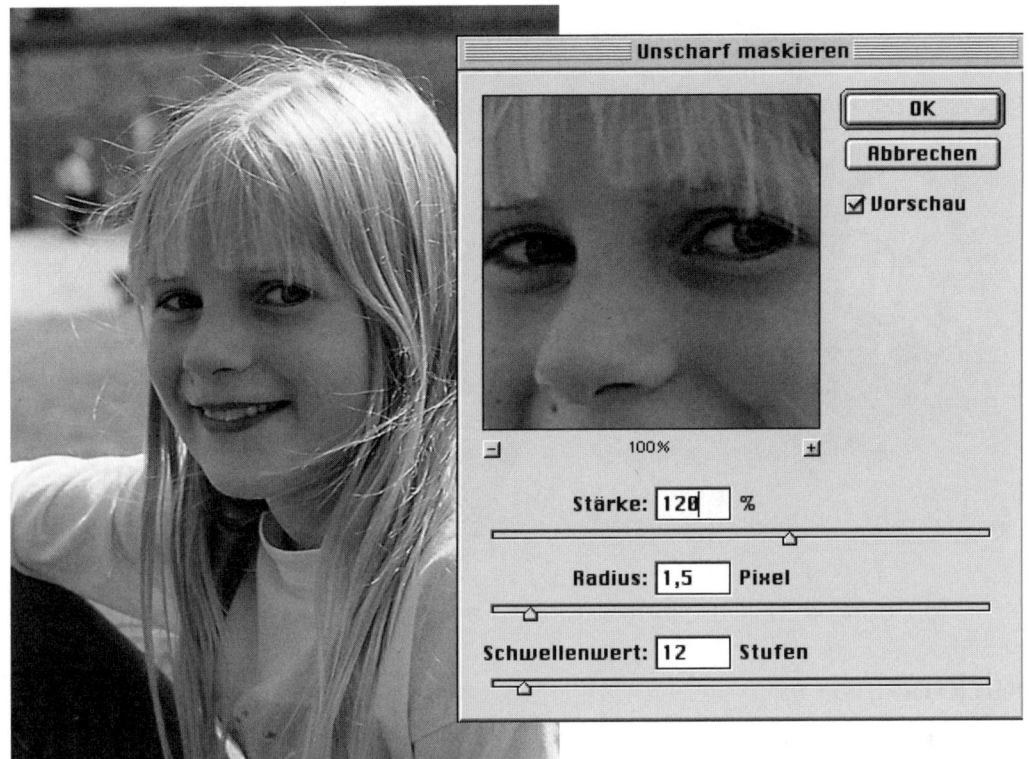

Abbildung 4.20: Geschärftes Porträtfoto mit den entsprechenden Einstellungen

Ideal lässt sich der Filter bei Fotografien einsetzen, die geradezu nach »Schärfen« schreien, beispielsweise Autos. Chromblitzende Stoßstangen, Lichtreflexe auf dem Autolack – das kann man alles noch viel knackiger herausholen durch eine Unscharfmaskierung.

Kapitel 4   Tipps und Tricks zur Bildretusche

Abbildung 4.21: Unscharfmaskierung bei chromblitzendem Motorrad

Quickfix

Es gibt noch eine Möglichkeit, ein Bild zu schärfen – das Dialogfeld **QUICKFIX**. Sie hatten dieses Dialogfeld bereits eingesetzt, um Änderungen an Helligkeit, Kontrast und Farbe vorzunehmen. Es enthält auch eine Option **FOKUS**.

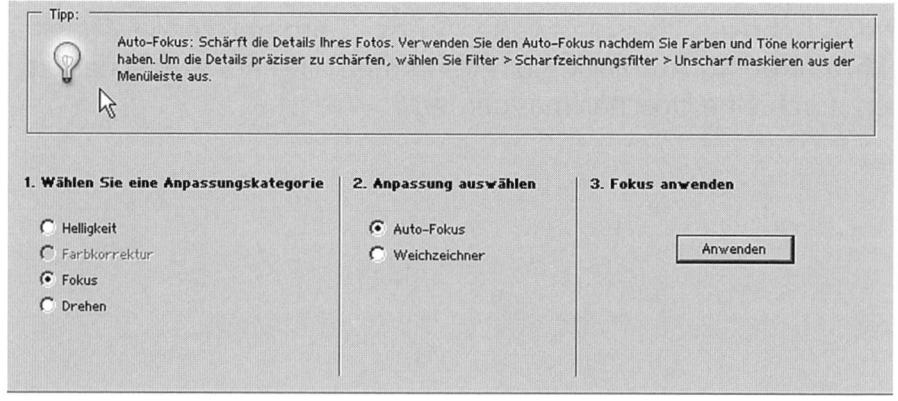

Abbildung 4.22: Fokuseinstellung im Dialogfeld QUICKFIX

Scharfzeichnen

Es handelt sich dabei um einen einfachen, pauschalen Scharfzeichnungsfilter. Wie die Filter **SCHARFZEICHNEN** und **STARK SCHARFZEICHNEN** im Menü **FILTER|SCHARFZEICHNUNGSFILTER** ist diese Korrektur für anspruchsvollere Aufgaben nicht einsetzbar. Sie bietet keine Möglichkeiten für Detaileinstellungen und verursacht ebenfalls den »Schleifpapiereffekt«.

Ich möchte nochmals darauf hinweisen, dass die Scharfzeichnungsfilter nicht dabei helfen können, ein unscharf aufgenommenes Foto wieder scharf zu bekommen. Wenn Sie bei der Aufnahme ein Bild verwackelt haben oder die Fokussierung der Kamera falsch justiert war, bekommen Sie das mit Photoshop Elements nicht wieder scharf!
Es ist für die nachträgliche Bearbeitung ein großer Unterschied, ob ein Bild unscharf ist oder lediglich einen zu schwachen Kontrast aufweist. Schwachen Kontrast können Sie aufpeppen, ein unscharfes Foto bleibt unscharf! Leider.

Scharfzeichnungswerkzeug

Die Anwendung von Filtern bezieht sich normalerweise immer auf das gesamte Bild, oder, ich werde darauf später noch kommen, auf ausgewählte Bildteile. Manchmal wollen Sie aber vielleicht nur an einer einzigen Bildstelle den Kontrast erhöhen, beispielsweise nur Augen zum Leuchten bringen.
Dazu bietet sich der Einsatz eines Spezialwerkzeugs an, nämlich des Scharfzeichners, zu finden in der Werkzeugleiste.

Abbildung 4.23: Werkzeug Scharfzeichner

Aktivieren Sie dieses Werkzeug, wird automatisch die Optionsleiste angezeigt, in der Sie die meist schon bekannten Detaileinstellungen vornehmen können. Sie können zwischen hart- und weichgezeichneten Werkzeugspitzen in verschiedenen Größen wählen bzw. die Größe in Pixel bestimmen. Über die Option **STÄRKE** bestimmen Sie, wie stark der Scharfzeichner den Kontrast anhebt.

Kapitel 4   Tipps und Tricks zur Bildretusche

Ungewohnt dürfte das Menü **Modus** sein. In diesem Menü können Sie fünf so genannte **Füllmethoden** auswählen. Hinter den Füllmethoden verbergen sich mathematische Algorithmen, die einfach die Farbwerte von Pixeln miteinander verrechnen. Die Füllmethoden lassen sich auch an verschiedenen anderen Stellen in Photoshop Elements einsetzen. Ich werde insbesondere beim Thema **Ebenen** darauf zurückkommen.

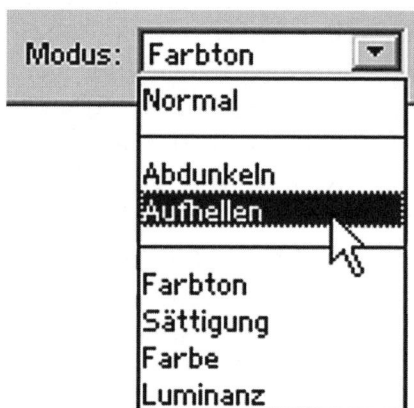

Abbildung 4.24: Füllmethoden für den Scharfzeichner

Von den fünf Füllmethoden für den Scharfzeichner sind eigentlich nur zwei wirklich sinnvoll nutzbar, nämlich **Abdunkeln** und **Aufhellen**. Die anderen drei werde ich später anhand der Ebenen beschreiben. Beim **Abdunkeln** wird der Kontrast in Richtung dunklere Farben verstärkt, die dunklen Pixel werden also noch dunkler. Beim **Aufhellen** geschieht das Gegenteil, es werden also die hellen Pixel verstärkt. Die besten und vor allem am besten kontrollierbaren Ergebnisse werden Sie sicherlich im Modus **Normal** erzielen.
Zur Anwendung des Scharfzeichners ziehen Sie einfach mit gedrückter Maustaste über die Stellen des Bildes, an denen der Kontrast erhöht werden soll.

Probieren Sie ruhig ein wenig aus, Sie können Änderungen ja jederzeit rückgängig machen.

Geometrische Veränderungen

Die Überschrift klingt ziemlich technisch-mathematisch, aber keine Sorge, damit sind ganz alltägliche Dinge wie **DREHEN**, **SPIEGELN**, ein Bild **GERADE STELLEN** oder **AUSSCHNEIDEN** gemeint.

Freistellungswerkzeug

Eine Korrektur, die Sie wahrscheinlich häufig machen werden, ist, Ränder von Bilder abzuschneiden. Beim Scannen erwischt man schon mal schnell ein bisschen vom Hintergrund mit. Ränder werden mit einem speziellen Werkzeug abgeschnitten, dem **FREISTELLUNGSWERKZEUG.**

Abbildung 4.25: Freistellungswerkzeug

Mit diesem Werkzeug ziehen Sie einfach einen Rahmen auf (Maustaste drücken und ziehen) und grenzen damit den Bereich ein, der vom Bild noch übrig bleiben soll. Der Bereich des Bildes, der nach Anwendung des Werkzeugs noch übrig bleibt, wird hell dargestellt, der Bereich, der abgeschnitten wird, dunkel. An den Ecken des Rahmens erscheinen Anfasserpunkte. Durch Ziehen der Anfasserpunkte können Sie jederzeit den Rahmen verändern. Wenn der Rahmen so sitzt, wie Sie ihn haben möchten, drücken Sie einfach ⏎.

Kapitel 4   Tipps und Tricks zur Bildretusche

Abbildung 4.26: Freistellrahmen

Falls Sie das Bild doch nicht beschneiden wollen, drücken Sie [Esc] und der Rahmen verschwindet wieder.

Eine der beiden Tasten [Esc] oder [↵] müssen Sie in jedem Fall drücken. Solange der Rahmen nämlich sichtbar ist, können Sie keinen Menübefehl und kein anderes Werkzeug wählen.

Raster

Wenn Sie mit dem Rahmen sehr nahe am Bildrand arbeiten, werden Sie wahrscheinlich das Problem haben, dass sich der Rahmen nicht mehr so gut steuern lässt. Er schnappt meist direkt an den Bildrand und scheint vom Rand fast magnetisch angezogen zu werden.

> In diesem Fall deaktivieren Sie im Menü **ANSICHT** die Option **AM RASTER AUSRICHTEN**. Ist sie aktiviert, lässt sich der Rahmen nämlich nur auf die virtuellen Rasterlinien positionieren und nicht dazwischen. Wenn Sie wissen wollen, wo sich die virtuellen Rasterlinien, die als Positionierungshilfe dienen sollen, befinden, aktivieren Sie die Option **RASTER** im Menü **ANSICHT**.
>
> Ich bin mir ziemlich sicher, dass Sie beide Optionen (**RASTER** und **AM RASTER AUSRICHTEN**) sehr bald wieder ausschalten, da sie meistens sehr störend wirken.

Abbildung 4.27: Bild mit virtuellem Positionierungsraster

Doch zurück zum Freistellungswerkzeug. Vielleicht sind Sie gleich auf eine ganz andere Idee gekommen, was man mit diesem Werkzeug anstellen könnte. Damit lassen sich bei größeren Bildern nämlich auch **Bildausschnitte** wählen. Das Abschneiden von Rändern kommt sicherlich häufig bei gescannten Bildern zum Einsatz, den gewünschten Bildausschnitt legt man aber schon im Scanprogramm fest.

Kapitel 4   Tipps und Tricks zur Bildretusche

Bei Bildern von Digitalkameras hat man solche Einstellungsmöglichkeiten während der Aufnahme aber meistens nicht. Hier wird es öfter vorkommen, dass Sie nur einen kleinen Bildausschnitt benötigen, z.B. eine Person aus einem Gruppenfoto. Mit dem Freistellungswerkzeug ist das kein Problem. Sie ziehen den Rahmen um den gewünschten Bildausschnitt, drücken ⏎ und fertig!

Es gibt aber noch ein Einsatzgebiet für dieses Werkzeug. Vielleicht haben Sie ja ein Bild versehentlich etwas schief in den Scanner eingelegt und es dementsprechend auch schief eingescannt. Auch das lässt sich mit dem Freistellungswerkzeug regeln. Dazu sollten Sie allerdings zunächst das Bildfenster etwas vergrößern (nicht verwechseln mit Zoomen!). Ziehen Sie dazu mit gedrückter Maustaste an der rechten unteren Ecke des Bildfensters. Sie müssen auch das gesamte Bild sehen können (= Doppelklick auf das Hand-Werkzeug).

Abbildung 4.28: Ein Bild gerade stellen mit dem Drehcursor

Geometrische Veränderungen

Übung

1. Öffnen Sie die Datei **URALT-TEIL.TIF** von der CD.
2. Ziehen Sie einen Rahmen mit dem **FREISTELLUNGSWERKZEUG**, der in etwa den schwarzen Rand abdeckt.
3. Ziehen Sie den Cursor an eine Stelle etwas außerhalb des Bildes, in die Nähe des rechten, unteren Eckpunktes. Der Cursor wandelt sich in einen gebogenen Doppelpfeil.
4. Klicken Sie mit diesem Cursor und drehen Sie den Rahmen so, dass die untere Kante parallel zur Bildkante liegt.
5. Klicken Sie auf die anderen Anfasserpunkte und ziehen Sie die äußeren Kanten des Rahmens, so dass die Rahmenkanten exakt an den Kanten des Bildes liegen. Der schwarze Bereich sollte sich komplett außerhalb der Rahmenkanten befinden.
6. Drücken Sie ⏎. Das Bild wird gerade ausgerichtet anhand der Rahmenkanten.

Abbildung 4. 29: Gerade ausgerichtetes Bild ohne schwarzen Rand

Kapitel 4   Tipps und Tricks zur Bildretusche

Natürlich bietet Photoshop Elements auch eine anscheinend einfache Möglichkeit, Bilder gerade zu stellen und überflüssige Ränder abzuschneiden. Die Befehle dazu finden Sie im Menü **BILD|DREHEN**. Sie heißen **BILD GERADE AUSRICHTEN** und **BILD GERADE AUSRICHTEN UND FREISTELLEN**. Wenn Sie diese Menübefehle jedoch an realen Bildern ausprobieren (beispielsweise am Bild **URALT-TEIL.TIF**), werden Sie feststellen, dass die oben beschriebene manuelle Methode exakter ist. Mal ganz davon abgesehen, dass Sie bei der manuellen Methode besser steuern können, was genau vom Bild abgeschnitten wird.

Drehen, Skalieren und Spiegeln

Drehen und Spiegeln

Wenn es nur darum geht, ein Bild insgesamt zu drehen, ist das überhaupt kein Problem. Rufen Sie dazu das Menü **BILD|DREHEN** auf. Hier finden Sie zunächst einmal die Möglichkeit, ein Bild um 90 Grad nach links oder rechts zu drehen, also im oder gegen den Uhrzeigersinn, oder es auf den Kopf zu stellen (= Drehen um 180 Grad). Auch um die horizontale oder vertikale Achse lässt sich ein Bild spiegeln.

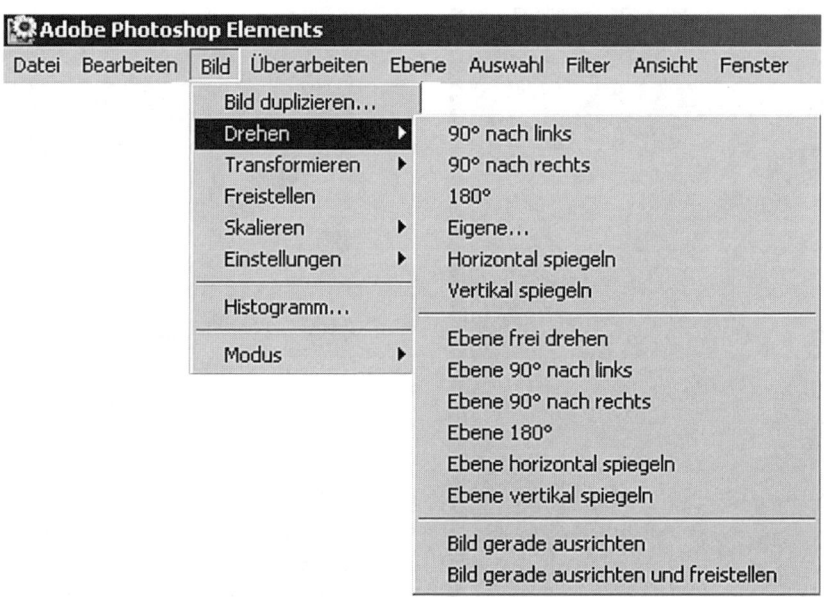

Abbildung 4.30: Möglichkeiten im Menü DREHEN

Sie sehen, es ist eigentlich ganz egal, wie ein Bild in den Scanner gelegt wird, die Hauptsache ist, es liegt gerade an einer Kante an, damit es gerade ist.

Bedenken Sie jedoch, dass ein nachträgliches Drehen von größeren Bildern in Photoshop Elements immer eine ziemliche Rechenleistung erfordert. Ihr Computer ist also dann ganz schön beschäftigt! Die meisten Scanprogramme bieten auch schon die Möglichkeit, in 90-Grad-Schritten zu drehen.

Am aufwändigsten ist die Rechenarbeit, wenn ein Bild nur um ein paar Grad gedreht werden soll. Dazu rufen Sie im Menü **BILD|DREHEN** den Befehl **EIGENE...** auf. Es erscheint ein Dialogfeld, in dem Sie den Winkelgrad eingeben und bestimmen, ob das Bild nach links oder rechts gedreht werden soll.

Auf die Befehle zum Drehen von Ebenen werde ich im Kapitel 6 genauer eingehen. Auch die Befehle im Menü **TRANSFORMIEREN** kann Photoshop Elements nur auf Ebenen anwenden. Daher werde ich Ihnen auch diese Möglichkeiten im Kapitel 6 über die Arbeit mit Ebenen erläutern.

Skalieren

Unter **Skalieren** versteht man das Ändern der Größe. Dazu gehört beispielsweise auch eine Änderung der Bildauflösung, denn mit einem solchen Eingriff wird ja ein Bild auch meistens kleiner oder größer.

An dieser Stelle möchte ich nochmals darauf hinweisen, dass sich Bilder, die aus Pixeln zusammengesetzt sind, nur unter Qualitätseinbußen vergrößern oder verkleinern lassen!

Um ein Bild zu skalieren, gibt es einerseits das Menü **BILD|SKALIEREN|BILDGRÖSSE**, das ich in Kapitel 1 bereits beschrieben habe. Sie können jedoch auch mit dem **FREISTELLUNGSWERKZEUG** ein Bild skalieren.

Aktivieren Sie dazu in der Werkzeugleiste das Freistellungswerkzeug. Wie bei allen anderen Werkzeugen zeigt die Optionsleiste spezifische Einstell-

Kapitel 4   Tipps und Tricks zur Bildretusche

möglichkeiten für das gewählte Werkzeug. In diesem Fall können Sie eine gewünschte Breite und Höhe sowie eine Auflösung in Pixel vorgeben.

Abbildung 4.31: Größenvorgaben für das Freistellungswerkzeug

Übung

1. Öffnen Sie die Datei **URALT-TEIL.TIF** von der CD und wählen Sie das Freistellungswerkzeug.

2. Tragen Sie in der Optionsleiste jeweils den Wert **12** für Breite und Höhe ein. Es wird automatisch die Einheit »Zentimeter« ergänzt.

Wollen Sie eine Breite oder Höhe in Pixel eingeben, müssen Sie »px« hinter Ihre Zahleneingabe schreiben.

3. Für die Auflösung tragen Sie den Wert **150** ein. Achten Sie darauf, dass die Maßeinheit auf **PIXEL/ZOLL** steht!

4. Ziehen Sie mit dem Werkzeug einen Rahmen auf, der die Figur und ein bisschen vom Hintergrund umfasst.

5. Drücken Sie ⏎, um die Änderung zu bestätigen.

Das Bild wird auf die vorgegebene Größe skaliert, in diesem Fall also vergrößert. Sie können die Angaben im Menü **BILD|SKALIEREN|BILDGRÖßE** überprüfen und Sie werden feststellen, dass sich Photoshop Elements ganz genau an die Vorgaben gehalten hat.

Abbildung 4.32: Einen Bildausschnitt wählen und gleichzeitig skalieren

Arbeitsfläche

Beim Skalieren eines Bildes mit Hilfe des Menüs **BILDGRÖSSE** werden Pixel aus einem Bild entfernt bzw. neue Pixel errechnet. Das Bild wird also unter Umständen stark manipuliert. Anders beim Befehl **ARBEITSFLÄCHE**. In diesem Fall bleibt das eigentliche Foto in der Größe unverändert, es wird lediglich außen herum eine neue Fläche angesetzt.

Rufen Sie das Menü **BILD|SKALIEREN|ARBEITSFLÄCHE** auf. Es erscheint ein Dialogfeld, in dem Sie angeben können, wie viel und in welcher Richtung neue Fläche angesetzt werden soll.

Kapitel 4   Tipps und Tricks zur Bildretusche

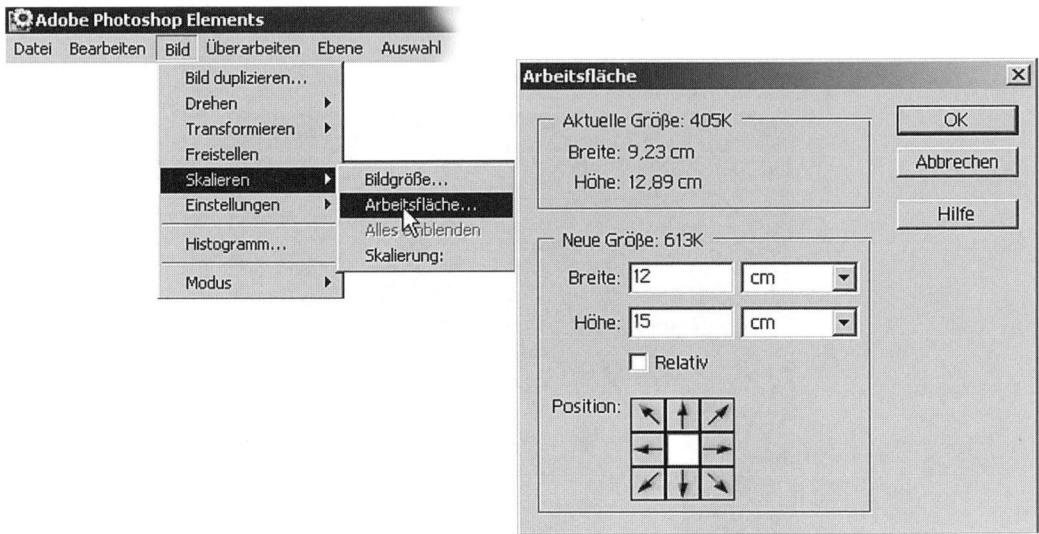

Abbildung 4.33: Dialogfeld ARBEITSFLÄCHE

Im oberen Bereich des Dialogfelds wird die aktuelle Größe des Bildes in Zentimetern und die Dateigröße angegeben. Darunter finden sich Eingabefelder für die neue Breite und Höhe des Bildes.

Wer keine Lust auf Rechnen hat, aktiviert einfach das Häkchen bei **RELATIV**. Dann braucht man nur einzugeben, wie viel Randbreite hinzugefügt werden soll. Ist dieses Häkchen nicht aktiviert, geben Sie die Zielbreite und -höhe ein.

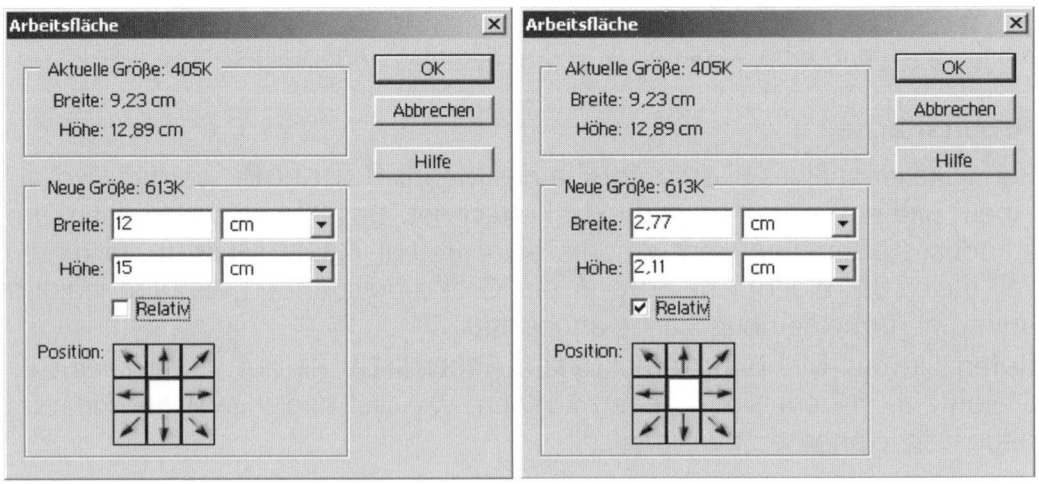

Abbildung 4.34: Neue Größe der Arbeitsfläche mit und ohne aktiviertem RELATIV

Geometrische Veränderungen

Die Grafik im unteren Bereich des Dialogfelds soll verdeutlichen, wo die neue Arbeitsfläche angesetzt wird. Standardmäßig wird die neue Fläche rundherum hinzugefügt. Sie können aber auch beispielsweise das Feld links oben anklicken, dann wird die neue Fläche nach rechts und unten angefügt.

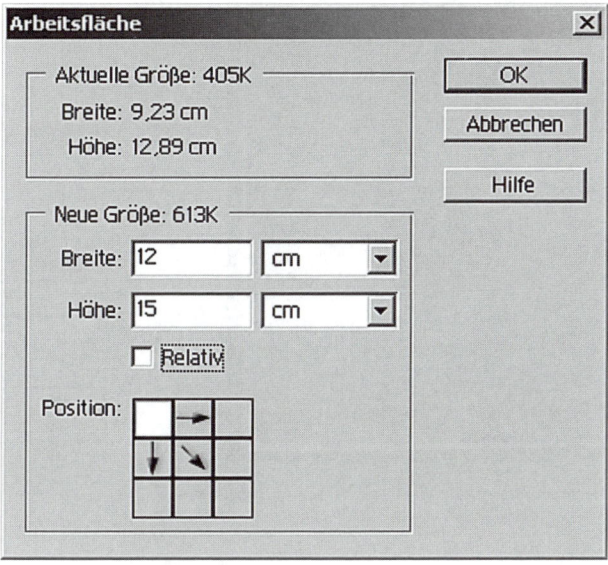

Abbildung 4.35: Neue Arbeitsfläche nach rechts unten ansetzen

Natürlich werden auch beim Hinzufügen neuer Arbeitsfläche dem ursprünglichen Bild neue Pixel hinzugefügt. Allerdings werden die Farbwerte dieser Pixel nicht aus dem Bild errechnet, sondern sie haben automatisch die Farbwerte, die als aktuelle Hintergrundfarbe eingestellt ist.

Achten Sie also darauf, welche Hintergrundfarbe eingestellt ist, **bevor** Sie den Befehl **ARBEITSFLÄCHE** aufrufen! Ansonsten hilft nur der Befehl **RÜCKGÄNGIG**, die Hintergrundfarbe korrekt einstellen und erneut den Befehl **ARBEITSFLÄCHE** aufrufen.

Kapitel 4   Tipps und Tricks zur Bildretusche

Abbildung 4.36: Die Arbeitsfläche übernimmt automatisch die aktuelle Hintergrundfarbe

Sinn und Zweck

Wozu braucht man eigentlich mehr Arbeitsfläche? Nun, um beispielsweise Bildteile neu anzusetzen, für Bildmontagen, bei denen Teile verschiedener Bilder ineinander kopiert werden, oder um einfach einen Rand um ein Bild zu setzen.

Natürlich können Sie mit Hilfe dieses Dialogfelds nicht nur Ränder hinzufügen, sondern auch Ränder entfernen, indem Sie die Option **RELATIV** aktivieren und negative Werte für den Rand eingeben.

Geometrische Veränderungen

Abbildung 4.37: Größere Arbeitsfläche, um Bildteile mit dem Kopierstempel anzusetzen

Kapitel 4   Tipps und Tricks zur Bildretusche

Abbildung 4.38: Größere Arbeitsfläche, um ein Bild einzurahmen

Abbildung 4.39: Größere Arbeitsfläche für Bildmontagen

Aus alt mach neu

Nun haben Sie in diesem und im letzten Kapitel eine ganze Menge an Techniken und Werkzeugen kennen gelernt, mit denen Sie Bilder schon ziemlich stark modifizieren können. Um die Techniken, Werkzeuge und Menübefehle einmal in der Praxis kennen zu lernen, sollten Sie folgende Übung durchführen, bei der Sie ein altes, farbstichiges und verblasstes Foto wieder auf neu trimmen. Sie werden staunen, was man aus scheinbar unbrauchbaren Fotos noch alles herausholen kann.

Übung

1. Öffnen Sie die Datei **URALT-TEIL.TIF** von der CD.

2. Ziehen Sie das Bildfenster etwas größer. Schneiden Sie mit Hilfe des Freistellungswerkzeugs den schwarzen Rand ab und stellen Sie das Bild gerade. Die Vorgehensweise dazu wurde bereits im Abschnitt *Freistellungswerkzeug* beschrieben. Achten Sie darauf, dass in der Optionsleiste keine Werte für **BREITE**, **HÖHE** oder **AUFLÖSUNG** eingetragen sind. Klicken Sie dazu auf den Schalter **LÖSCHEN** in der Optionsleiste.

3. Öffnen Sie das Menü **QUICKFIX** und führen Sie eine Farbkorrektur mit **AUTO-FARBE** durch. Bestätigen Sie die Änderung mit **OK**.

4. Öffnen Sie erneut das Menü **QUICKFIX**. Wählen Sie die Kategorie **HELLIGKEIT**, die Anpassung **HELLIGKEIT/KONTRAST**. Stellen Sie den Regler für **HELLIGKEIT** auf **+7**, den Regler für **KONTRAST** auf **+14**.

5. Der Farbstich ist zwar schon weg und das Bild hat einen annehmbaren Kontrast, aber der Schnee ist immer noch nicht weiß. Rufen Sie dazu das Menü **ÜBERARBEITEN|HELLIGKEIT/KONTRAST ANPASSEN|TONWERTKORREKTUR** auf. Ziehen Sie den weißen Regler nach links auf den Wert **200**, den schwarzen Regler ziehen Sie nach rechts auf den Wert **5**. Der graue Regler in der Mitte bleibt unverändert auf dem Wert **0**. Er verschiebt sich lediglich automatisch mit, wenn Sie den weißen und schwarzen Regler ziehen. Das ist auch so in Ordnung.

Kapitel 4 Tipps und Tricks zur Bildretusche

Abbildung 4.40: Den Schnee weiß machen mit der Tonwertkorrektur

6. Nun sollen die Farben etwas intensiviert werden. Rufen Sie dazu das Menü **ÜBERARBEITEN|FARBE ANPASSEN|FARBTON/SÄTTIGUNG** auf. Stellen Sie den Regler für **SÄTTIGUNG** auf den Wert **+15**. Achten Sie darauf, dass unter **BEARBEITEN** die Option **STANDARD** eingestellt ist, damit alle Farben gleichmäßig intensiviert werden.

7. Sie können überprüfen, ob Sie bis jetzt richtig gearbeitet haben, indem Sie die Pipette anklicken und die Spitze der Pipette in den Bereich des weißen Bildrandes führen. Sie brauchen dazu nicht zu klicken! Die Pipette dient dazu, Farben aufzunehmen. Aktivieren Sie außerdem im Menü **FENSTER** die Palette **INFORMATIONEN**. Wenn alles richtig gelaufen ist, sollte die Pipette im weißen Bildrand für RGB jeweils den Wert **255** anzeigen.

Aus alt mach neu

Abbildung 4.41: Die Pipette zeigt im Rand für alle drei RGB-Farben den Wert 255, wenn alles richtig korrigiert wurde.

8. Zum Schluss kommt der Feinschliff. Jetzt wird der Kantenkontrast im Bild erhöht. Rufen Sie dazu den Filter **UNSCHARFMASKIERUNG** im Untermenü **SCHARFZEICHNER** auf und stellen Sie die Werte der folgenden Abbildung ein.

Nun ist die Bearbeitung fertig und Sie haben aus einem farbstichigen, verblassten Foto ein schönes, kontrastreiches Bild gemacht, das aber trotzdem noch die Anmutung eines Fotos aus den 50er-Jahren hat. Sie müssen das Bild nur noch abspeichern. Aber das ist ein anderes Kapitel.

Kapitel 4 Tipps und Tricks zur Bildretusche

Abbildung 4.41: Werte für die Unscharfmaskierung zur Erhöhung des Kantenkontrastes

Zusammenfassung

In diesem Kapitel haben Sie sehr viel über die Retusche, also die Korrektur von Fehlern in Bildern erfahren. Zunächst haben Sie erfahren, woher die unschönen roten Augen vieler Porträtfotos stammen und wie man sie schnell und sicher in Photoshop Elements entfernen kann, nämlich mit dem **ROTE-AUGEN-PINSEL**.

In diesem Zusammenhang haben Sie auch erfahren, wie Sie Werkzeugspitzen der Malwerkzeuge verändern können. Dazu benutzen Sie die Eingabefelder und Menüs der Optionsleiste.

Im nächsten Schritt haben Sie den Photoshop-Farbwähler kennen gelernt. Auch er arbeitet nach dem Prinzip des HSB-Farbmodells mit den Varianten Farbton, Sättigung und Helligkeit. Mit Hilfe des Farbwählers können Sie beliebige Farbnuancen einstellen und als Malfarbe verwenden. Sie haben auch erfahren, dass Photoshop Elements immer mit einer Vorder- und einer Hintergrundfarbe arbeitet.

Sie haben außerdem gesehen, wie man Staub, Risse und Kratzer aus einem Bild entfernt. Damit diese Form der Retusche nicht zu stark sichtbar wird, ist sehr viel Handarbeit und Geduld erforderlich. Sie benutzen dazu den Kopierstempel.

Anschließend haben Sie einiges über Scharfzeichnungsfilter erfahren. Sie erhöhen den Kontrast pauschal im gesamten Bild oder selektiv an den Kontrastkanten. Der beste Filter dazu ist die Unscharfmaskierung, da sie sehr feine Einstellungsmöglichkeiten bietet. Alternativ können Sie das Werkzeug Scharfzeichner einsetzen, wenn Sie nur an einigen Stellen das Bild scharfzeichnen wollen.

Schließlich haben Sie mehrere Möglichkeiten kennen gelernt, Ränder eines Bildes abzuschneiden (= **FREISTELLUNGSWERKZEUG**), bzw. Ränder hinzuzufügen (= **ARBEITSFLÄCHE**). Sie können nun außerdem ein Bild beliebig drehen und spiegeln.

Fast alle neuen Retuschefunktionen haben Sie zum Schluss in einer umfangreichen Übung eingesetzt, in der Sie aus einem farbstichigen, verblassten Foto ein kontrastreiches neues Bild gezaubert haben.

Übungsfragen

1. Mit welchem Werkzeug korrigieren Sie rote Augen bei Porträtfotos?
2. Wo stellen Sie die Größe der Pinselspitze ein?
3. Was ist der Vorteil von weichgezeichneten Werkzeugspitzen?
4. Wozu dient der Photoshop-Farbwähler?
5. Mit welchem Werkzeug nehmen Sie Farbtöne aus einem Bild auf?
6. Wie stellen Sie am schnellsten Vorder- und Hintergrundfarbe wieder auf Schwarz und Weiß?

Kapitel 4   Tipps und Tricks zur Bildretusche

7. Welche Möglichkeiten kennen Sie, Staub und Kratzer aus einem Bild zu entfernen?
8. Was sind Filter?
9. Was bestimmt der Schwellenwert?
10. Was macht ein Scharfzeichner und was kann er nicht?
11. Welchen Effekt können Sie mit der Unscharfmaskierung vermeiden?
12. Worauf sollten Sie beim Scharfzeichnen von Porträtfotos achten?
13. Mit welchem Werkzeug können Sie Bildausschnitte wählen bzw. Ränder abschneiden?
14. Wie können Sie am besten ein schief eingescanntes Foto gerade stellen?
15. Welches Problem kann beim Drehen großer Bilder auftreten?
16. Zu welchen Zwecken können Sie die Arbeitsfläche vergrößern?
17. Was versteht man unter »Skalieren«?
18. Mit welcher Farbe malen Sie, wenn in der Palette **INFORMATION** für alle Farben der Wert **255** für RGB angezeigt wird?

Kapitel 5
Wie kann ich meine Bilder speichern?

Sie haben nun schon eine ganze Menge an Ihren Fotos manipuliert, z.B. die Qualität verbessert, Farben korrigiert, Kratzer entfernt. Was nützen jedoch all die schönen digitalen Möglichkeiten, wenn Sie Ihre Bilder nicht wieder abspeichern könnten?

Eine Bilddatei zu speichern geht natürlich recht einfach, Sie brauchen dazu nur den Befehl **SPEICHERN** im Menü **DATEI** aufzurufen. Sollten Sie jedoch einmal auf den Befehl **SPEICHERN UNTER...** klicken, der direkt darunter steht, gibt es schon wieder so viele Einstellungsmöglichkeiten, dass ich dazu ein eigenes Kapitel benötige.

Auch wenn dieses Kapitel sicherlich etwas »trockener« und theoretischer ist als die vorhergehenden, möchte ich es Ihnen dennoch ans Herz legen. Leider machen sich viel zu viele Anwender, nicht nur Hobbyfotografen, sondern erstaunlicherweise auch viele Profis, zu wenig Gedanken über Speicherformate.

Salopp formuliert kann man mit Speicherformaten ziemlich viel »Mist bauen«. Beim falschen Speicherformat können Bildinhalte und Bearbeitungsmöglichkeiten verloren gehen, ja, Sie können sogar die Bildqualität unwiderruflich ruinieren!

In diesem Kapitel erfahren Sie

- ✓ welche Speicherformate es für Bilddaten gibt
- ✓ welche Einstellmöglichkeiten die einzelnen Formate bieten
- ✓ was Datenkompression ist
- ✓ wie Sie Fehler beim Speichern von Bilddaten vermeiden

Kapitel 5   Wie kann ich meine Bilder speichern?

Wozu gibt es eigentlich so viele verschiedene Formate?

Inzwischen gibt es sehr viele verschiedene Programme für Computer, mit denen sehr unterschiedliche Dinge erledigt werden können. Die Befehle, Werkzeuge und Möglichkeiten könnten verschiedener nicht sein. Damit Sie alles, was Sie mit einer bestimmten Software anstellen, auch dauerhaft auf Ihrer Festplatte abspeichern können, besitzt jedes Programm ein »hauseigenes« Speicherformat. Dieses Dateiformat ermöglicht es, Dateien so abzuspeichern, dass sie mit dem Programm, mit dem sie erstellt wurden, auch wieder zu öffnen und weiter zu bearbeiten sind.

Diese spezifischen Dateiformate eignen sich aber meist nicht dazu, Daten zwischen verschiedenen Programmen auszutauschen. Ein Beispiel: Sie bearbeiten Ihre Bilder mit Photoshop Elements und wollen die Fotos anschließend in ein Microsoft-Word-Dokument integrieren. Wenn Sie ein Bild in Photoshop Elements im Format »Photoshop Document« (Dateiendung ».psd«) abspeichern, werden Sie sich sehr schwer tun, dieses Bild in Ihr Word-Dokument einzubauen. Word »versteht« dieses Dateiformat einfach nicht.

Sobald Sie aber das Bild in anderen Formaten, beispielsweise TIFF, JPEG oder EPS abspeichern, können Sie es in Ihr Word-Dokument einfügen. Diese Dateiformate »versteht« Word, anders ausgedrückt, dafür besitzt Word so genannte **Importfilter**. Anders herum gibt es ähnliche Probleme. Probieren Sie einmal, einen Word-Text in Photoshop Elements zu öffnen! Es klappt nicht. Im **ÖFFNEN**-Dialogfenster von Photoshop Elements sehen Sie noch nicht einmal die Dateien.

Kurz gesagt, es gibt programmeigene Speicherformate, die nur vom jeweiligen Programm, mit dem die Datei erstellt wurde, wieder zu öffnen sind. Und es gibt so genannte **Austauschformate**, die dazu dienen, verschiedene Datentypen zwischen unterschiedlichen Programmen auszutauschen.

Photoshop Elements versteht eine ganze Reihe solcher Austauschformate. Leider ist es nicht egal, in welchem Format Sie ein Bild abspeichern, da die verschiedenen Speicherformate zu allem Überfluss sehr unterschiedliche Möglichkeiten bieten. Andere Programme, wie beispielsweise Grafik-, Layout-, Textverarbeitungs- oder Präsentationsprogramme, benötigen für diese Dateitypen die oben erwähnten Importfilter. Ein Programm, das in mehreren Dateiformaten abspeichern kann, wie beispielsweise Photoshop Elements, benutzt dafür so genannte **Exportfilter**.

Wozu gibt es eigentlich so viele verschiedene Formate?

Hier eine Liste der Speicherformate, die in Photoshop Elements zur Verfügung stehen, mit den jeweiligen, gängigen Dateiendungen:

Photoshop Document	.psd
Bitmap	.bmp/.rle
Compuserve GIF	.gif
Photoshop Encapsulated PostScript	.eps
Joint Photographers Expert Group	.jpg/.jpeg
PCX	.pcx
Photoshop PDF	.pdf
Macintosh PICT	.pct
Pixar	.pxr
Portable Network Graphics	.png
Raw	.raw
Scitex Continuous Tone	.sct
Targa	.tga
Tagged Image File Format	.tif

Da sind sicherlich Begriffe dabei, die Sie noch nie irgendwo gelesen haben, stimmt's? Trösten Sie sich, einige dieser Dateitypen (Scitex, Targa) sind schon längst nicht mehr in Gebrauch bzw. ziemlich exotisch (Pixar, Raw). Der Rest ist aber nach wie vor aktuell und in Gebrauch. Der große Bruder, die professionelle Software-Version Adobe Photohop, kennt noch erheblich mehr Dateiformate.

Wer sich dafür interessiert, dem sei mein Buch *Grafikformate GE-PACKT*, ebenfalls im mitp-Verlag erschienen, empfohlen.

Speichertipps

Bevor ich die Möglichkeiten der wichtigsten Dateitypen erkläre, gleich ein paar Hinweise, die die Arbeit erheblich erleichtern können:

Damit Sie nicht bei jeder Datei die Dateiendung selber dazu schreiben müssen, ergänzt Photoshop Elements zu einem Dateinamen automatisch die Dateiendung, die zu dem aktuell gewählten Dateiformat gehört. Schreiben Sie also nicht aus Gewohnheit die Dateiendung nochmals dazu!

Wenn Sie ein Bild, an dem Sie einige Änderungen vorgenommen haben, mit Hilfe des Menübefehls SPEICHERN auf die Festplatte bannen, wird die Originaldatei kommentarlos überschrieben und geht damit verloren! Dies können Sie nur revidieren, indem Sie im Protokoll zum Schritt ÖFFNEN zurückgehen und die Datei erneut speichern. Ist der Schritt ÖFFNEN nicht mehr im Protokoll enthalten, weil Sie schon mehr als 20 Bearbeitungsschritte vorgenommen haben (= Standardvorgabe), dann ist das Original Ihres Bildes definitiv verloren. Bedenken Sie dabei auch, dass ein Protokoll gelöscht wird, sobald Sie eine Datei schließen. Dann besteht erst recht keine Chance mehr, das Original wiederherzustellen.

Der wesentliche Unterschied zwischen SPEICHERN und SPEICHERN UNTER... besteht darin, dass beim SPEICHERN die Originaldatei überschrieben und das Speicherformat beibehalten wird. Beim SPEICHERN UNTER... hingegen erscheint ein Dialogfeld, in dem Sie einen anderen Namen, ein anderes Speicherformat und einen anderen Speicherort angeben können.

Falls Sie einfach [Strg]+[S] drücken (= Speichern) und es geht doch das Dialogfeld SPEICHERN UNTER... auf, bedeutet dies, dass sich die aktuelle Version Ihres Bildes bereits so sehr vom Original unterscheidet, dass es im ursprünglichen Speicherformat nicht mehr abgespeichert werden kann. Photoshop Elements kennt schließlich seine Formate sehr genau! Der Vorteil ist aber auch, dass Sie Ihre Originaldatei nicht versehentlich überschreiben können.

Datenkompression – Speicherplatz sparen

Sie haben sicherlich schon festgestellt, dass Pixelbilder ziemlich viel Speicherplatz auf der Festplatte belegen. Schließlich muss jedes einzelne Pixel gespeichert werden. Bei einem Graustufenfoto kann jedes Pixel zwischen Schwarz und Weiß eine von 256 Abstufungen darstellen, das entspricht einer **Datentiefe** von 8 Bit. Für jedes Pixel besteht also ein Speicherbedarf von 1 Byte (= 8 Bit).

Ein Beispiel: Ein Foto hat eine Größe von 13 x 9 cm bei einer Bildauflösung von 300 dpi. Es besteht also aus 1.535 x 1.063 Pixel (Rechnung: 13 cm / 2,54 x 300 Pixel = 1535 Pixel und 9 cm / 2,54 x 300 Pixel = 1063 Pixel), insgesamt also 1.631.705 Pixel. Rechnet man für jedes Pixel ein Byte Speicherplatz, belegt dieses Foto also rund 1,6 Millionen Byte, anders ausgedrückt 1,6 MB.

Bei einem Farbfoto trägt aber jedes Pixel drei Farbinformationen, nämlich Rot, Grün und Blau. Da auch für Rot, Grün und Blau jeweils die 256 Abstufungen gespeichert werden, heißt das, für jedes Pixel sind drei Byte an Speicherplatz notwendig. Das Bild in unserem Beispiel würde als Farbfoto also 3 x 1,6 MB Festplattenspeicher belegen, also rund 4,8 MB!

Wenn Sie eine Digitalkamera besitzen, fleißig fotografieren und die Bilder anschließend in Ihren Computer laden, würden Sie also für 36 Fotos (das entspricht dem Standard eines Kleinbilddiafilms) bereits rund 180 MB auf Ihrer Festplatte benötigen.

Klar, wir leben heute im Zeitalter der Gigabyte-Festplatten. Es gibt kaum noch einen PC, der mit einer Festplatte ausgeliefert wird, die nicht mindestens 20–30 GB fassen kann. Festplattenspeicher ist nicht mehr das große Problem. Zu Archivierungszwecken können Sie die Fotos ja auch noch auf CD brennen.

Dafür gibt es aber andere Schwierigkeiten. Angenommen, Sie wollen Ihren Freunden und Bekannten die neuesten digitalen Schnappschüsse Ihrer Enkelkinder per E-Mail schicken. Ein unkomprimiertes Bild mit einer Dateigröße von rund fünf MB benötigt mit einem 56-K-Modem (schließlich hat nicht jeder einen ISDN-Anschluss) im Idealfall rund zwölf Minuten für die Übertragung. Da aber die Leitungen meist überlastet sind, wird die Übertragung eher länger dauern.

Was meinen Sie, wie Ihre Freunde reagieren, wenn Sie ihnen freudestrahlend und überglücklich fünf Bilder schicken und ihren elektronischen Briefkasten

Kapitel 5 Wie kann ich meine Bilder speichern?

(und damit auch den kompletten Rechner) für eine Stunde oder gar länger blockieren? Die nächste Rechnung für die Telefonkosten folgt bestimmt! Mal ganz abgesehen davon, dass bei Ihnen die E-Mail-Übertragung genauso lange dauert und genauso viel kostet.

Um Ihnen diese und ähnliche Probleme zu ersparen, haben findige Programmierer die **Bilddatenkompression** entwickelt. Dabei geht es in erster Linie um die Einsparung von Speicherplatz. Viele Kompressionstechniken wurden bereits zu einer Zeit entwickelt, als es noch keine Festplatten im GB-Bereich gab. Dass kleinere Dateien auch schneller in Netzwerken und im Internet übertragen werden, ist natürlich ein angenehmer Nebeneffekt.

Prinzipiell gibt es zwei Varianten der Bilddatenkompression. Eine **verlustfreie** und eine **verlustbehaftete**. Hinter Datenkompression stecken immer mathematische Methoden, also **Algorithmen**, die es ermöglichen, die Information kompakter und damit platzsparender zu speichern. Die Algorithmen sind dabei nicht an ein bestimmtes Dateiformat gebunden. Eine Kompressionsmethode kann bei mehreren Dateiformaten zum Einsatz kommen (z.B. die LZW-Komprimierung). Es gibt auch Dateiformate, die mehrere verschiedene Kompressionsarten anbieten, z.B. das TIF-Format.

Bei **verlustfreier Kompression** wird darauf geachtet, dass keine Bildinformationen verloren gehen, die Qualität eines digitalen Fotos bleibt also vollständig erhalten. Leider sind mit verlustfreien Kompressionsmethoden keine spektakulären Einsparungen zu erzielen. Aber es ist dennoch möglich, Daten etwa im Verhältnis 1:2 oder 1:3 zu komprimieren. Und das ist ja auch nicht schlecht.

Wesentlich mehr Speicherplatz lässt sich mit **verlustbehafteter Kompression** einsparen. Hier sind Kompressionsraten von durchschnittlich 1:10 bis 1:20 möglich, in Extremfällen auch noch mehr. Ihre Bilddaten werden also um den Faktor 10 oder 20 kleiner. Der große Nachteil ist aber, dass unter solchen Kompressionsraten auch die Bildqualität, und das teilweise massiv, leidet, das heißt, die komprimierten Bilder enthalten nicht mehr so viele Farbinformationen und damit Qualität wie die unkomprimierten Bilder. Das macht sich dann in Störstrukturen, Unschärfen oder Kacheleffekten bemerkbar.

Besonders stark machen sich solche Störstrukturen bemerkbar, wenn die Bilder interpoliert, also nachträglich vergrößert werden. Dann werden nämlich auch die Störstrukturen mit vergrößert und fallen noch mehr ins Auge.

Datenkompression – Speicherplatz sparen

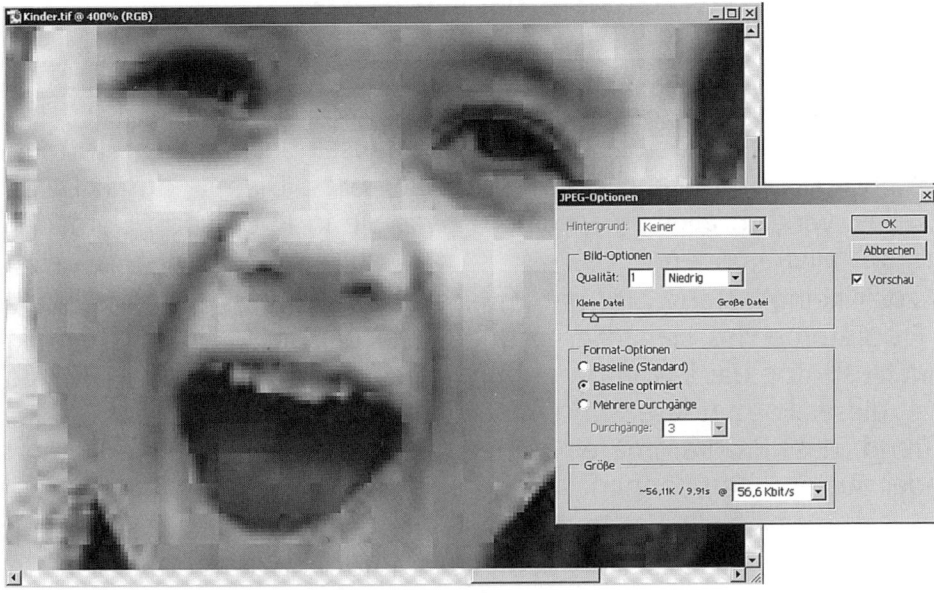

Abbildung 5.1: Störender Kacheleffekt bei zu starker JPEG-Komprimierung

Welche Kompressionsarten gibt es denn?

Verlustfreie Kompressionsarten können Sie problemlos einsetzen. Dazu zählen:
- LZW-Kompression (LZW = Lempel/Ziv/Welsh)
- Run Length Encoding (RLE)
- CCITT (Huffman) Encoding

Zu den Methoden, die in die Bildqualität eingreifen und damit verlustbehaftet sind, zählen:
- Discrete Cosinus Transformation (DCT)
- Fraktalkompression
- Wavelet Komprimierung

> Diese Begriffe seien hier nur der Vollständigkeit halber aufgelistet, für Ihre Arbeit in Photoshop Elements haben sie nur untergeordnete Bedeutung. Wichtiger ist, dass Sie wissen, in welchem Speicherformat welche Kompression zum Einsatz kommt. Nur dann können Sie abschätzen, ob Ihre Bilder nach dem Abspeichern noch die gleichen sind, die Sie ursprünglich einmal hatten.

... but Goldies

Kapitel 5 Wie kann ich meine Bilder speichern?

Die wichtigsten Speicherformate

Photoshop Document

Bei diesem Format handelt es sich um das »hauseigene« Speicherformat von Adobe Photoshop und auch Photoshop Elements. Dieses Format ist in der Lage, alles, wirklich alles zu speichern, was Sie in Photoshop Elements mit Bildern anstellen können.

Es ist zwar kein Austauschformat im eigentlichen Sinne, jedoch können andere Programme des Herstellers Adobe, wie beispielsweise das Grafikprogramm Illustrator, das Layoutprogramm InDesign oder auch der HTML-Editor GoLive, dieses Format lesen und importieren. Dies entspricht dem allgemeinen Trend, dass Programme eines Herstellers unterschiedlichste Daten miteinander austauschen können.

Beim Speichern eines Bildes in diesem Format sind keinerlei weitere Einstellungen vonnöten. Die Bilder werden intern automatisch mit der verlustfreien RLE-Kodierung komprimiert.

TIFF – Tagged Image File Format

Dies ist sicherlich das am weitesten verbreitete Speicherformat für Pixelbilder. Es gehört auch mit zu den ältesten Formaten. Bereits 1986 legte die Software-Firma Aldus (Hersteller des bekannten Layoutprogramms Pagemaker, 1995 von Adobe Systems Inc. aufgekauft) die erste Spezifikation dieses Formats vor.

Fast alle aktuellen Programme können TIF-Daten in der einen oder anderen Form importieren. Allerdings ist auch hier Vorsicht geboten. Es gibt in der aktuellen Version von Photoshop Elements einige Varianten des TIF-Formats, die insbesondere von Importfiltern älterer Programme nicht verstanden werden. Dies führt dann immer dazu, dass die Dateien falsch oder gar nicht platziert werden können bzw. spätestens beim Ausdruck Probleme machen.

Um diesen Problemen vorzubeugen, sind einfach nur ein paar Spielregeln zu beachten. Dann ist der Umgang mit diesem Speicherformat ziemlich unproblematisch.

Der Name deutet auf die Art und Weise hin, wie hier Bildinformationen gespeichert werden. »Tag« bedeutet im Englischen »Etikett«. Die Bildinformationen werden wie Etiketten der Reihe nach an die Grundinformationen angehängt. Für technisch Interessierte – dadurch sind die Daten relativ leicht und übersichtlich auszulesen.

Die wichtigsten Speicherformate

Das TIF-Format ist quasi »erste Wahl«, wenn es um den Austausch von Pixelbilddaten geht.

Beim Speichern eines Bildes im TIF-Format ist es zunächst einmal möglich, Bildebenen zu erhalten (siehe dazu Kapitel 6) sowie Farbprofile (hierzu siehe Kapitel 10) einzubetten.

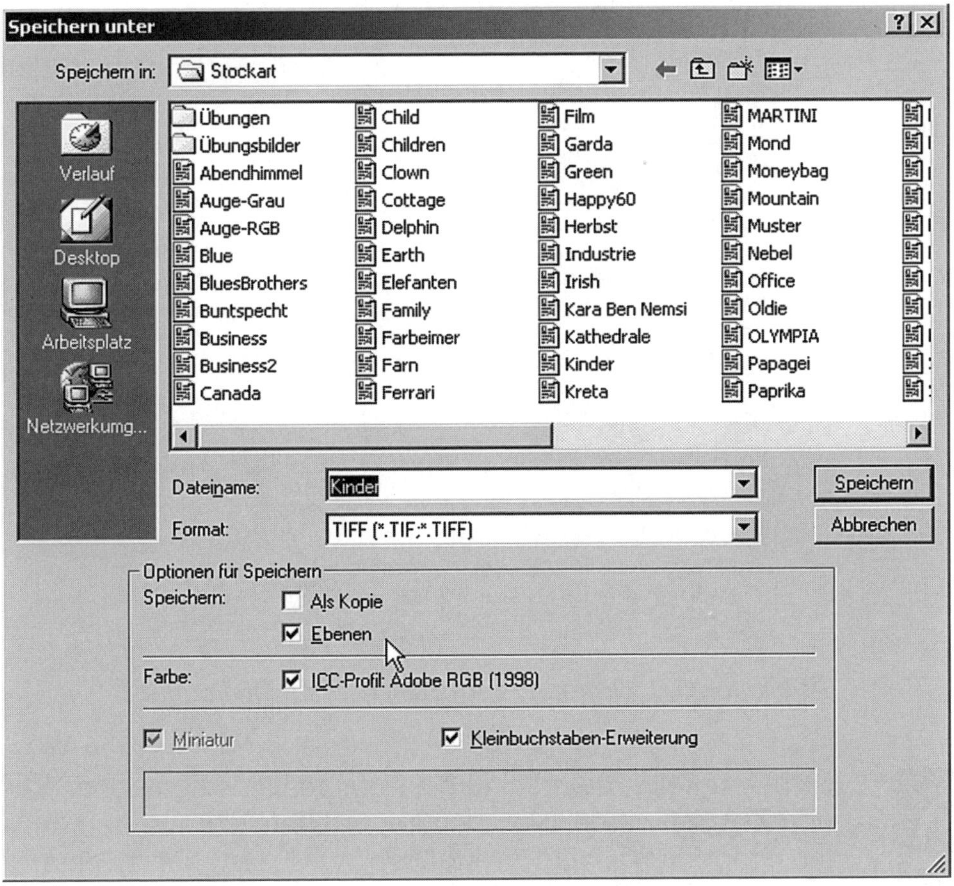

Abbildung 5.2: Speicherdialogfenster für das TIF-Format

Kapitel 5   Wie kann ich meine Bilder speichern?

Optionen

Klicken Sie auf **SPEICHERN**, erscheint ein weiteres Dialogfeld, das eine Menge zusätzlicher Optionen bietet. Hier geht es zunächst um die Kompressionsmethode, die eingesetzt werden soll. Empfehlenswert ist von den angebotenen Möglichkeiten jedoch nur die **LZW-KOMPRIMIERUNG**. Sie ist, anders als beispielsweise JPEG, verlustfrei. Zwar ist sie nur bei reinen Schwarz-Weiß-Bildern wirklich effektiv (Faktor etwa 10:1), aber auch bei Graustufen- oder Farbbildern kann sie Bilder etwa im Verhältnis 2:1 bis zu 3:1 komprimieren und damit den Speicherbedarf verkleinern.

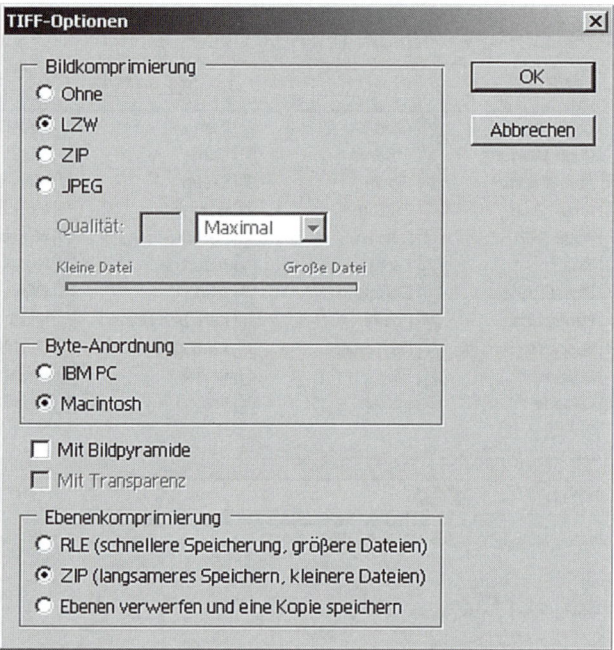

Abbildung 5.3: Optionen zum Speichern im TIF-Format

Nicht empfehlenswert sind die Kompressionsmethoden **JPEG** und **ZIP**. Sie werden von den Importfiltern der meisten anderen Programme nicht verstanden, was dazu führt, dass Sie dann das Bild nicht platzieren können.

Sie können ein TIF-Bild auch **OHNE KOMPRESSION** abspeichern. Dies ist jedoch nur nötig, wenn Sie die Datei in andere Programme importieren wollen, die bereits etwas älteren Datums sind. Dann kann es eventuell einmal Probleme mit LZW-komprimierten TIF-Bildern geben. Das ist inzwischen jedoch ziemlich selten.

Es gibt prinzipiell keinen Grund, auf eine LZW-Komprimierung zu verzichten.

Die Option **BYTE-ANORDNUNG** betrifft nur die interne Speicherung der Pixelinformationen. Lassen Sie die Einstellung am besten auf **IBM PC** stehen. Dann haben Sie auf einem Windows-Computer sowieso kein Problem und ein Apple Macintosh kann auch die IBM-PC-Variante lesen. Andererseits kann es auf einem Windows-Computer mit Macintosh-Daten schnell Probleme geben. Macintosh-Computer sind wesentlich flexibler, was Datenaustausch über Betriebssystemgrenzen hinweg angeht.

Die Option **BILDPYRAMIDE** sollten Sie besser außen vor lassen. Rein theoretisch können damit verschiedene Auflösungsvarianten eines Bildes in einer einzigen Datei gespeichert werden. Photoshop Elements unterstützt dies jedoch nicht. Also klicken Sie diese Option einfach nicht an.

Die Option **TRANSPARENZ** ist nur verfügbar, wenn in einem Bild **eine** Ebene mit transparenten Bereichen vorhanden ist. Sollen die Transparenzen erhalten bleiben, muss diese Option aktiviert sein.

Die letzten Einstellungen im Optionsdialogfenster betreffen das Speichern von Ebenen (siehe Kapitel 6). Bildebenen können im TIF-Format nicht nur gespeichert, sondern auch separat komprimiert werden. Hier kommt nur die Variante **ZIP** in Frage, da die Option **RLE** abnorm große Dateien produziert. Zu guter Letzt können Sie in diesem Dialogfeld auch entscheiden, ob die Ebenen doch noch auf eine Ebene zusammengerechnet werden sollen. Dann sind allerdings Bildteile, die zuvor auf den Ebenen lagen, nicht mehr unabhängig bearbeitbar.

EPS – Encapsulated PostScript

Neben dem TIF-Format verwenden Bildbearbeitungsprofis vor allem das EPS-Format für Bilddaten. Dies hat mit der Verarbeitung von PostScript-Dateien

Kapitel 5   Wie kann ich meine Bilder speichern?

zu tun, wie sie in der Druckvorstufe üblich ist. EPS (= Encapsulated PostScript, also eingekapseltes PostScript) ist das Standard-Austauschformat für PostScript-Daten.

Die Vorteile des EPS-Formats gegenüber TIF betreffen jedoch hauptsächlich Möglichkeiten, die eher in der Profiversion Adobe Photoshop vorhanden sind, beispielsweise vektorbasierte Freistellerpfade und bestimmte Formen von CMYK-Daten für professionelle Drucke. Diese Möglichkeiten unterstützt Photoshop Elements überhaupt nicht, so dass das Speicherformat EPS in Photoshop Elements gar nicht voll genutzt werden kann.

Ich empfehle Ihnen daher, für die Standardanwendungen in Photoshop Elements dieses Format nicht zu nutzen, es sei denn, Sie wollen Daten an eine Druckerei weitergeben. In diesem Fall werden Sie aber wahrscheinlich sowieso die professionelle Version Adobe Photoshop einsetzen.

An dieser Stelle also nur ein paar Hinweise zum EPS-Format. Zunächst einmal kann dieses Format **keine Ebenen** speichern. Sie gehen verloren und die Bildinformationen werden auf eine Hintergrundebene zusammengerechnet. Photoshop Elements weist darauf mit einem Warnschild hin. **Farbprofile** bleiben dagegen im EPS-Format erhalten.

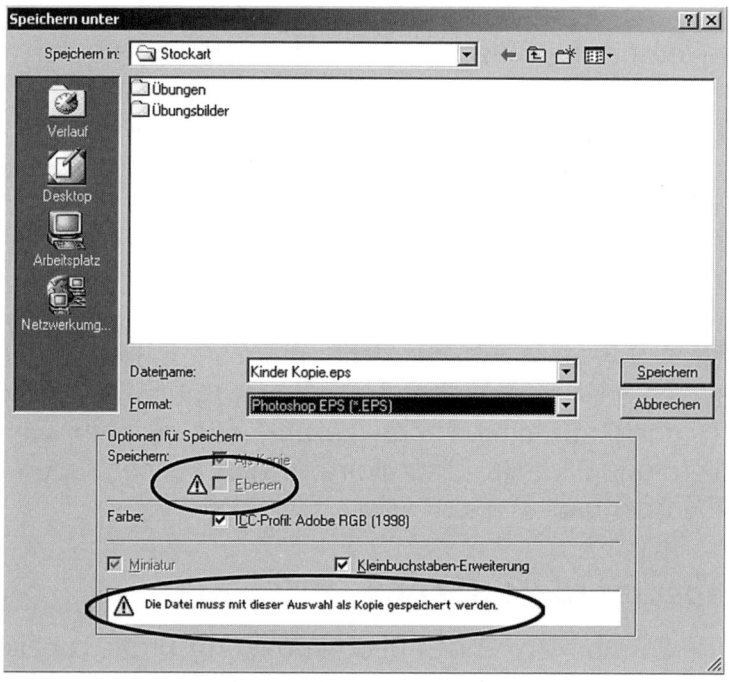

Abbildung 5.4: Beim Speichern im EPS-Format gehen Ebenen verloren.

Optionen

Auch beim Speichern eines Bildes als EPS-Datei erscheint ein Optionsdialogfeld. Hier können Sie zunächst einmal die Datentiefe der **BILDSCHIRMVORANSICHT** bestimmen. Was ist das nun schon wieder?

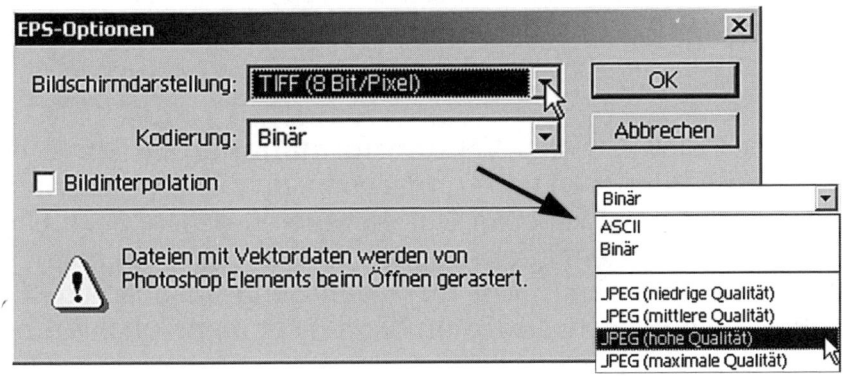

Abbildung 5.5: Optionen zum EPS-Speicherformat

Wenn Sie ein Pixelbild, das ja mehrere Megabyte groß sein kann, in einem anderen Programm zusammen mit Text und Grafiken platzieren, wird meist nicht die große Originaldatei positioniert. Das würde beispielsweise die Dateigröße Ihres Word-Dokuments unnötig aufblasen. Stattdessen wird nur eine Bildschirmvoransicht mit 72 dpi Auflösung platziert. Die ist wesentlich kleiner und reicht für das Einbauen eines Bildes in eine Textdatei völlig aus. Schließlich werden Sie in Word oder auch in Layoutprogrammen wie Adobe Pagemaker, keine Bildbearbeitung vornehmen. Nur dazu wäre es notwendig, die Datei mit hoher Bildauflösung im Zugriff zu haben.

Eine Besonderheit des EPS-Formats ist es, dass die Bildschirmvoransicht als eigene Datei im TIF-Format in der EPS-Datei enthalten ist, also quasi eine Datei in der Datei, die nur zur Bildanzeige in einem Layoutprogramm dient. Ganz schöner Luxus! Wenn Sie eine farbige Bildschirmvoransicht haben möchten, stellen Sie die Option auf **TIFF/8 BIT**. Für eine schwarz-weiße Voransicht nehmen Sie **TIFF/1-BIT**. Ist die Variante **KEINE** gewählt, würden Sie im Layoutprogramm nur ein graues Rechteck sehen. Die Datei wird zwar korrekt gedruckt, aber in Word oder im Layoutprogramm sehen Sie nur das graue Rechteck.

Der zweite Menüpunkt betrifft die interne Dateikodierung. In den meisten Fällen können Sie hier mit der Vorgabe **BINÄR** arbeiten. **ASCII-KODIERUNG** benötigen Sie nur, wenn es beim Ausdruck auf älteren Windows-Druckern mit binär-kodierten EPS-Dateien Probleme gibt.

Kapitel 5 Wie kann ich meine Bilder speichern?

Hände weg dagegen von der Option **JPEG-KODIERUNG** für EPS-Dateien! Sie ist eine ziemlich sichere Methode, sich jede Menge Probleme beim Ausdruck einzuhandeln. Daher – bitte nicht verwenden!

Die Option **BILDINTERPOLATION** ist vergleichbar mit der **BILD-PYRAMIDE** beim TIF-Format. Es gilt auch die gleiche Aussage – nicht verwenden!

Zuletzt noch der Hinweis, dass **Vektorinformationen** (in Photoshop Elements betrifft das Textebenen und Formebenen) im EPS-Format zwar gespeichert werden können, jedoch beim Öffnen verloren gehen. Beim Öffnen einer EPS-Datei mit solchen Informationen werden die Vektoren in Pixel umgewandelt. Sie sind dann nicht mehr auflösungsunabhängig und nicht mehr beliebig zu bearbeiten. Text kann dann nicht mehr inhaltlich geändert werden.

JPEG – Joint Photographers Expert Group

Neben dem TIF-Format dürfte JPEG das bekannteste und vor allem im Bereich der Digitalkameras das am häufigsten eingesetzte Format sein. Dabei handelt es sich um ein reines Kompressionsformat. Es wurde Ende der 80er-Jahre speziell entwickelt, um Fotodaten effektiv komprimieren zu können. Heutzutage ist es, neben dem Einsatz in fast allen Digitalkameras, vor allem für Internetseiten zu einem der Standardformate geworden.

Die mathematische Berechnung der Bilddatenkompression beim JPEG-Format zielt vor allem auf Unzulänglichkeiten der menschlichen Farbwahrnehmung ab und nutzt sie, um Informationen, die ein Betrachter kaum wahrnimmt, aus Bildern zu entfernen.

Dabei gibt es tückisches Grundprinzip. Die Kompressionsrate lässt sich variabel einstellen. Allerdings – je höher die Kompressionsrate, also je kleiner die Datei, umso schlechter wird die Bildqualität.

Je stärker also ein Bild mit der JPEG-Methode komprimiert wird, umso mehr Bildinformationen gehen verloren!

Die wichtigsten Speicherformate

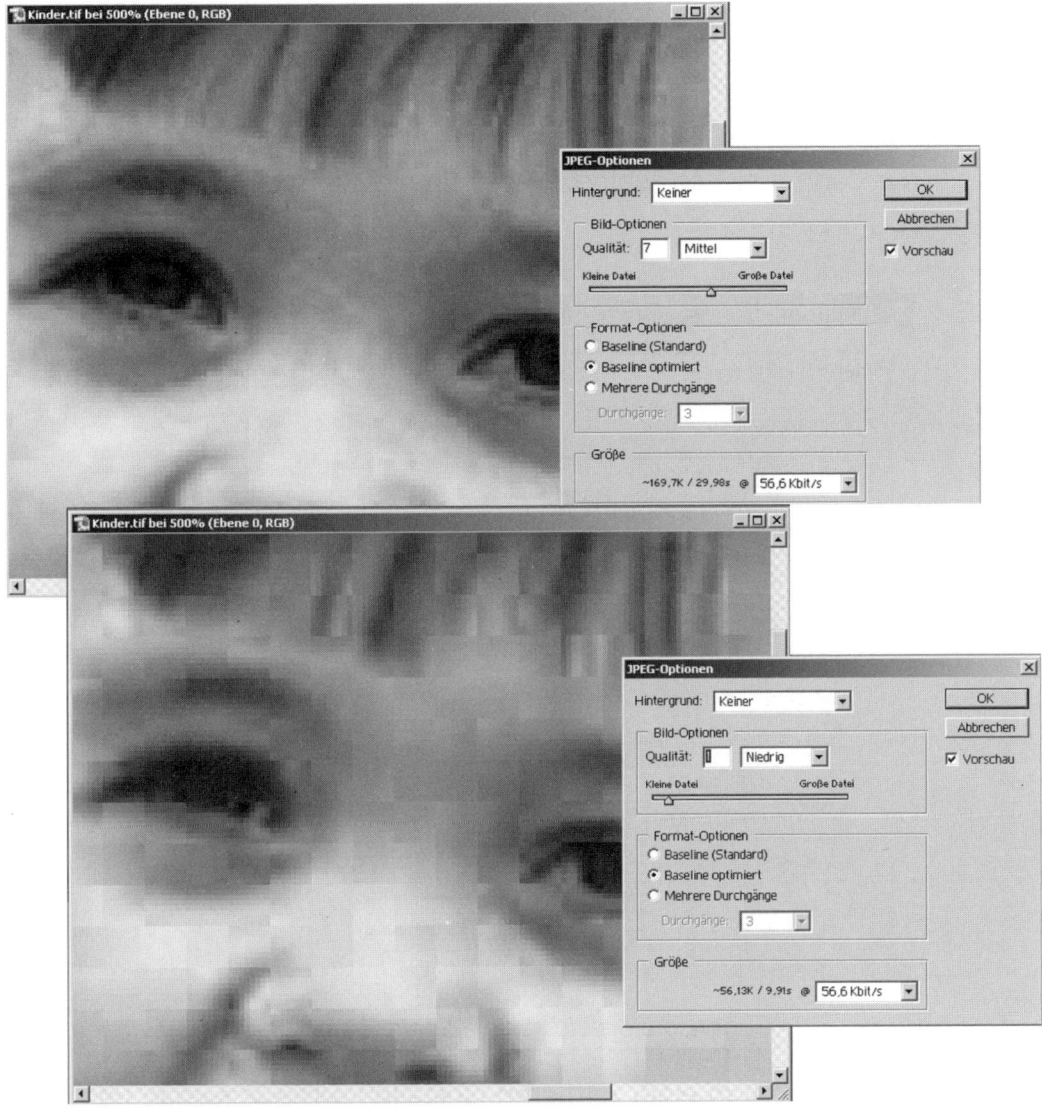

Abbildung 5.6: Je höher die JPEG-Kompression, umso schlechter die Bildqualität.

Wenn Sie ein Bild im JPEG-Format abspeichern, müssen Sie zunächst berücksichtigen, dass auch dieses Format keine Ebenen speichert, sie gehen verloren bzw. werden auf eine Ebene zusammengerechnet. Farbprofile bleiben dagegen in diesem Format erhalten.

Kapitel 5 Wie kann ich meine Bilder speichern?

Im folgenden Speicherdialogfenster haben Sie die Möglichkeit, per Schieberegler die Kompressionsrate und damit auch die Bildqualität zu bestimmen. Beide Optionen schalten sich quasi gegenseitig aus. Entweder Sie erreichen eine hohe Kompression und haben dadurch wunderbar kleine Dateien (teilweise Kompressionsraten von 25:1), allerdings ist die visuelle Qualität dieser Bilder dann meist so schlecht, dass sie einfach nicht mehr zu gebrauchen sind.

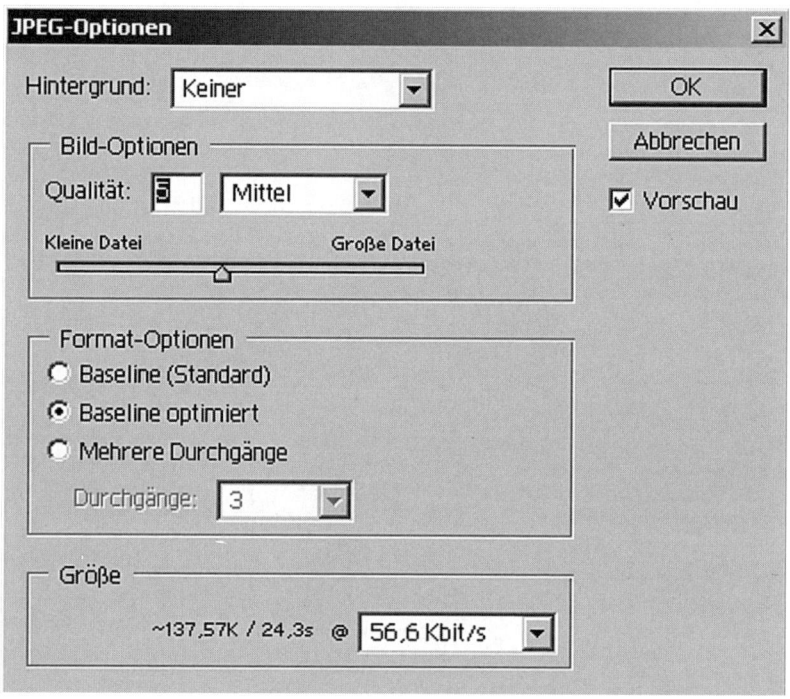

Abbildung 5.7: Optionsdialogfeld für die Speicherung von JPEG-Dateien

Die Lösung liegt meist in einer mittleren Einstellung. Die Vorschau des JPEG-Optionen-Dialogfensters hilft dabei sehr. Ich würde Ihnen empfehlen, für Bilder, die gedruckt werden sollen, die Qualitätseinstellung auf etwa **8** zu setzen, nicht weniger. Für Bilder, die auf Internetseiten verwendet werden sollen, setzen Sie die Qualität auf **5** bis **6**. Bei Einstellungen unter **5** wird meist der berüchtigte Kacheleffekt der JPEG-Daten ziemlich stark sichtbar.

Die Werte können etwas variieren, da die Qualität bei der Kompression sehr stark vom Bildinhalt abhängt. Es mag durchaus Bilder geben, die höhere Kompressionsraten vertragen, bei anderen Bildern hingegen tritt die Qualitätsverschlechterung schon früher auf. Die genannten Werte sind daher als Richtwerte zu verstehen.

Die Kachelung, bedingt durch die mathematische Methode (DCT = Discrete Cosinus Transformation), auf der JPEG basiert, kann durch nichts wieder aus einem Bild entfernt werden!

Da vor allem Internetbilder meist nur eine geringe Auflösung besitzen, wird der Kacheleffekt beim Vergrößern solcher Bilder durch Interpolation extrem deutlich sichtbar.

Wurde ein Foto also einmal mit zu starker JPEG-Komprimierung gespeichert, ist es qualitativ u.U. unbrauchbar geworden und dies kann nicht wieder korrigiert werden.

Gehen Sie also mit der JPEG-Komprimierung gewissenhaft um. Niemals zu stark komprimieren, denn echte Bildqualität ist durch nichts zu ersetzen!
Die Optionen im unteren Bereich des **SPEICHERN**-Dialogfeldes betreffen in erster Linie den Einsatz auf Internetseiten. Grundsätzlich sollten Sie JPEG-Bilder **immer** mit einer **BASELINE-OPTIMIERUNG** speichern. Dies bezieht sich auf eine optimierte Speicherung der Bitinformationen. Meist wird die Datei dadurch nochmals ein paar Kilobyte kleiner, was vor allem für Internetanwendungen entscheidend ist.
Speziell und ausschließlich im Internet einsetzbar ist die Option **MEHRERE DURCHGÄNGE**. Dabei wird bei einer Internetseite zunächst nur ein kleiner Teil der Bilddaten sehr schnell geladen und eine grobe Darstellung des Bildes gezeigt. Die restlichen Bilddaten werden in mehreren Durchgängen nachgeladen und das Bild zeigt sich mit jedem Durchgang feiner.

Kapitel 5   Wie kann ich meine Bilder speichern?

Prinzipiell dauert der Ladevorgang der Datei zwar genauso lange wie mit einem Durchgang. Der Vorteil ist psychologischer Natur: Niemand sitzt gerne vor einer leeren Webseite und wartet auf die Daten. Mit dem Trick der »Durchgänge« sieht der Besucher der Webseite sehr schnell bereits einen Teil der Informationen und das Warten kommt ihm dann nicht so lange vor.

Die Werte für Dateigröße und Übertragungszeit bei vorgegebener Übertragungsgeschwindigkeit (am unteren Rand des Dialogfelds) sind eher als Anhaltspunkte zu sehen. Die realen Werte weichen oft davon ab.

GIF – Graphic Interchange Format

Bei diesem Format, in Photoshop Elements auch als **COMPUSERVE GIF** bezeichnet, handelt es sich um das erste Grafikformat, das für den Einsatz auf Internetseiten konzipiert wurde. Es wurde 1987 (mit einer Erweiterung 1989) von dem Onlineanbieter **Compuserve** entwickelt, der inzwischen in **AOL** aufgegangen ist.

Für Internetseiten gibt es ein grundlegendes Problem – die Übertragungszeiten. Hochgeschwindigkeitszugänge zum Internet sind in unseren Landen noch nicht so weit verbreitet, zumindest wenn es um Hobbyanwender geht. Da niemand gerne wartet, bis eine Internetseite geladen ist, sollte die Datenmenge, die zu einer Webseite gehört, möglichst klein sein. In Bezug auf Bilder bedeutet das, es kommen nur Speicherformate in Frage, die eine hohe Kompression ermöglichen, um die Datenmenge gering zu halten. Für Internetseiten haben sich daher zwei Formate etabliert: zum einen JPEG, zum anderen GIF.

Beim GIF wird eine Reduzierung der Datenmenge zunächst dadurch erreicht, dass die Datentiefe von 24 Bit RGB auf 8 Bit Farbe heruntergesetzt wird. Ein GIF-Bild kann also nur noch maximal 256 Farben enthalten und sein Speicherbedarf beträgt daher auch nur noch ein Drittel im Vergleich zum RGB-Bild. Diesen speziellen Farbmodus bezeichnet Photoshop Elements als **INDIZIERTE FARBEN**. Er ist im Menü **BILD|MODUS** zu finden.

Wenn Sie den Befehl **INDIZIERTE FARBEN** aufrufen, erscheint wieder ein Dialogfeld mit Einstellungsmöglichkeiten. Die 256 Farben eines GIF-Bildes werden anhand einer so genannten **FARBPALETTE** gespeichert. Die einzelnen Farben dieser Farbpalette sollten immer variieren und aus den Farben berechnet werden, die tatsächlich im jeweiligen Bild vorhanden sind.

Die wichtigsten Speicherformate

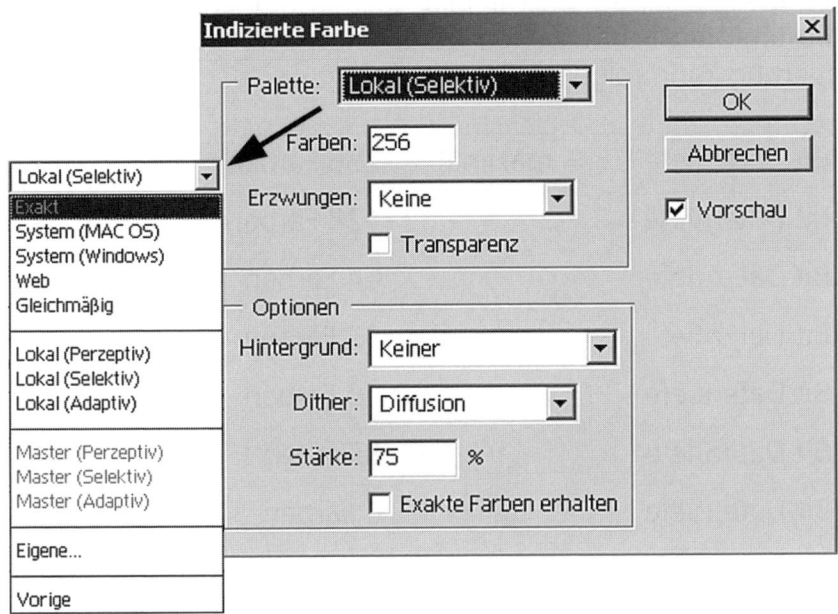

Abbildung 5.8: Dialogfeld für den Modus **INDIZIERTE FARBEN**

Darauf bezieht sich das erste Aufklappmenü **PALETTE**. Theoretisch könnten Sie hier auch die Farbpaletten der Betriebssysteme Windows oder Macintosh integrieren. Das macht aber keinen Sinn, da dies unveränderliche Farbpaletten sind und die Farben eines bestimmten Bildes dort nicht unbedingt vorhanden sind. Das Bild würde sich eventuell farblich verändern, was sicher nicht in Ihrem Sinne liegt. Daher wählen Sie eine der drei Varianten **LOKAL**. Welche davon Sie nehmen, ist ziemlich egal, die Unterschiede sind praktisch nicht wahrnehmbar.

Im nächsten Eingabefeld können Sie die Anzahl der maximal enthaltenen Farben noch weiter absenken. Allerdings sollte klar sein, dass sich die Darstellungsqualität des Bildes damit weiter verschlechtert. Sinnvoll sind solche Einstellungen für grafische Elemente auf Internetseiten, also beispielsweise Schaltflächen, die mit der Maus angeklickt werden. Hier können Sie die Datentiefe meist deutlich reduzieren und damit die Dateimenge sehr klein halten.

Kapitel 5   Wie kann ich meine Bilder speichern?

Sie können die Anzahl der im GIF-Bild noch enthaltenen Farben jedoch nur in ganz bestimmten Schrittweiten herabsetzen, abhängig von der Bittiefe. Als Orientierung kann folgende Tabelle dienen:

8 Bit Datentiefe	= maximal	256 Farben
7 Bit Datentiefe		128 Farben
6 Bit Datentiefe		64 Farben
5 Bit Datentiefe		32 Farben
4 Bit Datentiefe		16 Farben
3 Bit Datentiefe		8 Farben
2 Bit Datentiefe		4 Farben
1 Bit Datentiefe		2 Farben (= Schwarz/Weiß)

Welche Datentiefe Sie für das jeweilige Bild verwenden, kann sehr unterschiedlich sein. In jedem Fall ist die Vorschau des Optionsdialogfelds eine große Hilfe.

Sie können sich sicherlich denken, dass diese Vorgehensweise für Fotos nicht sehr sinnvoll ist. Daher verwendet man GIF als Speicherformat hauptsächlich für grafische Elemente auf Webseiten.

Im Internet wird JPEG meist als Speicherformat für Fotos verwendet, GIF dagegen für alle grafischen Elemente, wie Schaltflächen (= Buttons), grafischen Text, Linien oder Logos.

Die nächste Option für das GIF-Format, **ERZWUNGEN**, betrifft Farben, die in jedem Fall in die Farbpalette integriert werden sollen. Ich würde Ihnen empfehlen, entweder die Option **KEINE** oder die Option **PRIMÄRFARBEN** (also Rot, Grün, Blau) zu verwenden.

Ein wichtiges Detail ist das Häkchen bei **TRANSPARENZ**. Es ermöglicht das Beibehalten transparenter Bereiche, eine Variante, die das JPEG-Format beispielsweise nicht bietet. Auch aus diesem Grund wird das GIF-Format meist für Schaltflächen verwendet.

Was steckt dahinter? Nun, jedes digitale Bild ist **viereckig**! Auch wenn Sie nur einen Kreis malen und der Rest des Bildes weiß ist – dieses Weiß ist eine **deckende** Farbe. Es sind Pixel mit der Datentiefe-Information 255 für alle drei Farben RGB. Wenn Sie sich Internetseiten genauer ansehen, werden Sie feststellen, dass häufig runde Formen (z.B. Schaltflächen) auf einem vielfarbigen Hintergrund stehen. In diesem Fall wird der Bildbereich außerhalb der runden Form als transparent definiert und vom Internetbrowser einfach nicht angezeigt.

Abbildung 5.9: Internet-Button mit transparenten Bildbereichen

Diese Möglichkeit bietet nur das GIF-Format. Ich werde darauf im Kapitel über Internetbilder noch genauer eingehen. Dann werden Sie auch erfahren, wie Sie tolle Schaltflächen für Ihre Webseite erstellen, die kleiner als 1 KB sind!

Die letzte Option im GIF-Dialogfenster betrifft die Darstellung der Farben. Hier können Sie die Standardvorgabe übernehmen: **DIFFUSION DITHERING** mit 75 % Stärke. Was ist das nun schon wieder? **DITHERING** ist die englische Bezeichnung für eine so genannte **Rastertechnik**.

Rastertechniken wendet man beispielsweise auch im **Offsetdruck** an, um mit den vier Grundfarben (Cyan, Magenta, Gelb und Schwarz) eine Vielzahl von Farbnuancen zu simulieren. Schauen Sie sich eine Seite aus einer Illustrierten einmal mit einer Lupe an. Sie werden feststellen, dass die Fotos aus vielen kleinen Farbpunkten bestehen, die in unterschiedlichen Größen sehr nahe beieinander liegen. Die Punkte besitzen aber nur die vier genannten

Grundfarben. Die Vielzahl der Farbnuancen, die wir in einem Bild zu sehen meinen, wird durch die optische Täuschung der Rastertechnik von unserer Wahrnehmung erzeugt!

Rastern heißt also, ein Bild in Punkte zu zerlegen. Auch das Umwandeln von Vektorinformationen (z.B. Text) in Pixel wird als »Rastern« bezeichnet.

Ohne die Rastertechnik **DIFFUSION DITHERING** würde ein GIF-Bild ziemlich abgehackte Farbflächen enthalten, die umso deutlicher hervortreten, je geringer die Datentiefe des Bildes ist.

Siehe Abbildung F23 im Farbteil: GIF-Bild mit und ohne Dithering

Siehe Abbildung F24 im Farbteil: GIF-Bild ohne Dithering in 6 Bit und in 3 Bit Datentiefe

Sie haben zwei Möglichkeiten, die Optionen eines GIF-Bildes einzustellen. Möglichkeit eins wäre, zuerst den Modus **INDIZIERTE FARBEN** einzustellen und dann das Bild als **COMPUSERVE GIF** zu speichern. Möglichkeit zwei ist, das Bild als **COMPUSERVE GIF** zu speichern und im darauf folgenden Dialogfeld die **INDIZIERTEN FARBEN** einzustellen.

Nachdem Sie auf **OK** geklickt haben, erscheint ein weiteres Dialogfeld, in dem Sie wählen können, ob die GIF-Datei mit oder ohne **INTERLACING** gespeichert werden soll. Das ist etwa vergleichbar mit der Option **MEHRERE DURCHGÄNGE** beim JPEG-Format. Die Übertragung der Bilddaten in den Browser erfolgt auch hier in mehreren Schüben, so dass die Wartezeit scheinbar verkürzt wird.

Auf eine dritte Variante, Bilder im JPEG- und auch im GIF-Format zu speichern, werde ich im Kapitel über Internetbilder noch kommen. Schließlich bleibt nur noch zu erwähnen, dass auch das GIF-Format weder Ebenen noch Farbprofile unterstützt. Die Dateien werden automatisch mit dem LZW-Algorithmus komprimiert.

Photoshop PDF – Portable Document Format

Über dieses Format gibt es schon jede Menge Bücher, da es sich dabei um eine Entwicklung handelt, die den Austausch digitaler Daten revolutioniert hat und auch in der Zukunft noch für weitere Furore sorgen wird.

PDF wurde von Adobe Systems Inc., dem Hersteller von Photoshop Elements, entwickelt. Es ist eigentlich wesentlich mehr als ein reines Datenspeicherformat. Es ist ein so genanntes **Dokumentenaustauschformat**. Konzipiert wurde es, um Daten jeglicher Art zwischen verschiedenen Computersystemen, auch mit unterschiedlichen Betriebssystemen, austauschen zu können. Das Interessante dabei ist, dass zum Öffnen und Ausdrucken der Dateien nicht mehr das Originalprogramm, mit dem die Daten erstellt wurden, notwendig ist. Sie benötigen dazu nur die Software **Acrobat Reader**, die inzwischen auf praktisch jeder beliebigen CD lizenzfrei, und damit kostenlos, mitgeliefert wird. Die Originalsoftware benötigen Sie natürlich dann wieder, wenn die Originaldaten verändert werden sollen. Zur professionellen Erstellung von PDF-Dateien benötigen Sie die **Acrobat-Software** aus dem Hause Adobe, die aus dem Bearbeitungsprogramm **Acrobat** (nicht zu verwechseln mit Acrobat Reader!) und dem **Acrobat Distiller** besteht, der die eigentlichen PDF-Dateien erzeugt.

In einer PDF-Datei lässt sich ein komplettes, mehrseitiges Dokument abspeichern, einschließlich aller Texte, Bilder, Grafiken und, das ist fast das Wichtigste, aller verwendeten Schriften. Die Darstellung eines Dokuments bleibt also immer so erhalten, wie es ursprünglich einmal konzipiert wurde.

Es gibt keine Änderungen des Umbruchs mehr durch nicht vorhandene Schriften und keine schlechte Bildqualität beim Ausdruck, weil die Originalbilddaten fehlen.

Das klingt alles so gar nicht nach Bildbearbeitung und Photoshop Elements, da gebe ich Ihnen völlig Recht. PDF basiert im Prinzip auf **PostScript**, das als Programmiersprache in der Druckvorstufe ja eine wesentliche Rolle spielt, ist aber inzwischen sehr stark weiterentwickelt worden. Es steht zu erwarten, dass es PostScript irgendwann in den nächsten Jahren ablösen wird.

Kapitel 5 Wie kann ich meine Bilder speichern?

Natürlich lassen sich nicht nur mehrseitige Dokumente als PDF speichern, sondern die vielen Vorteile dieses Formats lassen sich auch gut auf Bilddaten anwenden. Das PDF-Format ist für Photoshop Elements praktisch bereits gleichbedeutend mit dem hauseigenen Format »Photoshop Document« und erzeugt beispielsweise deutlich kleinere Dateien als ein TIF-Format. In die aktuellen Versionen der Layout- und Grafikprogramme können Sie PDF-Dateien meistens bereits direkt importieren.

Welche Optionen gibt es nun bei PDF-Dateien? Das PDF-Format unterstützt alles, was Sie in Photoshop Elements mit Bildern anstellen können, also auch Ebenen und Farbprofile. Auch Text- und Formebenen bleiben vollständig erhalten. Sie werden nicht beim Öffnen gerastert (= in Pixel umgewandelt), wie das beim EPS der Fall ist.

Mit der Profivariante Adobe Photoshop lassen sich sogar Schriftfonts in eine PDF einbetten! Das geht bei keinem anderen Speicherformat. Photoshop Elements behält zwar auch die Schriftinformation bei und die Datei lässt sich auch so drucken, allerdings ist der Text nicht mehr bearbeitbar, wenn auf einem anderen Rechner die fragliche Schrift nicht installiert ist.

Der Vorteil der **FONTEINBETTUNG** ist, dass Sie eine solche Datei problemlos auf einen anderen Computer übertragen können, beispielsweise bei einem Bekannten, und dort eine exotische Schrift, die Sie in Ihrer Datei verwendet haben, gar nicht installiert sein muss. Ihr Bekannter sieht die Datei und damit die Schriftdarstellung trotzdem genauso, wie sie auf Ihrem Computer zu sehen war. Er kann den Text nur nicht bearbeiten. Das gilt im Übrigen auch für das Speichern von Textebenen in TIF-Bildern.

Darüber hinaus bietet das PDF-Format zwei Varianten der Datenkompression, nämlich **ZIP** und **JPEG**. Die Variante **ZIP** kennen Sie vielleicht von der beliebten Windows-Software »WINZip«. Es handelt sich dabei um ein Programm zum Erstellen von Dateiarchiven. Mehrere Dateien lassen sich in eine Archivdatei packen und damit einfacher in Netzwerken oder auch als E-Mail-Anhang verschicken. ZIP ist eigentlich keine Kompressionsmethode, sondern eine Methode, um Dateien effektiver zu verpacken. Vor allem bei Textdateien können dadurch bis 85 % des Speicherplatzes eingespart werden. Bei Bilddaten wirkt der zugrunde liegende Algorithmus nicht so gut. Die Daten werden meist nur um 20-30 % kleiner. Dafür arbeitet die ZIP-Methode aber verlustfrei.

Die wichtigsten Speicherformate

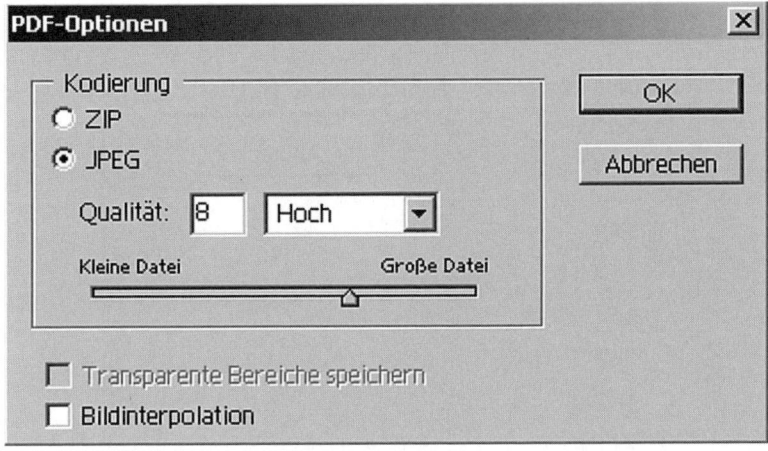

Abbildung 5.10: Optionen für die Speicherung von PDF-Dateien

Die Alternative bezüglich der Kompression beim PDF-Format ist **JPEG**. Wie beim Standard-JPEG lässt sich die Qualität und damit der Kompressionsgrad über einen Schieberegler steuern. Es gelten auch die gleichen Spielregeln wie beim Standard-JPEG. Möglichst nicht unter Qualitätsstufe 5–6, für Druckanwendungen eher Stufe 8. Auch in diesem Fall können die Werte, je nach Bildinhalt, variieren.

Auch das PDF-Format unterstützt Transparenz-Informationen, eine wichtige Option bei der Verwendung von Ebenen. Die Option **BILDINTERPOLATION** dient angeblich dazu, die Neuberechnung per Interpolation durch andere, weiterverarbeitende Programme zu ermöglichen. Da dies aber sowieso möglich ist, bleibt es Ihnen überlassen, ob Sie das Häkchen setzen oder nicht. Es hat jedenfalls weder positive noch negative Auswirkungen.

BMP – Bitmap

Bitmap ist das Standardformat des Windows-Betriebssystems und stammt eigentlich noch aus den alten MS-DOS-Zeiten. Es ist zwar in der Windows-Welt nach wie vor weit verbreitet und wird dort auch von vielen Programmen verstanden, allerdings ist es von seinen Möglichkeiten her nicht mehr so ganz Stand der Technik. So kann es beispielsweise weder Ebenen noch Farbprofile speichern.

Kapitel 5   Wie kann ich meine Bilder speichern?

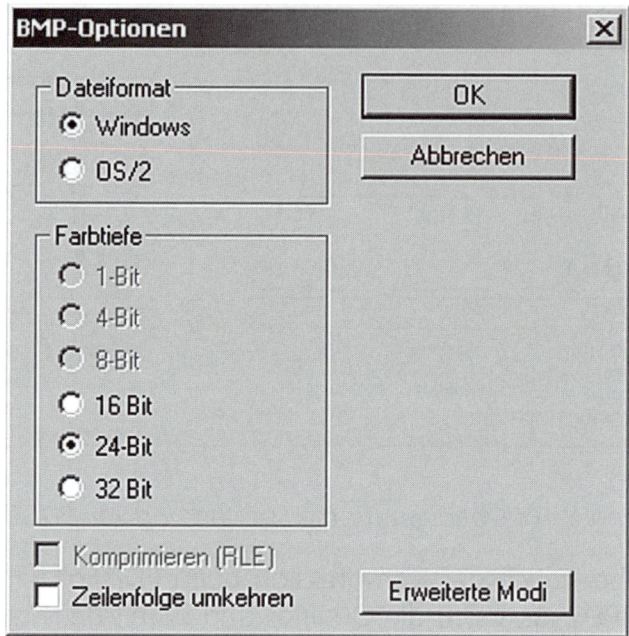

Abbildung 5.11: Speicheroptionen für das BMP-Format

Auch gibt es keine Möglichkeiten der Datenkompression, die vom Benutzer variiert werden können, so dass dieses Format zwar im Windows-Bereich einsetzbar, aber nicht unbedingt empfehlenswert ist. Es unterstützt lediglich verschiedene Datentiefen, wobei für RGB-Fotos sowieso nur 24 Bit in Frage kommt.

Das BMP-Format ist auch auf Computern mit dem **OS/2-Betriebssystem** von IBM im Einsatz. Da dieses Betriebssystem aber ein Auslaufmodell ist, sollte diese Speicheroption nicht verwendet werden. Die Option **ZEILENFOLGE UMKEHREN** ist für den Einsatz auf Windows-Computern unerheblich. Sie betrifft lediglich den Austausch der Datei mit Macintosh-Computern, ist aber auch dafür nicht zwingend notwendig.

Die **ERWEITERTEN MODI** bieten lediglich noch mehr Differenzierungsmöglichkeiten für die verschiedenen Datentiefen, die das BMP-Format unterstützt. Da Sie meistens jedoch mit RGB-Dateien arbeiten, brauchen Sie sich mit den Einstellungen des **ERWEITERTEN MODUS** nicht zu belasten.

Die Exoten – Speicherformate, die selten gebraucht werden

Photoshop Elements bietet eine Reihe von Speicherformaten an, die kaum noch gebraucht werden bzw. die nur für ganz spezielle Einsatzwecke benötigt werden. Sie besitzen jedoch keine Eigenschaften, die nicht auch von den bis jetzt beschriebenen Formaten unterstützt werden.

Daher empfehle ich Ihnen, die nun folgenden Speicherformate nur der Vollständigkeit halber zu betrachten, in der Praxis aber auf deren Gebrauch zu verzichten.

PCX

Ähnlich wie BMP ist auch PCX eher als »Dinosaurier« unter den Speicherformaten zu sehen. Es wurde ursprünglich von der Firma ZSoft für deren Malprogramm **PC Paintbrush** entwickelt. Es stammt noch aus den Tagen des alten MS-DOS-Betriebssystems. Ursprünglich wurde das Malprogramm von Microsoft zusammen mit seinen Betriebssystemen MS-DOS und später dann Windows vertrieben. Das Speicherformat PCX verbreitete sich dadurch praktisch von alleine. Heute findet man es nur selten, meist bei billigen Clip-Art-Sammlungen.

Es unterstützt keine Ebenen oder Farbprofile, kann aber Daten mit der RLE-Kodierung komprimieren. Der Kompressionsgrad ist also stark vom Bildmotiv abhängig. Die Dateien sind meist größer als LZW-komprimierte TIF-Dateien. Die Weiterverarbeitung in Layoutprogrammen ist nicht ganz unproblematisch. Speicheroptionen gibt es bei diesem Format nicht.

Macintosh PICT

So wie **BMP** das Standard-Speicherformat des Windows- und des OS/2-Betriebssystems ist, nimmt **PICT** diese Stellung auf dem Apple Macintosh ein. Es ist praktisch ein Teil dieses Betriebssystems. Das heißt natürlich nicht, dass der Macintosh nur dieses Format versteht, ganz im Gegenteil. Der Mac kann wahrscheinlich mit mehr Formaten umgehen als jedes andere Betriebssystem.

Kapitel 5 Wie kann ich meine Bilder speichern?

Außerdem spielt es in den aktuellen Versionen des Mac OS (OS= Operating System = Betriebssystem) keine so große Rolle mehr. Seit die Version OS X auf dem Markt ist, die auf einem Unix-Betriebssystem basiert und völlig neue Möglichkeiten bietet, benutzt Apple intern auch nicht mehr PICT als Standard-Speicherformat, sondern – **PDF**!

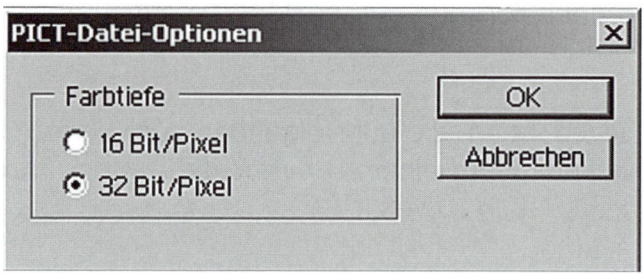

Abbildung 5.12: Speicheroptionen beim PICT-Format

Das PICT-Format unterstützt zwar keine Ebenen, dafür aber Farbprofile. Die Datentiefe sollte beim Speichern von RGB-Dateien auf 32 Bit gesetzt werden, da sonst Farbinformationen verloren gehen.

 Auch für den Austausch von Bilddaten mit Apple-Macintosh-Computern ist es nicht notwendig, die Daten im PICT-Format abzuspeichern, da der Macintosh fast jedes gängige andere Speicherformat auch versteht.

Pixar

Vielleicht kommt Ihnen der Name »Pixar« bekannt vor, wenn auch in einem ganz anderen Zusammenhang. Pixar ist eine Computeranimationsfirma in Hollywood. Sie gehört heute **Steve Jobs**, dem Mitbegründer und Chef von Apple Computer Inc. Bekannt wurde die Firma durch den ersten abendfüllenden Trickfilm, der komplett am Computer entstand, »Toy Story« (1995).

Inzwischen ist Pixar stark mit den Disney Studios verbunden und bringt Filme in enger Kooperation mit Disney auf den Markt. Ihr letzter großer Erfolg war »Monster AG«. Die Entstehungsgeschichte von Pixar geht auf die Trickabteilung von George Lukas' »Star Wars« zurück und ist auch verbunden mit ILM

Die Exoten – Speicherformate, die selten gebraucht werden

(Industrial Light and Magic), der Firma, die die Dinosaurier für den Film »Jurassic Park« entwickelt hat. Sie alle haben maßgeblichen Anteil an der revolutionären Entwicklung der Computeranimation, die insbesondere in den letzten zehn Jahren die Filmindustrie umgekrempelt hat. Techniken, die vor zwölf Jahren in »Jurassic Park« noch für großes Aufsehen gesorgt haben, sind heute in fast jedem TV-Werbespot zu sehen.

Pixar Studios hat seit Mitte der 80er-Jahre auch Software entwickelt, die eine wesentliche Rolle bei der Erstellung von Trickfilmen spielt. Ein Begriff, der in diesem Zusammenhang immer wieder auftaucht ist das **Rendering**. Wörtlich übersetzt heißt es einfach nur »Berechnen«, gemeint ist damit die Berechnung von drei-dimensionalen Modellen für Trickfilme, einschließlich der Oberflächenstrukturen, Bewegungsabläufe und Lichtreflexe. Für den Austausch mit diesen Software-Komponenten wurde ursprünglich das Pixar-Speicherformat entwickelt.

Falls Sie also nicht vorhaben, in die computeranimierte Trickfilmtechnik einzusteigen, können Sie das Pixar-Speicherformat getrost vergessen, zumal die Rendering-Programme heutzutage auch andere Importformate verstehen, wie beispielsweise **TIF** oder **JPEG**.

PNG – Portable Network Graphics

Vor einigen Jahren gab es in Programmiererkreisen ziemlich viel Wirbel um die LZW-Komprimierung in GIF-Bildern. Der Computerfirma Unisys Inc. fiel nämlich plötzlich ein, dass sie angeblich ein Patent auf diese Kompressionsmethode hatte. Das sorgte für viel Unsicherheit bei Software-Entwicklern und sie suchten nach Alternativen, da keiner Lust verspürte, Lizenzgebühren an Unisys zu zahlen.

Da das GIF-Format praktisch seit 1989 nicht mehr weiterentwickelt und nicht mehr so ganz auf dem Stand der Technik war, machten sich einige Ingenieure des **MIT** (Massachusetts Institute of Technology) in Boston daran, ein alternatives Format zu entwickeln, das insbesondere die jeweiligen Vorzüge von GIF und JPEG in einem Format vereinen konnte.

Herausgekommen ist dabei das PNG-Format, ausgesprochen »Ping«. Es beherrscht 24 Bit Farbtiefe wie JPEG, aber auch Transparenzen wie GIF. Außerdem arbeitet es mit einer verlustfreien Kompression und unterstützt das Interlacing, also das Laden in mehreren Schüben. Klingt also bis dahin nicht schlecht.

Kapitel 5   Wie kann ich meine Bilder speichern?

Der Nachteil ist, dass die Dateien erheblich größer sind als vergleichbare GIF- oder JPEG-Dateien. Und Dateigröße ist nach wie vor für Internetanwendungen der entscheidende Faktor, um nicht zu sagen, ein K.-o.-Kriterium. Allein unter diesen Gesichtspunkten scheidet PNG für Internetanwendungen bereits aus. Hinzu kommt, dass die meisten Versionen der Internet-Browser, also der Programme, die Internetseiten anzeigen, das PNG-Format nicht verstehen und zusätzliche Hilfen, so genannte PlugIns (= Zusatzmodule) benötigen.

Kein ernsthafter Webdesigner setzt dieses Speicherformat auf seinen Internetseiten ein. Die theoretischen Vorteile sind zwar deutlich, aber die Einsatzmöglichkeit in der Praxis, und das ist schließlich das Entscheidende, lassen viele Wünsche offen. Meine Empfehlung daher – nicht verwenden!

Der Rest – Raw, Scitex CT, Targa

Diese Speicherformate sind praktisch nicht mehr in Gebrauch bzw. werden nur in einem professionellen Umfeld, also beispielsweise in der Druckvorstufe noch, wenn auch höchst selten, zum Einsatz kommen.

Sie spielen für die Arbeit in Photoshop Elements keine Rolle, daher soll an dieser Stelle nicht weiter darauf eingegangen werden.

Zusammenfassung

In diesem Kapitel haben Sie viel Theorie gelesen und so Hintergrundwissen erworben rund um das Speichern von Bilddateien. Mit diesem Wissen und den Tipps aus diesem Kapitel sollten Sie in der Lage sein, Dateien optimal für unterschiedlichste Anwendungen zu speichern, ohne dass dabei Bildinformationen unnötig verloren gehen.

Sie haben nicht nur erfahren, dass es viele verschiedene Austauschformate für Bilddaten gibt, sondern auch, welches Format Sie für welchen Zweck einsetzen können. Das häufigste und bekannteste Pixel-Speicherformat ist das **TIF**-Format. Es unterstützt fast alle Möglichkeiten, die Photoshop Elements bietet, und wird von vielen anderen Programmen verstanden. Das **EPS**-Format ist zwar in der Druckvorstufe viel im Einsatz, spielt aber bei Photoshop Elements keine so entscheidende Rolle. Da ist das **PDF**-Format schon interessanter, vor allem, weil es in Zukunft beim plattformübergreifenden Datenaustausch eine große Rolle spielen wird.

Für den Einsatz auf Internetseiten bieten sich hauptsächlich **GIF** und **JPEG** an. JPEG für Fotos, GIF für grafische Elemente, wie beispielsweise Web-Buttons. Beide Formate komprimieren die Bilder mit Verlusten, es gehen also Bildinformationen unwiederbringlich verloren. Bei JPEG sollte der Kompressionsgrad nicht zu hoch eingestellt werden.

Alle anderen Speicherformate, die Photoshop Elements anbietet, spielen in der Praxis eine untergeordnete oder keine Rolle, sollten also möglichst nicht verwendet werden.

Übungsfragen

1. Wozu dienen Austauschformate?
2. Was ist der Unterschied zwischen den Befehlen **SPEICHERN** und **SPEICHERN UNTER...**?
3. Was ist der Zweck von Datenkompression?
4. Welche Kompressionsarten gibt es?
5. Sind verlorene Bildinformationen bei verlustbehafteter Kompression wieder rekonstruierbar?
6. Wie sollten TIF-Dateien abgespeichert werden?
7. Was speichert das EPS-Format **nicht**?
8. Welchen großen Nachteil hat das JPEG-Format?
9. Welche Speicherformate werden für Webseiten eingesetzt?
10. Was versteht man unter **INDIZIERTE FARBEN**?
11. Wie viele Farben können Sie bei einer Datentiefe von 5 Bit speichern?
12. Welchen Vorteil besitzt das GIF-Format gegenüber dem JPEG-Format?
13. Was ist **INTERLACING**?
14. Wofür wurde das PDF-Format entwickelt?

Kapitel 5 Wie kann ich meine Bilder speichern?

15. Welche Vorteile bietet das PDF-Format gegenüber dem TIF-Format?

16. Können Sie PDF-Dateien aus Photoshop Elements auch mit anderen Programmen öffnen und drucken?

17. Werden Formate wie BMP, PCX oder PICT heute noch benötigt? Wenn ja, wofür?

Kapitel 6
Die Spielwiese der kreativen Bildbearbeitung

Bislang haben Sie sich hauptsächlich damit beschäftigt, die Bildqualität Ihrer Fotos zu sichern bzw. zu verbessern. Das ist sicherlich ein wichtiger Teil der digitalen Bildbearbeitung und vergleichbar mit dem aus dem Wirtschaftsleben bekannten Begriff »Qualitätssicherung«.

Was bei der Bildbearbeitung aber erst richtig Spaß macht, ist der kreative Umgang mit Bildern. Dazu gehört beispielsweise, nur Teile eines Bildes zu verändern, Bilder ineinander zu montieren, um völlig neue Bilder entstehen zu lassen, Texte zu integrieren oder auch grafische Effekte einzusetzen. Auch das Erstellen von Panoramabildern gehört dazu.

In diesem Kapitel erfahren Sie

- ✓ wie Sie Auswahlbereiche erstellen, speichern und einsetzen
- ✓ was Ebenen sind und welche Möglichkeiten sie bieten
- ✓ wie Sie Ebenenstile einsetzen
- ✓ wie Sie aufwändige Bildmontagen realisieren
- ✓ welche verschiedenen Typen von Ebenen es gibt

Kapitel 6   Die Spielwiese der kreativen Bildbearbeitung

Auswahlbereiche

Bisher haben Sie Korrekturen und Änderungen an Bildern am gesamten Bild vorgenommen. Bei einigen Korrekturen, wie den roten Augen oder bei Farbkorrekturen, haben Sie die Änderung bereits auf bestimmte Teile oder Informationen des Bildes beschränkt.

Auswahlwerkzeuge und Auswahltechniken

In vielen Fällen werden Sie nicht das gesamte Bild verändern wollen, sondern nur einen Teil davon. Um das zu bewerkstelligen, müssen Sie Bereiche des Bildes auswählen, um dort die gewünschten Änderungen vornehmen zu können, und den Rest schützen, so dass dieser nicht verändert wird. Sie benötigen dazu die **Auswahlwerkzeuge**, um solche Bereiche zu definieren.

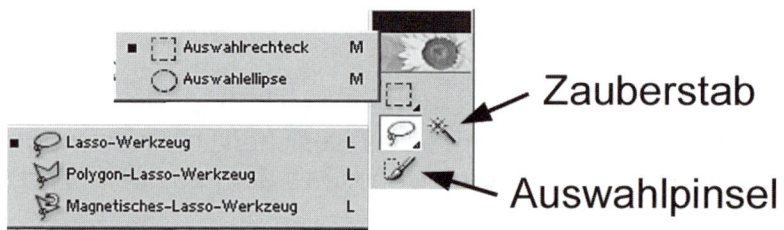

Abbildung 6.1: Auswahlwerkzeuge in der Werkzeugleiste

Mit einem solchen Werkzeug umfahren Sie mit gedrückter Maustaste den Bildbereich, der verändert werden soll, Sie wählen also einen Bildbereich aus. Der ausgewählte Bildbereich wird durch eine gestrichelte Linie dargestellt, die sich scheinbar laufend bewegt, ein so genannter **Laufrahmen**. Alle Bildteile außerhalb des Laufrahmens sind geschützt, dort kann nichts verändert werden, solange ein Laufrahmen sichtbar ist. Man sagt dann, der Rest des Bildes ist **maskiert**.

Auswahlbereiche

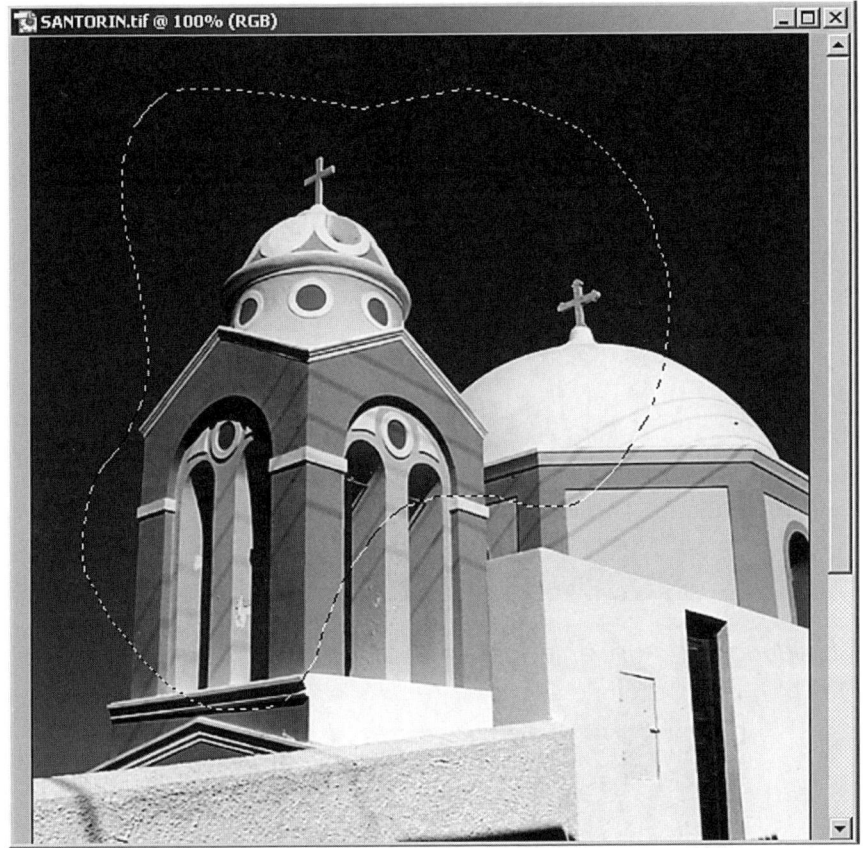

Abbildung 6.2: Ein Auswahlbereich wird mit einem Laufrahmen angezeigt.

Photoshop Elements bietet verschiedene Werkzeuge, mit denen Auswahlbereiche erstellt werden können. Da gibt es zunächst einmal die Auswahlellipse und das Auswahlrechteck. Die Namen deuten bereits darauf hin, welche Form die damit erstellten Auswahlen haben können – ellipsen- oder kreisförmig bzw. rechteckig oder quadratisch.

Wenn Sie mit einem dieser beiden Werkzeuge eine Ellipse oder ein Rechteck aufziehen und dabei ⇧ drücken, wird die Ellipse zu einem exakten Kreis und das Rechteck zu einem exakten Quadrat.

Kapitel 6 Die Spielwiese der kreativen Bildbearbeitung

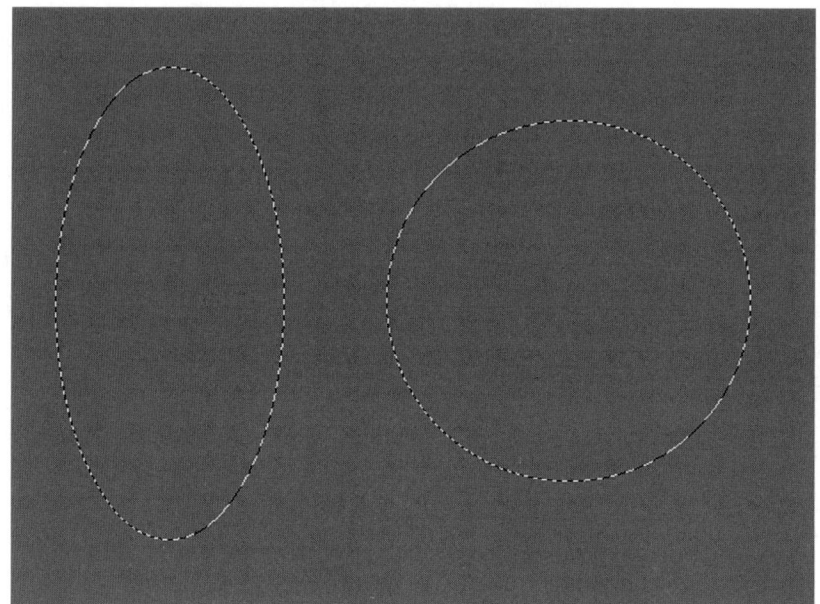

Abbildung 6.3: Auswahlellipse ohne und mit gedrückter ⇧-Taste

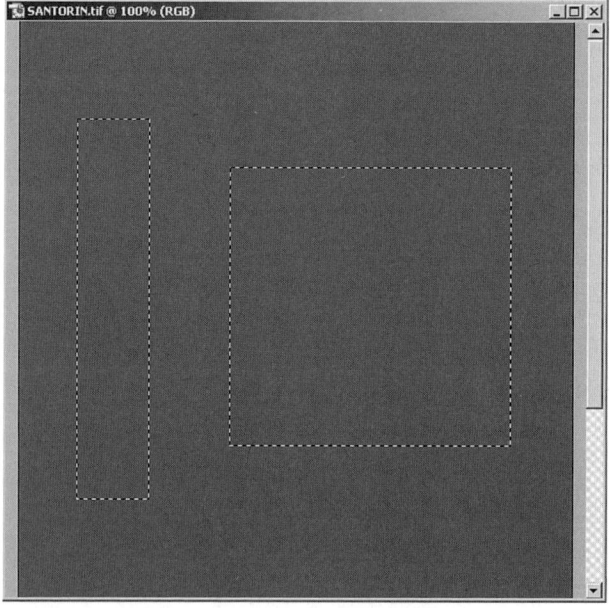

Abbildung 6.4: Auswahlrechteck ohne und mit gedrückter ⇧-Taste

Meistens werden Sie ein Auswahlrechteck oder eine Auswahlellipse von der linken oberen Ecke her aufziehen. Wenn Sie jedoch zuerst [Alt] drücken und dann erst mit der Maus klicken, können Sie Ellipse oder Rechteck von der Mitte her aufziehen. Diese Variante lässt sich ebenfalls mit [⇧] kombinieren, um beispielsweise einen exakten Kreis von der Mitte aus aufzuziehen.

Probieren Sie die Wirkung der Werkzeuge einmal aus, indem Sie ein Auswahlrechteck aufziehen, dann beispielsweise den Menübefehl ÜBERARBEITEN|FARBE ANPASSEN|FARBTON/SÄTTIGUNG aufrufen und eine beliebige Änderung darin vornehmen. Sie werden feststellen, dass die Änderung nur in dem Bereich des Bildes vorgenommen wird, der zuvor ausgewählt wurde.

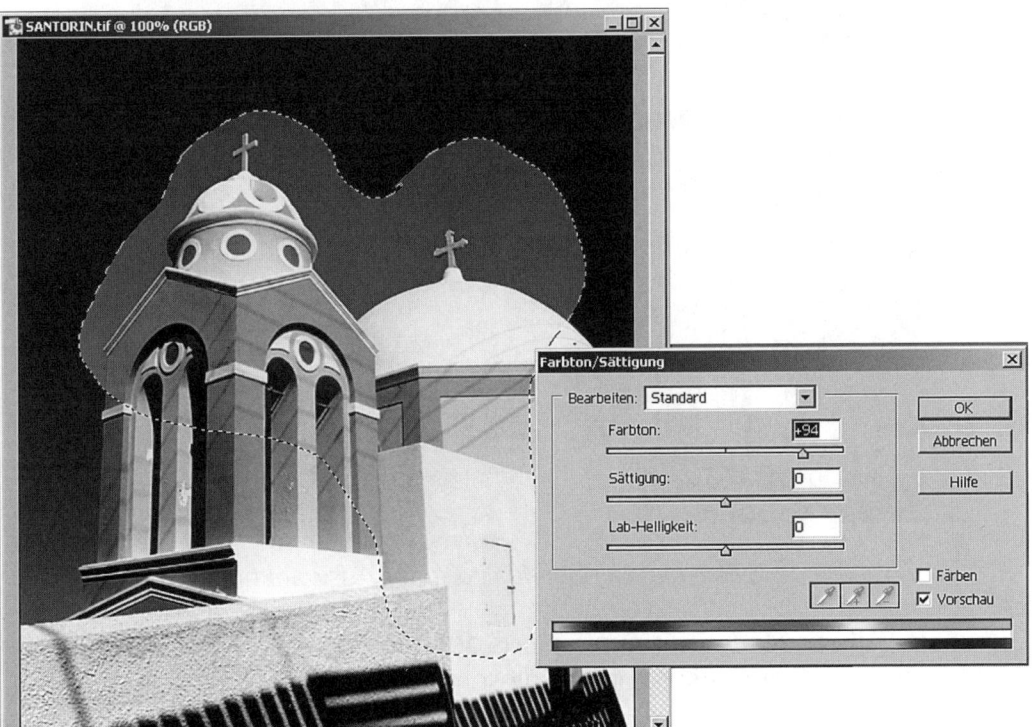

Abbildung 6.5: Eine Änderung wird nur im ausgewählten Bildbereich wirksam.

Eine Auswahl verändern

Nun wird es etwas komplizierter. Sobald eine Auswahl im Bild besteht, bekommen ⇧ und Alt eine andere Funktionalität, zumindest im Zusammenhang mit den Auswahlwerkzeugen.

Ist bereits eine Auswahl vorhanden und Sie drücken ⇧, können Sie mit dem Auswahlwerkzeug einen anderen Bildbereich zu der bestehenden Auswahl hinzufügen. Der Cursor zeigt in diesem Fall auch ein kleines Pluszeichen an.

Abbildung 6.6: Einen Bildbereich zu einer Auswahl hinzufügen

Wenn Sie Alt drücken, können Sie aus der bestehenden Auswahl einen Bereich entfernen. Der Cursor zeigt in diesem Fall ein Minuszeichen.

Es wird immer der Bereich des Bildes, den Sie mit Auswahlwerkzeug und gedrückter Alt- bzw. ⇧-Taste umfahren, der bestehenden Auswahl hinzugefügt oder von ihr weggenommen. Das ist sicherlich etwas gewöhnungsbedürftig und erfordert anfangs einige Übung.

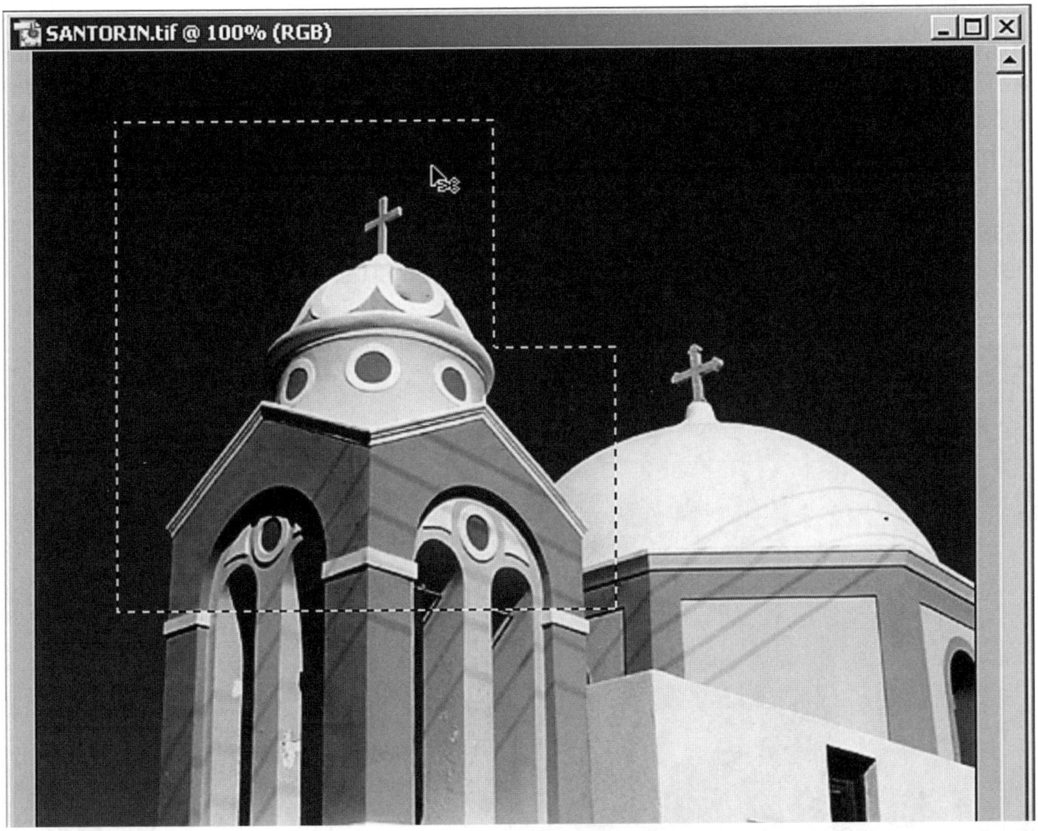

Auswahlbereiche

Abbildung 6.7: Einen Bildbereich aus einer Auswahl entfernen

Wichtig ist, ⇧ oder Alt gedrückt zu halten, solange Sie mit dem Werkzeug arbeiten.

Nun werden Sie bei einer Reihe von Änderungen, die an Ihren Bildern vorgenommen werden sollen, sicherlich mit ellipsen- oder kreisförmigen bzw. rechteckigen oder quadratischen Auswahlbereichen nicht sehr weit kommen. Auch wenn Sie die Kreise und Rechtecke in der Form verändern können. Schließlich sind in Bildern die wenigsten Formen auf Kreise und Rechtecke beschränkt.

Kapitel 6 Die Spielwiese der kreativen Bildbearbeitung

Das Lasso-Werkzeug

Um beliebige Formen in Bildern nachfahren und auswählen zu können, bietet Photoshop Elements weitere Auswahlwerkzeuge. Das vielseitigste Werkzeug ist dabei sicherlich das **Lasso-Werkzeug**. Damit lassen sich beliebige Formen auswählen, indem Sie mit diesem Werkzeug und gedrückter Maustaste eine Form nachfahren. Wenn Sie die Form so weit nachgezogen haben, lassen Sie einfach die Maustaste los. Photoshop Elements schließt die Auswahlform dann mit einer geraden Linie zum Ausgangspunkt.

Abbildung 6.8: Beliebige Formen mit dem Lasso-Werkzeug auswählen

Aber gleich eine Warnung vorweg: Dieses Werkzeug erfordert eine sehr ruhige Hand und viel, viel Übung! Nehmen Sie sich also Zeit, um dieses Werkzeug kennen und beherrschen zu lernen. Es ist für kreative Arbeiten eines der wichtigsten Werkzeuge in Photoshop Elements.

Wenn Sie im Umgang mit der Maus noch nicht so geübt sein sollten – hier ist das beste Training dafür! Um bestimmte Bildteile zufrieden stellend auszuwählen, sollten Sie erst einmal einiges an Zeit und Übung investieren. Fangen Sie mit einfachen Formen an und steigern Sie sich langsam zu komplexeren Formen.

Übung

Für den Anfang sollten Sie zunächst einmal versuchen, die Form des Delphins in der Datei **DELPHIN.TIF** nachzufahren und auszuwählen.
Komplexere Formen zum Üben finden Sie in den Dateien **BUNTSPECHT.TIF** und **PILZE.TIF**.

Weitere Lasso-Werkzeuge

Wahrscheinlich werden Sie jetzt erst mal zittrige Hände haben vom vielen Üben mit dem Lasso-Werkzeug. Dann will ich Ihnen noch eine Erleichterung verraten. Im Menü des Lasso-Werkzeugs finden Sie noch zwei weitere ähnliche Werkzeuge – das Polygon-Lasso und das magnetische Lasso.

Polygon-Lasso

Bei diesem Werkzeug müssen Sie nicht die ganze Zeit die Maustaste gedrückt halten, sondern nur von Zeit zu Zeit klicken. Die Punkte, an denen Sie geklickt haben, verbindet Photoshop Elements automatisch mit geraden Linien. Allerdings lassen sich damit keine komplexen Formen mit Rundungen auswählen. Ideal ist dieses Werkzeug lediglich, um beispielsweise Hochhäuser auszuwählen.

Kapitel 6 Die Spielwiese der kreativen Bildbearbeitung

Abbildung 6.9: Auswählen eines Hochhauses mit dem Polygon-Lasso

Magnetisches Lasso

Das flexibelste und effektivste Auswahlwerkzeug ist sicherlich das magnetische Lasso. Es sucht sich nämlich selbst die Form, die es nachzeichnen soll. Klingt phantastisch? Na ja, wie erwähnt, zaubern können Sie in Photoshop Elements wirklich noch nicht. Es gibt auch für dieses Werkzeug einige Spielregeln.

Beginnen Sie mit einem Klick an einer beliebigen Stelle der Kontur, die Sie nachfahren wollen. Das Werkzeug setzt an dieser Stelle ein kleines Kästchen. Im Verlauf des Nachfahrens der Kontur wird das Werkzeug noch mehr solche Kästchen setzen. Sie können die Kästchen aber ignorieren, da sie Photoshop Elements nur dazu dienen, sich die Form zu merken.

Abbildung 6.10: Das magnetische Lasso setzt zunächst ein Merk-Kästchen.

Auswahlbereiche

Das magnetische Lasso hat einen großen Vorteil: Sie brauchen beim Nachfahren einer Kontur die Maustaste *nicht* gedrückt zu halten. Welch eine Erleichterung! Klicken Sie also einfach am Anfangspunkt und fahren Sie dann ohne gedrückte Maustaste die gewünschte Kontur entlang.

Relevant für die Kontur ist dabei die Lasso-Spitze (wie auch bei den anderen Lasso-Werkzeugen).

Sie werden feststellen, dass dieses Lasso die Kontur fast von alleine findet, auch wenn Sie einmal »ausrutschen« und sich aus Versehen von der gewünschten Kontur entfernen. Was steckt nun hinter dieser »Zauberei«?

Dieses Werkzeug ist nicht von Harry Potter ausgeliehen, sondern es sucht nach Kantenkontrasten, also Farb- und Helligkeitsunterschieden. Entlang der gefundenen Kontrastkanten setzt das Werkzeug seine Auswahllinie. Sehen Sie sich einmal die Optionsleiste zum magnetischen Lasso genauer an.

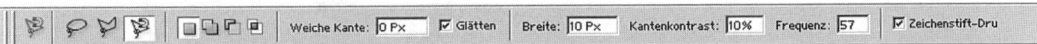

Abbildung 6.11: Optionsleiste des magnetischen Lassos

Dort finden Sie drei wesentliche Einstellungen – **BREITE, KANTENKONTRAST** und **FREQUENZ**. Dahinter verbirgt sich standardmäßig Folgendes: In einer Breite von zehn Pixeln, also jeweils fünf Pixel rechts und links der Werkzeugspitze sucht das Werkzeug nach einem Helligkeits- und Farbunterschied von mindestens 10 %. Entlang der dabei gefundenen Kante wird die Auswahllinie gesetzt. Auf dieser Auswahllinie werden Kästchen platziert. Der Wert für die Frequenz bestimmt die Häufigkeit, mit der solche Kästchen gesetzt werden.

Langer Rede kurzer Sinn – in 95 % aller Fälle werden Sie mit den Standardwerten (Breite = 10 Pixel, Kontenkontrast 10 %, Frequenz 57) sehr gut klar kommen.

Führen Sie den Cursor entlang der gewünschten Kontur, sucht sich also das magnetische Lasso selbst die Details. Allerdings werden Sie des Öfteren feststellen, dass der Cursor hin und her springt und nicht ganz den gewünschten Weg nimmt. In diesem Fall findet das Werkzeug meist mehrere Kantenkontraste innerhalb der zehn Pixel Breite. Dann kann es sich »nicht entscheiden«.

Ignorieren Sie das bitte zunächst! Fangen Sie auf keinen Fall an, eventuelle Fehler sofort korrigieren zu wollen. Fahren Sie stur entlang der gewünschten Kontur fort. Wenn Sie am Ausgangspunkt wieder angelangt sind, erscheint neben dem Cursor ein kleiner Kreis. Er zeigt an, dass die Auswahl vollständig ist.

Abbildung 6.12: Der kleine Kreis zeigt an, dass die Auswahl vollständig ist.

Drücken Sie nun entweder ⏎ oder doppelklicken Sie mit der linken Maustaste. Dann setzt Photoshop Elements die Auswahllinie mit den Kästchen in die gewohnte Auswahl mit einem Laufrahmen um.

Warum sollen Sie eigentlich nicht versuchen, Fehler bei der Konturenfindung sofort zu korrigieren? Machen Sie es und Sie wissen, was ich meine! Das Werkzeug folgt der Cursorspitze gnadenlos durch das gesamte Bild und setzt, in diesem Fall ziemlich chaotisch, seine Linie. Sie können also keinen Menübefehl aufrufen, während Sie mit dem **magnetischen Lasso** arbeiten. Sie können höchstens zurück bis zum letzten Kästchen.

Auswahlbereiche

Abbildung 6.13: Korrekturen des Weges sind bei diesem Werkzeug nicht möglich.

Es passiert sehr schnell, dass die Lassolinie chaotisch aussieht und Sie sich hoffnungslos verfranst haben. Drücken Sie in diesem Fall einfach (Esc) und die Linie verschwindet wieder.

Dann müssen Sie zwar wieder von vorn anfangen, aber das ist in einem solchen Fall das kleinere Übel.

Falls die Werkzeugspitze zu sehr hin und her springt, ist es hilfreich, ab und an einmal an einer Ecke zu klicken, um selbst ein Kästchen zu setzen. Damit kann man das magnetische Lasso manchmal »zwingen«, einem bestimmten Weg zu folgen.

... but Goldies

Kapitel 6   Die Spielwiese der kreativen Bildbearbeitung

 Das magnetische Lasso dient nur zum Erstellen einer ersten, »groben« Auswahl. Korrekturen nehmen Sie anschließend vor, und zwar mit dem »normalen« Lasso. Dann können Sie mit Hilfe der Tasten ⇧ und Alt Teile zur Auswahl hinzufügen bzw. überflüssige Teile von der Auswahl entfernen (siehe oben).

Sie sehen, das Erstellen einer komplexen Auswahl ist nicht ganz einfach und erfordert viel, viel Übung. Sie werden in den meisten Fällen auch mehrere Auswahlwerkzeuge kombinieren, um zu dem gewünschten Ergebnis zu kommen.

 Es gibt in Photoshop Elements kein Werkzeug und auch keinen Menübefehl, mit dem sich komplexe Aufgaben auf Knopfdruck lösen lassen. Das ist im Übrigen bei allen Computerprogrammen so. Computer und Software-Programme sind nichts anderes als Werkzeuge, die man beherrschen muss, um vielschichtige Aufgabenstellungen zu lösen. Das erfordert, wie bei allen anderen Dingen unseres Lebens Übung und Zeit. Dass Computer komplizierte Aufgaben von selbst lösen, ist eines der hartnäckigsten und abstrusesten Märchen des IT-Zeitalters.

Übung

1. Öffnen Sie die Datei **WINTHROP.TIF**.
2. Umfahren Sie die Kontur des Gebäudes mit dem magnetischen Lasso.
3. Klicken Sie an »haarigen« Stellen, um Markierungskästchen zu setzen, wenn das Lasso zu sehr »springt«.
4. Sind Sie wieder am Anfang angelangt, drücken Sie ⏎.
5. Wählen Sie das »normale« Lasso und bessern Sie die Auswahl mit Hilfe von ⇧ (= hinzufügen) und Alt (= entfernen) aus. Nutzen Sie dabei auch verschiedene Zoomstufen, um Details besser erkennen zu können.

Auswahlbereiche

Allgemeiner Tipp für alle Auswahlwerkzeuge: Achten Sie bitte darauf, dass für die Auswahlwerkzeuge immer die Option **WEICHE KANTE** auf den Wert **0 PX** gesetzt ist.

Auswahlbereiche speichern

Nun haben Sie sehr viel Zeit, Mühe und Nerven geopfert, um eine Auswahl in einem Bild zu erstellen. Sicher werden Sie in der Zwischenzeit auch festgestellt haben, dass ein Klick aus Versehen neben eine bestehende Auswahl die Auswahl aufhebt, sie ist weg!

Natürlich können Sie einen solchen Schritt rückgängig machen, entweder über den Menübefehl **BEARBEITEN|RÜCKGÄNGIG** oder über das **PROTOKOLL**. Was aber, wenn Sie eine Auswahl speichern möchten, um nicht jedes Mal die nervenaufreibende Arbeit wieder tun zu müssen?

Nun, auch dafür gibt es einen Weg. Rufen Sie den Menübefehl **AUSWAHL|AUSWAHL SPEICHERN** auf. Es erscheint wieder einmal ein Dialogfenster.

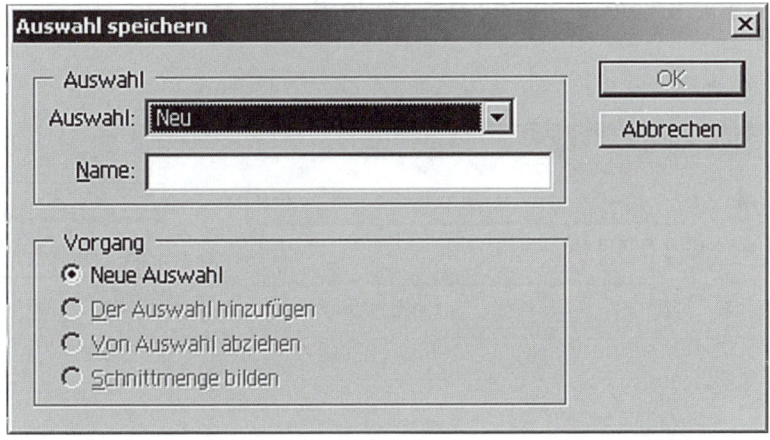

Abbildung 6.14: Dialogfenster AUSWAHL SPEICHERN

Zunächst können Sie nur der Auswahl einen Namen geben und auf **OK** klicken. Allerdings ist es möglich, mehrere verschiedene Auswahlbereiche in einem Bild zu speichern. Dann vervielfachen sich die Möglichkeiten dieses Dialogfelds.

... but Goldies

Kapitel 6   Die Spielwiese der kreativen Bildbearbeitung

Photoshop Elements legt intern so genannte **Alpha-Kanäle** an, um Auswahlbereiche zu speichern. Diese Kanäle sind in gewisser Weise vergleichbar mit den 8-Bit-Kanälen für Rot, Grün und Blau eines RGB-Bildes. Allerdings enthalten sie keine Farbinformationen, sondern dienen lediglich dazu, die Form einer Auswahl zu speichern.

Photoshop Elements bietet keine Möglichkeit, diese Alpha-Kanäle weiter zu bearbeiten. Dies ist nur mit der Profi-Variante Adobe Photoshop möglich.

Wenn Sie bereits eine Auswahl erstellt und gespeichert haben und nun eine zweite Auswahl abspeichern wollen, können Sie in dem Dialogfeld bestimmen, ob die zweite Auswahl in einem neuen Kanal oder im gleichen Kanal wie die erste gespeichert werden soll.

Um sie zusätzlich zur ersten Auswahl zu speichern, übernehmen Sie die Voreinstellung **NEUE AUSWAHL**. Um sie mit der ersten, bereits bestehenden Auswahl zu kombinieren, wählen Sie in dem Aufklappmenü den Namen der ersten Auswahl. Im unteren Teil des Dialogfeldes werden zusätzliche Optionen aktiv.

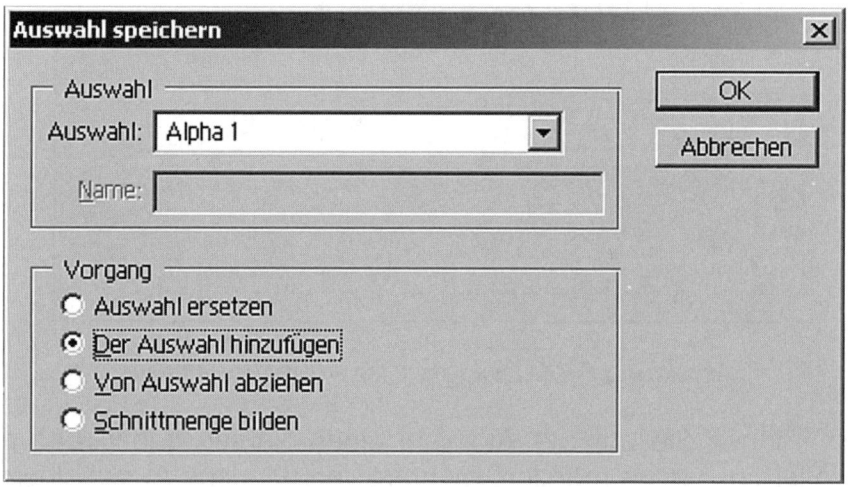
Abbildung 6.15: Zusätzliche Optionen zum Kombinieren von Auswahlbereichen

Sie können nun die erste Auswahl durch die zweite ersetzen lassen, die zweite zur ersten hinzufügen, von ihr abziehen oder die Schnittmenge beider Auswahlbereiche bilden lassen. Dann bleibt nur der Bereich übrig, in dem sich beide überschneiden. Dazu einige Beispiele, Ausgangspunkt ist eine bestehende, rechteckige Auswahl, die zweite Auswahl ist kreisförmig (s. Abbildung 6.16, 6.17 und 6.18):

Abbildung 6.16: Hinzufügen einer kreisförmigen Auswahl zu einer rechteckigen Auswahl

Der Umgang mit diesen Optionen ist in Adobe Photoshop erheblich leichter, da man sich die Auswahlen anzeigen lassen kann. In Photoshop Elements brauchen Sie ein sehr gutes Vorstellungsvermögen, um mit den Optionen beim Speichern einer Auswahl richtig umgehen zu können. Ansonsten bleibt nur der Weg über Versuch und Irrtum. Sie können ja auch das Speichern einer Auswahl rückgängig machen, wozu gibt es schließlich das Protokoll?

Wenn Sie Auswahlbereiche gespeichert haben, können Sie diese auch jederzeit über den Befehl **AUSWAHL|AUSWAHL LADEN** wieder ins Bild holen und damit arbeiten. Im Menü **AUSWAHL** haben Sie auch die Möglichkeit, gespeicherte Auswahlbereiche wieder zu **LÖSCHEN**. Sie sehen, es gibt (fast) nichts, was Sie nicht rückgängig machen könnten. Also keine Hemmungen beim Ausprobieren!

Kapitel 6 Die Spielwiese der kreativen Bildbearbeitung

Abbildung 6.17: Die kreisförmige Auswahl wird von der rechteckigen abgezogen.

Abbildung 6.18: Schnittmenge der rechteckigen und der kreisförmigen Auswahl

Bitte bedenken Sie, dass der Befehl **AUSWAHL SPEICHERN** etwas trügerisch ist. Dieser Befehl bedeutet eigentlich nur, dass ein Alpha-Kanal für die Auswahl angelegt wird. Physisch gespeichert, also auf Ihrer Festplatte gesichert, wird die Auswahl erst dann, wenn sie die **komplette Datei speichern**! Wenn Sie eine Auswahl speichern und Ihr Computer stürzt danach ab, ist der Alpha-Kanal mit dem Auswahlbereich verloren!

Gewöhnen Sie sich am besten an, regelmäßig Ihre Dateien zu speichern, so dass im Falle eines Rechnerabsturzes zumindest der größte Teil Ihrer Arbeit rekonstruierbar ist.

Zauberstab

Da behaupte ich immerzu, Photoshop Elements hat nichts mit Harry Potter zu tun, und jetzt kommt doch noch ein Zauberstab? Na ja, die Programmierer waren eben einfach schneller.

Dieses Werkzeug ist tatsächlich für so manchen Trick gut. Damit können Sie nämlich Farbbereiche auswählen. Klicken Sie einfach auf eine Stelle im Bild und Sie werden danach einen Auswahlbereich sehen. Probieren Sie dies ruhig ein paar Mal aus.

Der Zauberstab nimmt Farbwerte auf, ähnlich wie die Pipette. Die Pipette übernimmt die aufgenommene Farbe nur als Vordergrundfarbe, der Zauberstab erstellt aus der aufgenommenen Farbe einen Auswahlbereich. Dazu vergleicht er die Farbwerte der angrenzenden Pixel mit dem Pixel an der Stelle, an der Sie geklickt haben. Sind sie ähnlich genug, fasst er sie in einem Auswahlbereich zusammen.

Was heißt nun »ähnlich genug«? Sehen Sie sich dazu die Optionsleiste zu diesem Werkzeug an.

Abbildung 6.19: Optionen für den Zauberstab

Die wichtigste Einstellung ist hier die **Toleranz**. Sie bestimmt, wie ähnlich die Farben sein müssen, damit Photoshop Elements aus verschiedenen Farbnuancen eine gemeinsame Auswahl macht. Je höher der Wert, umso unterschiedlicher können die Farben sein. Je kleiner, umso ähnlicher müssen sie sein. Der Standardwert liegt bei 32. Höher sollten Sie auch nie gehen! In der Praxis werden Sie bei vielen kniffligen Bildern eher mit niedrigeren Werten arbeiten.

Die Option **Glätten** glättet die Kanten des Auswahlbereiches etwas. Diese Möglichkeit ist standardmäßig aktiviert und das sollten Sie auch nicht ändern. Sonst kann es leicht einmal ausgefranste Kanten geben. Das führt dann besonders bei Bildmontagen zu unschönen Ergebnissen.

Wichtiger ist die Option **Benachbart**. Mit ihr können Sie bestimmen, ob der Zauberstab nur die Farbwerte der direkt benachbarten Pixel vergleicht oder ob er alle Pixel im gesamten Bild vergleicht. Was auf den ersten Blick wie eine Arbeitserleichterung erscheint, kann schnell zum Bumerang werden. In den meisten Fällen werden Sie mit dem Zauberstab bestimmte Farbbereiche in einem Teil des Bildes auswählen wollen. Das bewirkt die Option **Benachbart**. Ist sie ausgeschaltet, wählt der Zauberstab ähnliche Farben im gesamten Bild aus. Meist sind das viel zu viele Bildbereiche, die sie dann aufwändig wieder aus der Auswahl entfernen müssten.

 Lassen Sie also die Option **Benachbart** aktiviert.

Eine Auswahl erweitern

Es gibt nämlich weitere und flexiblere Möglichkeiten, andere Bildbereiche auf Basis der bestehenden Auswahl hinzuzufügen. Zum einen funktionieren ja auch mit dem Zauberstab die Tasten ⇧ und Alt, mit deren Hilfe Sie Bildbereiche zu einer Auswahl hinzufügen oder von ihr entfernen können.

Im Menü **Auswahl** finden Sie aber auch die Befehle **Auswahl vergrößern** und **Ähnliches auswählen**. Der Befehl **Auswahl vergrößern** geht von den Farbwerten der bestehenden Auswahl aus und nimmt aus den benachbarten Bildbereichen Pixel mit Farbwerten hinzu, die innerhalb der **Toleranz** liegen. Er erweitert die Auswahl bis zur nächsten Kontrastgrenze, also bis zu Pixeln mit Farbwerten, die außerhalb der Toleranzgrenze liegen.

Farbteil

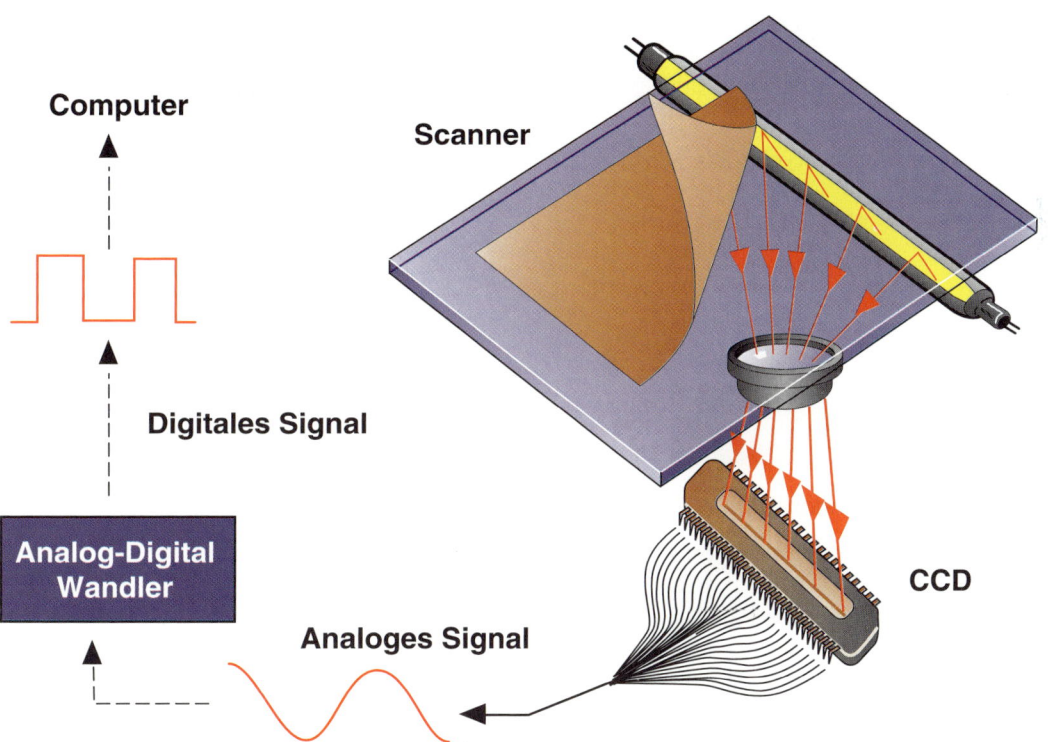

Abb. F1: Schematischer Aufbau eines Scanners

Farbteil

Abb. F2: Rot-Grün-Blau-Informationen zusammen ergeben das Farbbild.

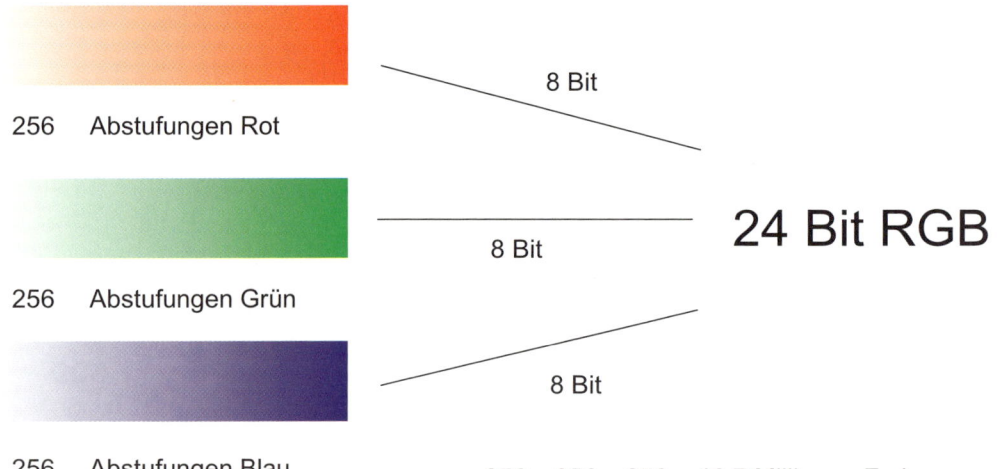

Abb. F3: 3 x 8 Bit ergeben ein 24-Bit-RGB-Bild.

... für Oldies ...

Farbteil

Abb. F4: Rotes, grünes und blaues Licht ergeben zusammen weißes Licht.

Abb. F5: Die Mischfarben Cyan, Magenta und Gelb wirken als Filter und ergeben Schwarz.

... but Goldies

Farbteil

Abb. F6: Spektrum des sichtbaren Lichts, aufgegliedert in seine Farbbestandteile

Abb. F7: Der Farbkreis, der sich aus der Physik des Lichtes ergibt

... für Oldies ...

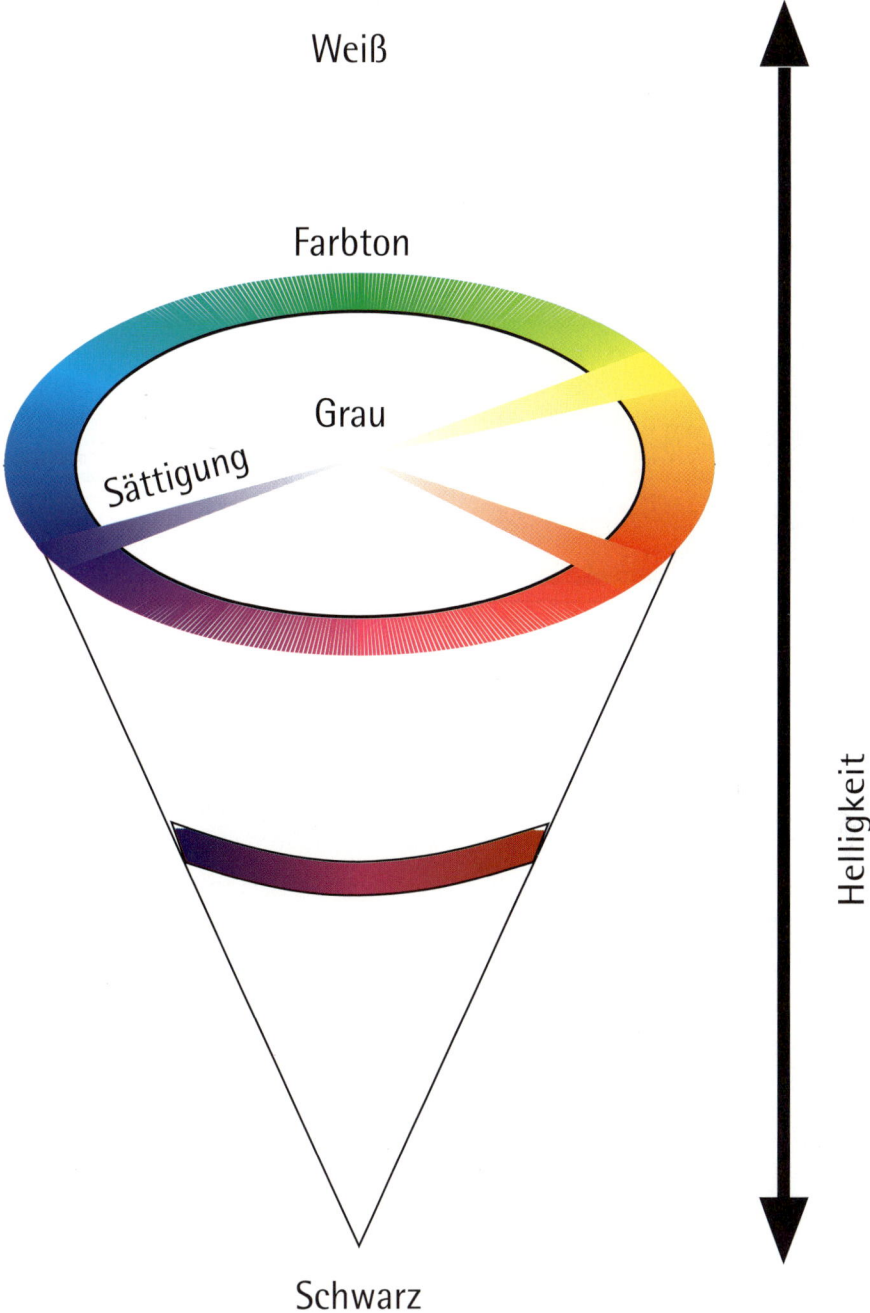

Abb. F8: Grafische Darstellung des HSB-Farbmodells

Farbteil

Abb. F9: Drehen um +60 Grad verändert die Farben entgegen dem Uhrzeigersinn des Farbkreises.

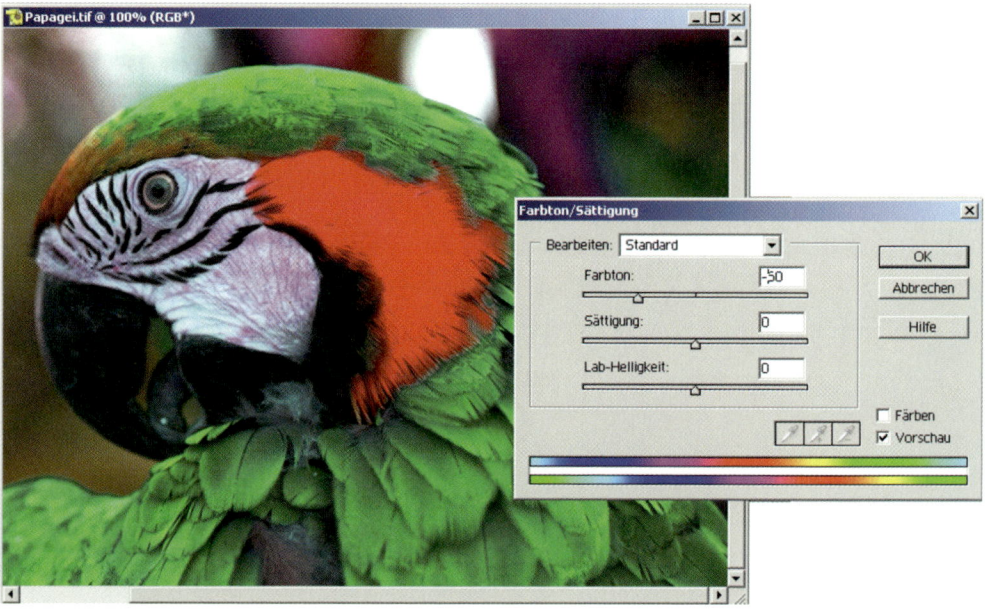

Abb. F10: Drehen um -60 Grad verändert die Farben im Uhrzeigersinn des Farbkreises.

... für Oldies ...

Farbteil

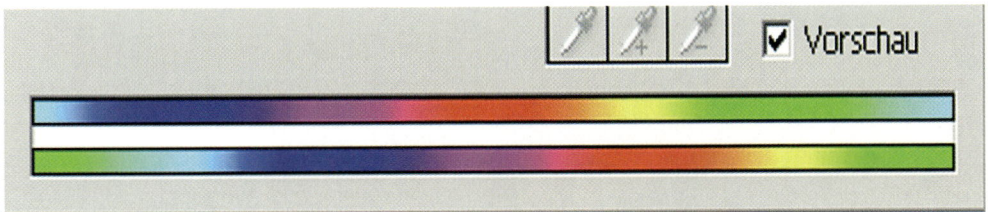

Abb. F11: Anhand der Farbbalken kann man sich orientieren.

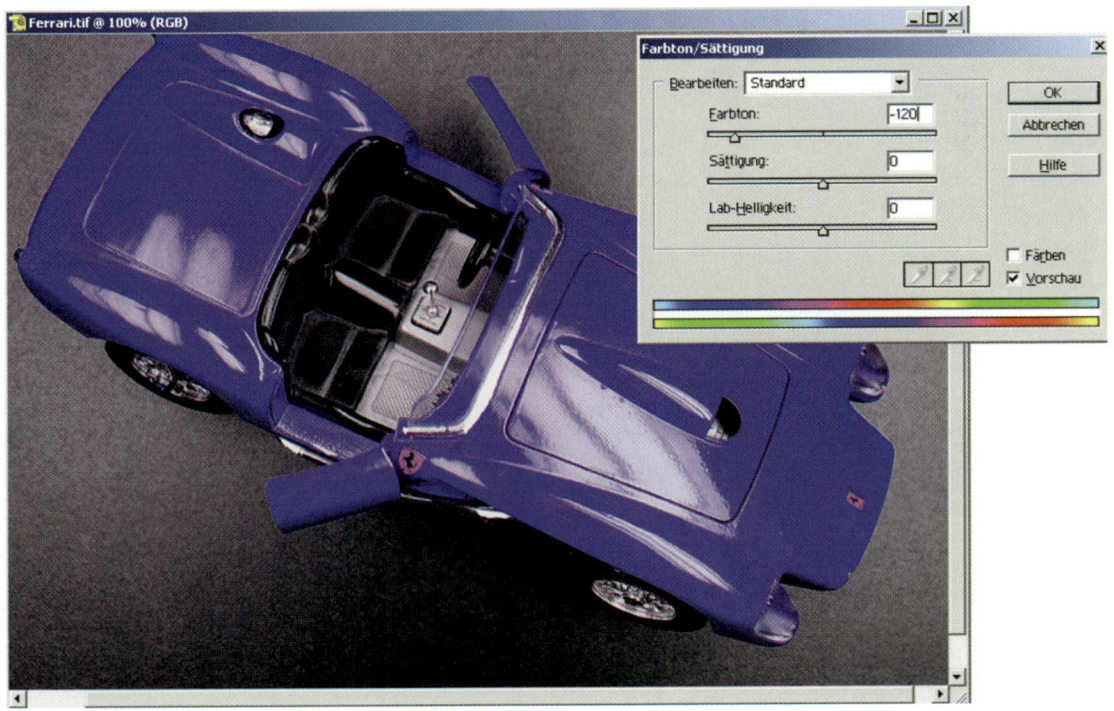

Abb. F12: Der rote Ferrari ist nun blau geworden.

Farbteil

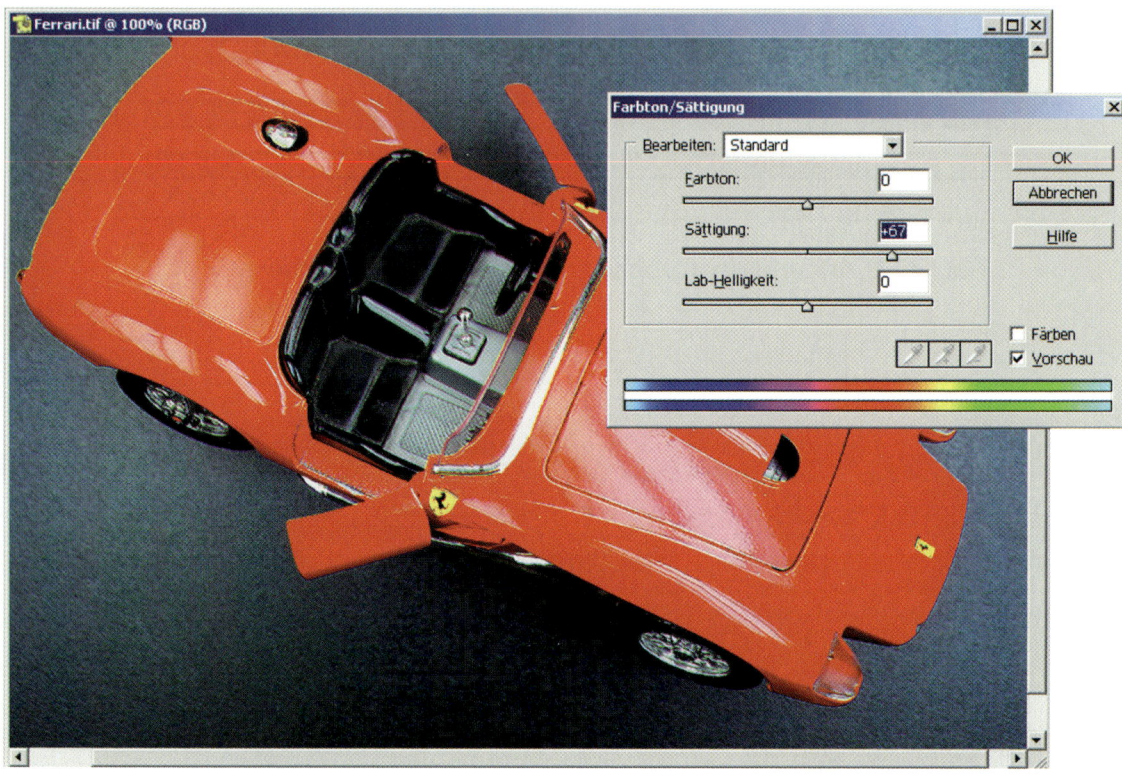

Abb. F13: Farben werden intensiver.

... für Oldies ...

Farbteil

Abb. F14: Wird die Farbsättigung komplett zurückgefahren, bleibt ein Graustufenbild übrig.

... but Goldies

Farbteil

Abb. F15: Graustufenbilder mit farbigen Inlays

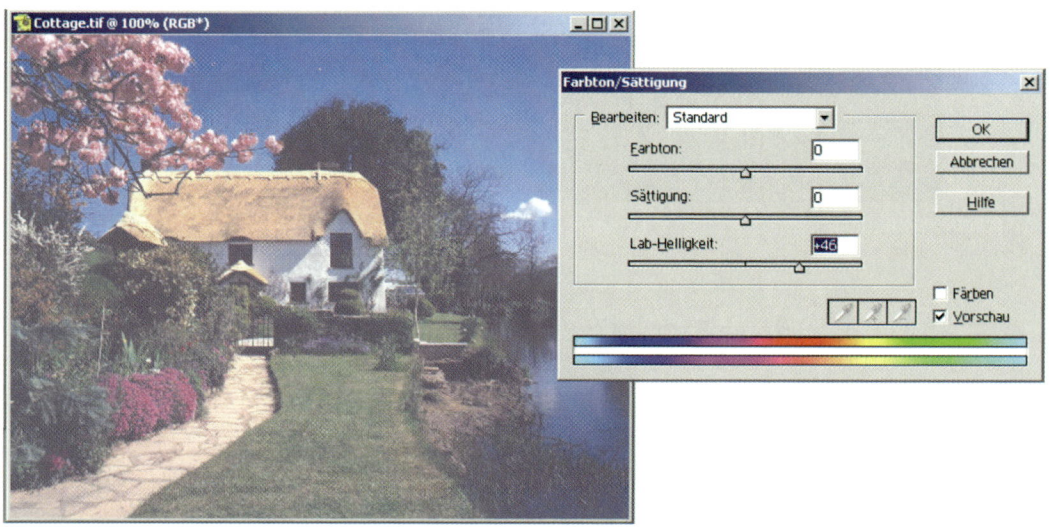

Abb. F16: Zu viel Helligkeit lässt Farben verblassen.

... für Oldies ...

Farbteil

Abb. F17: Bei zu wenig Helligkeit gehen Details in den Bildtiefen verloren.

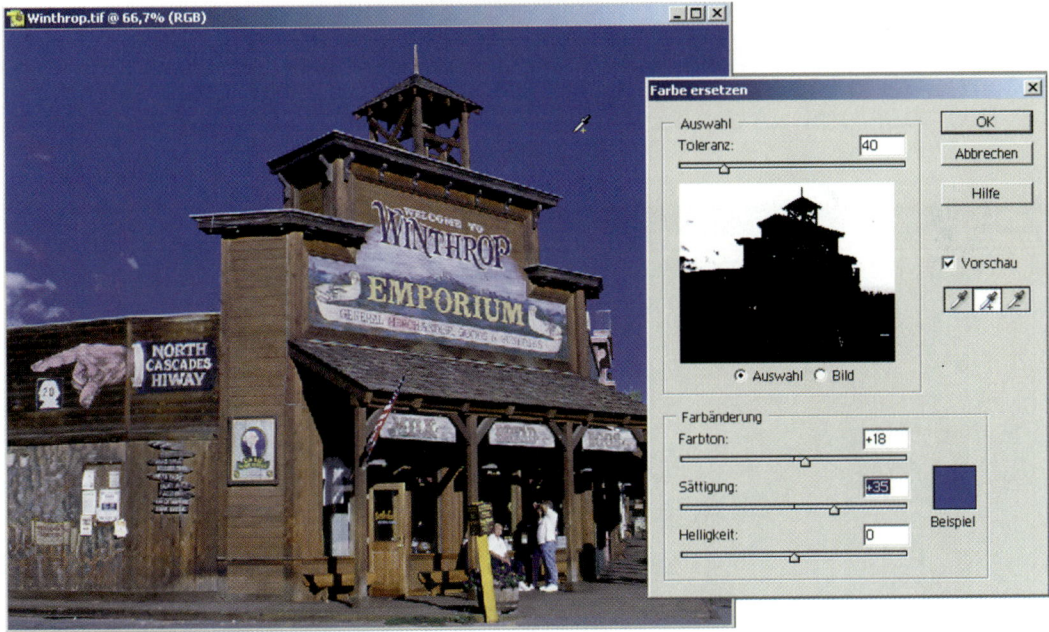

Abb. F18: Zuerst wird mit den Pipetten der Himmel ausgewählt, dann der Farbton des Himmels »verbessert«.

Farbteil

Abb. F19: Fotos aus den Sechziger- und Siebziger-Jahren haben meist einen starken Rotstich.

Abb. F20: Durch zwei Klicks wurde das Bild dunkler gemacht und das Blau verstärkt.

... für Oldies ...

Farbteil

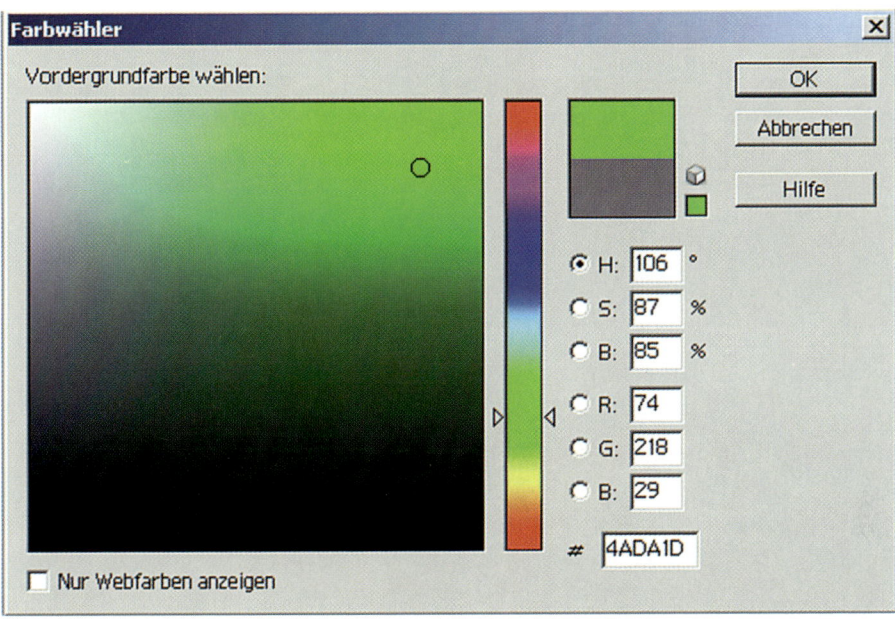

Abb. F21: Photoshop Farbwähler

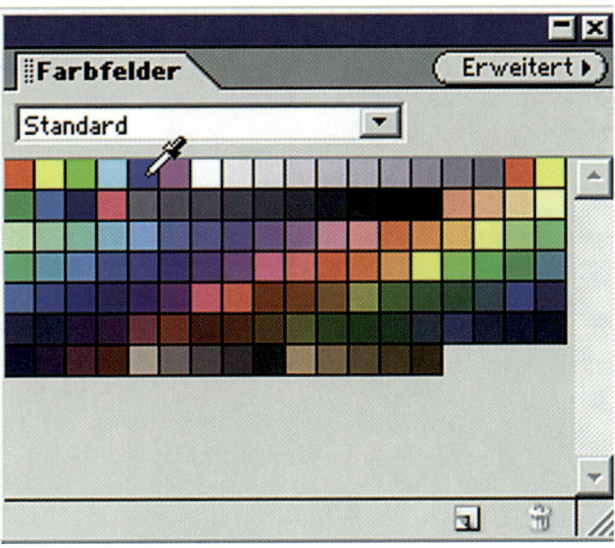

Abb. F22: Auch in der Palette FARBFELDER lassen sich Vorder- und Hintergrundfarbe auswählen.

... but Goldies

Farbteil

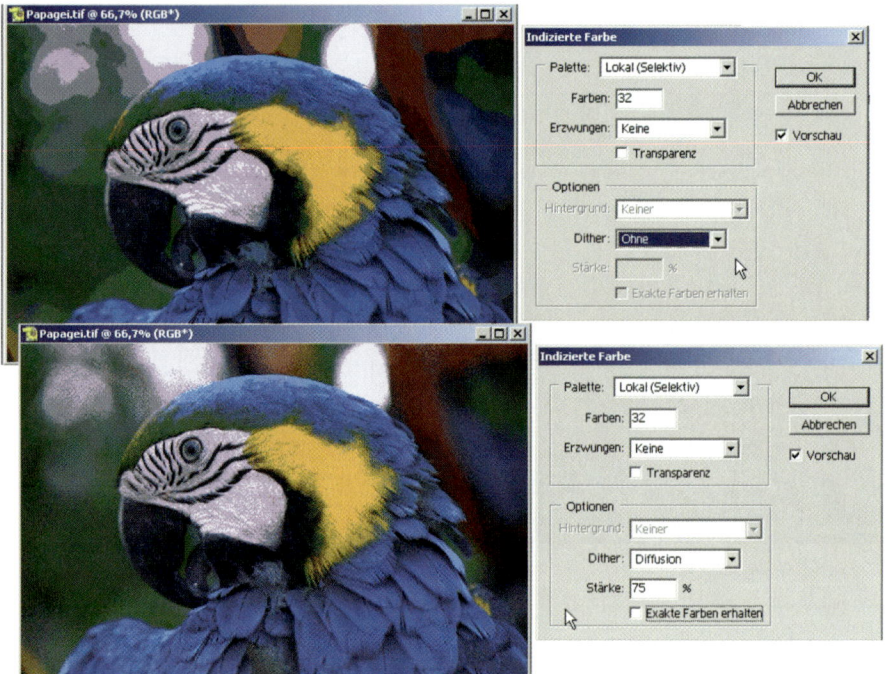

Abb. F23: GIF-Bild mit und ohne Dithering

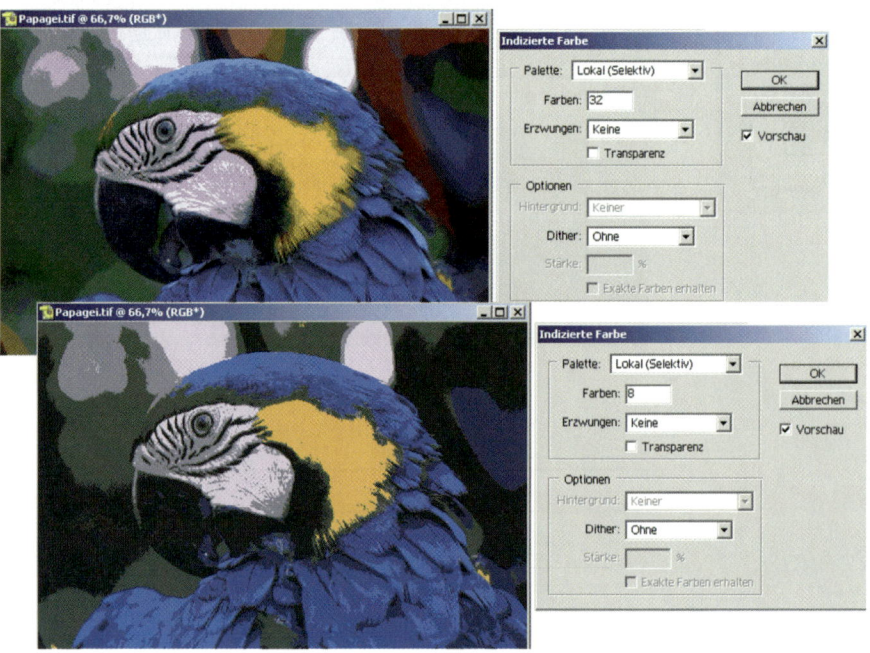

Abb. F24: GIF-Bild ohne Dithering in 6 Bit und in 3 Bit Datentiefe

... für Oldies ...

Farbteil

Abb. F25: Interessante Effekte entstehen beim Verrechnen von Farbton, Sättigung oder Helligkeit.

Farbteil

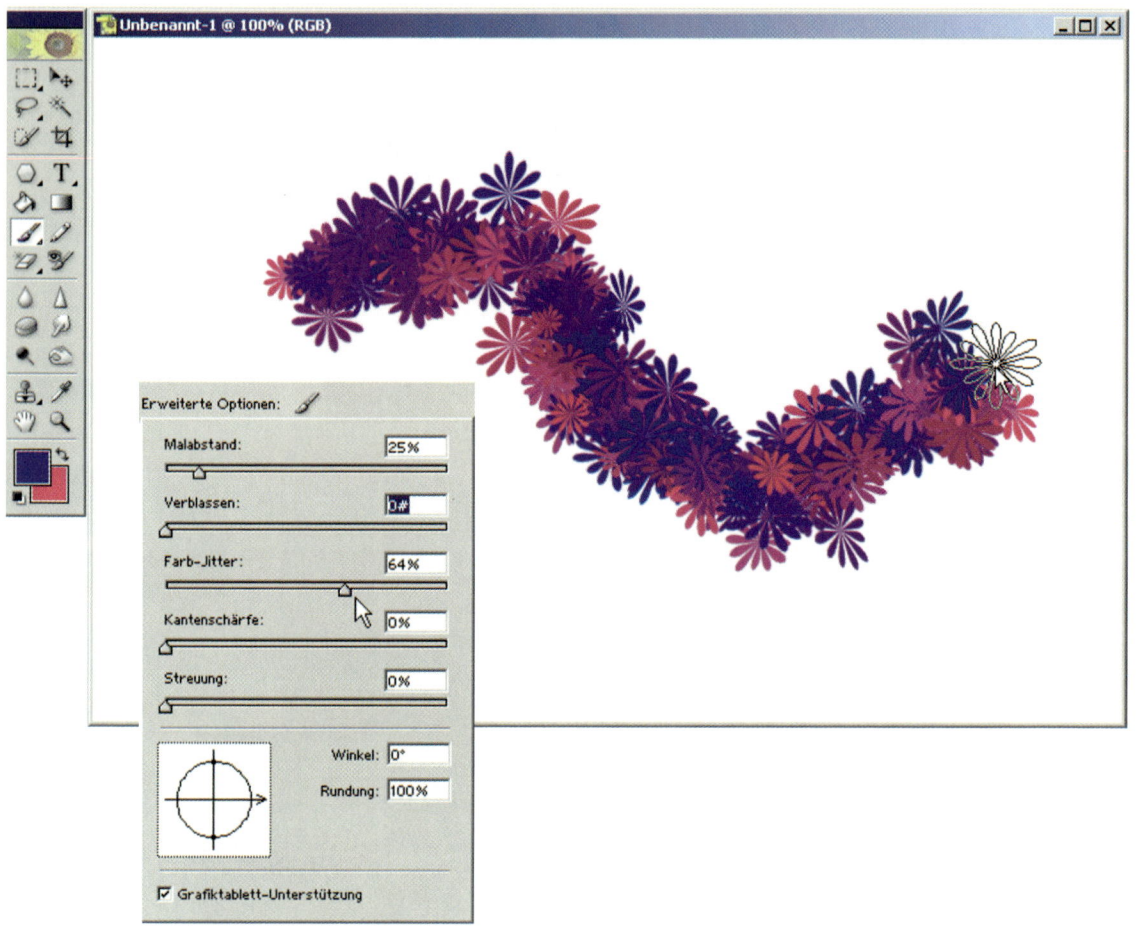

Abb. F26: Farbjitter wechselt zwischen Vorder- und Hintergrundfarbe.

... für Oldies ...

Auswahlbereiche

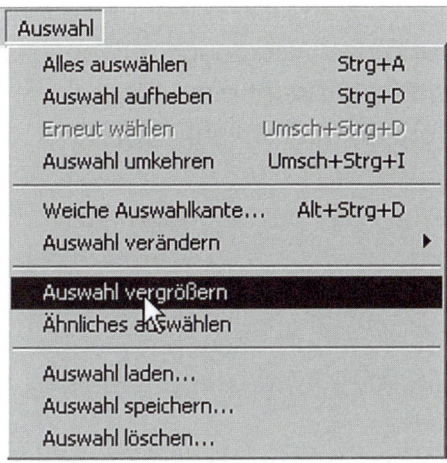

Abbildung 6.20: Menübefehle AUSWAHL VERGRÖßERN und ÄHNLICHES AUSWÄHLEN

Der Befehl **ÄHNLICHES AUSWÄHLEN** hingegen sucht im **gesamten** Bild nach Farbwerten, die im Rahmen der Toleranz liegen, ebenfalls auf Basis der bestehenden Auswahl.

Die Befehle **AUSWAHL VERGRÖßERN** und **ÄHNLICHES AUSWÄHLEN** sind also der Option **BENACHBART** des Zauberstabs sehr ähnlich, nur dass man sie erst bei Bedarf anwendet.

Die Befehle **AUSWAHL VERGRÖßERN** und **ÄHNLICHES AUSWÄHLEN** können auf jede Auswahl angewandt werden, egal mit welchem Werkzeug diese erstellt wurde. Das gilt auch für den Einsatz der Tasten ⇧ und Alt.

Natürlich sind Sie damit noch nicht am Ende Ihrer Möglichkeiten. In der Optionsleiste finden sich noch vier kleine Icons (= Bildchen), mit denen die Wirkung des Zauberstabs verändert werden kann.

Abbildung 6.21: Variationen der Wirkungsweise des Zauberstabs

Kapitel 6   Die Spielwiese der kreativen Bildbearbeitung

Je nachdem, welches Icon Sie anklicken, können Sie (von links nach rechts)
- die normale Wirkung des Werkzeugs nutzen
- Pixel zur bestehenden Auswahl hinzufügen
- Pixel von der bestehenden Auswahl entfernen

oder
- die Schnittmenge aus der bestehenden Auswahl und den neu gefundenen Pixeln bilden

Diese Variationsmöglichkeiten haben Sie im Übrigen nicht nur beim Zauberstab-Werkzeug, sondern bei allen Auswahl-Werkzeugen.
Sie entsprechen prinzipiell den Tasten ⇧ und Alt bei bestehender Auswahl bzw. den Optionen beim Speichern oder Laden einer Auswahl.

Eine Auswahl malen

Sie können schließlich eine Auswahl auch »malen«. Photoshop Elements stellt dafür einen speziellen Pinsel bereit, den **Auswahlpinsel**. Mit diesem Werkzeug können Sie einen Auswahlbereich regelrecht malen.

Abbildung 6.22: Das Werkzeug Auswahlpinsel

Es ist bei diesem Pinsel also völlig egal, welche Vordergrundfarbe eingestellt ist, da er sowieso nur Auswahlbereiche erstellt. Der Vorteil liegt darin, dass Sie, wie beim normalen Malpinsel, den Durchmesser der Pinselspitze verändern können. Auf diese Weise können Sie entweder ganz feine Striche malen oder, mit einer dicken Werkzeugspitze, großflächig Bereiche abdecken und auswählen.

Außerdem können Sie gleich eine weiche Auswahlkante nutzen, indem Sie mit einer weichgezeichneten Werkzeugspitze malen.

Das Erstellen von Auswahlbereichen ist eine sehr wesentliche Grundtechnik zur digitalen Bildbearbeitung. Nehmen Sie sich daher die Zeit, viel mit den Auswahlwerkzeugen zu üben, damit Sie sich die notwendigen Fertigkeiten aneignen. Auch wenn es anfangs vielleicht etwas holperig vorangeht – **es ist alles nur eine Frage der Übung!**

Was mache ich nun mit den Auswahlbereichen?

Gut, jetzt haben Sie viele Werkzeuge und viele Techniken kennen gelernt, um Auswahlbereiche zu erstellen. Also sei die berechtigte Frage gestattet – wozu das Ganze?

Eine wichtige Antwort darauf habe ich schon gegeben. Mit Auswahlbereichen kann man die Wirkung von Menübefehlen und bestimmten Werkzeugen auf den ausgewählten Bereich beschränken. Der Rest des Bildes ist geschützt und wird dementsprechend nicht geändert.

Im Folgenden möchte ich Ihnen einige Anregungen geben, wie Sie Auswahlbereiche noch einsetzen können. Nehmen Sie einmal das Bild der schönen Lotosblüte (= **LOTOS.TIF** auf der CD).

Abbildung 6.23: Ausgangsbild mit einer Lotosblüte

Kapitel 6   Die Spielwiese der kreativen Bildbearbeitung

Übung

1. Klicken Sie mit dem Zauberstab in den dunklen Bereich rechts der Blüte. Die Toleranz sollte auf etwa 20 stehen. Dadurch wird der größte Teil der dunklen Pixel ausgewählt.

2. Drücken Sie ⇧ und klicken Sie mit dem Zauberstab in die dunklen Bereiche rechts der Blüte, die noch nicht ausgewählt wurden, um sie der Auswahl hinzuzufügen.

3. Falls zu viele grüne Pixel mit ausgewählt wurden, wechseln Sie zum Lasso-Werkzeug, drücken die Alt -Taste und umfahren die Pixel, die zu viel sind. Dadurch werden diese aus der Auswahl entfernt.

4. Stellen Sie eine weiche Auswahlkante von etwa drei Pixel ein (Menü **AUSWAHL|WEICHE AUSWAHLKANTE**).

5. Bewegen Sie den Cursor in den ausgewählten Bereich. Der Cursor sollte folgendermaßen aussehen:

Abbildung 6.24: Cursor zum Bewegen der Auswahl

Wichtig: Noch nicht klicken! Damit würden Sie die Auswahl aufheben. Falls Sie doch aus Versehen bereits geklickt haben, machen Sie diesen Schritt sofort rückgängig.

6. Klicken Sie mit dem Bewegungs-Cursor, halten Sie die Maustaste gedrückt und bewegen Sie den Auswahlbereich nach links in die Blüte hinein.

 Wenn Sie beim Bewegen ⇧ drücken, kann die Auswahl nur exakt horizontal oder vertikal bewegt werden!

Auswahlbereiche

7. Kopieren Sie den jetzt ausgewählten Bereich der Blüte (Menü **BEARBEITEN|KOPIEREN**).

8. Machen Sie in der Palette **RÜCKGÄNGIG-PROTOKOLL** den Arbeitsschritt **AUSWAHL BEWEGEN** rückgängig, indem Sie auf den vorhergehenden Arbeitsschritt klicken.

Die Auswahl sollte dann wieder an ihrer ursprünglichen Position sitzen.

9. Wählen Sie den Befehl **BEARBEITEN|EINFÜGEN**.

Damit hat die Lotosblüte auf der rechten Seite einen zweiten Kreis von Blütenblättern bekommen.

Abbildung 6.25: Lotosblüte mit neuen Blütenblättern

10. Speichern Sie die neu entstandene Datei im Format **Photoshop Dokument** ab.

Bevor Sie mit der Lotosblüte weiter experimentieren, probieren Sie doch mal Folgendes aus:

Übung

1. Öffnen Sie die Datei **MUSTER.TIF**.

2. Erstellen Sie dort mit dem Ellipsen-Auswahlwerkzeug eine runde oder ovale Auswahl (die genaue Form spielt in diesem Fall keine Rolle).

3. Positionieren Sie den Cursor innerhalb der Auswahl (ohne zu klicken!) und drücken Sie die ⇧-Taste.

Kapitel 6   Die Spielwiese der kreativen Bildbearbeitung

Der Cursor zeigt eine kleine Schere an, die darauf hindeutet, was man damit machen kann.

4. Halten Sie die ⇧-Taste gedrückt und ziehen Sie die Auswahl zur Seite. Der ausgewählte Bereich wird verschoben und die Lücke mit der Hintergrundfarbe aufgefüllt.

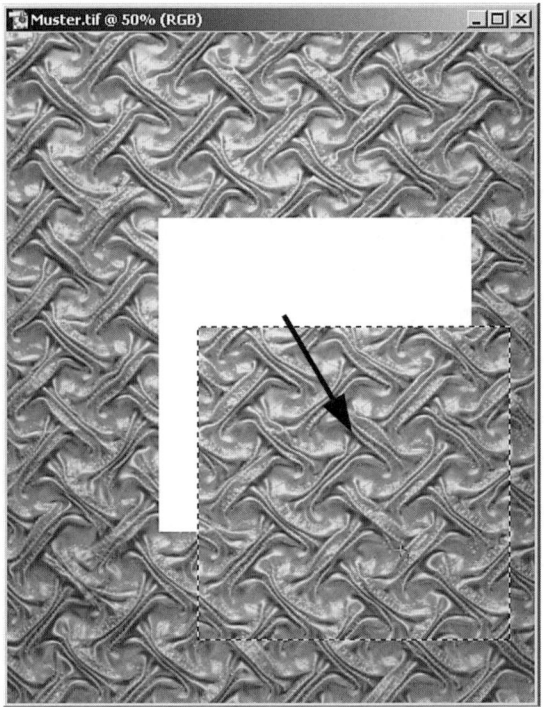

Abbildung 6.26: Eine Auswahl ausschneiden

5. Sie können nun die Auswahl aufheben, dann wird der ausgewählte Bereich ins Bild eingerechnet und überschreibt die Pixel, die vorher dort waren. Oder Sie löschen den ausgewählten Bereich mit der ←-Taste.

Und noch ein Spielchen:

Übung

1. Falls Sie die Datei **MUSTER.TIF** noch geöffnet haben, gehen Sie in der Palette **RÜCKGÄNGIG-PROTOKOLL** zu dem Arbeitsschritt zurück, in dem Sie die Auswahl erstellt haben. Die Auswahl sollte auch noch aktiv sein.

Auswahlbereiche

2. Öffnen Sie parallel dazu die Datei **VELVET.TIF**.

3. Klicken Sie in die Titelleiste der Datei **MUSTER.TIF**. Sie sollte dann blau dargestellt werden.

   Sie können also zwei oder auch mehrere Dateien gleichzeitig öffnen. Bedenken Sie allerdings, dass die parallele Bearbeitung mehrerer Dateien auch erheblich mehr Speicher benötigt. Die Verarbeitungsgeschwindigkeit kann also eventuell deutlich langsamer werden.

4. Achten Sie darauf, dass beide Bilddateien nebeneinander zu sehen sind. Benutzen Sie dazu notfalls den Befehl **FENSTER|BILDER|NEBENEINANDER**.

5. Klicken Sie im **BILD MUSTER.TIF** mit gedrückter ⇧-Taste in die aktive Auswahl und ziehen Sie die Auswahl mit gedrückter Maustaste in das andere Bild.

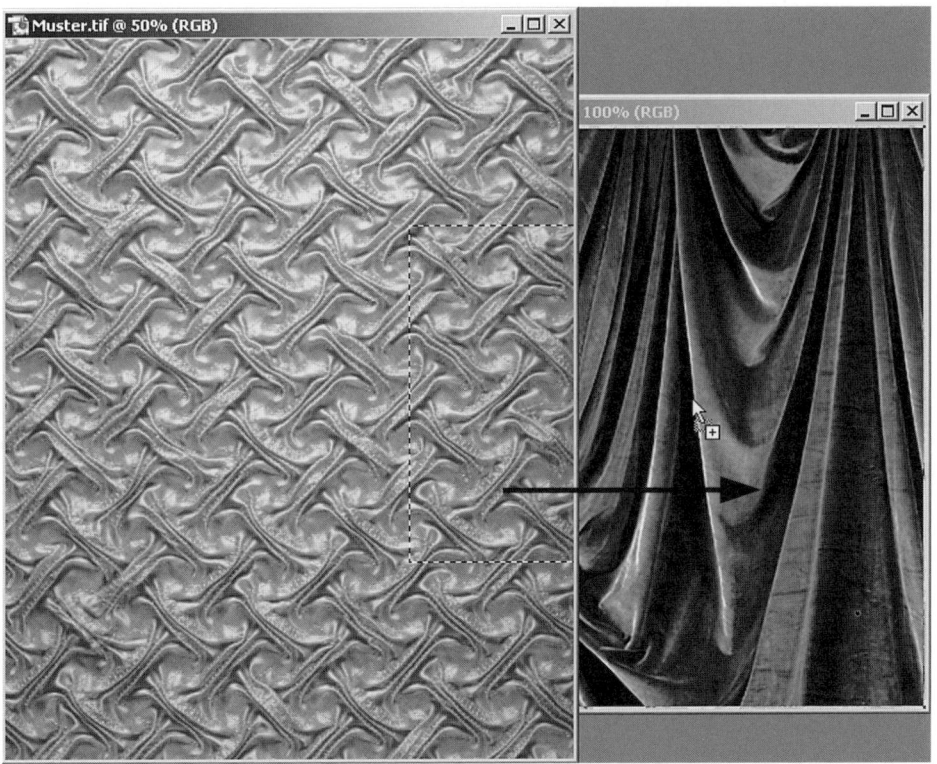

Abbildung 6.27: Die Auswahl wird in eine andere Datei verschoben.

Der ausgewählte Bereich wurde dadurch in die andere Datei kopiert. Photoshop Elements hat dabei in der Zieldatei automatisch eine so genannte **Ebene** angelegt. Und das ist auch unser nächstes großes Thema.

Ebenen und was Sie damit alles anstellen können

Der Begriff **Ebene** hat im Deutschen mehrere Bedeutungen, die meisten Menschen denken dabei zuerst mal an flaches Land. Damit hat eine Photoshop-Ebene natürlich nichts zu tun.

Ebenen sind wie Folien

Die englische Bezeichnung *Layer* ist da schon deutlicher. Stellen Sie sich einen Stapel durchsichtige Folien vor. Sie blicken von oben auf diesen Stapel. Auf jeder Folie des Stapels ist eine kleine Zeichnung.

Abbildung 6.28: Ebenen sind mit einem Stapel durchsichtiger Folien vergleichbar.

Nun können Sie die Folien horizontal gegeneinander verschieben. Damit ändern Sie die Anordnung der Zeichnungen auf den einzelnen Folien zueinander.

Ebenen und was Sie damit alles anstellen können

Abbildung 6.29: Die Objekte auf den Ebenen sind horizontal gegeneinander verschiebbar.

Sie können aber auch die vertikale Reihenfolge der Folien verändern, beispielsweise die unterste Folie nach oben legen. Dadurch verdecken sich die Bilder auf den einzelnen Folien anders als vorher.

Abbildung 6.30: Auch die vertikale Reihenfolge der Ebenen lässt sich ändern.

Kapitel 6   Die Spielwiese der kreativen Bildbearbeitung

Werkzeuge und Paletten für Ebenen

Genau das Gleiche können Sie mit Ebenen machen, denn Ebenen sind zunächst nichts anderes als durchsichtige Folien innerhalb eines Bildes. Enthalten die Ebenen aber Pixel, also z.B. Bildausschnitte, sind diese Pixel deckend. Dann entscheidet die vertikale Reihenfolge. Überlagern sich mehrere Ebenen, sehen Sie immer nur die oberste.

Um Ebenen horizontal zu verschieben, benötigen Sie das Verschiebe-Werkzeug aus der Werkzeugleiste:

Abbildung 6.31: Das Verschiebe-Werkzeug

Abbildung 6.32: Ebenenreihenfolge in der Palette ändern

Ebenen und was Sie damit alles anstellen können

Die vertikale Anordnung der Ebenen sehen Sie in der Ebenenpalette. Sie können diese Anordnung jederzeit ändern, indem Sie eine Ebene in der **EBENENPALETTE** anklicken und mit gedrückter Maustaste nach oben oder unten schieben (s. Abbildung 6.32).

Sie können fast beliebig viele Ebenen in einem Bild unterbringen. Erfahrungsgemäß wird es aber bei mehr als zehn Ebenen extrem unübersichtlich und erfordert auch enorm viel Speicher. Meistens werden Sie mit maximal fünf oder sechs Ebenen arbeiten.

Das Tolle an den Ebenen ist, dass die Objekte, also die Bildteile, die auf den einzelnen Ebenen liegen, völlig unabhängig voneinander sind. Sie lassen sich gegeneinander verschieben und anders überlagern, sie lassen sich unabhängig voneinander bearbeiten, denn Sie können zunächst immer nur auf einer Ebene arbeiten, nicht auf mehreren Ebenen gleichzeitig.

Um den Umgang mit Ebenen zu verstehen, machen Sie am besten erst einmal folgende Übung mit:

Übung

Teil 1:

1. Öffnen Sie die Dateien **WASSER.TIF** und **DELPHIN.TIF**.

2. Aktivieren Sie das **magnetische Lasso**. Fahren Sie mit dem Werkzeug entlang der Kontur des Delphins. Denken Sie daran, kleine Ungenauigkeiten nicht sofort zu korrigieren, sondern zunächst nur eine grobe Kontur festzulegen.

3. Wenn Sie wieder am Ausgangspunkt der Kontur angelangt sind, drücken Sie ⏎, um die Kontur in eine Auswahl umrechnen zu lassen.

4. Wechseln Sie zum normalen Lasso-Werkzeug und bessern Sie mit Hilfe von ⇧ und Alt (= hinzufügen und entfernen) kleine Ungenauigkeiten des Auswahlbereiches aus.

5. Speichern Sie die Auswahl in einem neuen Kanal, dem Sie den Namen **DELPHIN** geben. Speichern Sie außerdem die Bilddatei im **Photoshop-Format**.

Kapitel 6   Die Spielwiese der kreativen Bildbearbeitung

Ihre Auswahl sollte nun etwa folgendermaßen aussehen:

Abbildung 6.33: Delphin mit Auswahl

6. Stellen Sie für die Auswahl eine weiche Auswahlkante von zwei bis drei Pixel ein.

7. Kopieren Sie die Auswahl (= Menü **BEARBEITEN|KOPIEREN**).

8. Aktivieren Sie die Datei **WASSER.TIF**, indem Sie in die Titelleiste des Fensters klicken, das die Datei anzeigt.

9. Wählen Sie den Befehl **BEARBEITEN|EINFÜGEN**.

    Photoshop Elements erstellt in der Datei **WASSER.TIF** automatisch eine Ebene und fügt den Delphin als Objekt auf dieser Ebene ein.
    Da der Delphin eine andere Größe und ein anderes Format hat als die Datei **WASSER.TIF**, sehen Sie nur einen Teil des Delphins. Der Rest ist jedoch nicht verloren!

Ebenen und was Sie damit alles anstellen können

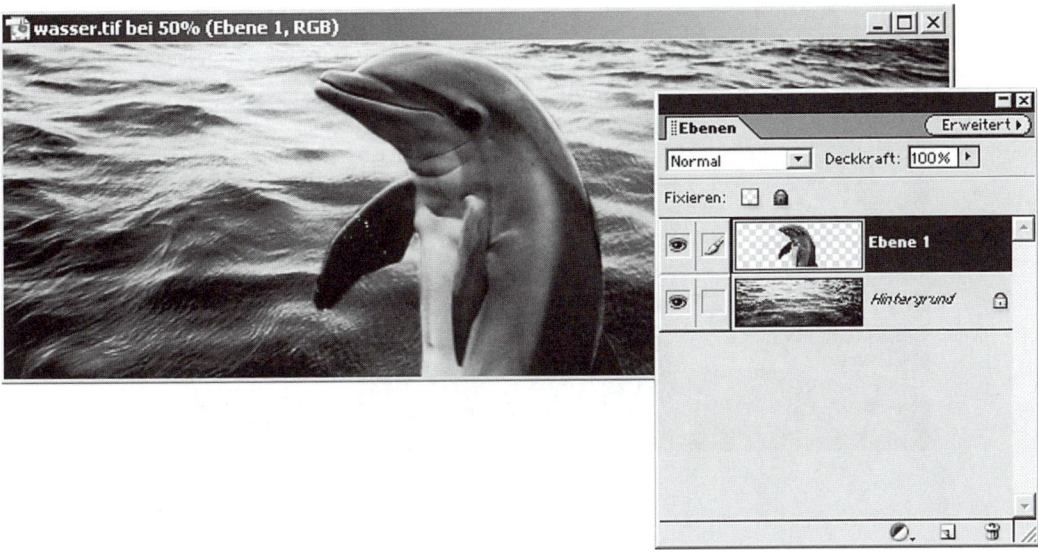

Abbildung 6.34: Der Delphin wurde als Ebene in die Datei WASSER.TIF eingefügt.

10. Schließen Sie die Datei **DELPHIN.TIF**, sie wird nun nicht mehr benötigt. Wenn Sie die Datei zuvor bereits gespeichert haben, brauchen Sie sie jetzt nicht mehr zu sichern.

11. Ziehen Sie das Fenster der Datei **WASSER.TIF** etwas größer, damit Sie den grauen Bereich außerhalb des Bildes sehen. Aktivieren Sie das **VER-SCHIEBEN-WERKZEUG**. Sie sehen einen gestrichelten Rahmen um den Delphin, der auch in den grauen Bereich hineinreicht.

12. Klicken Sie am besten in die Schaltfläche **MAXIMIEREN** in der Titelleiste des Bildfensters. Dadurch wird der Bildschirm mit der grauen Fläche ausgefüllt.

    Der gestrichelte Rahmen um den Delphin zeigt die Größe des Objektes an. Photoshop Elements fügt den Delphin zunächst in seiner Originalgröße in das andere Bild ein. Solange die Datei **WASSER.TIF** nicht geschlossen wird, bleiben die momentan noch unsichtbaren Bildinformationen erhalten. Sie gehen erst beim Schließen der Datei unwiederbringlich verloren.

    Der Rahmen ist ein so genannter **Transformationsrahmen**. Mit seiner Hilfe lässt sich das Objekt vergrößern, verkleinern oder verzerren.

... but Goldies

Kapitel 6 Die Spielwiese der kreativen Bildbearbeitung

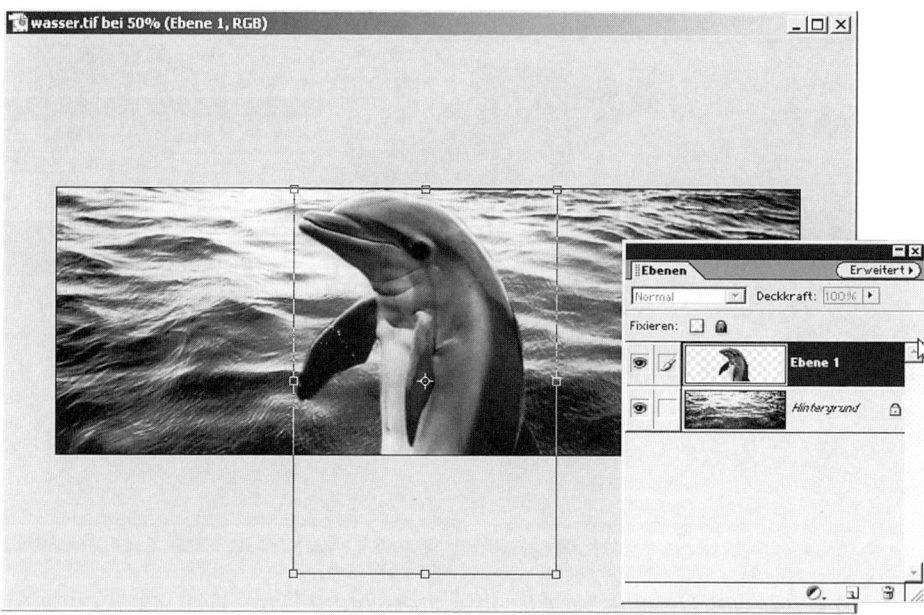

Abbildung 6.35: Ebene des Delphins mit einem Transformationsrahmen

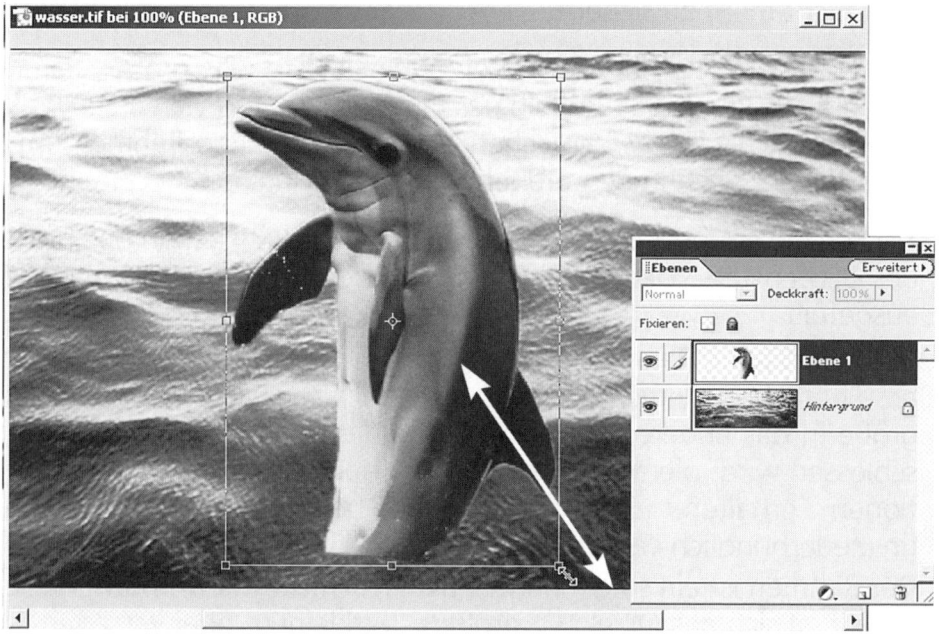

Abbildung 6.36: Der Delphin wird skaliert.

Vergrößern oder Verkleinern bezeichnet Photoshop Elements als **Skalieren**.

13. Drücken Sie ⇧, klicken Sie auf das Kästchen in der rechten, unteren Ecke des Rahmens und ziehen Sie nach links oben, so dass der Delphin kleiner wird. Ziehen Sie so lange, bis der Delphin ganz innerhalb des Bildes **WASSER.TIF** zu sehen ist.

Wenn Sie den Cursor in den Bereich innerhalb des Transformationsrahmens bewegen, ändert er sich zu einem Dreieckspfeil. Klicken Sie auf den Delphin und ziehen Sie ihn mit gedrückter Maustaste in die Mitte des Bildes.

14. Speichern Sie die Datei im Photoshop-Format.

Mit dem **VERSCHIEBEN-WERKZEUG** können Sie den Delphin jederzeit an eine andere Stelle schieben. Wenn diese Positionsänderung dauerhaft sein soll, müssen Sie die Datei erneut speichern.

Teil 2:

Abbildung 6.37: Rechteckige Auswahl im unteren Bereich des Delphins

Kapitel 6   Die Spielwiese der kreativen Bildbearbeitung

Nun kommt die Feinarbeit. Momentan sieht jeder Laie, dass der Delphin in die Wasser-Datei einkopiert wurde. Das lässt sich noch etwas realistischer gestalten. Achten Sie darauf, dass Sie auf der Ebene mit dem Delphin arbeiten!

1. Aktivieren Sie das Rechteck-Auswahlwerkzeug und ziehen Sie eine rechteckige Auswahl im unteren Bereich des Delphins auf.

2. Stellen Sie eine **WEICHE AUSWAHLKANTE** von 25 Pixel ein.

3. Löschen Sie den ausgewählten Bereich mit der ⬅-Taste.

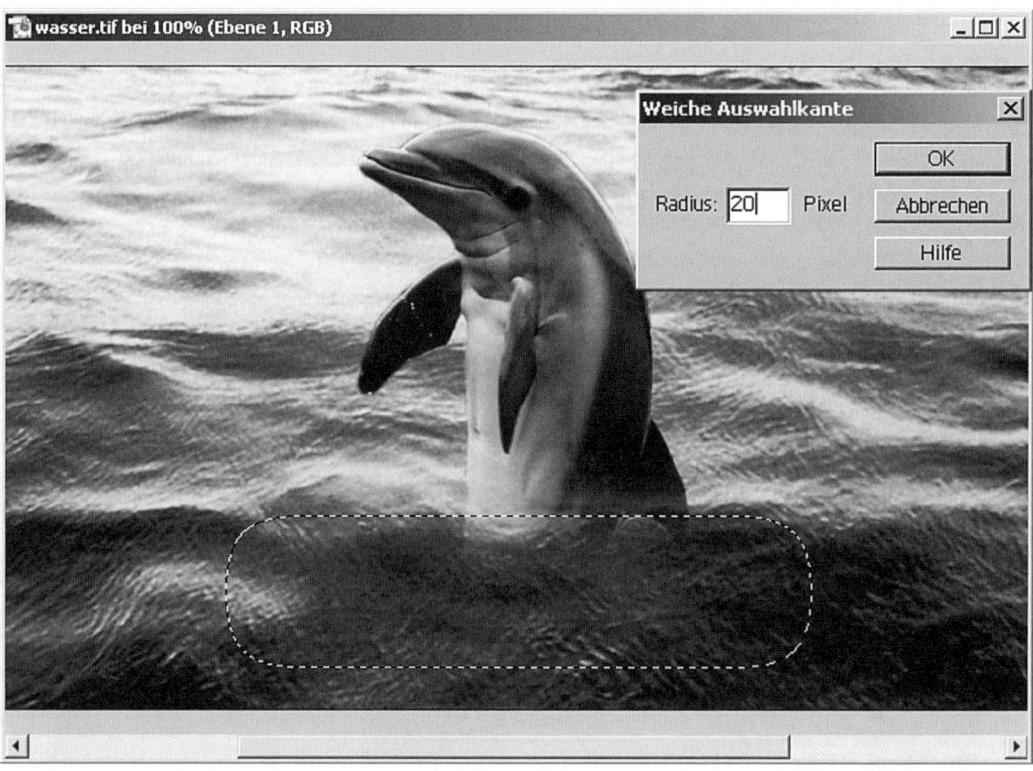

Abbildung 6.38: Durch Löschen der weichgezeichneten Auswahl scheint der Delphin nach unten im Wasser zu verschwinden.

Ebenen und was Sie damit alles anstellen können

Die weichgezeichnete Auswahl bewirkt, dass der Delphin beim Löschen nicht hart abgeschnitten wird, sondern weich, und zwar nach unten verlaufend. Solche weichen Kanten sehen immer realistischer aus als harte Schnittkanten.

Name, Pinsel und Auge

Grundsätzlich enthält jedes digitale Bild mindestens eine Ebene, nämlich die so genannte Hintergrundebene. Ihr Name wird in der Ebenenpalette kursiv dargestellt.

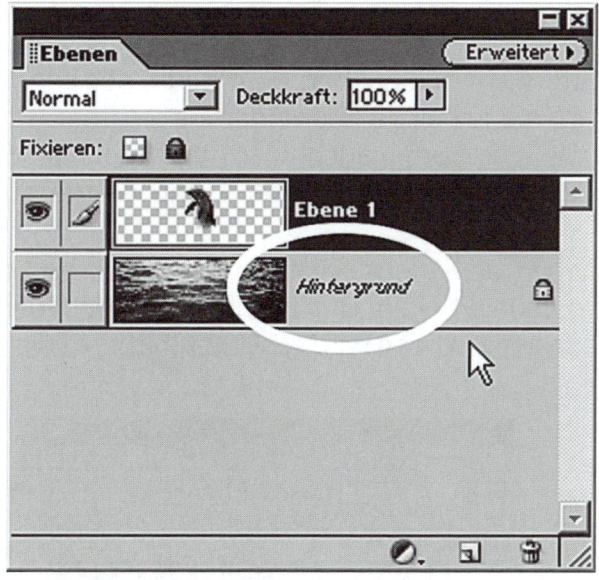

Abbildung 6.39: Der Name der Hintergrundebene wird kursiv dargestellt.

Enthält ein Bild mehrere Ebenen, ist die Hintergrundebene immer die unterste Ebene. Hinter einen Hintergrund kann man schließlich nichts legen. Die Hintergrundebene lässt sich auch nicht nach oben verschieben.

Die zusätzlichen Ebenen werden zunächst einfach durchnummeriert: Ebene 1, Ebene 2 usw. Nicht sehr einfallsreich, aber übersichtlich. Durch Doppelklick auf den Namen der Ebene in der Ebenenpalette erhalten Sie ein Dialogfeld, in dem Sie den Namen beliebig ändern können.

Kapitel 6   Die Spielwiese der kreativen Bildbearbeitung

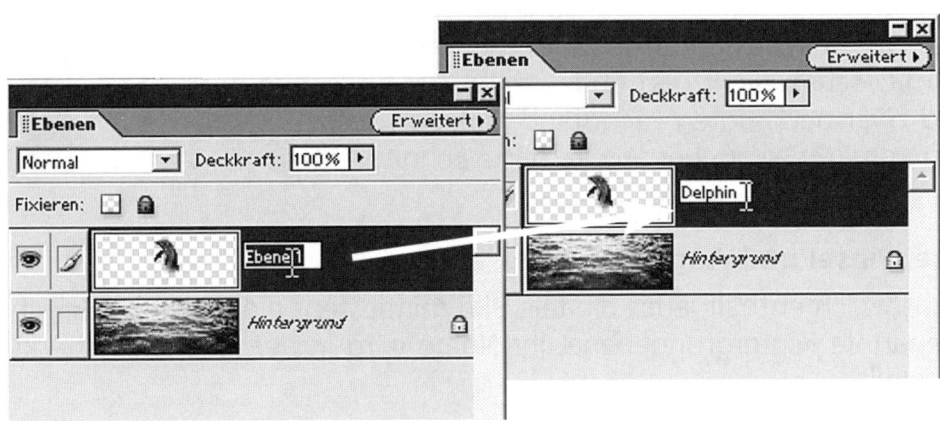

Abbildung 6.40: Bezeichnung einer Ebene ändern

In der Ebenenpalette steht links neben dem Bild einer Ebene immer ein Auge. Es zeigt an, dass die jeweilige Ebene gerade sichtbar ist. Durch Klick auf das Auge können Sie eine Ebene auch unsichtbar machen. Sie ist dann zwar noch vorhanden, wird aber nicht angezeigt und würde auch nicht ausgedruckt werden.

Der Pinsel rechts neben dem Auge zeigt die gerade aktive Ebene an, also die Ebene, auf der Sie gerade arbeiten. Durch Anklicken einer Ebene wechselt auch der Pinsel. Die gerade aktive Ebene wird zusätzlich farbig in der Palette markiert.

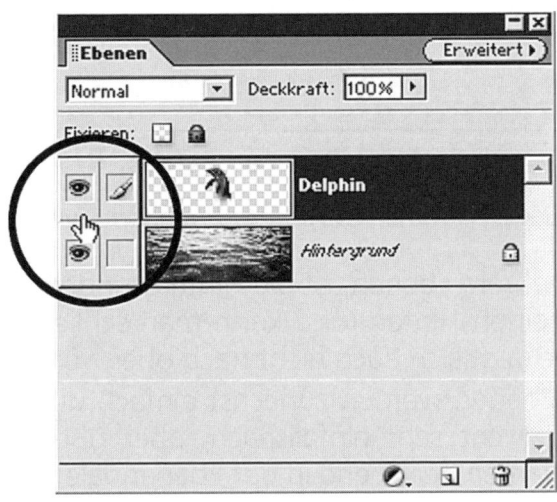

Abbildung 6.41: Pinsel und Auge in der Ebenenpalette zeigen an: sichtbar und aktiv.

Ebenen und was Sie damit alles anstellen können

Ebenen lassen sich duplizieren und löschen

Ebenen lassen sich auch vermehren. Sie haben vorhin recht aufwändig den Delphin bearbeitet und passend ins Wasser gesetzt. Wenn Sie mehrere Delphine im Wasser haben wollen, müssen Sie das Auswählen, Einkopieren, Verkleinern und partielle Löschen nicht erneut durchführen.

Übung

1. Aktivieren Sie die Ebene des Delphins in der Ebenenpalette.
2. Klicken Sie in der Ebenenpalette auf die Schaltfläche **ERWEITERT**.

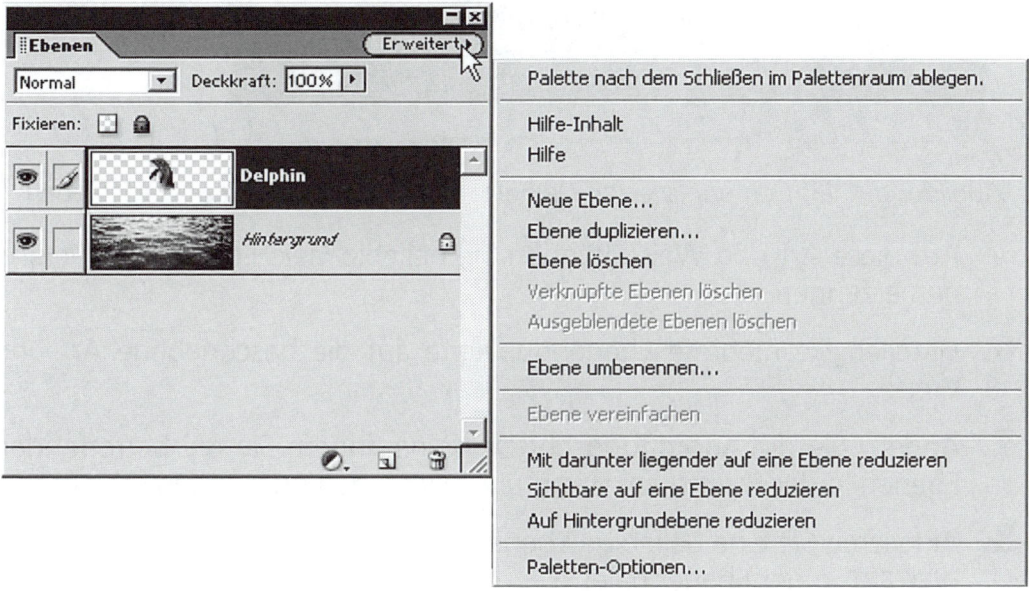

Abbildung 6.42: Die Schaltfläche ERWEITERT in der Ebenenpalette

3. Rufen Sie den Befehl **EBENE DUPLIZIEREN** auf.
4. Geben Sie einen Namen für die neue Ebene ein und klicken Sie auf **OK**.

    In der Ebenenpalette erscheint eine neue Ebene oberhalb der zuvor aktivierten Ebene. Die neue Ebene ist automatisch aktiv.

5. Aktivieren Sie das **VERSCHIEBE-WERKZEUG** und schieben Sie den oben liegenden Delphin an eine andere Position (s. Abbildung 6.43).

Kapitel 6   Die Spielwiese der kreativen Bildbearbeitung

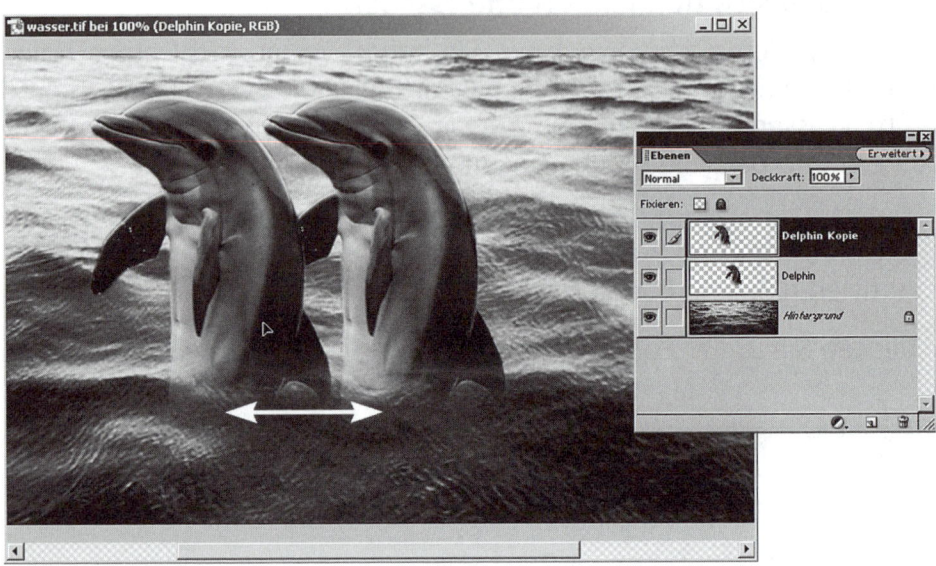

Abbildung 6.43: Den duplizierten Delphin an eine andere Position verschieben

Auf diese Art und Weise können Sie beliebig viele Ebenen mit Delphinen erzeugen.

6. Erstellen Sie mehrere Ebenenduplikate auf die beschriebene Art und Weise.

7. Ändern Sie die Anordnung der Delphine, indem Sie die betreffenden Ebenen in der Palette anklicken und nach oben oder unten schieben.

8. Aktivieren Sie eine beliebige Ebene. Klicken Sie auf die Schaltfläche **ERWEITERT** in der Ebenenpalette.

9. Rufen Sie dort den Befehl **EBENE LÖSCHEN** auf. Die Ebene und das auf ihr liegende Objekt wird aus dem Bild entfernt.

 Sie können alternativ auch eine Ebene anklicken und sie mit gedrückter Maustaste in den Papierkorb der Ebenenpalette ziehen. Wie im richtigen Leben!

Ebenen und was Sie damit alles anstellen können

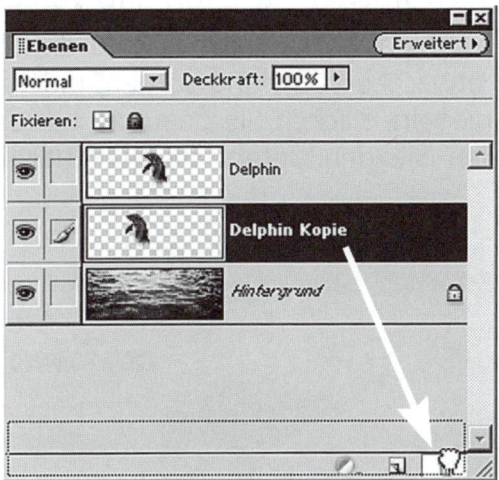

Abbildung 6.44: Ebene in den Papierkorb ziehen und dadurch löschen

Sie können eine Ebene auch duplizieren, indem Sie die betreffende Ebene anklicken und mit gedrückter Maustaste auf das Icon **Neue Ebene** in der Ebenenpalette ziehen.

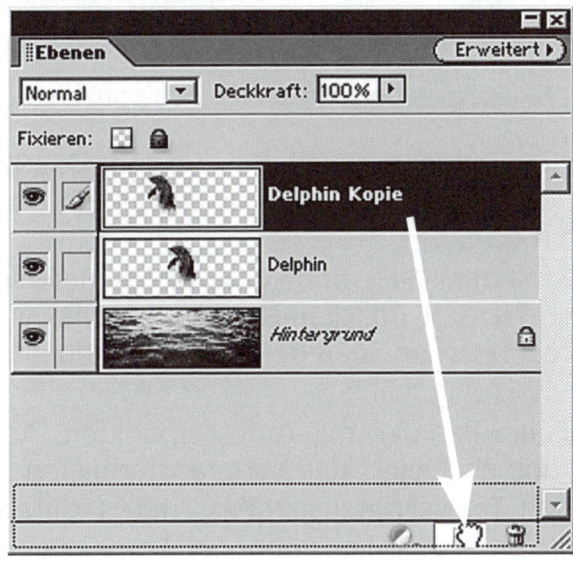

Abbildung 6.45: Ebene duplizieren über das Icon Neue Ebene

Kapitel 6   Die Spielwiese der kreativen Bildbearbeitung

Ebenen kann man auch spiegeln, drehen und verzerren

Damit die Delphine nicht gar so künstlich alle in die gleiche Richtung gucken, können Sie für etwas Abwechslung sorgen, indem Sie den einen oder anderen horizontal spiegeln. Klicken Sie dazu die betreffende Ebene in der Palette an und wählen Sie den Befehl **BILD|DREHEN|EBENE HORIZONTAL SPIEGELN**.

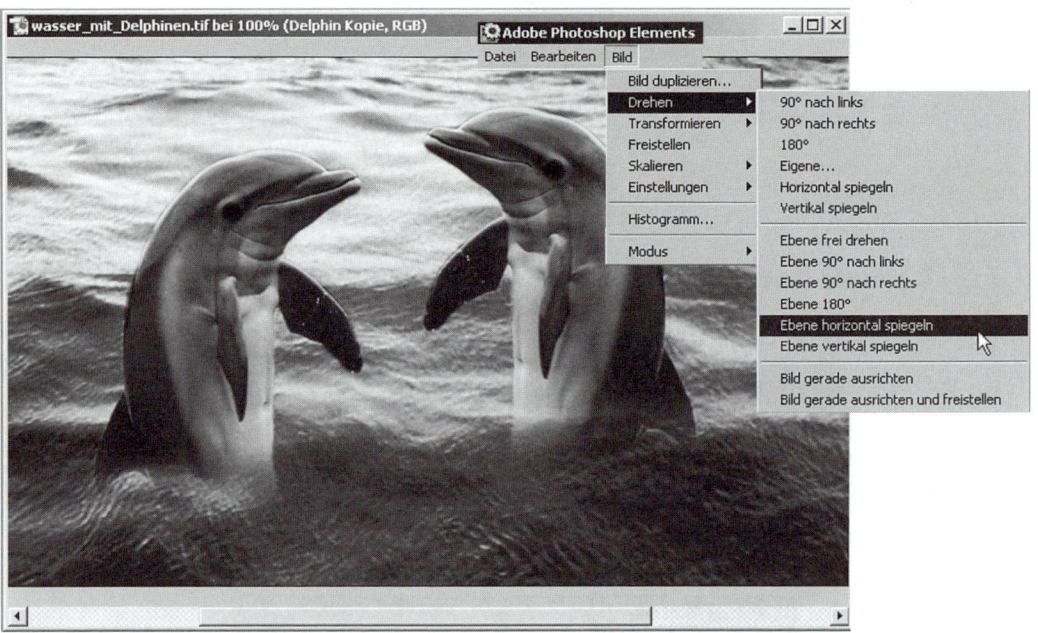

Abbildung 6.46: Ebenenobjekte lassen sich horizontal spiegeln.

Im gleichen Untermenü finden Sie auch Befehle zum **DREHEN** oder **VERTIKALEN SPIEGELN** von Objekten, was allerdings im Fall der Delphine aber wohl nicht allzu viel Sinn macht.

Im Menü **BILD|TRANSFORMIEREN** finden Sie einige Befehle, mit denen Sie Objekte auf Ebenen **NEIGEN**, **VERZERREN** oder **PERSPEKTIVISCH VERZERREN** können. Wenn Sie ein bisschen Spaß bei der Arbeit haben wollen, probieren Sie diese Menübefehle ruhig mal aus.

Es erscheint jeweils ein Rahmen mit Anfasserpunkten. An diesen Punkten können Sie ziehen und ein Objekt dadurch transformieren.

Mit dem Menübefehl **TRANSFORMIEREN|FREI TRANSFORMIEREN** können Sie mehrere solcher Verzerrungen oder Drehungen kombinieren, ohne jedes Mal den entsprechenden Menübefehl aufrufen zu müssen.

Ebenen und was Sie damit alles anstellen können

Abbildung 6.47: Objekte neigen oder verzerren

Transparenz und Füllmethoden

Im oberen Bereich der Ebenenpalette befinden sich zwei kleine Aufklappmenüs. Mit dem rechten können Sie die Deckkraft einer Ebene ändern, also Pixel teilweise durchsichtig machen. Haben Sie noch die Montage mit dem goldenen Muster und dem Samtvorhang aus den Dateien **MUSTER.TIF** und **VELVET.TIF**? Dann aktivieren Sie doch einmal die Ebene mit dem Muster, klicken Sie auf den schwarzen Pfeil neben 100 % **DECKKRAFT** und ziehen Sie den Schieberegler nach links.

Das goldene Muster wird immer durchsichtiger, je weiter Sie den Regler nach links ziehen. Wenn Sie einen ganz bestimmten Wert für die Deckkraft einstellen möchten, klicken Sie mit dem Cursor einfach in das Feld **100 %**, markieren alles und geben den gewünschten Wert ein.

Damit können Sie ja schon ganz nette Effekte erzielen. Aber richtig interessant wird es erst mit dem Aufklappmenü auf der linken Seite der Palette. In diesem Menü verbergen sich die so genannten **Ebenenmodi** oder **Füllmethoden**. Klingt ziemlich kompliziert, ist aber recht einfach anzuwenden.

Kapitel 6   Die Spielwiese der kreativen Bildbearbeitung

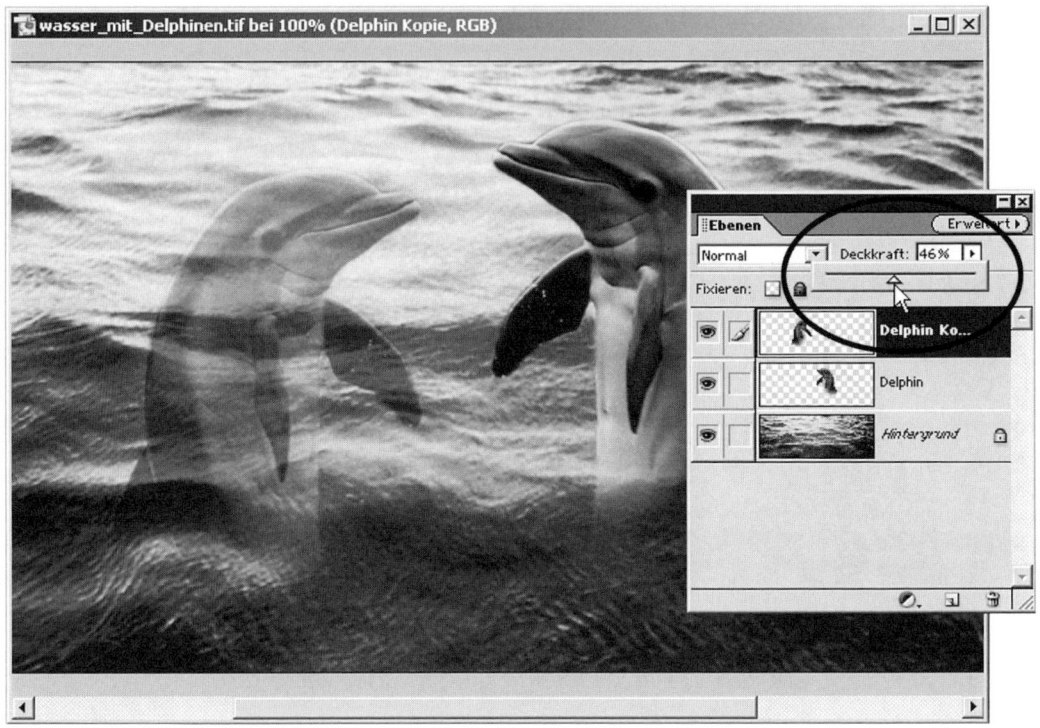

Abbildung 6.48: Die Deckkraft einer Ebene verringern

In einem Bild mit mehreren Ebenen liegen ja unter Umständen mehrere Pixel übereinander, die zu verschiedenen Ebenen gehören. Jedes Pixel enthält seine Farbinformationen, aufgeteilt nach Rot, Grün und Blau. Das sind, technisch gesehen, letztlich auch nur Zahlenwerte. Mit Zahlen lässt sich rechnen. Nun kann man natürlich die Pixel, bzw. eigentlich ihre Farbwerte, miteinander mathematisch verrechnen und sehen, was dabei herauskommt. Es kommen also wieder die berüchtigten **Algorithmen** zum Einsatz.

Die Füllmethoden benutzen verschiedene mathematische Methoden, um Farbwerte miteinander zu verrechnen. Keine Angst! Sie müssen jetzt nicht Ihre alten Mathematikbücher herauskramen. Das haben alles schon die Entwickler bei Adobe Systems gemacht. Sie können sich ganz darauf konzentrieren, einfach auszuprobieren.

Durch die Füllmethoden werden die Farbwerte der Pixel nur anders angezeigt, aber sie werden nicht grundlegend geändert. Auch wirkt die Füllmethode einer Ebene nur auf die darunter liegenden Ebenen, also nicht auf darüber liegende.

Sie können diese Spielwiese wirklich voll auskosten. Wenn Sie genug davon haben, stellen Sie den Modus einfach wieder auf **NORMAL** und alles ist wie vorher.

Welche Methoden gibt es denn nun? Hier eine Auflistung der Füllmethoden, die visuelle Wirkung dazu sollten Sie aber jeweils selber ausprobieren. Alle Modi bildlich aufzuführen, würde den Rahmen dieses Buches sprengen, daher habe ich nur einige, besonders interessante Füllmethoden im Bild gezeigt.

Der Standardmodus ist immer **NORMAL**, dabei werden die Pixel einer Vordergrundebene deckend über die Pixel der dahinter liegenden Ebenen gelegt.

Im Modus **SPRENKELN** überschreiben die Pixel der Vordergrundebene per Zufallsgenerator die Pixel darunter. Bei Bildern erreicht man hier meist erst nach Reduzierung der Deckkraft deutlich sichtbare Ergebnisse. Ansonsten werden höchstens an Bildrändern Pixel nach dem Zufallsprinzip gesetzt.

Im Modus **MULTIPLIZIEREN** werden die Farbinformationen jedes Pixels der Vordergrundebene mit denen in den anderen Ebenen multipliziert. Im Prinzip werden die Farben, ähnlich wie beim Drucken, nach dem subtraktiven Farbmodell (CMYK) miteinander verrechnet. Dabei entsteht immer eine dunklere Farbe. Farbwerte, die mit Schwarz multipliziert werden, ergeben Schwarz. Eine Multiplikation mit Weiß ändert eine Farbe nicht.

Genau entgegengesetzt arbeitet der Modus **NEGATIV MULTIPLIZIEREN**. Hier werden die umgekehrten Werte von Vorder- und Hintergrundpixel multipliziert. Das Ergebnis ist eine hellere Farbe. Wird eine Farbe mit Schwarz negativ multipliziert, bleibt sie unverändert, mit Weiß hingegen wird die Farbe zu Weiß. Die Farben werden also prinzipiell nach dem additiven Farbmodell verrechnet (RGB) (s. Abbildung 6.49).

Beim **INEINANDERKOPIEREN** werden entweder die normalen oder die umgekehrten Farbwerte der Pixel multipliziert. Dies hängt von der unten liegenden Farbe ab. Die Hell-Dunkel-Informationen der darunter liegenden Ebene bleiben erhalten. Die Farbwerte der unten liegenden Ebene vermischen sich mit denen der darüber liegenden, um die hellen und dunklen Bereiche des Originals wiederzugeben.

Kapitel 6   Die Spielwiese der kreativen Bildbearbeitung

Abbildung 6.49: Die Füllmethoden MULTIPLIZIEREN und NEGATIV MULTIPLIZIEREN

Die Modi **WEICHES LICHT** und **HARTES LICHT** sollen das Anstrahlen eines Bildes simulieren. Beim **weichen Licht** wird quasi ein diffuser Lichteinfall berechnet. Farben werden aufgehellt oder abgedunkelt in Abhängigkeit von der oben liegenden Farbe. Ist die Helligkeit der oberen Farbe höher als 50 % Grau, wird das Bild heller. Die Wirkung entspricht also in etwa einem Abwedler. Bei Helligkeiten unter 50 % wird das Bild dunkler, was einer Nachbelichtung entspricht.

Bei **hartem Licht** wird eine grelle Beleuchtung simuliert. Hier kommt es in erster Linie auf Farbintensität und Kontrast an. Die Farbwerte der oben liegenden Pixel stellen die Lichtquelle dar. Ist deren Helligkeit größer als 50 % Grau, wird das Bild mit den negativen Farbwerten multipliziert, also heller. Bei geringerer Helligkeit als 50 % wird das Bild mit den normalen Farbwerten multipliziert, also dunkler. Wird beispielsweise eine Kopie eines Bildes in diesem Modus über das Original platziert, ergeben sich oft regelrecht dramatische Effekte. Farbintensitäten und Kontraste verstärken sich enorm.

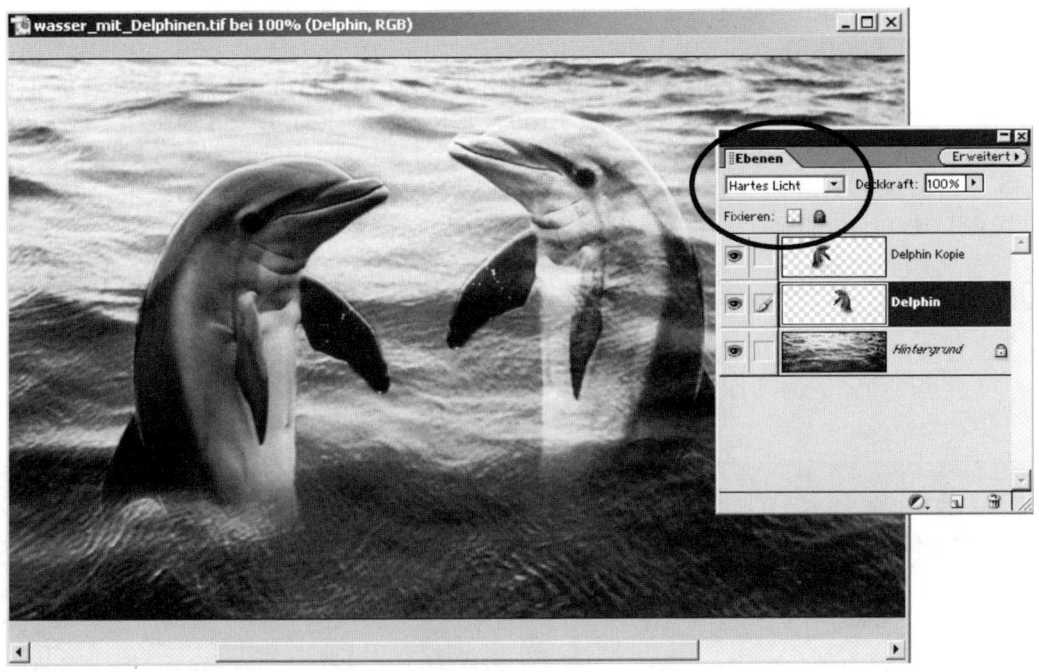

Abbildung 6.50: Verstärkung von Farbeffekten und Kontrasten durch HARTES LICHT

Beim **FARBIG ABWEDELN** und **NACHBELICHTEN** werden Farben aufgehellt bzw. abgedunkelt. Die Begriffe stammen aus der fotografischen Dunkelkammer. Durch Lichtzufuhr beim Nachbelichten werden Farben auf fotografischem Material dunkler. Werden die oben liegenden Bildpixel einer Ebene mit Schwarz verrechnet, entsteht sowohl beim Abwedeln als auch beim Nachbelichten Schwarz. Beim Abwedeln wird das obere Bild heller gemacht, umso mehr, je heller die darunter liegende Farbe ist. Beim Nachbelichten wird das Bild dunkler, umso mehr, je dunkler die darunter liegende Farbe ist.

Beim **ABDUNKELN** und **AUFHELLEN** werden die Pixel der oben und unten liegenden Ebene verglichen. Es setzen sich beim Abdunkeln die Pixel der oberen Ebene durch, die dunkler als der Untergrund sind. Beim Aufhellen setzen sich die Pixel durch, die heller als der Untergrund sind.

Im Modus **DIFFERENZ** wird eine Differenz, getrennt nach Farbkanälen, zwischen zwei Bildern errechnet. Dieser Modus eignet sich hervorragend, um beispielsweise zwei Versionen eines Bildes miteinander zu vergleichen und Unterschiede herauszufinden. Sind keine Unterschiede vorhanden, wird Schwarz angezeigt. Je größer der Differenzwert der Pixel ist, desto heller wird der Tonwert angezeigt.

Kapitel 6 Die Spielwiese der kreativen Bildbearbeitung

Diese Füllmethode lässt sich für ganz interessante Bilduntersuchungen einsetzen. Sie kennen vielleicht die Suchspiele, die man oft in Zeitschriften findet. Dort gibt es zwei Bilder, die auf den ersten Blick gleich erscheinen, sich jedoch bei näherem Hinsehen in Details unterscheiden. In einem der beiden Bilder fehlen meist einige Kleinigkeiten, oder Details haben andere Farben. Mit Hilfe der Füllmethode **DIFFERENZ** lassen sich diese Unterschiede sehr schnell herausfinden.

Übung

1. Öffnen Sie die Dateien **SUCHSPIEL1.TIF** und **SUCHSPIEL2.TIF**. Beide Dateien sind exakt gleich groß (s. Abbildung 6.51).

Abbildung 6.51: Die Bilder des Suchspiels

2. Wählen Sie in der Datei **SUCHSPIEL2.TIF** alles aus (Menü **AUSWAHL|ALLES AUSWÄHLEN**).

3. Wechseln Sie in die Datei **SUCHSPIEL1.TIF** und fügen Sie das gerade kopierte Bild als Ebene ein (Menü **BEARBEITEN|EINFÜGEN**). Photoshop Elements legt automatisch die **Ebene 1** an.

4. Stellen Sie für Ebene 1 die Füllmethode auf **DIFFERENZ**. Photoshop Elements zeigt nur noch die Bildteile an, in denen sich beide Bilder unterscheiden.

Auch der Modus **AUSSCHLUSS** arbeitet so, behandelt aber die Mitteltöne anders. Farben, die beispielsweise mit mittleren Grautönen per **AUSSCHLUSS** verrechnet werden, verlieren stark an Kontrast und »vergrauen«.

Ebenen und was Sie damit alles anstellen können

Abbildung 6.52: Mit Hilfe der Füllmethode DIFFERENZ werden die Unterschiede beider Bilder sofort deutlich.

Die Modi **FARBTON, SÄTTIGUNG, FARBE** und **LUMINANZ** basieren auf dem HSB-Farbmodell, das Farben nach Farbwinkel (Hue), Sättigung (Saturation) und Helligkeit (Brightness) klassifiziert. Alle drei Definitionen können dabei unabhängig voneinander variiert werden. Im Modus **FARBTON** wird der Farbton des oberen Pixels mit der Helligkeits- und Sättigungsinformation des darunter liegenden Pixels verrechnet. Auf grauem Untergrund setzen sich dabei die Grauwerte des Hintergrunds absolut durch, Informationen des Vordergrunds gehen verloren.

Beim **SÄTTIGUNGS**-Modus wird von den Vordergrundpixeln nur die Farbsättigung herangezogen und mit Farbton und Helligkeit des Hintergrunds verrechnet. Der Modus **FARBE** verrechnet die Sättigung und den Farbton der Vordergrundpixel mit den Helligkeitsinformationen des Hintergrunds. Dieser Modus eignet sich beispielsweise auch für das Kolorieren von Graustufenbildern.

Der Modus **LUMINANZ** schließlich verrechnet die Helligkeit des Vordergrunds mit Farbton und Sättigung des Hintergrunds.

Siehe Abbildung F25 im Farbteil: Interessante Effekte entstehen beim Verrechnen von Farbton, Sättigung oder Helligkeit.

Kapitel 6   Die Spielwiese der kreativen Bildbearbeitung

In ein Bild können Sie auch Text platzieren

Obwohl Photoshop Elements ein Bildbearbeitungsprogramm ist, können Sie hier auch mit Text arbeiten. Dazu gibt es ein spezielles Werkzeug, das Sie sicherlich aus Ihrem Textverarbeitungsprogramm kennen (s. Abbildung 6.54).

 Text ist zunächst immer Vektorinformation und damit beliebig und ohne Qualitätsverluste skalierbar.

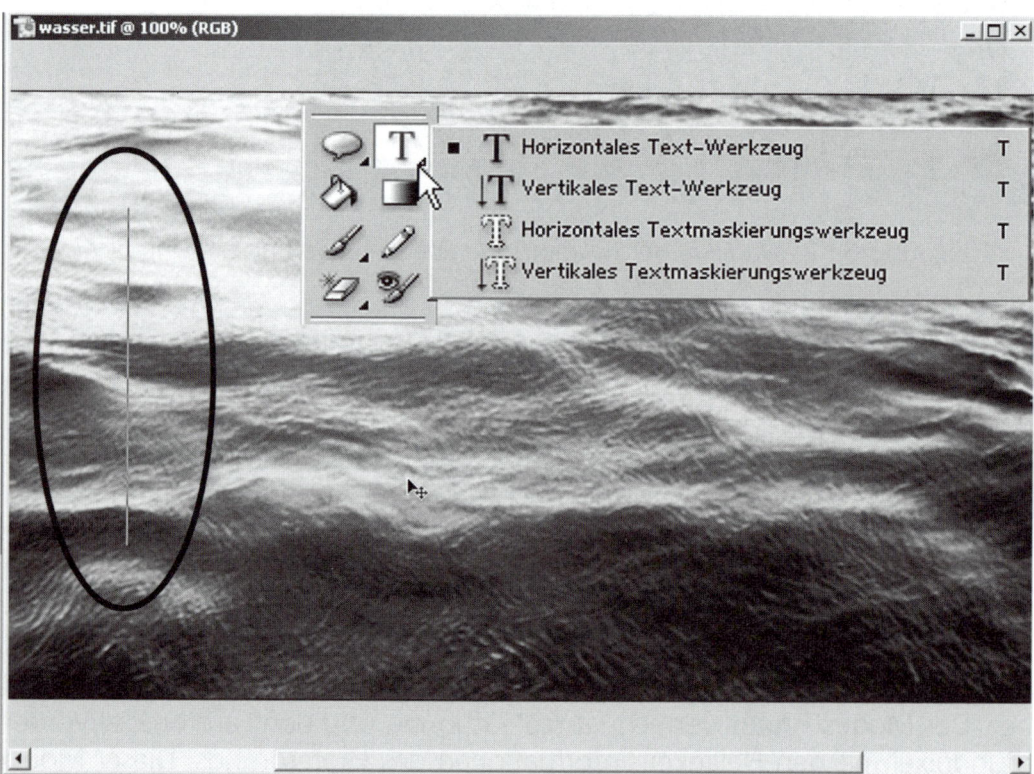

Abbildung 6.53: Text-Werkzeug und Textcursor zum Einfügen von Textteilen in ein Bild

Wenn Sie mit dem **TEXT-WERKZEUG** im Bild klicken, erscheint automatisch der bekannte, blinkende Textcursor. Sie können nun einfach einen Text

Ebenen und was Sie damit alles anstellen können

schreiben. Photoshop Elements legt automatisch eine Textebene an. Sie ist erkenntlich an dem Buchstaben **T** in der Ebenenpalette (s. Abbildung 6.54).

Eine solche Textebene ist keine »normale« Pixelebene, sondern enthält Vektorinformationen über die Buchstaben. Das sind mathematische Beschreibungen der Konturformen. Sie haben den Vorteil, dass sie ohne Qualitätsverluste beliebig skaliert werden können. Mit solchen Vektorinformationen arbeiten beispielsweise Grafikprogramme wie Corel Draw, Adobe Illustrator oder Macromedia Freehand.

Abbildung 6.54: Text wird als Textebene angelegt.

Ich werde auf solche Vektorinformationen in einem späteren Abschnitt noch genauer zurückkommen.

Kapitel 6   Die Spielwiese der kreativen Bildbearbeitung

Textoptionen

Sobald Sie das Text-Werkzeug aktivieren, erscheint auch automatisch die dazu gehörende Optionsleiste. Dort können Sie viele Einstellungen auswählen, die Sie sicherlich aus Textverarbeitungsprogrammen kennen.

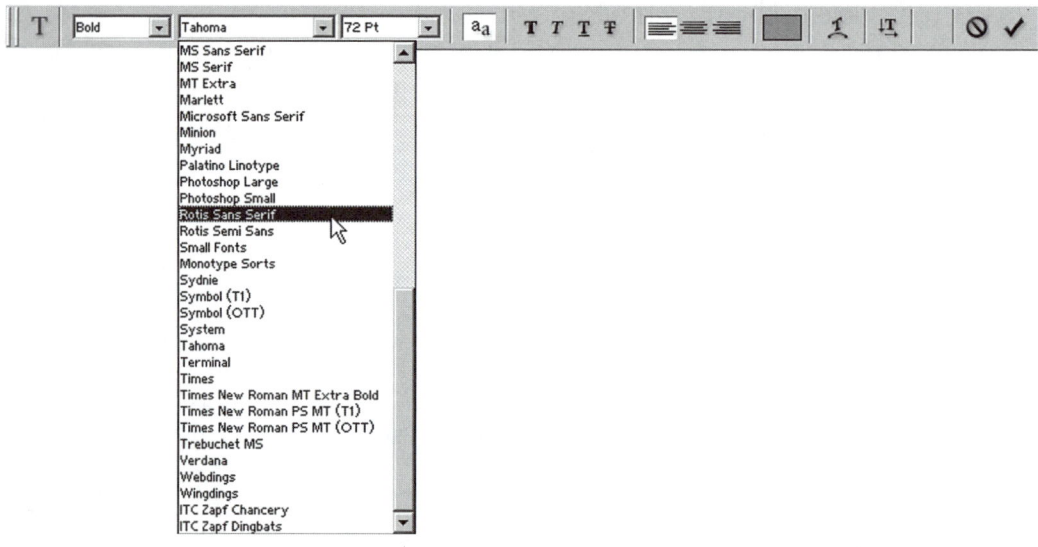

Abbildung 6.55: Optionen für das Text-Werkzeug

In den drei Aufklappmenüs auf der linken Seite der Optionsleiste können Sie **SCHRIFTART, SCHRIFTSTIL** und **SCHRIFTGRÖSSE** wählen. Die Auswahl im Schriftmenü hängt davon ab, welche Schriften auf Ihrem Computer installiert worden sind. Sie kann also sehr unterschiedlich sein.

Rechts neben den Schriftmenüs findet sich ein kleines Rechteck, mit dem das **GLÄTTEN** von Kanten aktiviert wird. Es ist standardmäßig immer eingeschaltet. Das sollten Sie auch möglichst nicht ändern, da sonst vor allem Rundungen in Buchstaben ziemlich gezackt aussehen können.

Mit den **Ts**, rechts davon, können Sie den zuvor markierten Text fett, kursiv, unterstrichen oder durchgestrichen auszeichnen. Ich frage mich allerdings, welchen Sinn macht durchgestrichener Text in einem Bild? Diese Frage muss ich wohl an die Entwickler der Software weitergeben.

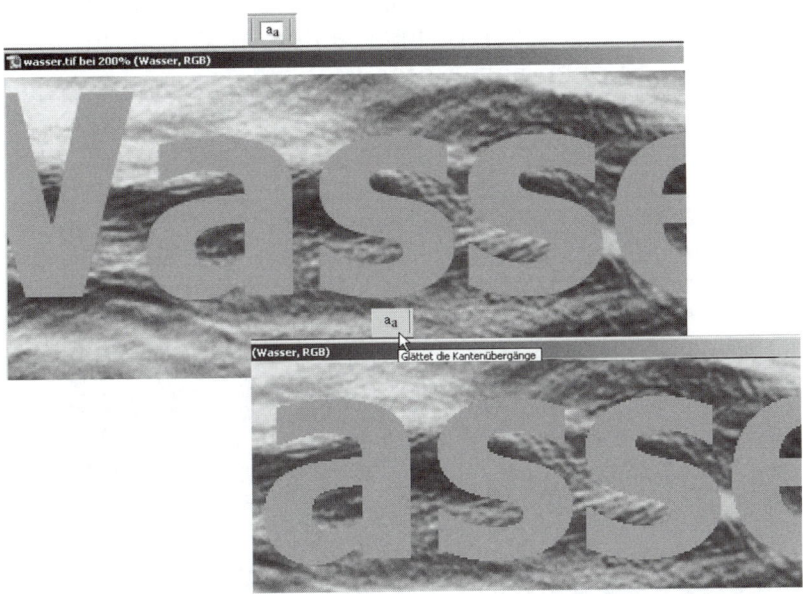

Abbildung 6.56: Text mit und ohne Glätten

Denken Sie daran, dass sich Textformatierungen immer nur auf **markierten** Text auswirken!

Es folgen die bekannten Symbole für linksbündige, zentrierte und rechtsbündige Ausrichtung. Meines Erachtens sind diese Ausrichtungen allerdings recht überflüssig, da Sie in Photoshop Elements sicherlich keine größeren Textmengen mit Absätzen erfassen werden. Es geht bei Text in Bildern eher um grafisches Aufpeppen einer Überschrift oder eines Schlagwortes, aber nicht um Mengentext.

Durch Klick auf das schwarze Kästchen können Sie eine Farbe für den Text auswählen. Den Farbwähler kennen Sie ja bereits. Natürlich ist Text standardmäßig immer erst mal schwarz, es sei denn, Sie haben zuvor eine andere Farbe als Vordergrundfarbe definiert, dann übernimmt das Text-Werkzeug automatisch diese als Textfarbe.

Kapitel 6 Die Spielwiese der kreativen Bildbearbeitung

Durch Klick auf das **T** mit den zwei Pfeilen können Sie die Textrichtung ändern. Text kann horizontal oder vertikal laufen, also von links nach rechts oder, wie in Asien, von oben nach unten.

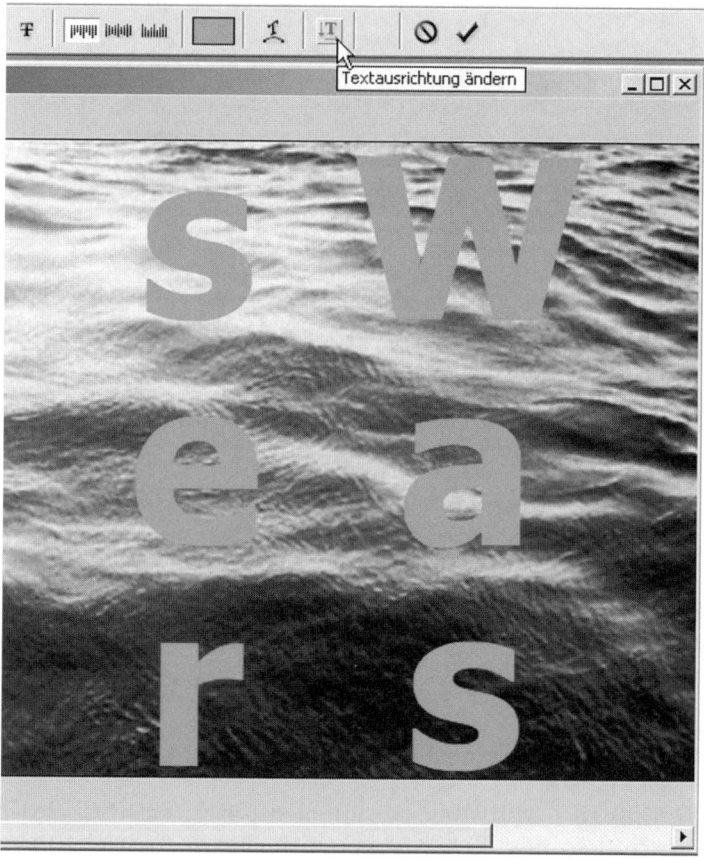

Abbildung 6.57: Die Textrichtung kann horizontal oder vertikal sein.

Spielereien mit Text

Ein weiteres, schönes Spielzeug ist das **VERKRÜMMEN** von Text. Die Effekte, die sich damit erstellen lassen, haben Sie sicherlich schon oft in der Werbung gesehen.

Hier heißt es einfach Ausprobieren! Die Symbole im Aufklappmenü geben ziemlich eindeutige Hinweise auf das Erscheinungsbild des Textes, wenn man die Verkrümmung anwendet. Mit den Schiebereglern lässt sich die Stärke der jeweiligen Krümmung verändern. Hier nur einige Beispiele.

Ebenen und was Sie damit alles anstellen können

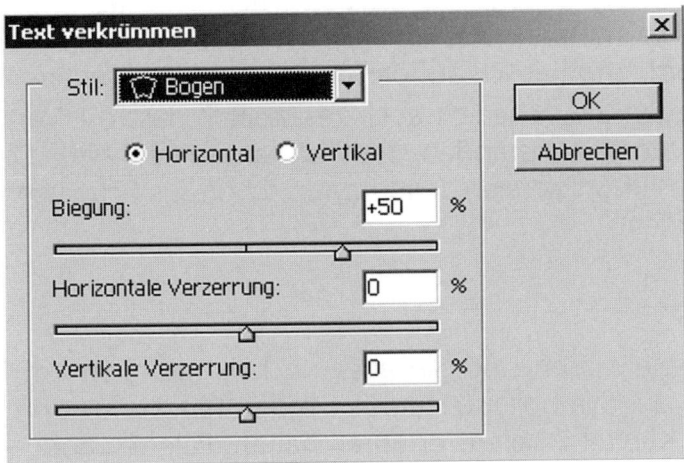

Abbildung 6.58: Dialogfeld für Textkrümmung

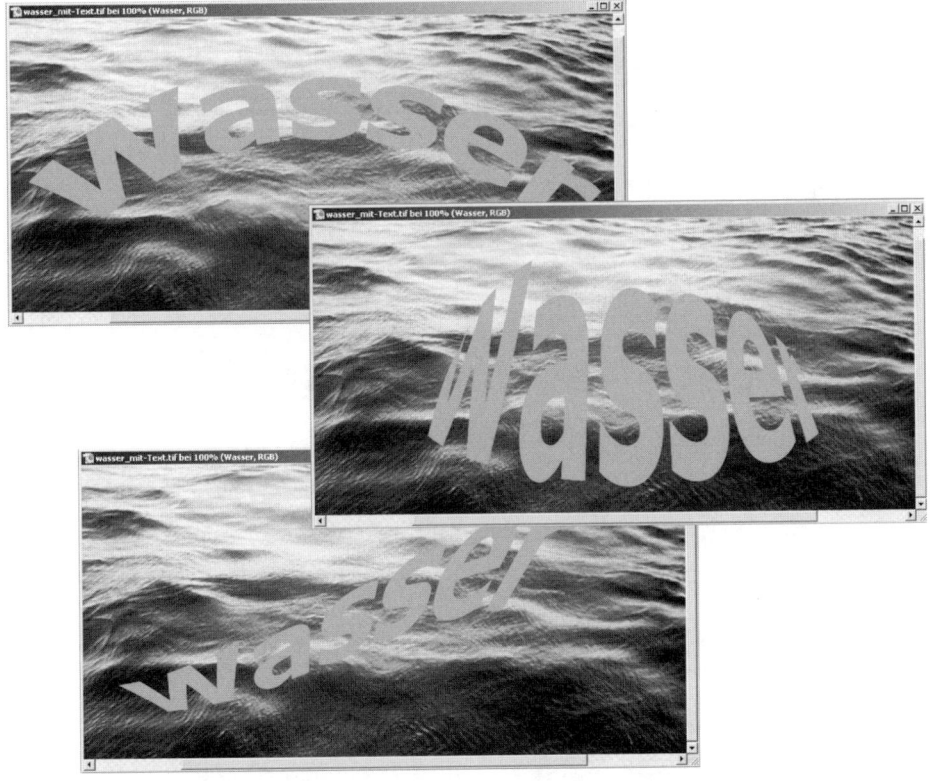

Abbildung 6.59: Beispiele für Textkrümmungen

Kapitel 6 Die Spielwiese der kreativen Bildbearbeitung

Das Schöne an der Spielerei ist, dass sich der Text nach wie vor editieren lässt, trotz Verkrümmung. Sie können also jederzeit den Text ändern, die Krümmung wird automatisch auf den neuen Text übertragen.

Allerdings werden Sie sicherlich auch feststellen, dass die Verarbeitungsgeschwindigkeit unter Umständen deutlich langsamer wird. Der Computer kommt bei diesen Spielereien schon ganz schön ins Schwitzen! Aber Spaß macht es trotzdem.

Ebenenstile

Mit unseren Spielwiesen sind Sie aber noch lange nicht am Ende! In der rechten Hälfte der Symbolleiste finden Sie den **Palettenraum**. Dort können Sie, wie Sie in Kapitel 2 bereits erfahren haben, Paletten andocken. Eine der Paletten, die standardmäßig hier angedockt sind, trägt die Bezeichnung **EBENENSTILE**. Mit Hilfe dieser Ebenenstile können Sie tolle visuelle Effekte erzielen, die sich vor allem bei Textebenen sehr gut einsetzen lassen.

Abbildung 6.60: Palette EBENENSTILE

Ebenenstile gelten immer für die gesamte Ebene, richten sich in der Form aber an dem Objekt der jeweiligen Ebene aus. Beim Bearbeiten einer Ebene wird der Ebenenstil automatisch mit aktualisiert. Sie können also eine Textebene mit einem Ebenenstil, z.B. einem Schlagschatten, versehen. Der Text kann trotzdem verändert werden und der Schatten passt sich automatisch dem neuen Text an.

Abbildung 6.61: Ebenenstile passen sich automatisch Veränderungen an.

Das Schöne an den Ebenenstilen ist, dass sie sich kombinieren lassen. Sie können also einer Ebene mehrere Stile zuweisen. Für jeden Stil gibt es zusätzliche Einstellungen, mit denen sich die Wirkung eines Ebenenstils verändern lässt. Sie können sich vorstellen, dass man Tage damit verbringen kann, die verschiedenen Einstellungen und Kombinationsmöglichkeiten auszutesten!

Kapitel 6 Die Spielwiese der kreativen Bildbearbeitung

Wie wenden Sie die Ebenenstile an?

Machen Sie dazu einfach folgende Übung:

Übung

1. Öffnen Sie die Datei **WASSER.TIF**.

2. Wählen Sie für die Vordergrundfarbe ein dunkles Blau (z.B. R 20, G 20, B 220).

3. Schreiben Sie mit dem Text-Werkzeug das Wort *Wasser* in der Schrift Tahoma, 80 Punkt Größe, in die Mitte des Bildes. Photoshop Elements legt automatisch eine Textebene an, auf der nur die Buchstaben liegen.

Abbildung 6.62: Bild mit dem Text »Wasser« ohne Ebenenstil

4. Öffnen Sie die Palette **EBENENSTILE** und stellen Sie im Aufklappmenü links oben **SCHLAGSCHATTEN** ein.

5. Wählen Sie einen Schattentyp.

Es ist immer wieder faszinierend, wie viel räumliche Wirkung so ein einfacher Schatten mit sich bringt. Der Text scheint nun über dem Bild zu schweben.

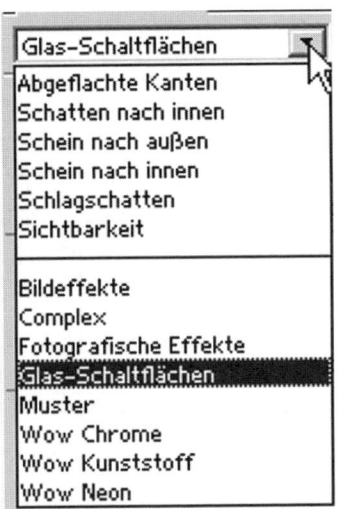

Abbildung 6.63: Aufklappmenü mit verschiedenen Typen von Ebenenstilen

Abbildung 6.64: Text mit Schlagschatten

6. Sie können nicht nur verschiedene Typen von Schlagschatten wählen, sondern den jeweiligen Schatten auch verändern. Öffnen Sie dazu das Menü **EBENE|EBENENSTIL|STILEINSTELLUNGEN.** Dort können Sie den Lichteinfallswinkel (und damit die Richtung, in die der Schatten fällt) und den Abstand des Schattens zum Text ändern.

Kapitel 6   Die Spielwiese der kreativen Bildbearbeitung

 Die Option **Globalen Lichteinfall verwenden** bedeutet, dass bei allen Ebenenstilen der gleiche Beleuchtungswinkel verwendet wird. Wenn bei jedem Ebenenstil das Licht aus einer anderen Richtung käme, würde das nicht sonderlich realistisch aussehen! Wir sind daran gewöhnt, dass Licht meistens von links oder rechts oben kommt. Die Standardwinkel dafür sind 120 Grad und 60 Grad.

7. Aktivieren Sie wieder die Palette **Ebenenstile**. Wählen Sie im Aufklappmenü **Abgeflachte Kanten** und in den Vorschlägen dazu die Option **Einfach – Scharf nach innen**.

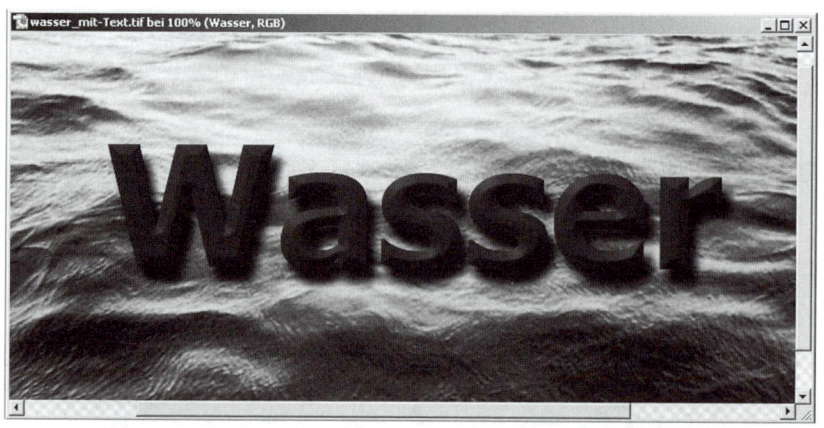

Abbildung 6.65: Text mit Schlagschatten und Reliefeffekt

Nun haben Sie zwei Stile kombiniert, die den Text schon recht imposant erscheinen lassen. Im Menü **Ebene|Ebenenstil|Stileinstellungen** ist eine weitere Option hinzugekommen, mit der Sie die Stärke bzw. die Größe der Kante beeinflussen können.

Kombinieren Sie auch einmal andere Stiltypen miteinander. Mit dem Stil **Abgeflachte Kanten und Einfach – Relief alle Kanten** lässt sich das Aussehen von Puzzleteilen simulieren.

Ganz besonders eindrucksvolle Stile finden Sie in den **Wow**-Kategorien des Aufklappmenüs. Es gibt drei **Wow**-Typen, nämlich **Chrome, Kunststoff** und **Neon**. Die Effekte der Kategorie **Kunststoff** sind dem so genannten **Aqua Look** der Apple Macintosh-Computer nachempfunden.

Abbildung 6.66: Text mit Puzzleeffekt

Abbildung 6.67: Text im Aqua Look aus der Kategorie WOW-KUNSTSTOFF

Wenn Sie sich zu diesem Effekt einmal die Stileinstellungen ansehen, werden Sie feststellen, dass es sich schon um komplexere Kombinationen handelt. Werfen Sie auch einmal einen Blick auf die Ebenenpalette. Sie werden neben dem Namen der Textebene ein Symbol finden, dass aus einem geschwungenen »F« in einem Kreis besteht. Dieses Symbol zeigt an, dass auf der betreffenden Ebene Ebenenstile verwendet werden. Durch Doppelklick darauf erhalten Sie direkt das Dialogfeld mit den Stileinstellungen.

Kapitel 6   Die Spielwiese der kreativen Bildbearbeitung

Abbildung 6.68: Anzeige für die Verwendung von Ebenenstilen

Im Menü **EBENE** finden sich außerdem ein paar ganz interessante Untermenüs. Es gibt dort beispielsweise das Menü **EBENENSTIL|EFFEKTE SKALIEREN**. Damit können Sie die Wirkung eines Ebenenstiles pauschal verstärken oder abschwächen. Wenden Sie auf den Stil **WOW-KUNSTSTOFF** (siehe oben) einmal eine Skalierung von **70 %** an. Das typische Plastik-Aussehen kommt nun noch viel stärker zum Tragen.

Abbildung 6.69: WOW-KUNSTSTOFF skaliert auf 60 %

Eine solche Kombination aus verschiedenen Stilen können Sie auch kopieren und auf andere Ebenen, auch in anderen Bildern, übertragen.

Übung

1. Aktivieren Sie die Ebene, deren Stil Sie kopieren wollen.
2. Wählen Sie das Menü **EBENE|EBENENSTIL|EBENENSTIL KOPIEREN**.
3. Öffnen Sie eine beliebige andere Bilddatei.
4. Schreiben Sie dort mit dem **TEXT-WERKZEUG** ein beliebiges Wort. Achten Sie darauf, dass die Textebene aktiviert bleibt.
5. Wählen Sie den Befehl **EBENE|EBENENSTIL|EBENENSTIL EINFÜGEN**.
6. Das Wort im neuen Bild übernimmt exakt die Einstellungen des kopierten Ebenenstils.

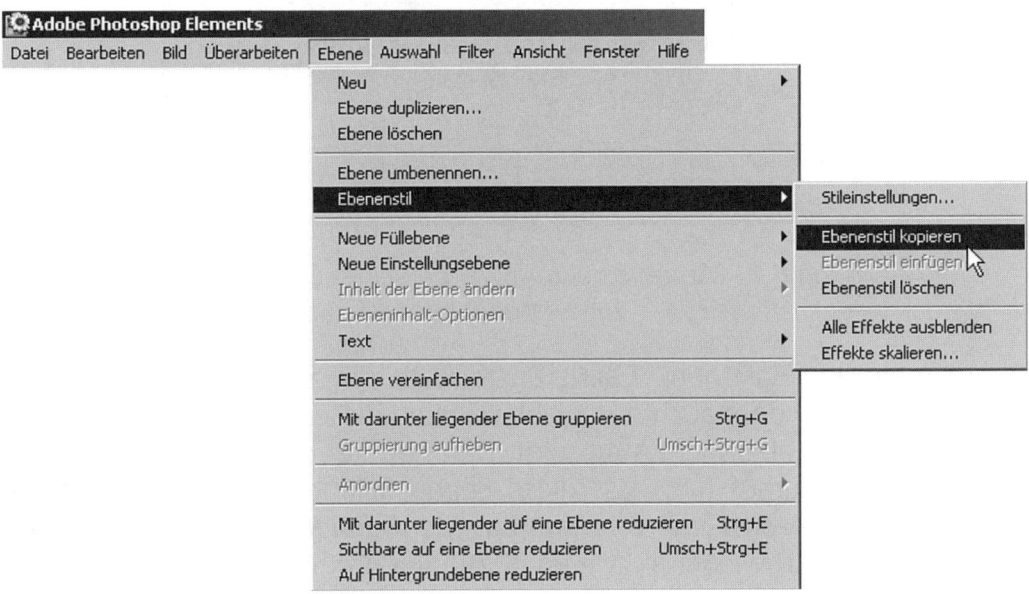

Abbildung 6.70: Einen Ebenenstil kopieren

Leider gibt es in Photoshop Elements keine Möglichkeit, einmal gefundene Zusammenstellungen von Ebenenstilen als neuen Stil abzuspeichern. Diese Möglichkeit bietet nur die professionelle Variante Adobe Photoshop. Darüber hinaus enthält die Vollversion Adobe Photoshop noch weitaus mehr Stiltypen und damit auch Kombinationsmöglichkeiten als Photoshop Elements.

Kapitel 6   Die Spielwiese der kreativen Bildbearbeitung

Ebenenstile lassen sich natürlich nicht nur auf Textebenen anwenden, sondern auf jede Art von Bildebene. Bei Texten sind sie aber sicherlich am eindrucksvollsten.

Bitte beachten Sie, dass sich Ebenenstile **nicht** auf die Hintergrundebene anwenden lassen! Dazu müssen Sie die Hintergrundebene zuerst in die **EBENE 0** umwandeln. Ist die Hintergrundebene aktiviert und Sie versuchen, einen Ebenenstil anzuwenden, bringt Photoshop Elements eine Abfrage, ob Sie die Hintergrundebene in **EBENE 0** umwandeln möchten.

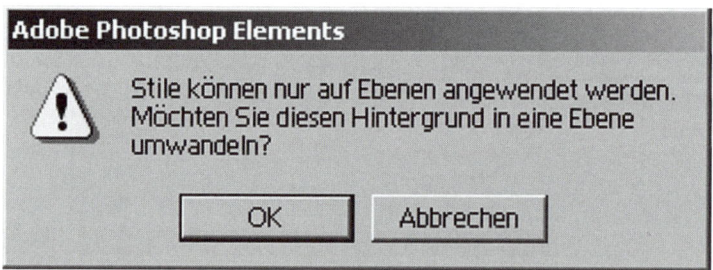

Abbildung 6.71: Abfrage beim Anwenden eines Ebenenstils auf die Hintergrundebene

Sie können über das Menü **EBENE|EBENENSTIL** die angewandten Stile auch komplett löschen oder auch nur ausblenden. In diesem Fall sind sie noch vorhanden, werden aber nicht angezeigt. Dann deutet nur das F-Symbol in der Ebenenpalette darauf hin, dass diese Ebene Stilinformationen besitzt. Die Ebenenstile lassen sich jederzeit über das Menü **EBENE|EBENENSTIL|ALLE EFFEKTE EINBLENDEN** wieder aktivieren (s. Abbildung 6.72).

Formebenen

Sie sind immer noch nicht am Ende, wenn es um Ebenentypen und ihre Einsatzgebiete geht! Vorhin habe ich bereits erwähnt, dass es sich bei den Textebenen um Vektorinformationen handelt und dies die bevorzugten Informationen in Grafikprogrammen, wie beispielsweise Corel Draw, sind.

Ebenen und was Sie damit alles anstellen können

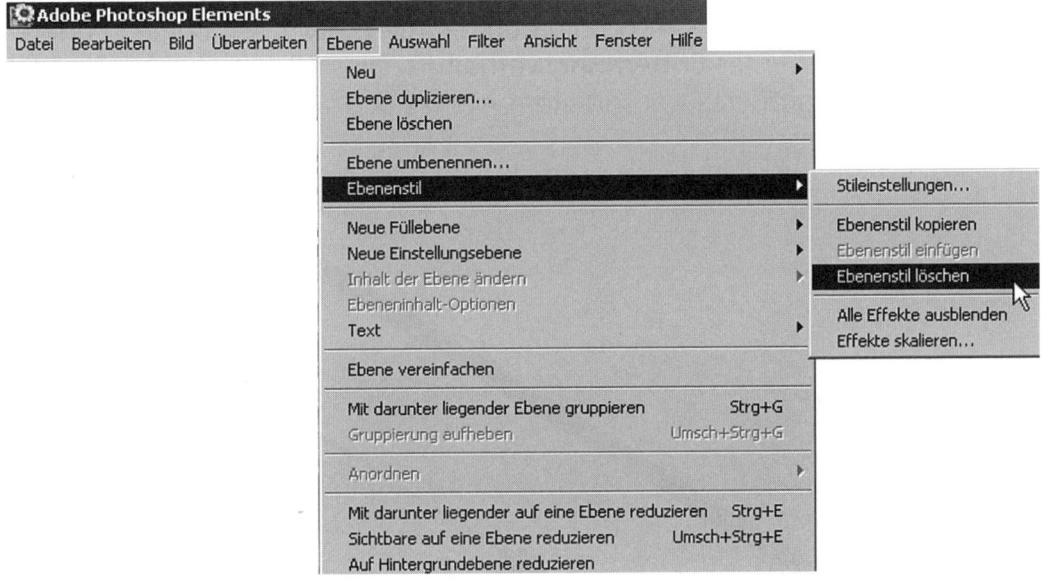

Abbildung 6.72: Ebenenstile können gelöscht oder vorübergehend ausgeblendet werden.

Was sind eigentlich Vektoren?

Vektoren sind mathematische Beschreibungen beliebiger, geometrischer Objekte in Form von Abstandsinformationen zwischen einzelnen Punkten in einem Koordinatensystem. In einem pixelorientierten Programm wie Photoshop Elements wird beispielsweise eine Linie aus einer fest definierten Anzahl einzelner Bildpunkte aufgebaut. Die Anzahl dieser Bildpunkte lässt sich nur unter Qualitätseinbußen verändern.

Abbildung 6.73: Photoshop Elements definiert eine Linie durch eine feste Anzahl einzelner Bildpunkte.

Kapitel 6 Die Spielwiese der kreativen Bildbearbeitung

In einem vektororientierten Programm wird eine Linie durch einen Anfangs- und einen Endpunkt mit XY-Koordinaten definiert. Zwischen beiden Punkten herrscht ein bestimmtes Entfernungsverhältnis. Dieses kann beliebig skaliert, also quasi in ein größeres Koordinatensystem übertragen werden.

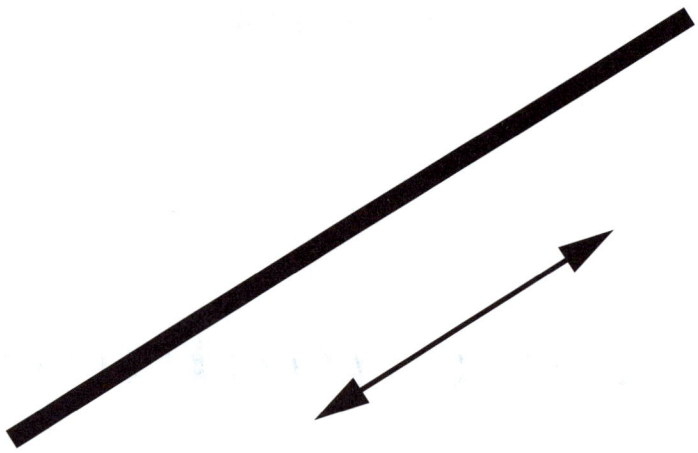

Abbildung 6.74: Eine Linie, durch Vektoren definiert, ist beliebig skalierbar.

Den Vektoren können Informationen über Farbe und Stärke der Linie zugeordnet werden. Da keine Information vorhanden ist, aus wie vielen Punkten die Linie aufgebaut ist, kann diese Information auch nicht verloren gehen. Das berechnet erst der Computer, der im Drucker eingebaut ist, auf dem das Bild ausgedruckt wird.

 Vereinfacht gesagt beschreiben Vektoren die Umrisse zweidimensionaler Objekte. Richtungsänderungen werden durch so genannte Ankerpunkte beschrieben. Auch Buchstaben werden durch solche Vektoren beschrieben und sind daher beliebig skalierbar.

Das zentrale Werkzeug von Vektorgrafikprogrammen ist eine **Zeichenfeder**, mit der Ankerpunkte gesetzt werden, um Konturen zu beschreiben und zu verändern. Auch Adobe Photoshop enthält ein solches Werkzeug, nicht jedoch Photoshop Elements. Sie müssen trotzdem nicht auf Vektorobjekte verzichten.

Ebenen und was Sie damit alles anstellen können

Abbildung 6.75: Die Konturen von Buchstaben, dargestellt durch Vektoren

Form-Werkzeug und Formebenen

Photoshop Elements bietet ein Werkzeug an, mit dem Sie aus einer großen Zahl von Vektorobjekten auswählen können. Dieses Werkzeug nennt sich Form-Werkzeug. Sie finden es in der Werkzeug-Palette. Es gibt verschiedene Werkzeuge für eine Reihe geometrischer Grundformen (Kreis, Rechteck, Linie, Polygon) sowie für eigene Grundformen.

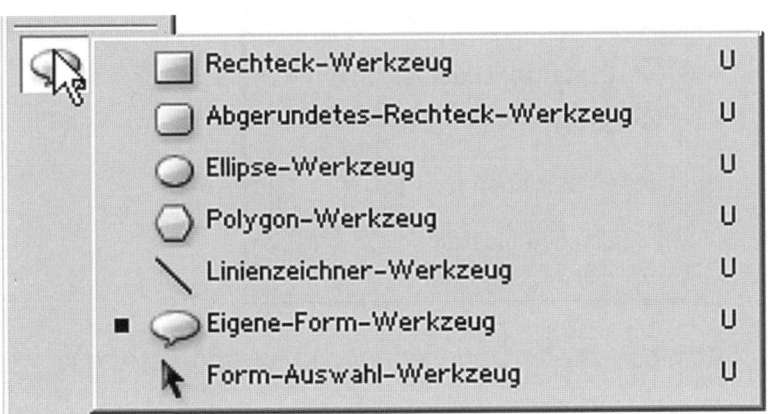

Abbildung 6.76: Form-Werkzeuge

Kapitel 6   Die Spielwiese der kreativen Bildbearbeitung

Beim Einsatz des Form-Werkzeugs werden automatisch so genannte Formebenen angelegt. Sie sind in der Ebenenpalette erkennbar durch die Bezeichnung **FORM 1**. Auch solche Ebenen können aber beliebig umbenannt werden.

In der Optionsleiste zum Form-Werkzeug finden Sie Symbole der einzelnen Form-Werkzeugtypen. Sie können also auch hier das jeweilige Werkzeug auswählen. Mit dem Pfeil können Sie ein Vektor- bzw. Formobjekt anklicken und verschieben. Für das Polygon-Werkzeug lassen sich unterschiedlich viele Spitzen bzw. Ecken definieren.

Abbildung 6.77: Werkzeugsymbole für Form-Werkzeuge in der Optionsleiste

Ein Klick auf das Menü mit dem schwarzen Dreieck offenbart weitere Einstellmöglichkeiten, die sich von Werkzeug zu Werkzeug unterscheiden. Für das Polygon lässt sich so z.B. eine Sternform oder abgerundete Ecken festlegen.

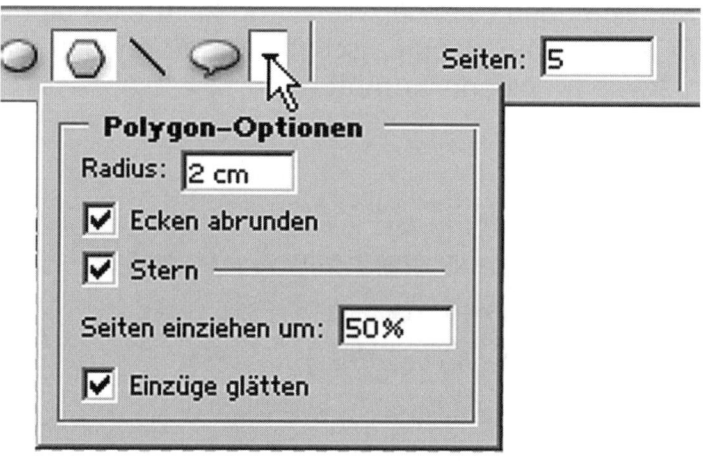

Abbildung 6.78: Optionen für das Polygon-Werkzeug

Ebenen und was Sie damit alles anstellen können

Für das Ellipsen- und das Rechteck-Werkzeug kann eine feste Größe bzw. ein bestimmtes Proportionsverhältnis festgelegt werden. Sie können auch bestimmen, dass Sie den Kreis oder das Rechteck nicht von einer Ecke her aufziehen möchten, sondern vom Mittelpunkt aus.

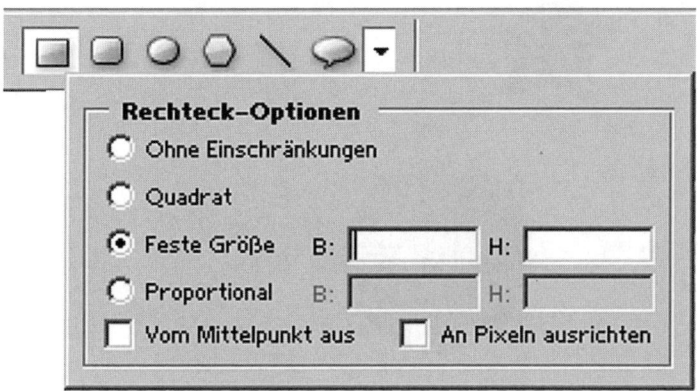

Abbildung 6.79: Optionen für Kreis- und Rechteckform

Etwa in der Mitte der Optionsleiste befinden sich verschiedene Symbole, mit deren Hilfe Sie bestimmen, ob beim Zeichnen mit einem Form-Werkzeug eine neue Ebene erstellt, ein neues Objekt einer vorhandenen Ebene hinzugefügt oder von ihr abgezogen wird oder die Schnittmenge gebildet wird.

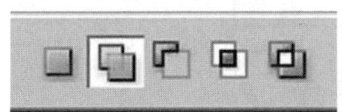

Abbildung 6.80: Optionen für das Kombinieren verschiedener Vektorformen

Werden auf einer Formebene mehrere Vektorobjekte gezeichnet, sind sie zunächst unabhängig voneinander und lassen sich getrennt verschieben. Durch Klick auf die Schaltfläche **KOMBINIEREN** werden sie allerdings zu einem Objekt und lassen sich nur noch gemeinsam verschieben.

Das interessanteste Form-Werkzeug ist sicherlich das Werkzeug **Eigene Form**. Wenn Sie dieses Werkzeug aktivieren, wird in der Optionsleiste ein weiteres Aufklappmenü sichtbar, in dem Sie, nach Kategorien unterteilt, jede Menge verschiedener Formen auswählen können.

Kapitel 6   Die Spielwiese der kreativen Bildbearbeitung

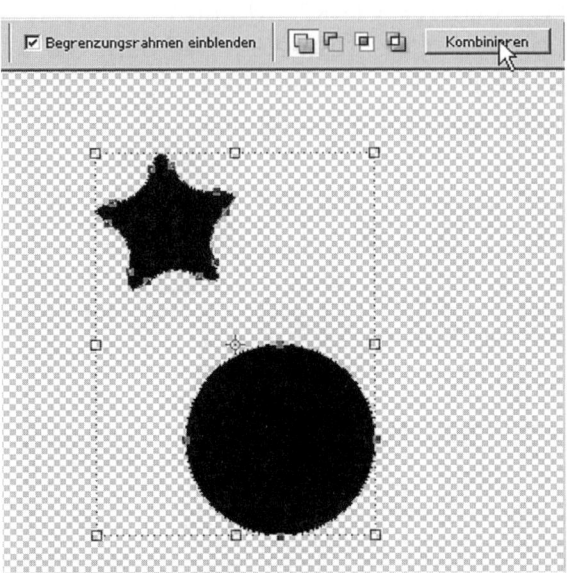

Abbildung 6.81: Mehrere unabhängige Objekte lassen sich zu einem zusammenhängenden Objekt kombinieren.

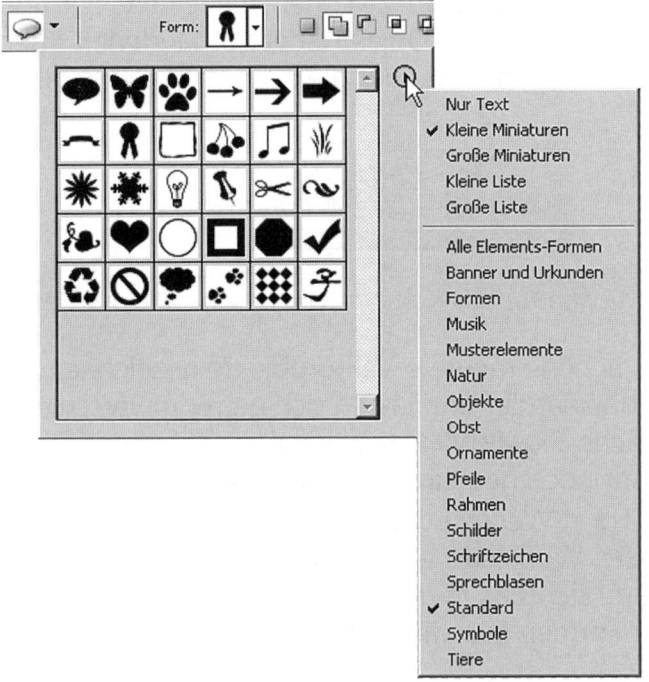

Abbildung 6.82: Kategorien für das EIGENE-FORM-Werkzeug

Ebenen und was Sie damit alles anstellen können

Sie können auch das Fenster größer ziehen, indem Sie auf die rechte untere Ecke des Fensters klicken und mit gedrückter Maustaste die Palette vergrößern. Dann bietet es sich an, auch die Kategorie **ALLE ELEMENTS-FORMEN** einzustellen, damit Sie alle verfügbaren Formen auf einmal sehen.

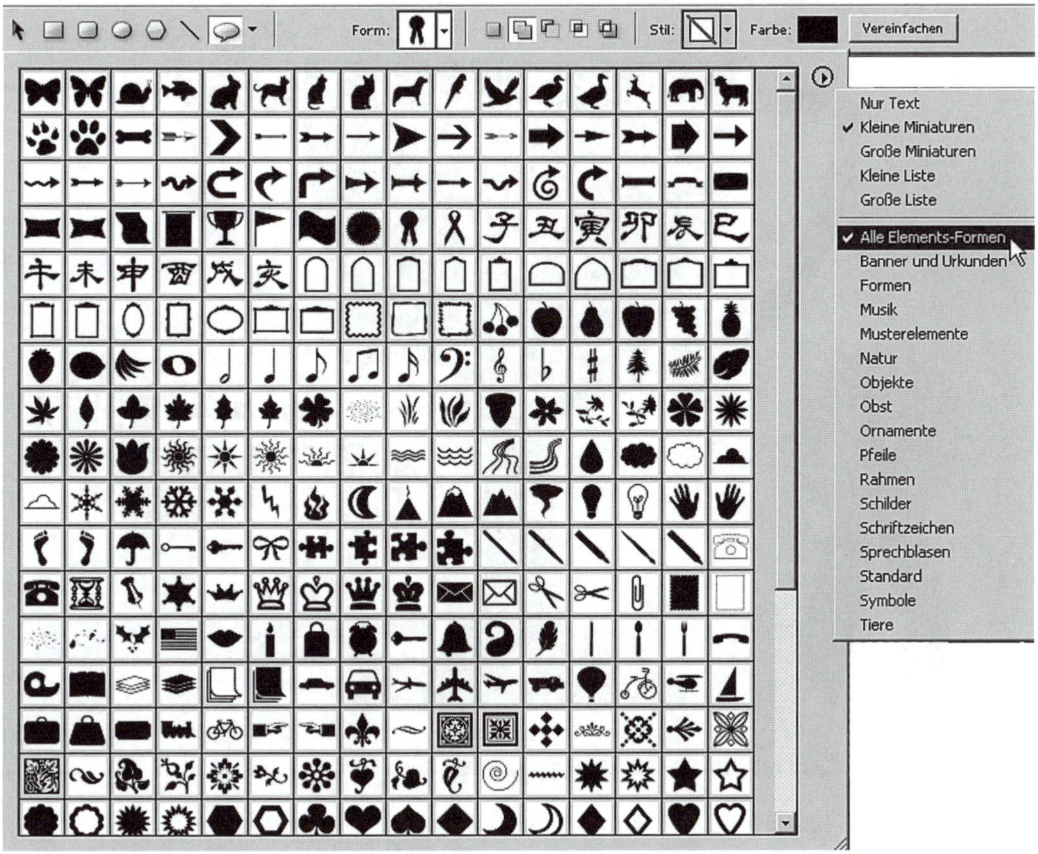

Abbildung 6.83: Alle Elements-Formen auf einmal anzeigen lassen

Wenn Sie mit einem Form-Werkzeug eine Form aufziehen, drücken Sie gleichzeitig ⇧, damit die Proportionen der Formen erhalten bleiben und nicht verzerrt werden.

Kapitel 6   Die Spielwiese der kreativen Bildbearbeitung

Unter den Formen befindet sich auch eine Kategorie **BANNER** und **URKUNDEN**, die ganz interessante Elemente für die Gestaltung von Grußkarten oder Einladungen enthält.

Abbildung 6.84: Interessante Formen für Einladungen

Füllebenen

Und noch ein neuer Ebenentyp! Sie können auch eine Farbfläche, einen Verlauf oder eine Musterfüllung auf eine Ebene legen. Dazu bietet Photoshop Elements einen eigenen Ebenentyp an, die so genannten **Füllebenen**. Sie finden den dazu gehörenden Menübefehl unter **EBENE|NEUE FÜLLEBENE**.

Die Einsatzmöglichkeiten lassen sich am besten an einem Beispiel zeigen. Machen Sie gleich die folgende Übung mit!

Ebenen und was Sie damit alles anstellen können

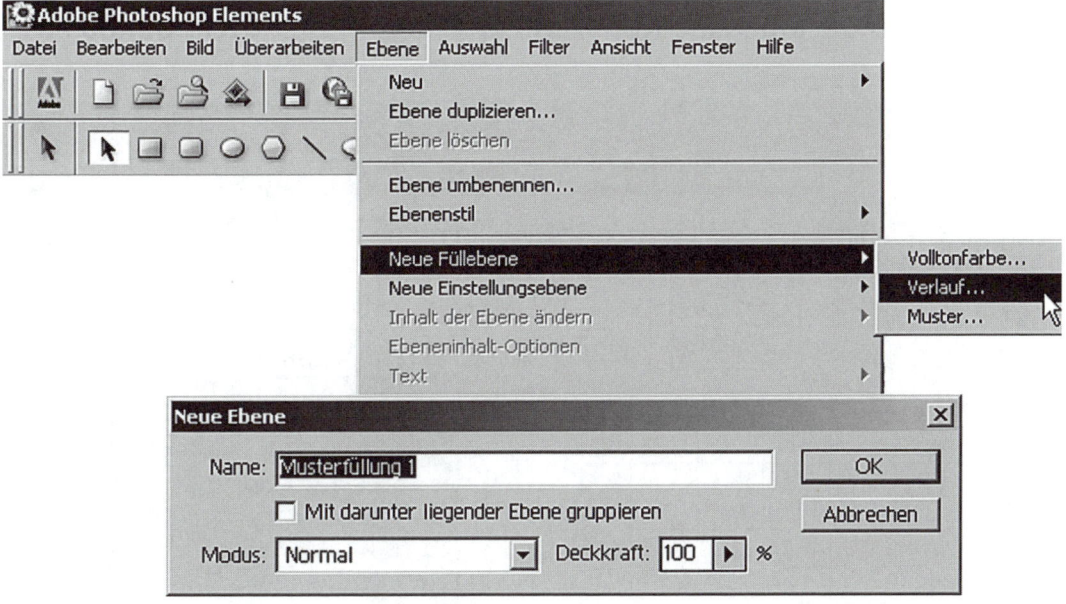

Abbildung 6.85: Füllebenen anlegen

Übung

1. Öffnen Sie die Datei **IRISH_LETTER.TIF**.

Abbildung 6.86: Datei mit einem irischen Buchstaben

Kapitel 6 Die Spielwiese der kreativen Bildbearbeitung

2. Wählen Sie den Menübefehl **EBENE|NEUE FÜLLEBENE|MUSTER**. Wählen Sie aus der Kategorie **KÜNSTLERPAPIER** das Muster **STEIN 80x80** aus.

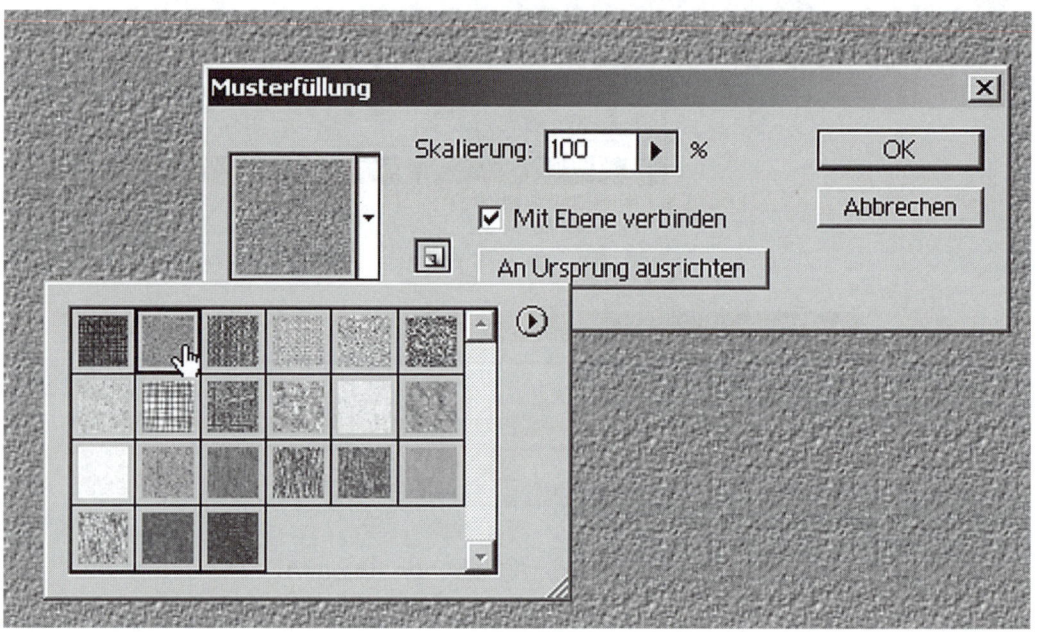

Abbildung 6.87: Muster eines Künstlerpapiers auswählen

3. Stellen Sie die Deckkraft der neuen Ebene auf etwa **75 %** und die Füllmethode auf **MULTIPLIZIEREN**.

Das Ganze lässt sich noch weiter verfeinern und realistischer gestalten.

4. Wandeln Sie die Hintergrundebene in **EBENE 0** um (Doppelklick auf die Ebene in der Ebenenpalette).

5. Klicken Sie mit dem Zauberstab in die weiße Fläche. Überprüfen Sie, ob die gesamte weiße Hintergrundfläche ausgewählt ist. Wenn ja, löschen Sie die ausgewählte Fläche mit der Rückschritt-Taste.

6. Klicken Sie auf das Icon **NEUE EBENE** in der Ebenenpalette. Schieben Sie die neue Ebene an die unterste Position, also hinter die Ebene mit dem Buchstaben.

Ebenen und was Sie damit alles anstellen können

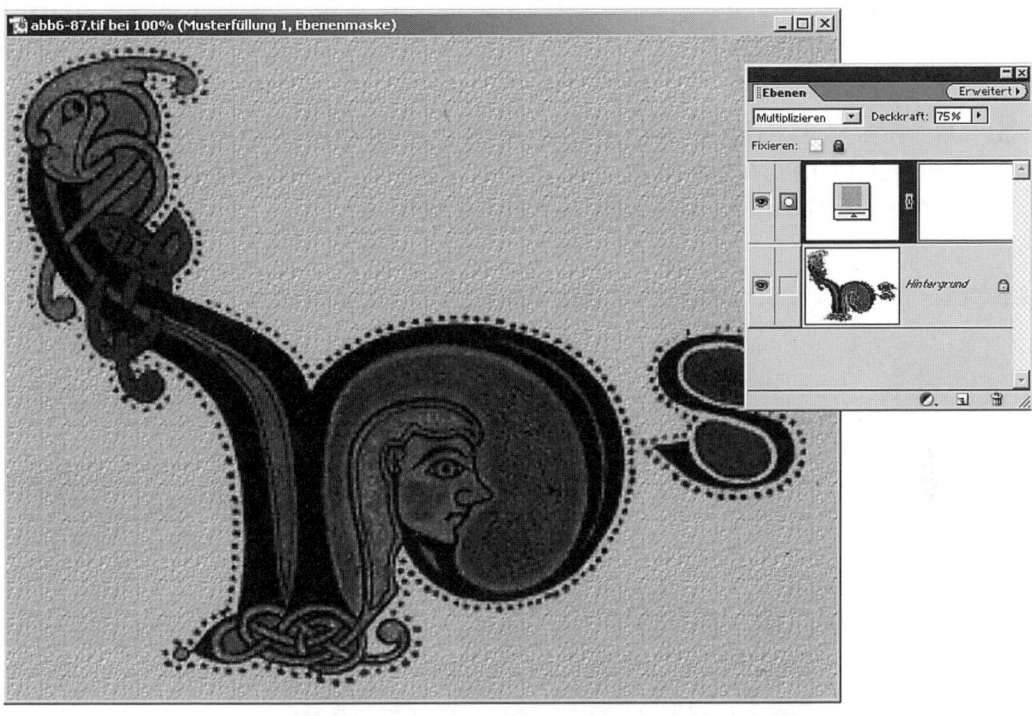

Abbildung 6.88: Mit der richtigen Füllmethode wirkt der Buchstabe fast wie auf Stein gemeißelt.

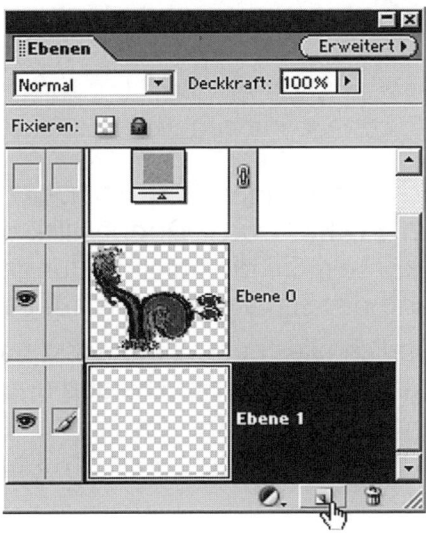

Abbildung 6.89: Neue Ebene erstellen und an die unterste Position schieben

Kapitel 6   Die Spielwiese der kreativen Bildbearbeitung

7. Wählen Sie auf der neuen Ebene alles aus und füllen Sie die Auswahl mit Weiß (Menü **BEARBEITEN|FLÄCHE FÜLLEN**, Farbe Weiß, Deckkraft 100 %, Füllmethode **NORMAL**).

8. Aktivieren Sie die Ebene mit dem Buchstaben. Öffnen Sie die Palette **EBENENSTILE** und wählen Sie in der Kategorie **ABGEFLACHTE KANTEN** den Stil **EINFACH – SCHARF NACH INNEN**.

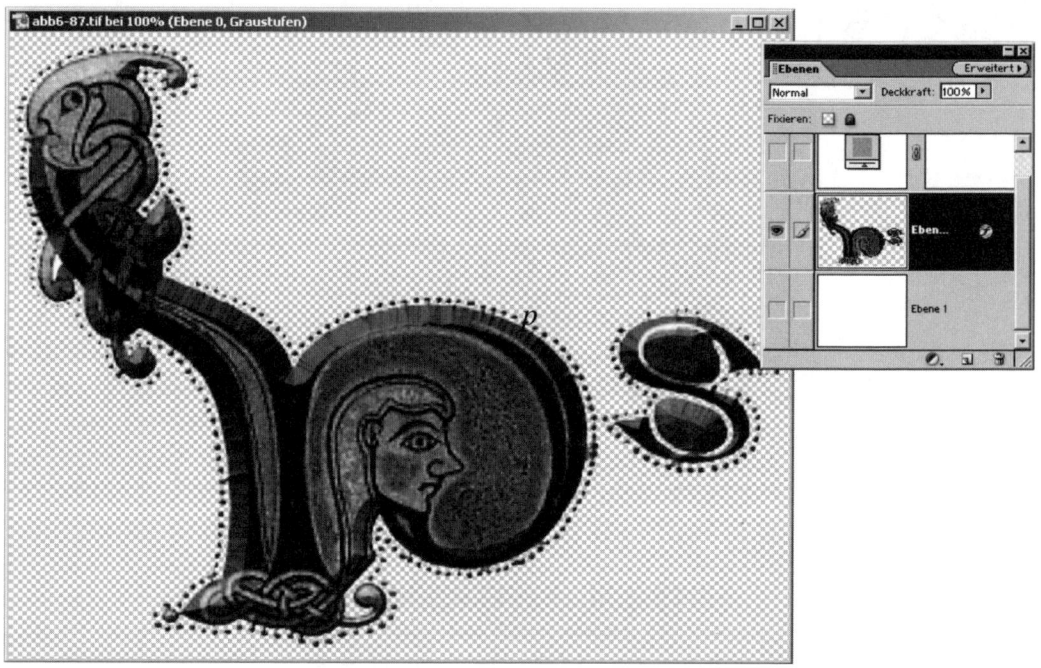

Abbildung 6.90: Buchstabe mit abgeflachter Kante auf Steinpapier

9. Fügen Sie dem Buchstaben einen **SCHLAGSCHATTEN** hinzu, als Stil nehmen Sie am besten **STARK**. Durch Doppelklick auf das geschwungene »F« in der Palette können Sie die Stileinstellungen variieren. Hier bietet sich an, den Abstand des Schlagschattens auf ca. 20 Pixel zu erhöhen.

Was haben Sie nun eigentlich alles getan? Zunächst haben Sie eine Füllebene mit einer Musterfüllung erstellt. Da der Buchstabe unter dem Muster ja nicht zu sehen ist, haben Sie die Füllmethode des Musters verändert, so dass der Buchstabe wieder sichtbar wird, das Muster als Struktur aber dennoch wirkt.

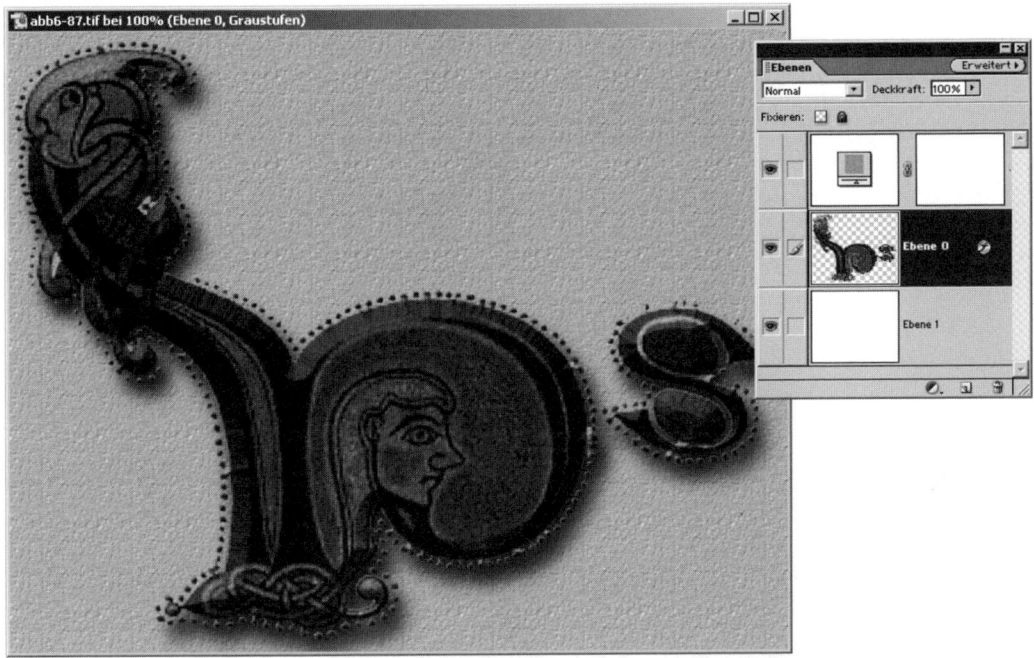

Abbildung 6.91: Plastischer Buchstabe auf Steinstruktur

Die neue Ebene mit weißer Füllung dient nur dazu, die Wirkung des Musters deutlicher zu machen. Die restlichen Einstellungen haben den Zweck, den Buchstaben in seiner Form, ohne die weiße Fläche darum herum, plastisch herauszuheben.

Die Füllebenen mit Verlauf oder Farbfläche werden ähnlich eingesetzt. Hier sollten Sie aber zusätzlich zur Füllmethode auch mal die Transparenz der Füllebene ausprobieren. Für den Einsatz von Verläufen zeige ich Ihnen später ein paar eindrucksvolle Beispiele.

Eine Besonderheit der Füllebenen ist eine Art **Ebenenmaske**, die zusätzlich eingesetzt wird. Sie erkennen sie beim Blick auf die Ebenenpalette, rechts neben dem Objekt der Ebene.

Eine Ebenenmaske steuert in Adobe Photoshop die Sichtbarkeit einer Ebene, kann also Teile einer Ebene unsichtbar machen. Photoshop Elements bietet diese Technik nur sehr eingeschränkt an, eben bei den Füllebenen, aber nicht bei anderen »normalen« Ebenen.

Kapitel 6 Die Spielwiese der kreativen Bildbearbeitung

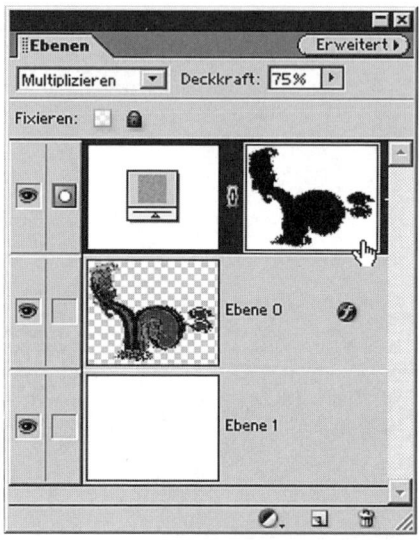

Abbildung 6.92: Füllebenen arbeiten mit einer Art Ebenenmaske.

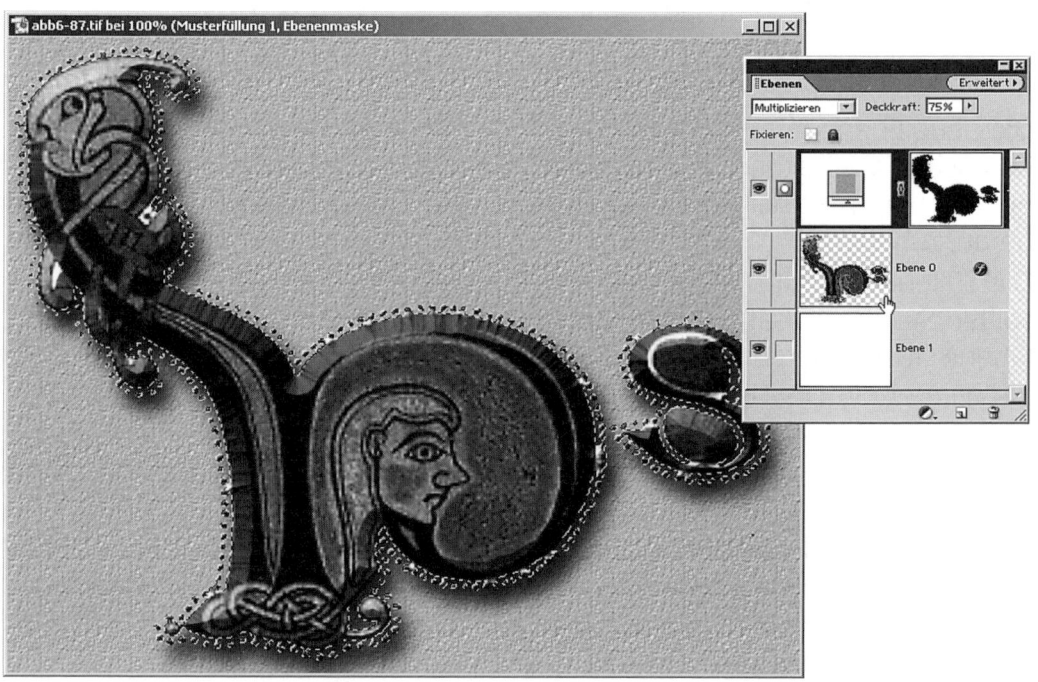

Abbildung 6.93: Eine Auswahl wird als Ebenenmaske von der Füllebene übernommen.

Ebenen und was Sie damit alles anstellen können

Wenn Sie eine neue Füllebene mit einer Farbflächenfüllung anlegen, erstreckt sich die Füllung normalerweise über das gesamte Bild. Um die Farbfüllung auf einen bestimmten Bereich einzugrenzen, erstellen Sie zuerst eine Auswahl in der gewünschten Form und legen dann erst die Füllebene an. Photoshop Elements übernimmt in diesem Fall die Auswahl als Begrenzung für die Füllung, also praktisch als Maske.

In der Ebenenpalette wird die Maske auch angezeigt. Die schwarzen Bereiche der Maske machen die Ebene unsichtbar.

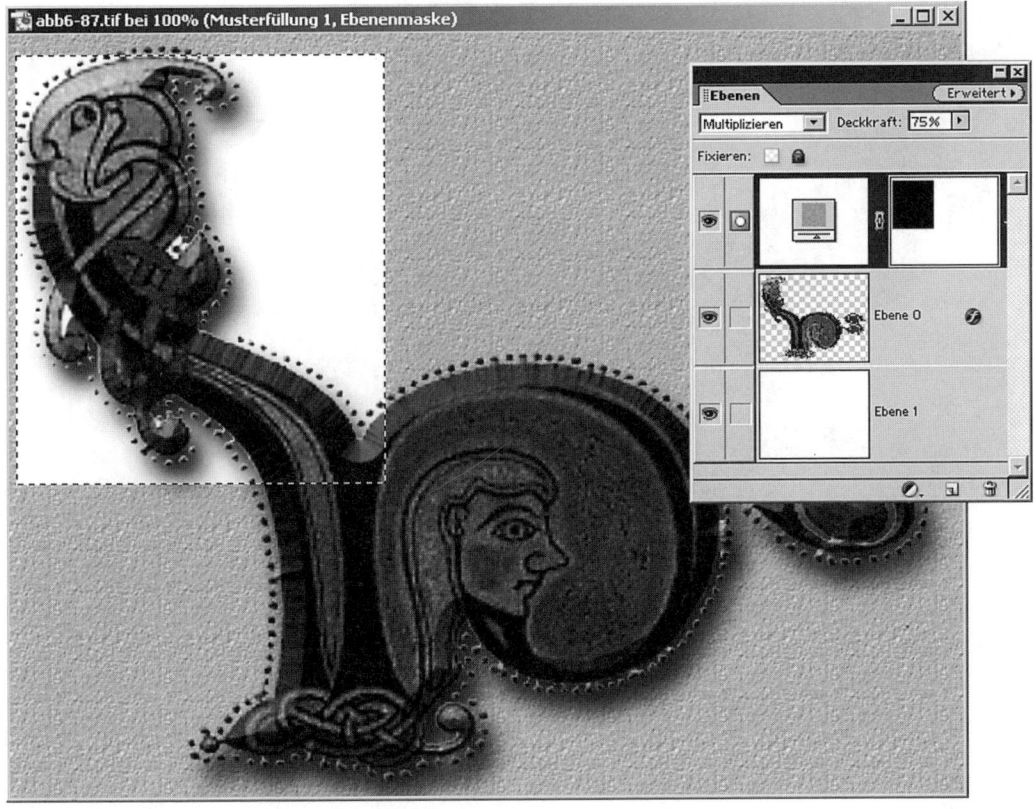

Abbildung 6.94: Schwarze Bereiche in der Maske machen die Ebene unsichtbar.

Wenn Sie die Form der Maske verändern wollen, achten Sie einmal auf die Darstellung der Ebene in der Ebenenpalette. Sie werden einen leichten Doppelrahmen um die Maske sehen. Das heißt, die Maske kann bearbeitet werden.

Kapitel 6   Die Spielwiese der kreativen Bildbearbeitung

Erstellen Sie nun einfach eine Auswahl mit der Option **ZUR AUSWAHL HINZUFÜGEN**. Füllen Sie die Auswahl mit Schwarz, indem Sie als Vordergrundfarbe Schwarz einstellen (Klick auf die schwarz-weißen Kästchen am Ende der Werkzeugpalette) und drücken Sie gleichzeitig [Alt] und [⇐].

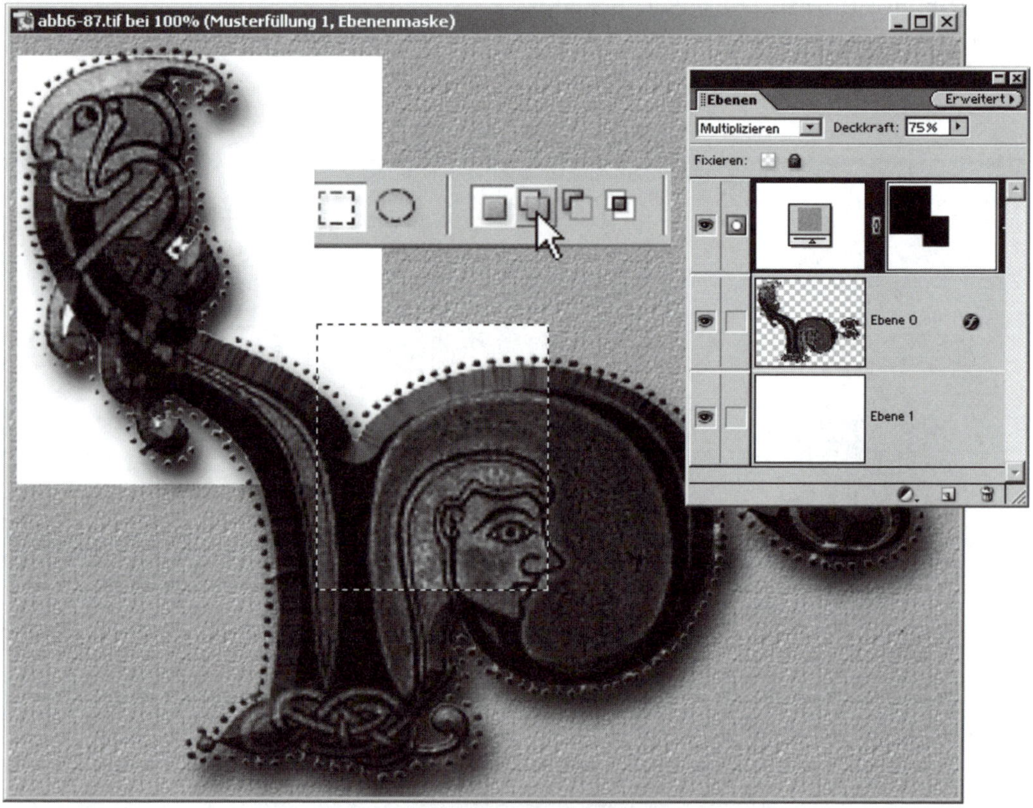

Abbildung 6.95: Die Maske wird erweitert.

Das Tastenkürzel [Alt]+[⇐] bedeutet immer: Fülle eine Auswahl mit der Vordergrundfarbe.

Einstellungsebenen

Nun komme ich aber endgültig zum letzten Ebenentyp, versprochen! Es handelt sich um die **Einstellungsebenen**. Im Gegensatz zu normalen Pixelebenen oder auch Formebenen enthalten die Einstellungsebenen keine Objektinformationen oder Pixel, sondern Menüeinstellungen.

Den Befehl dazu finden Sie unter dem Menü **EBENE|NEUE EINSTELLUNGSEBENE**. Im Ausstellmenü haben Sie die Auswahl unter sieben verschiedenen Einstellungsebenen.

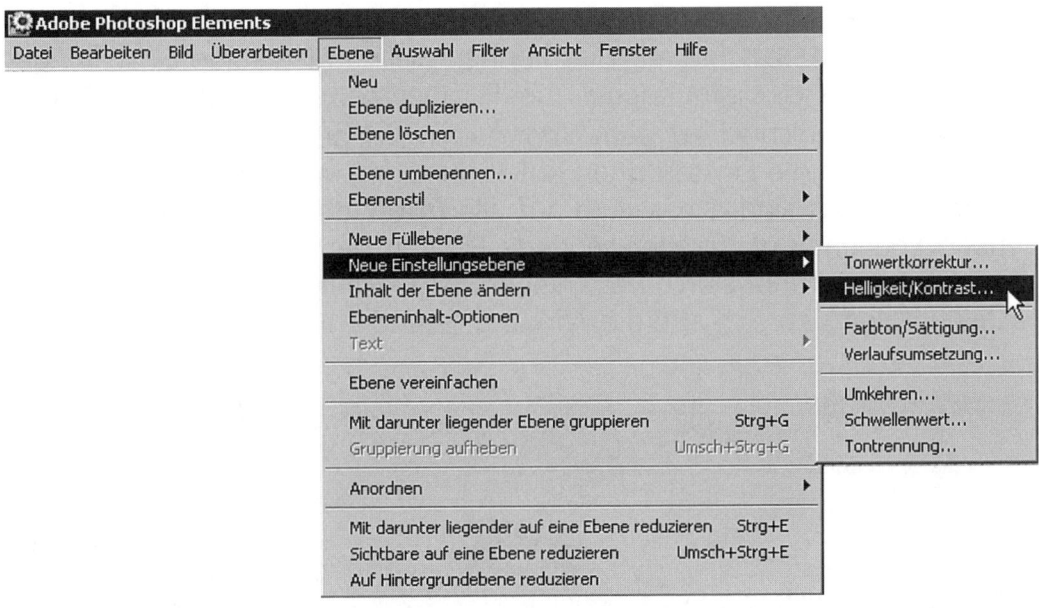

Abbildung 6.96: Es gibt sieben verschiedene Einstellungsebenen.

Wählen Sie beispielsweise den Typ **FARBTON/SÄTTIGUNG**. Es folgt ein kleines Dialogfeld, in dem Sie Name, Füllmethode und Deckkraft der Ebene definieren können. Diese Einstellungen können Sie wie bei allen Ebenen auch nachträglich in der Ebenenpalette verändern.

Kapitel 6   Die Spielwiese der kreativen Bildbearbeitung

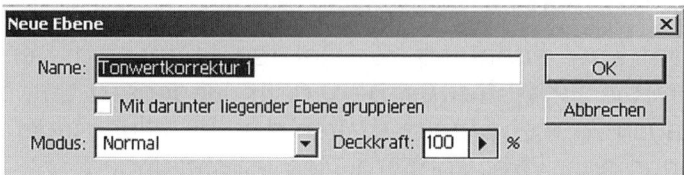

Abbildung 6.97: Allgemeine Optionen für eine Einstellungsebene festlegen

Wenn Sie dieses Dialogfeld mit **OK** bestätigt haben, erscheint das eigentliche Optionsdialogfeld für die neue Ebene. Er entspricht in diesem Fall dem Menübefehl **FARBTON/SÄTTIGUNG**, den Sie auch im Menü **ÜBERARBEITEN|FARBE ANPASSEN** finden. Hier können Sie nun beliebige Einstellungen vornehmen, wie ich sie im Kapitel über Farbbearbeitung beschrieben habe.

Der große Unterschied zu dem »normalen« Menü **FARBTON/SÄTTIGUNG** liegt darin, dass die Einstellungen auf einer eigenen Ebene sozusagen zwischengespeichert sind. Sie wirken auf alle **unter** der Einstellungsebene liegenden Ebenen. Auf darüber liegende Ebenen hat eine Einstellungsebene keinerlei Auswirkung. Durch Verschieben der Einstellungsebene in der Palettenreihenfolge lässt sich also die Wirkung verändern.

Abbildung 6.98: Eine Einstellungsebene wirkt nur auf darunter liegende Bildebenen.

Ebenen und was Sie damit alles anstellen können

Außerdem lässt sich die Wirkung einer Einstellungsebene auf die direkt unter ihr liegende Ebene begrenzen. Dazu aktivieren Sie die Option **MIT DARUNTER LIEGENDER EBENE GRUPPIEREN**, die Sie im Dialogfeld aus Abbildung 6.102 finden. Falls Sie es versäumt haben, bei den allgemeinen Optionen die Gruppierung festzulegen, können Sie dies auch später noch tun.

Drücken Sie dazu (Alt) und positionieren Sie den Cursor über der Linie in der Palette zwischen der Einstellungsebene und der darunter liegenden Ebene. Der Cursor ändert sein Aussehen. Durch Klicken mit diesem Cursor wird die obere Ebene mit der darunter liegenden gruppiert, so dass ihre Einstellungen nur noch auf die darunter liegende Ebene wirken.

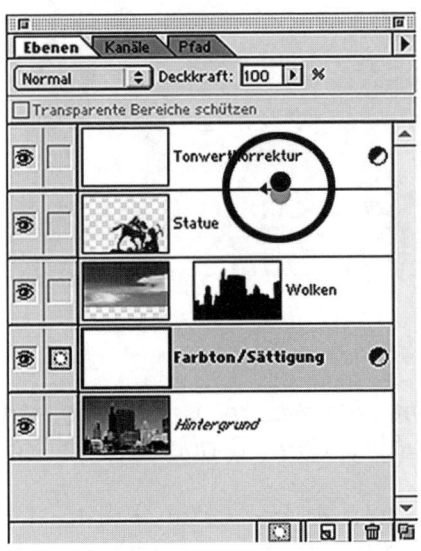

Abbildung 6.99: Cursor zum Gruppieren einer Ebene mit der direkt darunter liegenden

Allein durch diese Vorgehensweise sind Sie schon um einiges flexibler in der Anwendung von **FARBTON/SÄTTIGUNG**. Nun kommt aber der Clou.

> Mit Doppelklick auf die Einstellungsebene in der Ebenenpalette wird das dazu gehörende Dialogfeld angezeigt und zwar mit den Reglerpositionen, die Sie vorhin eingestellt haben! Sie können also jederzeit die Einstellungen modifizieren, ohne jedes Mal wieder von vorn anfangen zu müssen.

... but Goldies

Kapitel 6 Die Spielwiese der kreativen Bildbearbeitung

Und damit nicht genug. Auch die Einstellungsebenen besitzen Ebenenmasken. Ihre Wirkung lässt sich also mit Hilfe der Maske wieder auf bestimmte Bildteile beschränken. Mehr Flexibilität geht nun wirklich nicht mehr!

Abbildung 6.100: Mit Hilfe einer Maske lässt sich die Wirkung einer Einstellungsebene auf bestimmte Bildbereiche beschränken.

Wenn Sie also Änderungen an Helligkeit, Kontrast oder Farbe erst einmal ausprobieren oder nur auf bestimmte Bildteile anwenden wollen, wählen Sie diese Bildteile aus und legen eine Einstellungsebene an. Die Auswahl wird ja automatisch als Ebenenmaske übernommen. Dann können Sie in aller Ruhe die besten Einstellungen austüfteln, da Sie jederzeit Zugriff auf die getätigten Einstellungen haben.

 Einstellungsebenen sind die eleganteste und flexibelste Methode, Helligkeits- oder Farbänderungen an Bilddateien vorzunehmen. Probieren Sie auch die anderen Typen der Einstellungsebenen aus.

Inhalt einer Einstellungs- oder Füllebene ändern

Im Menü EBENE finden Sie den Befehl INHALT DER EBENE ÄNDERN. Damit lässt sich auch nachträglich der Typ einer Ebene ändern, sofern es sich um eine Füll- oder Einstellungsebene handelt. Sie können damit auch eine Füllebene in eine Einstellungsebene umwandeln.

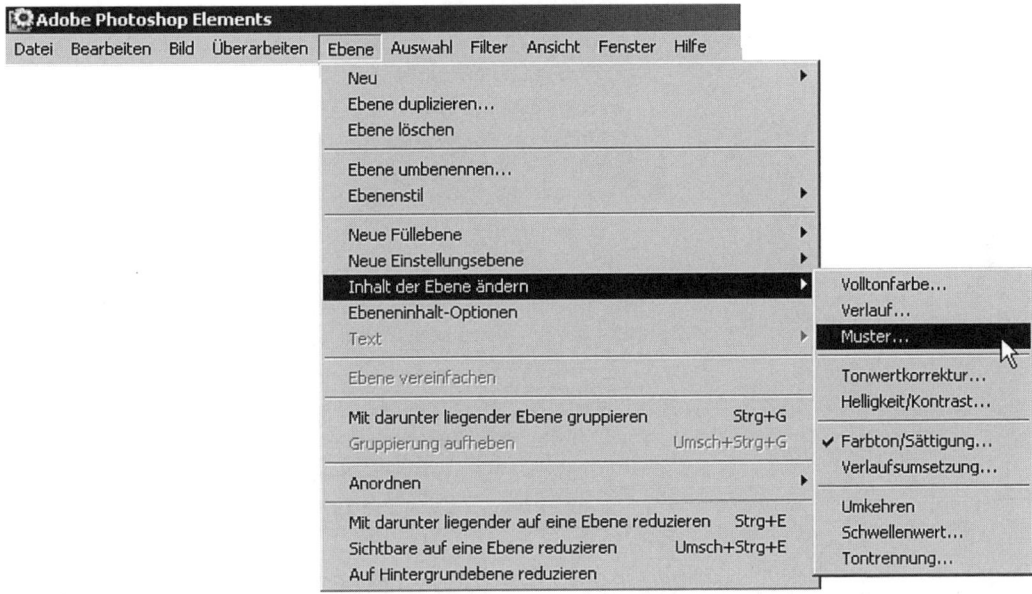

Abbildung 6.101: Inhalt einer Ebene umwandeln

Diese Option wird man, zugegebenermaßen, nicht so häufig einsetzen, aber es ist doch beruhigend zu wissen, dass man so vieles in Photoshop Elements ändern und korrigieren kann, ohne gleich in große Schwierigkeiten zu kommen.

Ebenen löschen und vereinfachen

Zum Abschluss dieses umfangreichen Kapitels noch zwei Tipps. Zum einen können Sie natürlich Ebenen jederzeit wieder löschen. Auch dazu gibt es wieder zwei Möglichkeiten. Entweder Sie nutzen den Menübefehl EBENE|EBENE LÖSCHEN. Oder Sie ziehen die betreffende Ebene in der Ebenenpalette auf das PAPIERKORBSYMBOL.

Kapitel 6   Die Spielwiese der kreativen Bildbearbeitung

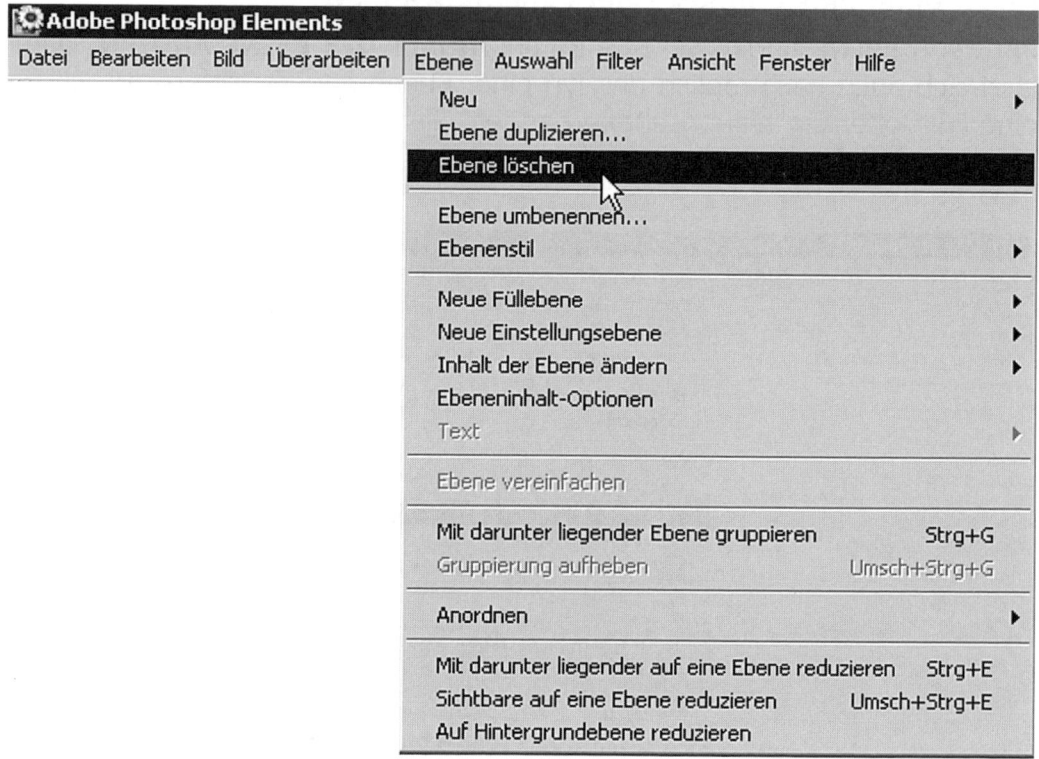

Abbildung 6.102: Ebene löschen

Beim **VEREINFACHEN** einer Ebene wird eine Vektorebene in eine Pixelebene umgewandelt. Bestimmte Werkzeuge und Menübefehle in Photoshop Elements funktionieren nur mit Pixelebenen, nicht aber mit Vektorebenen. Damit Sie beispielsweise mit einem Malpinsel auf einer Formebene arbeiten können, muss diese in eine Pixelebene umgewandelt werden. Dieser Vorgang wird auch als **Rastern** bezeichnet.

Wenn Sie mit dem Malpinsel auf eine Formebene klicken, bringt Photoshop Elements automatisch eine Meldung, die Sie darauf hinweist.

Auch wenn Sie einen Filter auf einer Formebene anwenden oder dort mit dem Verlaufswerkzeug arbeiten wollen, kommt diese Photoshop-Meldung. Filter und Verlaufswerkzeug werde ich später noch erläutern.

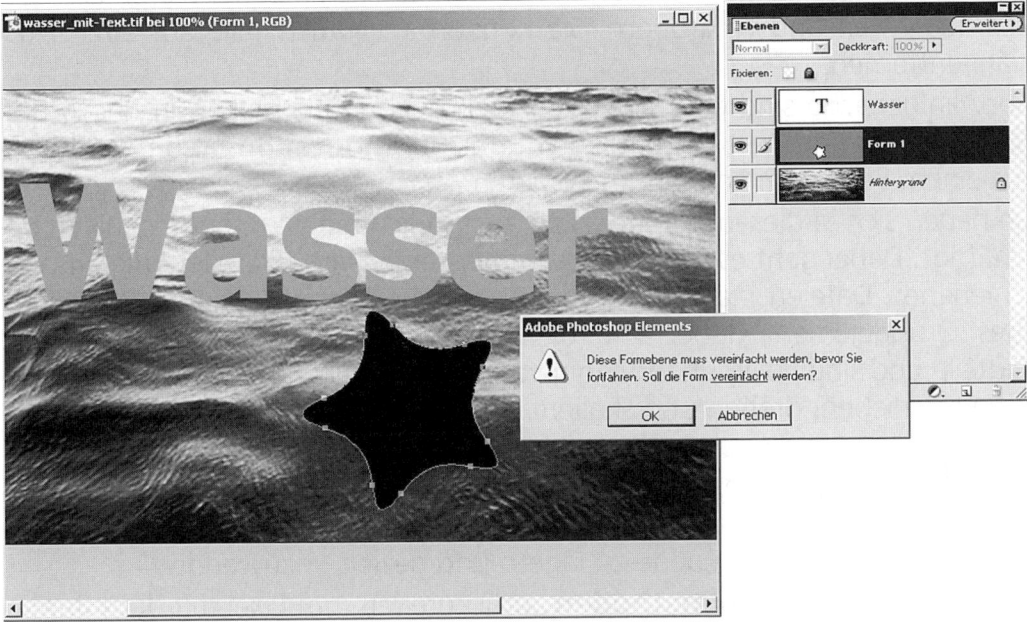

Abbildung 6.103: Photoshop Elements will eine Formebene in eine Pixelebene umwandeln.

Das Rastern einer Formebene hat einen großen Nachteil. Die typischen Eigenschaften der Formebenen gehen nämlich verloren. Die Ebeneninformationen sind nicht mehr ohne Qualitätseinbußen skalierbar und Füllebenen verlieren ihre Masken. Nach dem Vereinfachen sind Text- und Formebenen ganz »normale« Pixelebenen.

Zusammenfassung

Nun haben Sie das mit Abstand umfangreichste, aber sicherlich auch spannendste Kapitel der digitalen Bildbearbeitung hinter sich.

In diesem Kapitel haben Sie zunächst erfahren, wozu **Auswahlbereiche** dienen, nämlich um Bearbeitungsfunktionen auf bestimmte Bildbereiche zu beschränken. Um eine Auswahl zu erstellen, gibt es eine Reihe spezialisierter Werkzeuge, die miteinander kombiniert werden können und in vielen Fällen auch kombiniert werden müssen. Auswahlbereiche können gespeichert und jederzeit wieder geladen werden.

Kapitel 6   Die Spielwiese der kreativen Bildbearbeitung

Eine Auswahl lässt sich mit anderen Auswahlbereichen kombinieren, sie lässt sich ausweiten und vergrößern. Sie können aber auch Teile aus einer Auswahl entfernen.

Auswahlbereiche sind eine der wesentlichen Grundtechniken in Photoshop Elements. Sie sind auch Voraussetzung für **Bildmontagen**, also um Bildteile aus einem Bild in ein anderes zu kopieren.

Sie haben sich in diesem Kapitel auch ausführlich mit Montagetechniken beschäftigt. Dabei geht es um das Zusammensetzen von Bildteilen, die aus verschiedenen Dateien stammen können, zu einem neuen Bild. Ein wesentliches Grundelement dabei sind die **Ebenen**. Ebenen enthalten einzelne Bildteile und sind völlig unabhängig voneinander. Objekte der Ebenen lassen sich verschieben, drehen und skalieren.

Es gibt **verschiedene Typen von Ebenen** – Pixelebenen mit Bildinformationen, Formebenen mit Vektorinformationen, Textebenen für Schrift, Füllebenen für Muster- oder Farbfüllungen und Einstellungsebenen, um bestimmte Menübefehle auf einer Ebene zu lagern und gezielt anzuwenden.

Ebenen können auf **Füllmethoden** zurückgreifen, um Pixel mit darunter liegenden Ebenen mathematisch zu verrechnen und so neue Effekte zu erzielen. Auch die Deckkraft einer Ebene lässt sich variieren, Objekte können dadurch teilweise transparent dargestellt werden. Mit Ebenenstilen lassen sich plastische Effekte wie Schlagschatten oder Relief erzielen.

Übungsfragen

1. Wozu dienen Auswahlbereiche?

2. Welche Werkzeuge kennen Sie, um eine Auswahl zu erstellen?

3. Welche Funktionen können ⇧ und Alt im Zusammenhang mit Auswahlbereichen übernehmen?

4. Was ist der Unterschied zwischen dem Auswahl-Lasso und dem magnetischen Lasso?

5. Mit welcher Taste können Sie ein magnetisches Lasso wieder abbrechen?

Übungsfragen

6. Was macht ein Zauberstab?
7. Womit könnte man Ebenen vergleichen?
8. Welche Transformationen können Sie an Ebenenobjekten vornehmen?
9. Mit welcher Taste können Sie die Proportionen beim Skalieren beibehalten?
10. Welche Typen von Ebenen kennen Sie?
11. Was ist der Unterschied zwischen einer Bildebene und einer Formebene?
12. Wozu dient die Ebenenmaske einer Füllebene?
13. Wozu dienen Pinsel und Auge in der Ebenenpalette?
14. Wodurch ist die Anzahl der Ebenen begrenzt?
15. Was versteht man unter Füllmethoden?
16. Wodurch unterscheiden sich die Füllmethoden **ABDUNKELN** und **AUFHELLEN**?
17. Was ist das Besondere an Textebenen?
18. Kann verkrümmter Text noch verändert werden?
19. Was versteht man unter dem Vereinfachen einer Ebene?
20. Was sind Ebenenstile?
21. Welche beiden Ebenenstile sorgen für räumliche Wirkung?
22. Wirken Einstellungsebenen auch auf über ihnen liegende Ebenen?
23. Welchen Sinn hat der globale Lichteinfall?
24. Wie können Sie einen Ebenenstil auf die Hintergrundebene anwenden?
25. Welche Vorteile bieten Einstellungsebenen?

Kapitel 7
Mit Photoshop Elements malen

Nun können Sie noch einmal Ihrer Kreativität freien Lauf lassen. Mit Auswahlbereichen und Ebenen haben Sie bereits sehr wesentliche Arbeitstechniken der kreativen Bildbearbeitung kennen gelernt. Vielleicht wollen Sie aber auch einmal Bilder völlig neu gestalten?
Dann probieren Sie doch einmal die Malwerkzeuge von Photoshop Elements aus und gestalten Sie mit Pinsel, Verläufen oder Mustern. Eine reizvolle Sonderform sind auch Panoramabilder.

In diesem Kapitel erfahren Sie

- ✓ wie Sie neue Dateien erstellen
- ✓ welche Malwerkzeuge es in Photoshop Elements gibt
- ✓ wie Sie mit Verläufen umgehen
- ✓ wie Sie Muster einsetzen und eigene Muster erstellen
- ✓ wie Sie Panoramabilder zusammensetzen

Von Anfang an – Bilddateien völlig neu erstellen

In den meisten Fällen werden Sie sicherlich vorhandene Bilddateien öffnen. Manchmal wollen Sie aber vielleicht auch Bilddaten völlig neu erstellen, beispielsweise für Internetanwendungen oder zur Gestaltung von Einladungen oder Urkunden.

Den Befehl zum Erstellen einer neuen Datei finden Sie, wie in allen Programmen, unter dem Menü **DATEI|NEU**. Photoshop Elements möchte dann aber von Ihnen einige Grundeinstellungen wissen, die man durchaus ernst nehmen sollte.

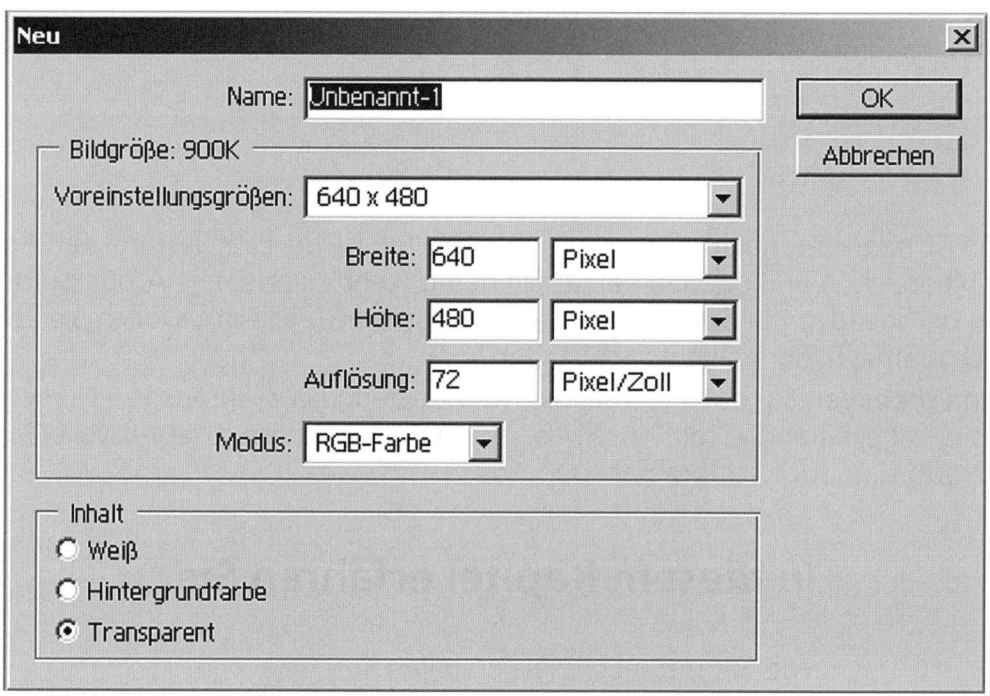

Abbildung 7.1: Dialogfeld NEUE DATEI

Zunächst einmal können Sie bereits einen Namen für die neue Datei vergeben. Er kann natürlich beim Abspeichern der Datei jederzeit geändert werden.

Format und Auflösung

In der Mitte des Dialogfensters finden Sie Felder, in denen Sie die gewünschte Breite, Höhe und Auflösung der neuen Datei einstellen können. An dieser Stelle möchte ich auch auf die Erklärungen hinweisen, die ich bereits in Kapitel 1 zu diesem Thema gemacht habe. Hier soll es noch etwas vertieft werden.

Sie können Breite und Höhe des neuen Bildes in verschiedenen Maßeinheiten definieren. Neben **PIXEL** haben Sie die Auswahl in **ZENTIMETERN, MILLIMETERN** und **ZOLL** (= Inch). Zwar ist Zoll bei uns sicherlich keine sehr gebräuchliche Maßeinheit, aber im Zuge der Computertechnik werden Sie häufig mit Zoll konfrontiert werden.

Denken Sie nur an die Bildauflösung, die in Pixel pro Zoll gerechnet wird. Die Abkürzung dafür ist **ppi** (= pixel per inch), meist wird jedoch **dpi** (= dots per inch) verwendet. **Dpi** ist zwar eigentlich eine Angabe für die Ausgabe und bezieht sich auf die Ausgabeauflösung eines Druckers, aber diesen feinen Unterschied machen die wenigsten Hersteller.

Neben den genannten Maßeinheiten finden Sie auch **PUNKT, PICA** und **SPALTE**. Diese Maßeinheiten stammen aus der konventionellen Druckvorstufe. Diese Branche beschäftigt sich damit, Vorlagen für den Druck aufzubereiten. Dazu gehören beispielsweise Fotosatzstudios, Reprostudios, Verlage oder auch Werbeagenturen.

Die Bezeichnung **PUNKT** kennen Sie ja schon von der Arbeit mit dem Text-Werkzeug oder auch aus Ihrer Textverarbeitung. Eine Schriftgröße, also die Höhe der Buchstaben wird traditionell nicht in Millimeter, sondern in typografischen Punkt gemessen. Ein Punkt entspricht 0,351 mm. Gängige Schriftgrößen für Text sind beispielsweise 10 oder 12 Punkt.

Die Bezeichnung **Pica** ist das angelsächsische Pendant zu Punkt. Dabei entspricht ein Pica 4,218 mm.

Die Einheit **SPALTE** kommt aus dem Bereich der Zeitung und ist eigentlich keine festgelegte Größe. Nicht alle Zeitschriften oder Zeitungen haben die gleiche Spaltenbreite. In Photoshop Elements ist eine Spalte 63,5 mm breit.

Auflösung – einmal anders betrachtet

Grundsätzlich besteht ein digitales Bild aus einer Ansammlung von Pixeln in Breite und Höhe. Die Angabe für die **Auflösung** bezieht sich eigentlich nur auf die Ausgabe des Bildes und ist zunächst einmal zweitrangig. Aber eben nicht ganz.

Kapitel 7 Mit Photoshop Elements malen

Machen Sie einmal folgenden Test:

1. Geben Sie eine Breite von 600 und eine Höhe von 400 Pixel ein. Die Zahl neben dem Wort Bildgröße zeigt Ihnen an, wie viel Speicherplatz die Datei auf Ihrer Festplatte belegt. Nun können Sie die Auflösung ändern, beispielsweise von 72 dpi auf 200 dpi. Sie werden feststellen, dass die Bildgröße gleich bleibt.

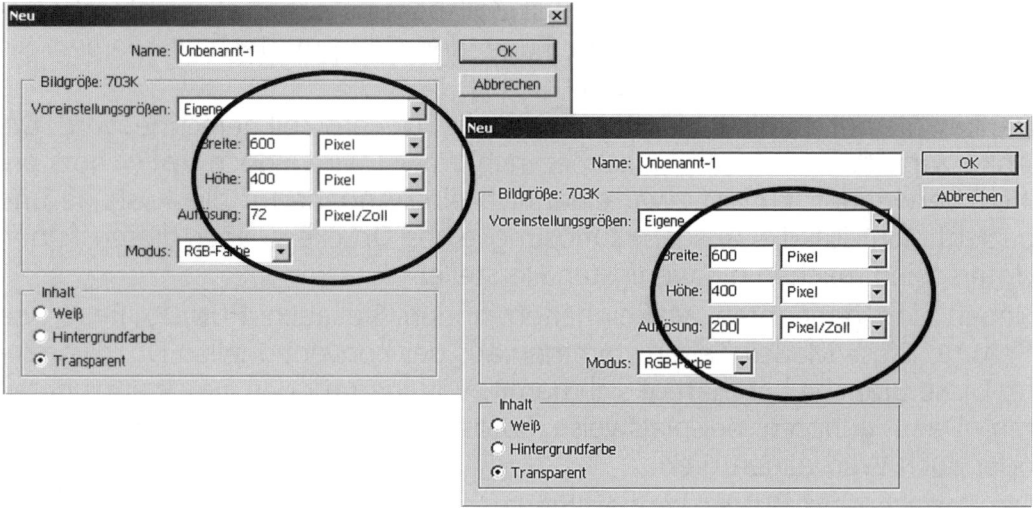

Abbildung 7.2: Bei der Angabe von Breite und Höhe in Pixel ist die Auflösung egal.

2. Geben Sie zur Abwechslung eine Breite von 76,2 mm (Maßeinheit beachten!) und eine Höhe von 50,8 mm ein. Und nun verändern Sie die Auflösung. Auf einmal ändert sich auch der Wert für Bildgröße!

Was passiert da? Sie können sich ja denken, warum ich Sie so krumme Zahlen eingeben lasse, oder? Wenn Sie 600 Pixel eingeben und die Maßeinheit auf mm umstellen, kommen 76,2 mm dabei heraus. Ebenso bei 400 Pixel Höhe, das sind in Millimetern 50,8. Eigentlich müsste das ja alles egal und gleich sein. Ist es aber nicht!

Wenn Sie die Breite und Höhe in Pixeln einstellen, definieren Sie quasi eine **absolute** Größe der digitalen Bilddatei. Die Anzahl der Pixel ist festgelegt und wird für die Ausgabe nur auf eine bestimmte Breite und Höhe in Zentimetern umgerechnet. Ein Drucker braucht diese Angabe, damit er weiß, wie er die Bildinformationen umrechnen soll.

Von Anfang an – Bilddateien völlig neu erstellen

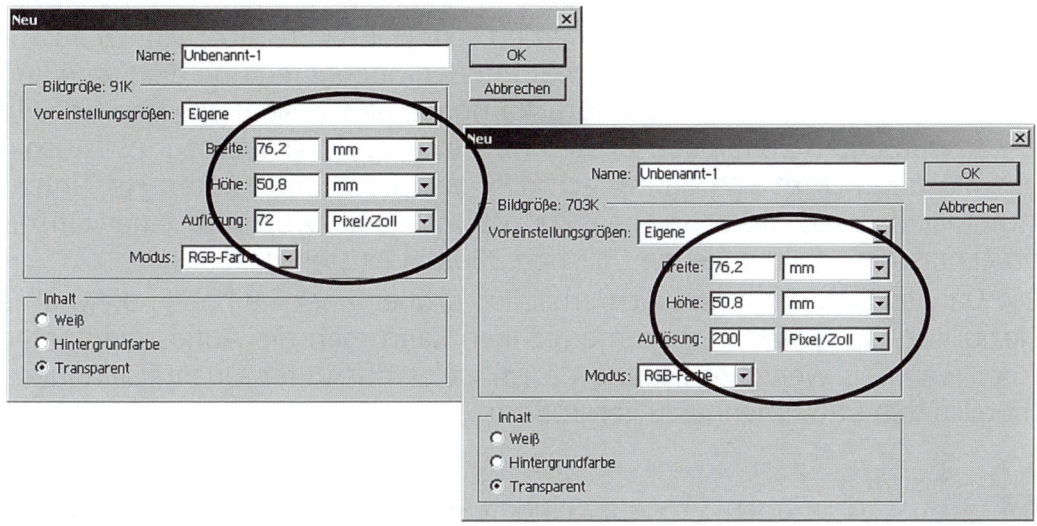

Abbildung 7.3: Bei der Angabe einer Breite in Zentimeter bestimmt die Auflösung die Dateigröße.

Bei einer Auflösung von 200 dpi kann er 200 Pixel auf 2,54 cm (= ein Zoll) verteilen. Ist die Datei 600 Pixel breit, ergibt sich daraus eine Breite für die Druckausgabe von 2,54 cm x 3 = 7,62 cm. Die gleiche Anzahl an Pixeln ergibt bei einer niedrigeren Ausgabeauflösung aber automatisch eine größere Breite in Zentimetern. Bei 72 dpi Ausgabeauflösung wären das 600:72 = 8,33 Zoll = 21,16 cm.

Wird das Bild nicht interpoliert, bleibt also die Anzahl der Pixel im Bild gleich, bedeutet eine niedrigere Ausgabeauflösung automatisch ein größeres Bild in Zentimetern.

Wird aber die Breite in Zentimetern vorgegeben, zäumen Sie das Pferd praktisch von hinten auf. In diesem Fall geben Sie vor, wie groß das Bild in der Druckausgabe werden soll. Der Wert der Auflösung bestimmt nun, wie viele Pixel auf die vorgegebene Zentimeter-Breite verteilt werden sollen. Da die Datenmenge von der Anzahl der Pixel abhängt, verändert sich die Bildgröße in KB in diesem Fall.

Kapitel 7   Mit Photoshop Elements malen

Es ist also entscheidend, dass Sie sich von Anfang an überlegen, für welchen Zweck das neue Bild verwendet werden soll. Haben Sie nicht vor, es auszudrucken, können Sie sich an Bildschirmgrößen orientieren und die Breite und Höhe in Pixel eingeben. Für eine Druckausgabe geben Sie Breite und Höhe in der gewünschten Zentimeter-Breite und -Höhe ein. Der Wert für die Ausgabeauflösung richtet sich dann nach dem verwendeten Drucker. Für Tintenstrahl- und Laserdrucker reichen 200 dpi, für den Druck auf einer Offsetdruckmaschine sollten Sie die üblichen 300 dpi einstellen.

Die Dateien sind dann natürlich erheblich größer, aber Sie haben die größte Flexibilität. Sie wissen ja, herunterrechnen kann man die Auflösung immer. Aber wenn zu wenig Auflösung da ist, ist es nur unter Qualitätseinbußen möglich, die Datenmenge zu vergrößern.

 Also legen Sie neue Bilddateien im Zweifelsfall immer größer an, als Sie sie brauchen. Was zu viel ist, können Sie später jederzeit über den Befehl **BILD|SKALIEREN|BILDGRÖßE** herunterrechnen.

Zugegeben, in diese Logik muss man sich erst einmal eindenken. Aber es ist unter qualitativen Gesichtspunkten sehr entscheidend, diese Zusammenhänge zu verstehen.

Vielleicht ist Ihnen nun auch klarer geworden, warum Bilder von Internetseiten beim Ausdruck meistens so bescheiden aussehen, obwohl sie doch am Bildschirm ganz gut erschienen. Ein Bildschirm benötigt nur 72 dpi Ausgabeauflösung, ein vernünftiger Druck jedoch immer mindestens 200 dpi. Internetbilder werden nur für die Ausgabe auf dem Bildschirm angelegt, da sonst die Übertragungszeiten viel zu lang wären.

Voreinstellungsgrößen

Sie können es sich natürlich auch einfacher machen. Photoshop Elements bietet eine ganze Reihe bereits fertiger Bildgrößen an, die Sie im Aufklappmenü **VOREINSTELLUNGSGRÖßEN** finden.

Den größten Teil der Liste nehmen Formate ein, die auf Bildschirmpräsentation ausgerichtet sind. Ihre Größe ist bereits in Pixel angegeben, beispielsweise 800 x 600 (= Standardauflösung des Windows-Betriebssystems). Sie fin-

Von Anfang an – Bilddateien völlig neu erstellen

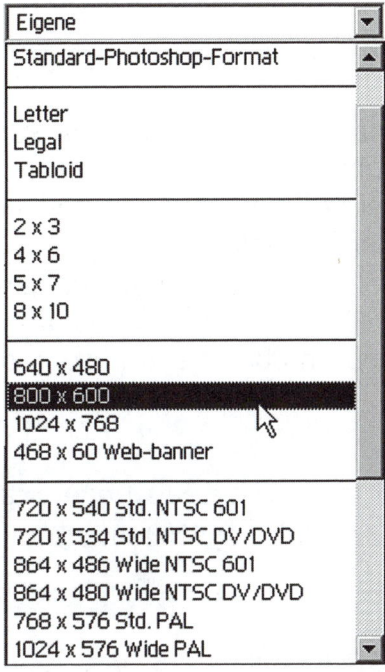

Abbildung 7.4: Menü mit Voreinstellungsgrößen

den dort aber auch Definitionen, die auf die Ausgabe im Fernseh- oder Videobereich abzielen, beispielsweise **NTSC** (= amerikanische Fernsehnorm), **PAL** (= europäische Fernsehnorm) oder **HDTV** (= High Definition Television).

Die bei uns gebräuchlichen **DIN-Formate** der A- und B-Reihe finden Sie ziemlich weit unten in der Liste. Die Formate **Letter, Legal** und **Tabloid** entsprechen amerikanischen Papierstandards und werden bei uns praktisch nicht benötigt. Auch die Formate **2x3, 4x6, 5x7** und **8x10** beziehen sich auf die Maßeinheit Zoll und sind in Europa nicht üblich.

Bleibt noch das **STANDARD-PHOTOSHOP-FORMAT**. Es hat eine Größe von 454 x 340 Pixel, ist also auch auf Bildschirmpräsentation ausgerichtet.

Sobald Sie in einem der Eingabefelder **BREITE, HÖHE** oder **AUFLÖSUNG** eigene Eintragungen vornehmen, ändert sich die **VOREINSTELLUNGSGRÖSSE** auf **EIGENE**.

Modus

Sie haben die Auswahl unter drei verschiedenen Modi – **BITMAP**, **GRAU-STUFEN** und **RGB-FARBE**.

Unter **BITMAP** versteht man in diesem Fall reine Schwarz-Weiß-Bilder, ohne Graustufen oder gar Farbinformationen. Es wird relativ selten vorkommen, dass Sie eine solche Datei neu anlegen. Bitmap-Daten sind in den meisten Fällen gescannter Text oder Firmenlogos.

Bedenken Sie in jedem Fall, dass bei Bitmap-Dateien andere Spielregeln bezüglich der Auflösung gelten. Da keine Graustufen zur Verfügung stehen, wird die Qualität ausschließlich über die Auflösung definiert.

Für Bitmap-Bilder gilt die Faustregel Scanner-/Bildauflösung = Druckerauflösung, am besten nie unter 800 dpi.

Mit **GRAUSTUFEN** und **RGB-FARBE** haben Sie sich bereits in Kapitel 3 ausgiebig beschäftigt. Bleibt an dieser Stelle lediglich darauf hinzuweisen, dass in einem Graustufenbild keine Menübefehle zur Verfügung stehen, die irgendetwas mit Farbe zu tun haben. Auch wenn Sie in der Palette **FARB-FELDER** eine Farbe auswählen, wird diese in einen entsprechenden Graustufenwert umgesetzt.

Sie können allerdings jederzeit eine Graustufendatei mit Hilfe des Menübefehls **BILD|MODUS** in ein RGB-Farbbild umwandeln. Allerdings werden in diesem Fall nicht automatisch die Graustufen in Farben geändert!

Bitmap-Dateien können nicht direkt in Farbbilder umgewandelt werden, sondern werden zuerst in Graustufen und anschließend in RGB-Farbe gewandelt. Das macht aber nur selten Sinn, denken Sie an die hohe Auflösung von Bitmap-Bildern. Eine Dateigröße von beispielsweise 100 KB als Bitmap würde beim Umwandeln in RGB-Farbe mit dem Faktor 24 multipliziert werden!

Hintergrund

Zum guten Schluss können Sie noch eine Hintergrundfarbe für Ihre neue Datei definieren. Die Standardeinstellung ist hier **WEISS**. Sie können natürlich auch die gerade aktuelle Hintergrundfarbe übernehmen. Dann müssen Sie diese aber festlegen, **bevor** Sie das Dialogfeld **NEUE DATEI** aufrufen.

Sowohl Weiß als auch eine andere Hintergrundfarbe sind deckende Farben und Photoshop Elements legt die Datei mit einer **Hintergrundebene** an. Wenn Sie dann beispielsweise mit Ebenenstilen arbeiten möchten, müssen Sie diese Hintergrundebene durch Doppelklick in der Ebenenpalette erst in **EBENE 0** umwandeln.

Die Alternative ist die Einstellung **TRANSPARENT** als Hintergrund. In diesem Fall wird keine Hintergrundebene angelegt, sondern eine **EBENE 1**, die sofort mit allen Tricks bearbeitbar ist.

Abbildung 7.5: Datei mit transparentem Hintergrund

Photoshop Elements stellt die Transparenz immer durch ein Karomuster dar. Sie können im Menü **BEARBEITEN|VOREINSTELLUNGEN|TRANSPARENZ** die Größe des Karomusters verändern.

Kapitel 7   Mit Photoshop Elements malen

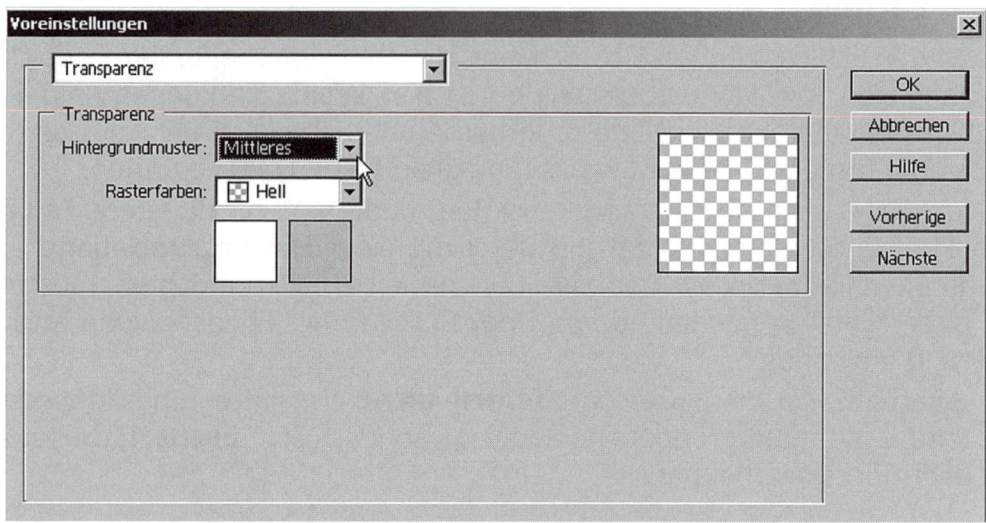

Abbildung 7.6: Voreinstellungen für Transparenz

Rein theoretisch könnten Sie auch transparente Bereiche durch Weiß darstellen lassen. Das macht aber keinen Sinn, da Sie dann transparente Bereiche nicht mehr von deckend weißen Bildteilen unterscheiden könnten.

Wenn Sie Dateien für Internetseiten erstellen, also beispielsweise Schaltflächen oder grafischen Text, ist es sinnvoll, mit einem transparenten Hintergrund zu arbeiten.

Die Malwerkzeuge

Nun haben Sie endlich alle notwendigen Einstellungen kennen gelernt, um eine neue Datei zu erstellen. Auf zum Malen! In Kapitel 2 hatte ich bereits darauf hingewiesen, dass als Alternative zum Malen mit einer Computermaus auch die Möglichkeit besteht, ein so genanntes **Grafiktablett** anzuschließen. Dann können Sie mit einem digitalen Stift malen. Das ist in der Handhabung für viele Anwender wahrscheinlich einfacher.

Zu den Malwerkzeugen gehören zunächst einmal der Farbeimer, die Pinsel und der Buntstift. Auch mit dem Verlaufswerkzeug lässt sich malen. In gewissem Sinne kann man auch die verschiedenen Radiergummis und den Wischfinger zu den Malwerkzeugen zählen.

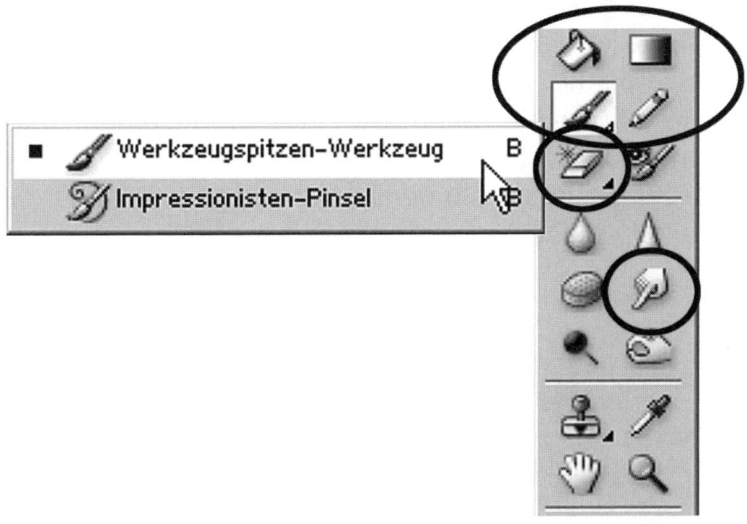

Abbildung 7.7: Die Malwerkzeuge in Photoshop Elements

Das Procedere kennen Sie ja bereits – Sie wählen ein Werkzeug aus der Werkzeugpalette aus und können in der Optionsleiste spezifische Einstellungen für jedes Werkzeug vornehmen.

Der Farbeimer

Eigentlich heißt er ja **FÜLLWERKZEUG**, aber ich denke, **Farbeimer** kann man sich leichter merken. Sie können zwei Verhaltensweisen des Farbeimers wählen. Er kann mit der aktuellen Vordergrundfarbe oder mit einem Muster füllen.

Abbildung 7.8: Optionen für den Farbeimer

Kapitel 7   Mit Photoshop Elements malen

Das Muster wählen Sie im Aufklappmenü aus. Das Menü wird aktiviert, wenn Sie bei **FÜLLUNG** die Option **FÜLLEN MIT** auswählen. Außerdem kennt der Farbeimer die bereits von den Ebenen her bekannten **FÜLLMETHODEN** und Sie können mit einer bestimmten **DECKKRAFT** füllen.

Darüber hinaus verhält sich der Farbeimer ganz ähnlich wie der Zauberstab. Die Farbe, die mit dem Farbeimer aufgetragen wird, oder das Muster überschreibt ja die aktuellen Farbwerte der Pixel. Wie beim Zauberstab können Sie auch für den Farbeimer eine **TOLERANZ** definieren.

Beim Klick mit dem Farbeimer überprüft Photoshop Elements die Farbe des Pixels und überträgt die Farbe des Farbeimers auf alle Pixel in der Nachbarschaft, deren Farbwerte innerhalb der Toleranz liegen. Je höher der Wert für die Toleranz ist, umso mehr Pixel sind davon betroffen.

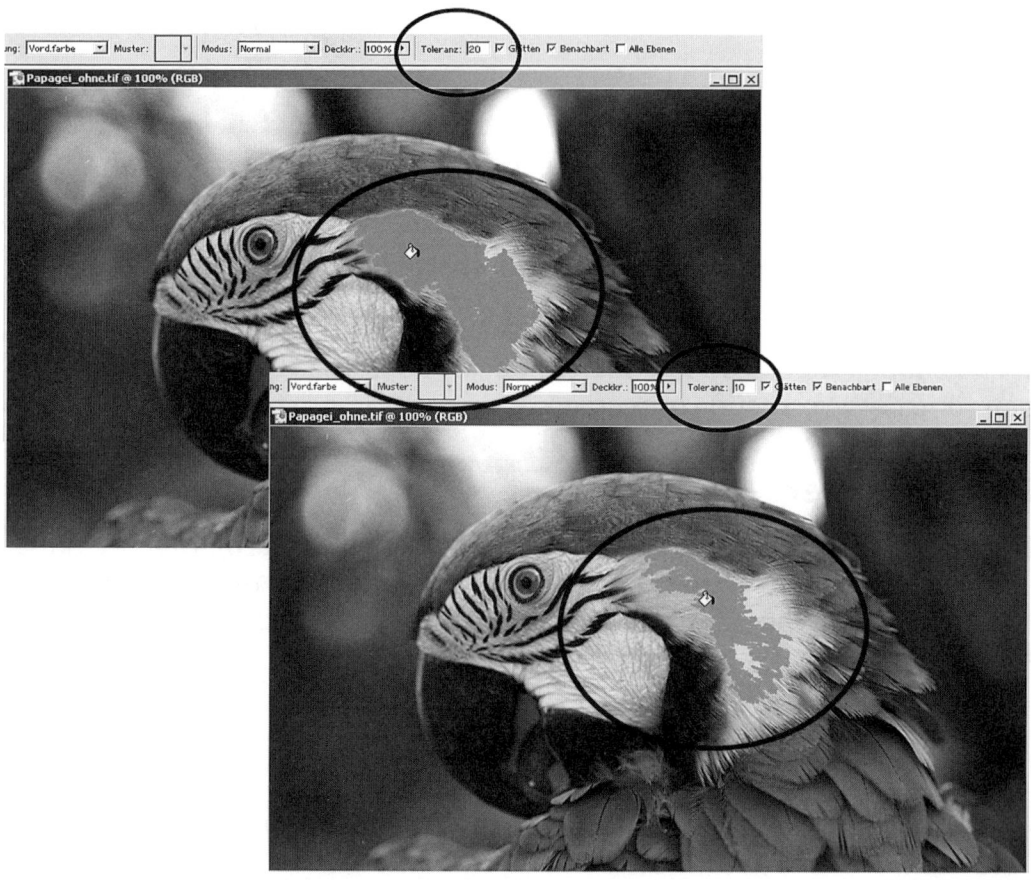

Abbildung 7.9: Farbauftrag durch Farbeimer mit höherer und niedriger Toleranz

Die restlichen Einstellungen in der Optionsleiste entsprechen denn auch den Einstellungen für den Zauberstab.

Zum Bumerang könnte lediglich die Option **ALLE EBENEN** werden. Das bedeutet nämlich, dass die Farbe nicht nur auf der gerade aktiven Ebene aufgetragen wird, sondern auf allen Ebenen des Bildes! Das ist meistens eher nicht beabsichtigt, oder?

Pinsel und Buntstift

Wenn Sie einen Pinsel als Malwerkzeug aktivieren, sollten Sie als Erstes die Größe und Form der Werkzeugspitze festlegen. Die Größe wird in Form eines Durchmessers in Pixel angegeben.

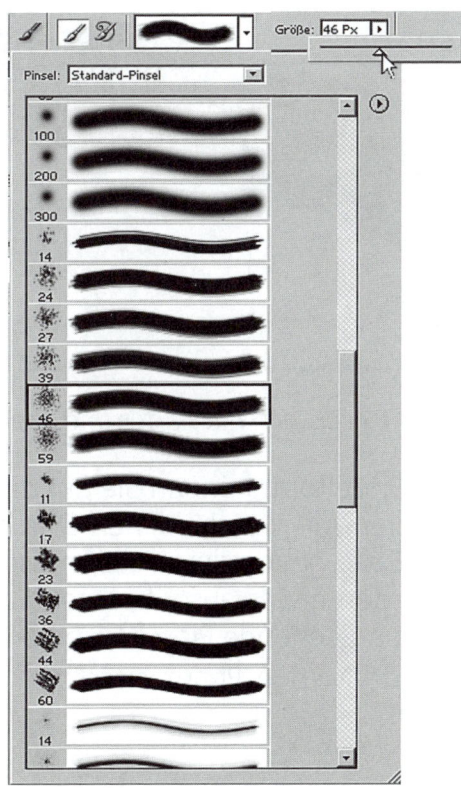

Abbildung 7.10: Größe und Form der Pinselspitze einstellen

Pinselformen

Die Form der Pinselspitze kann sehr verschieden sein. Die äußeren Kanten eines Pinsels können hart oder weich sein. Dementsprechend ergibt sich ein unterschiedliches Verhalten beim Auftragen der Farbe. Der Pinsel malt übrigens immer mit der Vordergrundfarbe.

Abbildung 7.11: Pinselstrich mit harter und weicher Kante

Im Aufklappmenü für die Pinselform können Sie aus einer langen Reihe harter und weicher Pinselspitzen mit verschiedenen Durchmessern auswählen. Die Zahlen auf der linken Seite geben den Durchmesser an. Interessant sind auch die Pinselspitzen mit den etwas ausgefransten Formen. Mit ihnen lassen sich ziemlich realistisch aussehende Pinselstriche erzeugen.

Darüber hinaus gibt es jede Menge Phantasiespitzen. Hier gilt wieder das alte Motto – Ausprobieren!

Die Malwerkzeuge

Abbildung 7.12: Natürliche Pinselformen

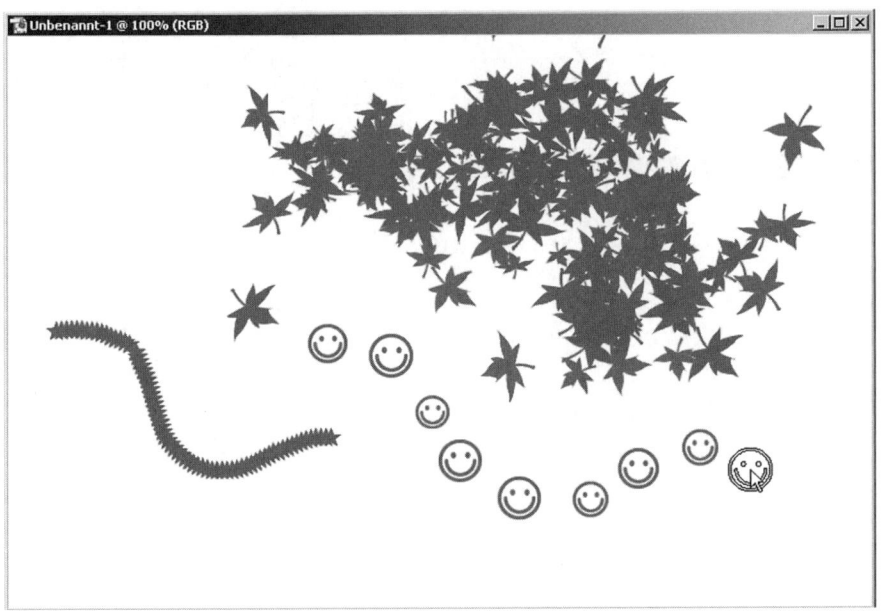

Abbildung 7.13: Phantasievolle Pinselspitzen

Kapitel 7 Mit Photoshop Elements malen

Die Pinselspitzen, die Sie im Aufklappmenü auswählen können, lassen sich natürlich jederzeit verändern. So können Sie den Durchmesser ändern, die Füllmethode (das kennen Sie ja schon) oder auch die Deckkraft.

Am rechten Rand der Optionsleiste befinden sich noch zwei kleine Schaltflächen. Mit der ersten können Sie den so genannten **AIRBRUSH** aktivieren. Unter **AIRBRUSH** versteht man eine konventionelle Malmethode, bei der die Farbe mit kleinen Sprühpistolen aufgetragen wird. Farben werden dabei meist verlaufend aufgetragen. Das erreichen Sie aber mit einer weichgezeichneten Pinselspitze genauso.

In Photoshop Elements werden Sie mit der Option **AIRBRUSH** meist keine sichtbaren Veränderungen zum normalen Modus erzielen.

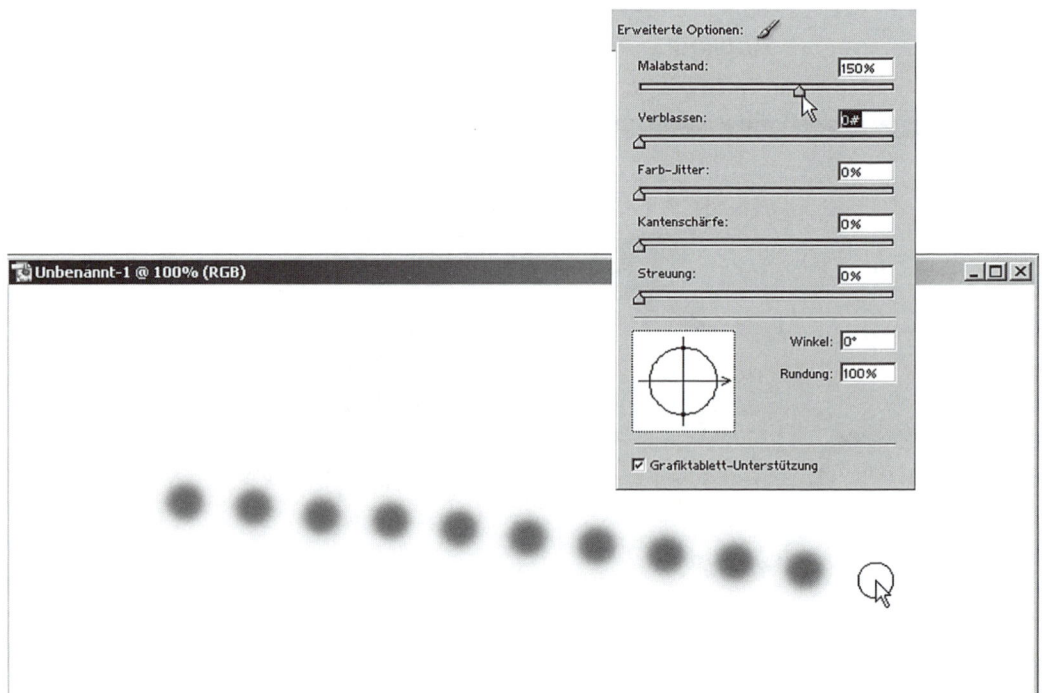

Abbildung 7.14: Durch Veränderung des Malabstands entstehen gepunktete Linien.

Erweiterte Optionen für den Pinsel

Da tut sich bei dem kleinen Menü **ERWEITERTE OPTIONEN** schon mehr. Mit Hilfe der Option **MALABSTAND** lassen sich gepunktete Linien auftragen. Die Pinselspitzen werden dabei einfach in größerem Abstand zueinander im Bild platziert.

Durch die Option **VERBLASSEN** lässt sich die Länge des Pinselstriches begrenzen. Die Länge wird in Pixeln vorgegeben, dann läuft der Pinselstrich transparent aus.

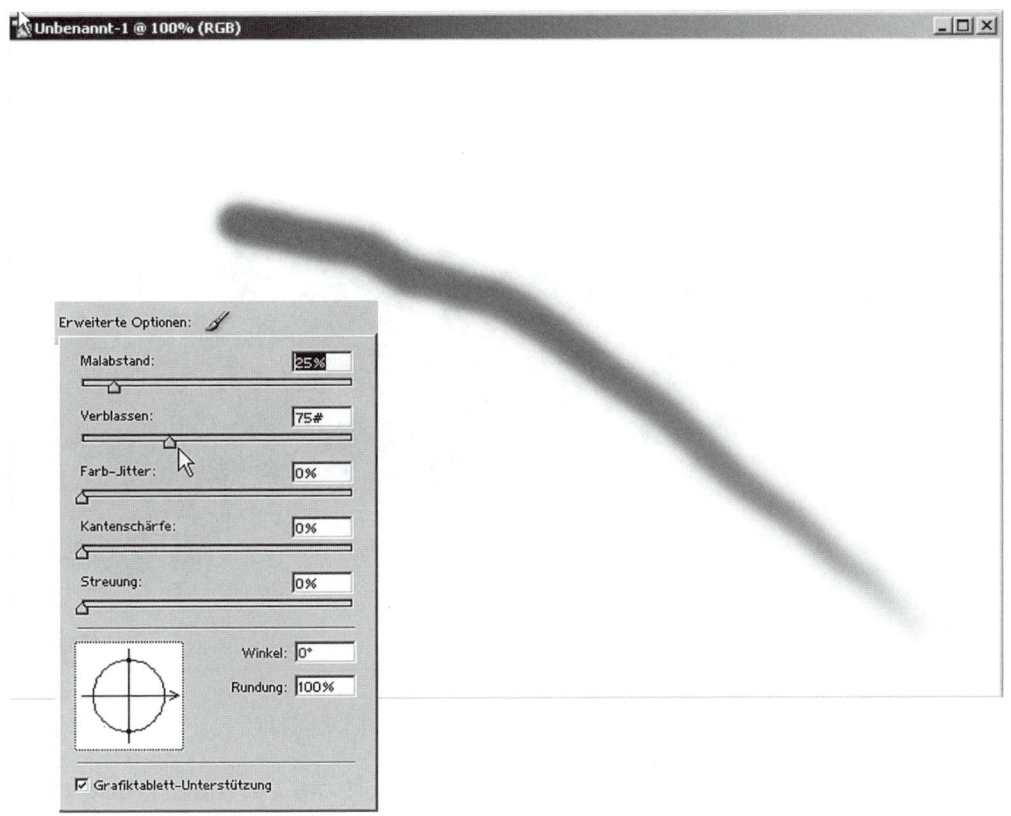

Abbildung 7.15: Pinselstriche mit der Option VERBLASSEN

Beim **FARBJITTER** wird per Zufallsgenerator während des Malens zwischen Vorder- und Hintergrundfarbe gewechselt.

Siehe Abbildung F26 im Farbteil: Farbjitter wechselt zwischen Vorder- und Hintergrundfarbe.

Mit Hilfe der **KANTENSCHÄRFE** steuern Sie harte und weiche Kanten der Pinselspitze. Je höher der Wert der Kantenschärfe ist, umso härter wird die Kante des Pinsels.

Die Option **STREUUNG** ergibt recht witzige Effekte. Auch wenn Sie den Pinsel gerade ziehen, werden die einzelnen Punkte nach rechts und links verstreut. Je höher der Wert ist, umso stärker streut der Pinsel. Auch hier ist wieder ein Zufallsgenerator am Werk.

Abbildung 7.16: Streuung einer Pinselspitze

Über **RUNDUNG** und **WINKEL** schließlich lässt sich die normalerweise runde Form der Pinselspitze beispielsweise in ein schmales Oval verwandeln. Damit können Sie z.B. kalligrafische Federn simulieren.

Impressionistenpinsel

Ganz schön vielseitig, diese Pinsel, oder? Und ich bin noch nicht ganz fertig. Es gibt schließlich noch den **IMPRESSIONISTENPINSEL**. Damit lassen sich Fotos

Die Malwerkzeuge

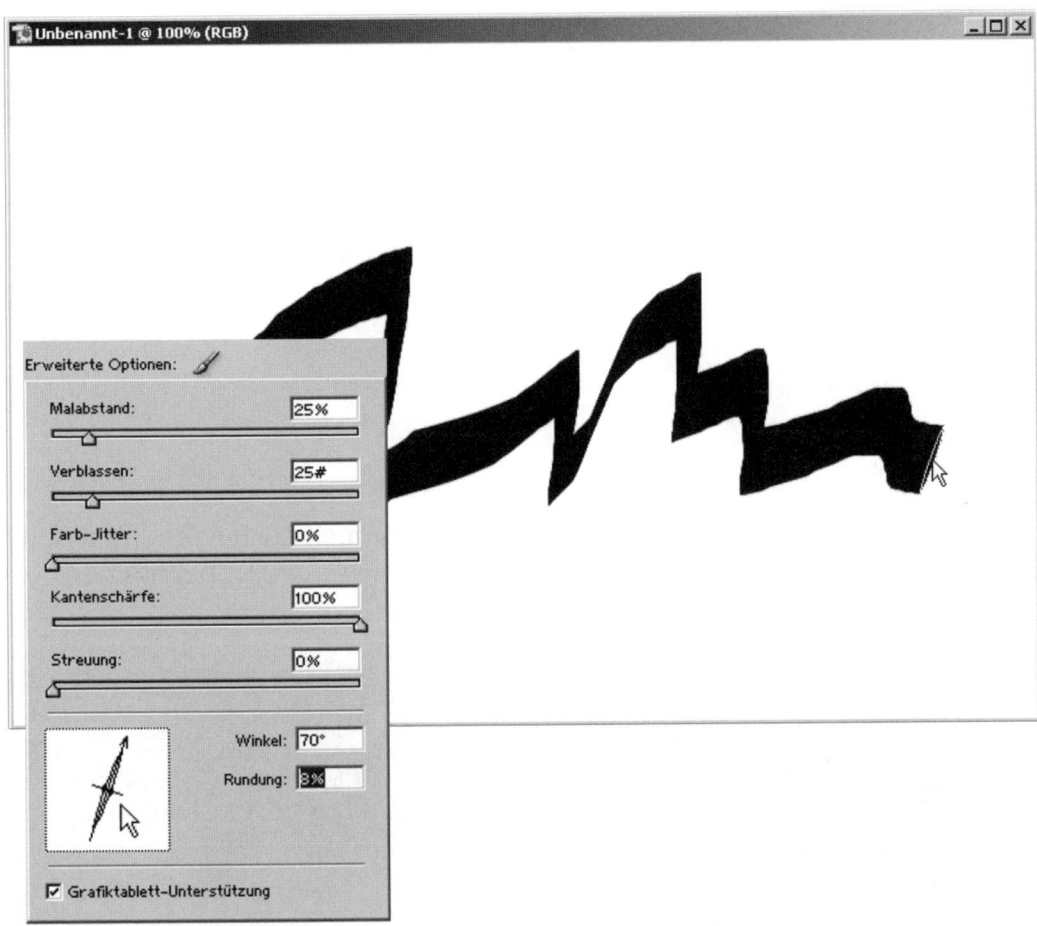

Abbildung 7.17: Durch Änderung von RUNDUNG und WINKEL wird eine kalligrafische Feder simuliert.

in impressionistische Gemälde verwandeln. Anders als der normale Pinsel arbeitet der Impressionistenpinsel nicht mit Vorder- oder Hintergrundfarbe.

Allerdings erfordert dieser Pinsel einige Übung und viel Erfahrung mit den Einstellungsmöglichkeiten, damit Sie zu vernünftigen Ergebnissen kommen. Oft sieht das Ergebnis eher wie Geschmiere aus. Natürlich eignen sich auch nicht alle Bilder als Vorlage für ein impressionistisches Gemälde. Am besten sind Bilder mit Naturaufnahmen und wenigen Personen. Probieren Sie doch mal folgende Einstellungen.

Kapitel 7 Mit Photoshop Elements malen

Übung

1. Öffnen Sie die Datei **COTTAGE.TIF** von der CD.
2. Aktivieren Sie den Impressionistenpinsel. Wählen Sie eine weichgezeichnete Werkzeugspitze mit einem Durchmesser von ca. 50 Pixel. Der Modus sollte immer auf **NORMAL** stehen.
3. Stellen Sie die Deckkraft auf ca. 30 %.
4. In den **ERWEITERTEN OPTIONEN** nehmen Sie folgende Einstellungen vor:

   Stil – **DICHT MITTEL**
   Bereich – **30** Pixel
   Toleranz – **2%**
5. Fahren Sie nun in Schlangenlinien von rechts oben nach links unten durch das Bild. Sie sollten am Ende in etwa folgendes Ergebnis bekommen:

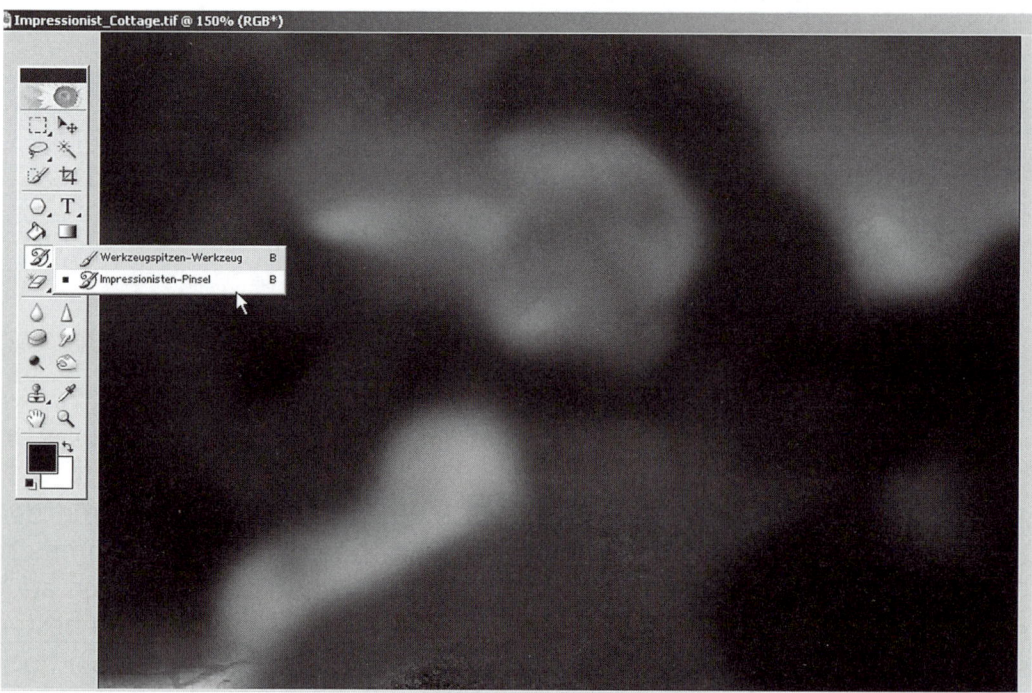

Abbildung 7.18: Foto in eine Art impressionistisches Bild verwandelt

Bei diesem Werkzeug gilt eindeutig die Devise »Übung macht den Meister«.

Der Buntstift

Prinzipiell funktioniert der Buntstift ähnlich wie der Pinsel, allerdings mit einem großen Unterschied. Ein Buntstift malt **nie** mit einer weichen Kante. Die Auswahl an Werkzeugspitzen in dem entsprechenden Aufklappmenü ist etwas irreführend, wie Sie spätestens beim Ausprobieren merken werden.

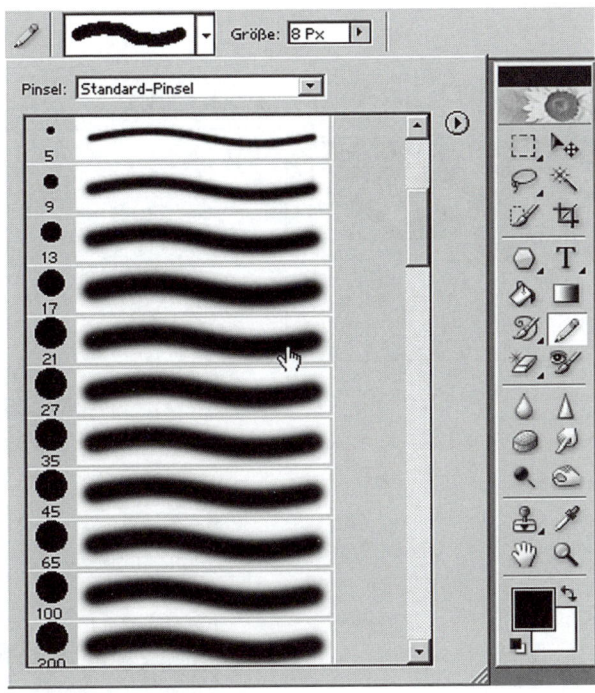

Abbildung 7.19: Widersprüchliche Auswahl an Werkzeugspitzen für den Buntstift

Die Optionen für **GRÖSSE, MODUS** und **DECKKRAFT** entsprechen denen beim Pinsel. Einen kleinen Unterschied gibt es aber dennoch, nämlich die Option **AUTOMATISCH LÖSCHEN**. Sie sorgt dafür, dass der Buntstift alle Pixel, die der aktuellen Vordergrundfarbe entsprechen, automatisch durch die aktuelle Hintergrundfarbe überschreibt.

Malen mit Verläufen

Etwas einfacher als beispielsweise impressionistische Malerei gestaltet sich der Umgang mit Verläufen. Sie werden mit Sicherheit auch häufiger zum Einsatz kommen.

Kapitel 7   Mit Photoshop Elements malen

Unter einem Verlauf versteht man einen mehr oder weniger stufenlosen Übergang von einem Farb- oder Grauton in einen anderen. Photoshop Elements bietet zum Erstellen von Verläufen ein spezielles Werkzeug an.

In der Optionsleiste können Sie zunächst einmal wieder aus einer Vielzahl einsatzbereiter Verläufe auswählen. Sie sind im Untermenü nach Kategorien geordnet. Der Standardverlauf geht von der Vorder- in die Hintergrundfarbe über.

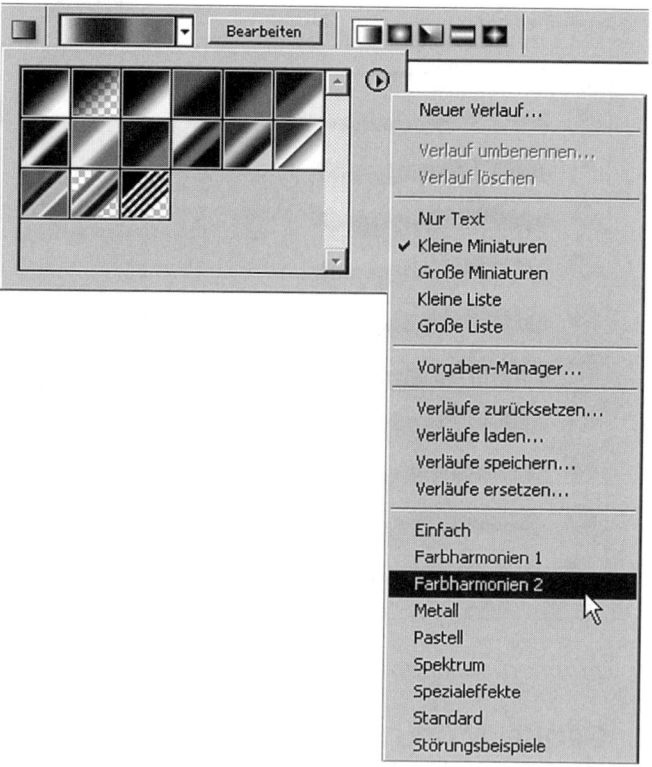

Abbildung 7.20: Kategorien für die Verläufe

Um einen Verlauf anzuwenden, klicken Sie einfach mit dem Werkzeug im Bild und ziehen Sie mit gedrückter Maustaste in eine beliebige Richtung. Der Verlauf erstreckt sich über die Länge der Strecke, die Sie mit der Maus gezogen haben. Der Bereich vor dem Anfangspunkt wird mit der Vordergrundfarbe aufgefüllt, der Bereich hinter dem Punkt, an dem Sie die Maustaste losgelassen haben, wird mit der Hintergrundfarbe aufgefüllt.

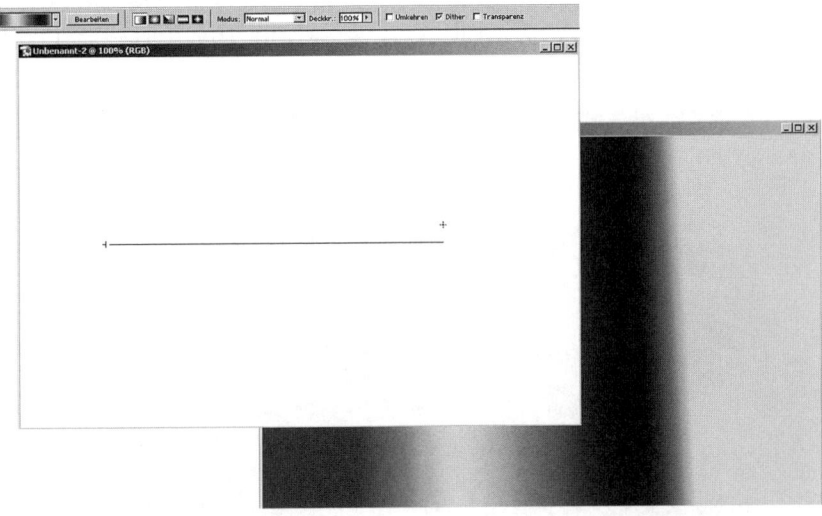

Abbildung 7.21: Ein Verlauf wird durch Ziehen mit dem Verlaufswerkzeug erstellt.

Der Verlauf erstreckt sich automatisch über das gesamte Bild. Die Ausdehnung eines Verlaufs können Sie nur durch Auswahlbereiche eingrenzen. Der Verlauf ist dann nur innerhalb der Auswahl sichtbar, da der Rest des Bildes ja geschützt ist.

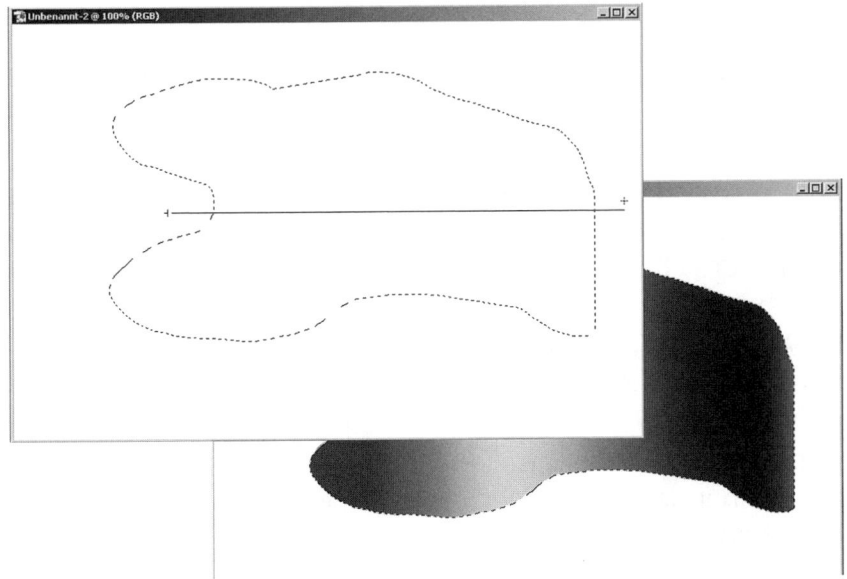

Abbildung 7.22: Verlauf durch eine Auswahl begrenzen

Diese Vorgehensweise bietet interessante Effekte, wenn Sie die Auswahl z.B. mit einer breiten weichen Auswahlkante versehen, etwa 10–15 Pixel.

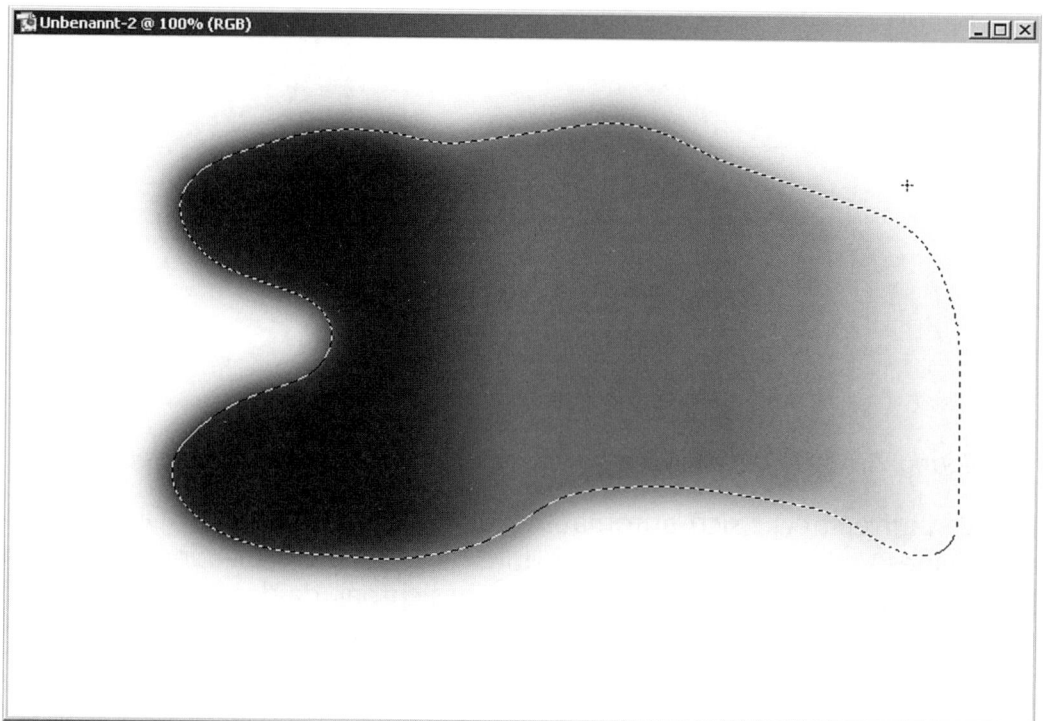

Abbildung 7.23: Verlauf in einer Auswahl mit weichen Kanten

Verlaufsarten

Als Standard verwendet Photoshop Elements einen so genannten **LINEAREN**, (also geraden) **VERLAUF**. Nun gibt es aber auch noch andere Typen von Verläufen, die Sie durch Klick auf das entsprechende Symbol in der Optionsleiste auswählen können.

Ein **RADIALVERLAUF** ist kreisförmig und wird immer vom Zentrum des Kreises zum Rand hin aufgezogen.

Der **VERLAUFSWINKEL** zieht den Verlauf in einem Kreis von der Vorder- in die Hintergrundfarbe. Als Ergebnis liegen Vorder- und Hintergrundfarbe am Schluss nebeneinander. Sie können sich das wie einen Spitzkegel vorstellen, den Sie von oben betrachten.

Die Malwerkzeuge

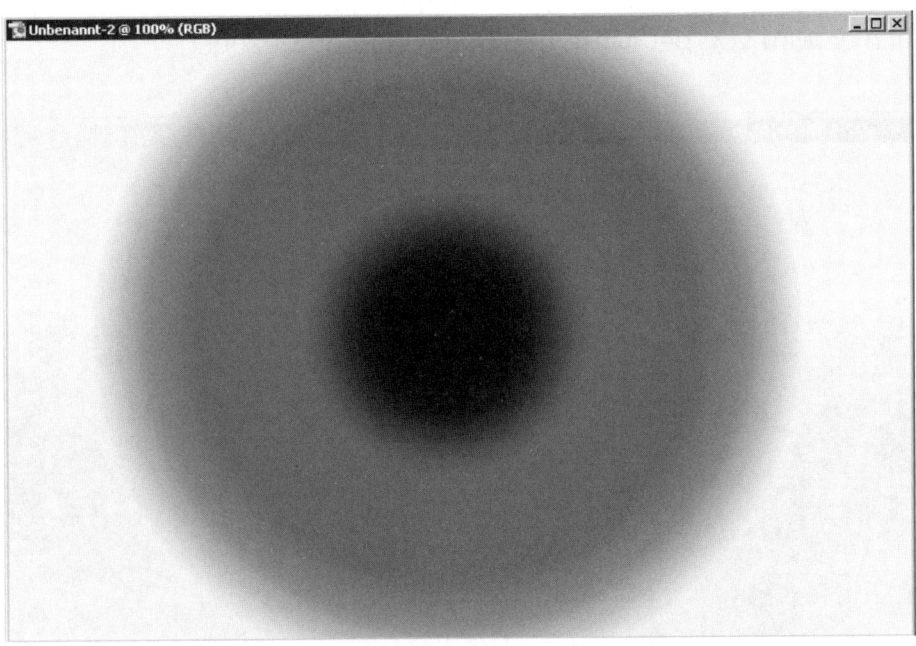

Abbildung 7.24: Radialverlauf, aufgezogen vom Zentrum des Kreises

Abbildung 7.25: Der Verlaufswinkel entspricht einem Spitzkegel von oben betrachtet.

Der **REFLEKTIERTE VERLAUF** entspricht einem linearen Verlauf, der gespiegelt ist. Auch er wird von der Mitte der Spiegelung aufgezogen.

Abbildung 7.26: Reflektierter Verlauf

Zum Schluss kann ich noch den **RAUTENVERLAUF** anbieten. Auch er wird vom Zentrum her aufgezogen.

Bearbeiten von Verläufen

Natürlich beherrscht auch das Verlaufswerkzeug die **Füllmethoden** und die **DECKKRAFT**. Besonders reizvoll wird die Arbeit mit Verläufen aber, wenn Sie eigene Farbkombinationen zusammenstellen. Dazu klicken Sie einfach auf die Schaltfläche **BEARBEITEN**.

Abbildung 7.27: Rautenförmiger Verlauf

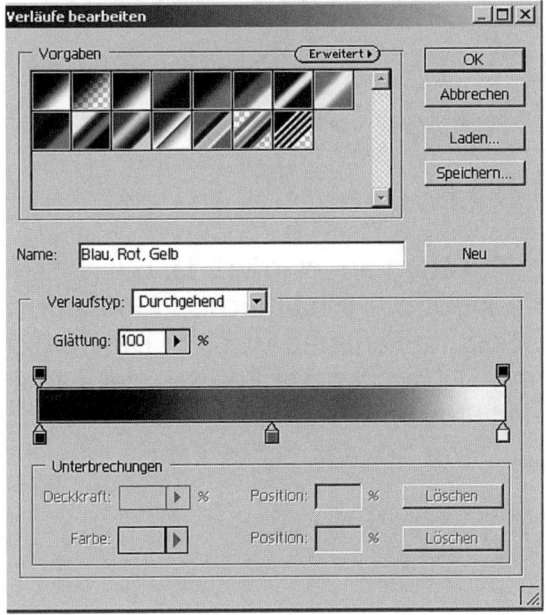

Abbildung 7.28: Dialogfeld zum Bearbeiten von Verläufen

Kapitel 7 Mit Photoshop Elements malen

Wählen Sie zunächst den Verlauf aus, den Sie bearbeiten möchten, geben Sie ihm einen neuen Namen und klicken Sie auf **NEU**. Dadurch wird der alte Verlauf nicht überschrieben und der neue Verlauf erscheint automatisch in der Kategorie, in der sich auch der alte befindet. Zunächst sieht er natürlich noch genauso aus.

Nun klicken Sie einmal an zwei verschiedenen Stellen unter die Darstellung des Verlaufs. Dort werden neue Farbetiketten eingefügt, denen Sie neue Farben zuordnen können.

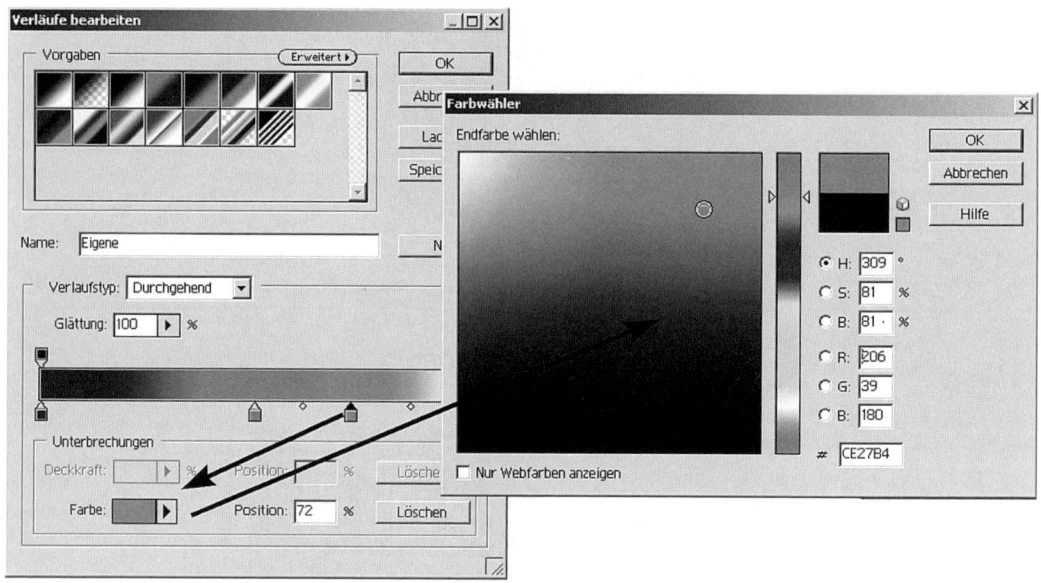

Abbildung 7.29: Neue Farben zu einem Verlauf hinzufügen

Klicken Sie eines der Etiketten an, es trägt dann eine schwarze Haube. Nun können Sie durch Klick auf die Schaltfläche **FARBE** auf den Farbwähler zugreifen und die gewünschte Farbe auswählen. Durch Klick auf die Schaltfläche **POSITION** können Sie die genaue Position der Farbe im Gesamtverlauf bestimmen. Sie wird in Prozentwerten angegeben, da ein Verlauf sich ja über unterschiedlich lange Distanzen erstrecken kann.

Die Malwerkzeuge

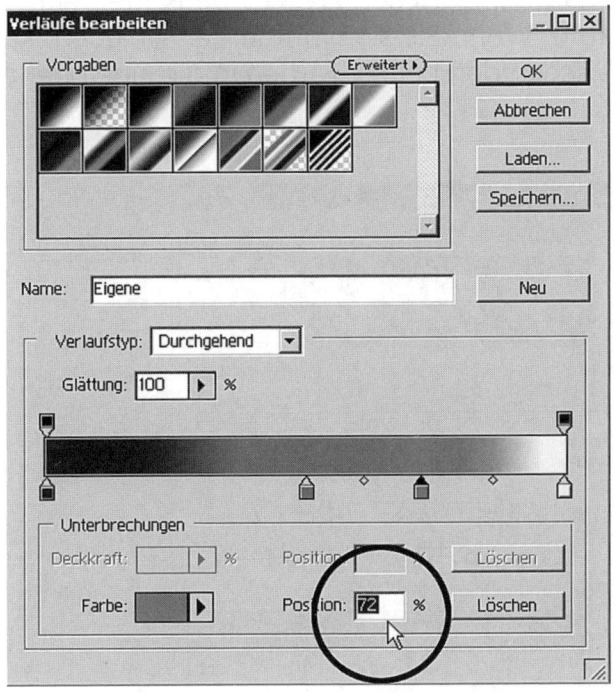

Abbildung 7.30: Farbe und Position einer Farbe bestimmen

Sie können prinzipiell beliebig viele Farbstufen in einen Verlauf einbauen. Jede Farbstufe lässt sich auch wieder löschen, indem Sie sie anklicken und mit gedrückter Maustaste nach unten aus dem Dialogfeld ziehen.

Falls Sie sich beim Herumprobieren doch einmal völlig verflogen haben sollten, gibt es einen Trick, der Sie wieder zum Ausgangspunkt zurückführt.

Wenn Sie bei geöffnetem Dialogfeld [Alt] drücken, ändert sich die Schaltfläche **ABBRECHEN** in **ZURÜCK**. Wenn Sie auf **ZURÜCK** klicken, werden alle Einstellungen, die Sie in dem Dialogfeld vorgenommen haben, auf den Ursprungswert zurückgesetzt und Sie können wieder neu anfangen.

Dieser Trick funktioniert in allen Dialogfenstern mit Eingabefeldern. Er erspart Ihnen, zuerst das Dialogfeld über **ABBRECHEN** zu verlassen (damit werden ja die Änderungen nicht übernommen) und dann das Dialogfeld erneut aufzurufen.

Zurück zu den Verläufen. Zwischen zwei Farbetiketten eines Verlaufs finden Sie eine kleine Raute. Wenn Sie sie hin und her schieben, können Sie damit den Übergang zwischen den beiden Farben in die eine oder andere Richtung strecken.

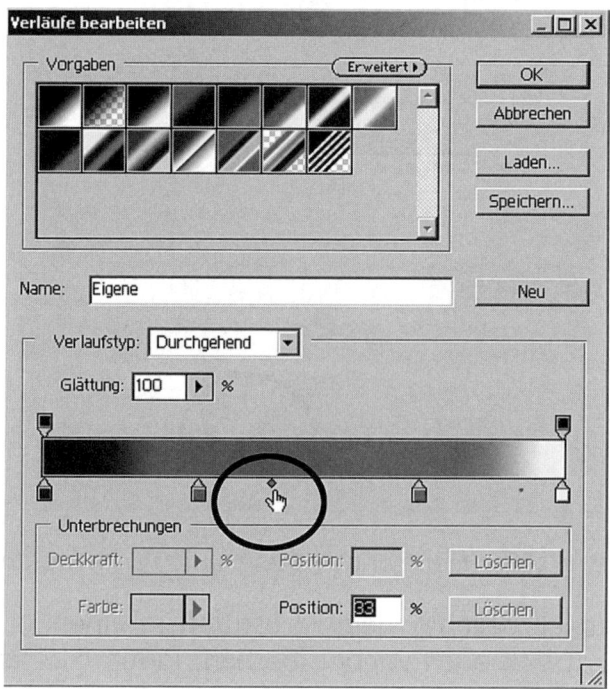

Abbildung 7.31: Farbübergänge innerhalb eines Verlaufs verschieben

Nun gibt es noch ein paar Einstellungen oberhalb der farbigen Verlaufsdarstellung. Auch über dem Verlauf finden Sie Etiketten. Diese bestimmen aber nicht die Farben, sondern die Transparenz. Auch die **Transparenz-Etiketten** können Sie durch Klick beliebig setzen und für jedes Etikett eine andere Deckkraft bestimmen. Auf diese Weise kann ein Verlauf von transparent zu deckend und wieder zu einer teilweise transparenten Farbe übergehen. Damit die Transparenzen auch zum Tragen kommen, muss in der Optionsleiste die Einstellung TRANSPARENZ angeklickt sein.

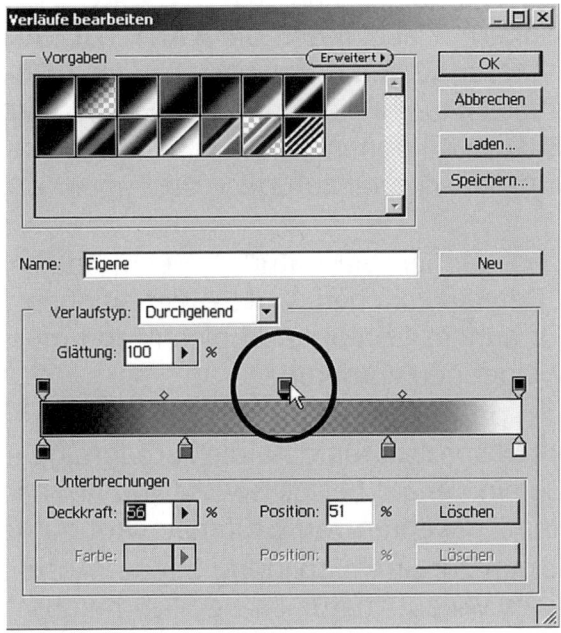

Abbildung 7.32: Schritte eines Verlaufes können teilweise transparent sein.

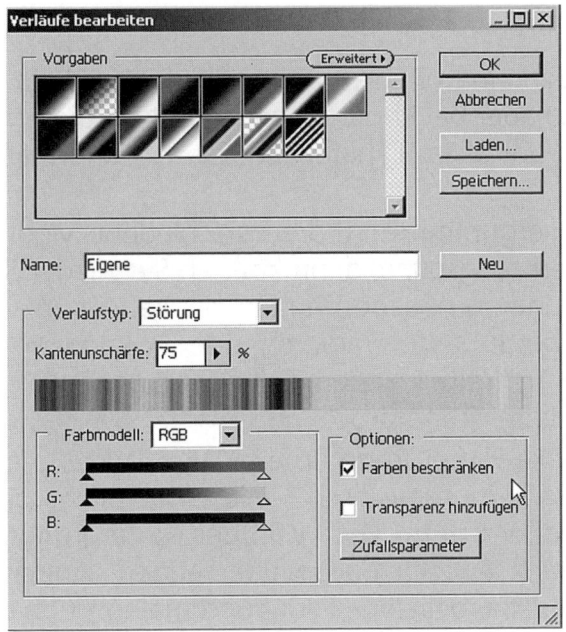

Abbildung 7.33: Störungsverläufe

Eine nette Spielwiese bietet der Verlaufstyp **STÖRUNG**. Er ergibt Verläufe, die an Spektrallinien erinnern. Dabei regelt die **KANTENSCHÄRFE** die Anzahl der Störungslinien. Ein Störungsverlauf kann nach dem **RGB-** oder dem **HSB-**Modell aufgebaut sein. Durch die Optionen **FARBEN BESCHRÄNKEN** und **TRANSPARENZ HINZUFÜGEN** können Sie die Farbsättigung einschränken bzw. transparente Störungsbereiche hinzufügen. Und einen **ZUFALLSGENERATOR** gibt es auch noch!

Ihre Verlaufsvorgaben können Sie natürlich auch jederzeit speichern bzw. wieder laden. Die Dateien mit den Verlaufsdefinitionen können Sie dann problemlos auch auf andere Computer kopieren und müssen dort nicht die ganze Einstellung wieder neu vornehmen.

Zum Schluss noch ein paar Hinweise zu den Einstellungen der Optionsleiste. Die Option **UMKEHREN** sorgt dafür, dass die Farbabfolge eines Verlaufs umgekehrt wird. Ist also ein Verlauf beispielsweise von Rot nach Grün angelegt, wird er bei aktiviertem Umkehren von Grün nach Rot aufgetragen.

Manche Drucker neigen zur Streifenbildung bei der Ausgabe von Verläufen, was die Wirkung eines Verlaufs natürlich ziemlich herabsetzt. Durch die Option **DITHERN** (= Rastern mit einem Punktraster) kann dieser Effekt vermindert werden.

Radiergummis

Ich weiß, Sie würden einen Radiergummi nicht unbedingt als Malwerkzeug bezeichnen. Er wird aber bei Photoshop Elements in diesem Zusammenhang eingesetzt und hat vor allem Fähigkeiten, die ein »normaler« Radiergummi nicht hat.

Der »normale« Radiergummi kennt drei verschiedene Modi. Er kann sich verhalten wie eine Werkzeugspitze, dann können Sie wieder Spitzenform (auch weichgezeichnet) und -größe bestimmen. Er kann sich verhalten wie der Buntstift, also nur harte Kanten radieren, oder er kann einfach nur ein Quadrat mit harten Kanten sein. In jedem Fall ersetzt er die Pixel, über die Sie ihn ziehen, durch die Hintergrundfarbe.

Standardmäßig ist die Hintergrundfarbe ja Weiß. Viele unerfahrene Anwender denken, der Radiergummi löscht Teile eines Bildes und die sind dann transparent. Ein großer Irrtum! Das Weiß der Hintergrundfarbe ist deckend. Sie können sich ganz einfach davon überzeugen. Ändern Sie die Hintergrundfarbe in irgendeine beliebige Farbe und malen Sie mit dem Radiergummi. Na, löscht er das Bild oder malt er? Jetzt wissen Sie auch, warum ich Radiergummis zu den Malwerkzeugen zähle.

Die Malwerkzeuge

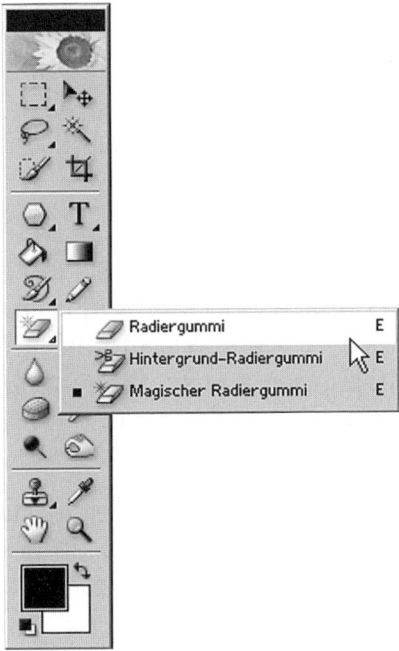

Abbildung 7.34: Photoshop Elements kennt drei Radiergummis.

Abbildung 7.35: Der normale Radiergummi übermalt Pixel mit der Hintergrundfarbe.

Richtig löschen können Sie nur mit dem **Hintergrund-Radiergummi** und dem magischen Radiergummi. In Bezug auf den Hintergrund-Radiergummi muss ich gleich eine Warnung aussprechen. Er soll eigentlich so ähnlich wie der Zauberstab funktionieren, also eine Farbe aufnehmen und diese Farbe und Farben innerhalb der Toleranz beim Malen löschen.

Ich verrate Ihnen gleich – der Hintergrund-Radiergummi löscht ziemlich gnadenlos. Also setzen Sie ihn ein, wie Sie einen normalen Radiergummi einsetzen würden, und die Bildbereiche, die Sie übermalen, werden transparent. Es ist ziemlich müßig, mit den Einstellungen zu experimentieren. Sie führen praktisch alle zum gleichen Ergebnis – er löscht alle Pixel!

Das Interessante dabei ist, wenn Sie ihn auf einer Hintergrundebene einsetzen, wird diese automatisch in eine Ebene 0 umgewandelt, da die Hintergrundebene ja keine Transparenzen unterstützt.

Der effektivste Radiergummi ist der **magische Radiergummi**. Um seine Funktionalität zu zeigen, machen Sie am besten eine Übung.

Übung

1. Öffnen Sie die Dateien **HERBST.TIF** und **FERRARI.TIF** von der CD.

2. Aktivieren Sie die Datei **FERRARI.TIF**, wählen Sie alles aus und kopieren Sie (= [Strg]+[A], [Strg]+[C]).

3. Wechseln Sie in die Datei **HERBST.TIF** und fügen Sie den Ferrari ein (= [Strg]+[V]). Sie können ihn auch etwas kleiner machen, indem Sie ihn mit Hilfe des Befehls **BILD|TRANSFORMIEREN|FREI TRANSFORMIEREN** auf die gewünschte Größe skalieren.

4. Aktivieren Sie nun den magischen Radiergummi. Stellen Sie die **TOLERANZ** auf 22. Die Option **AUFEINANDER FOLGEND** sollte aktiviert, die Option **ALLE EBENEN EINBEZIEHEN** deaktiviert sein. Die **DECKKRAFT** sollte auf dem Standardwert 100 % stehen. Die Bedeutung dieser Optionen kennen Sie ja bereits vom Zauberstab.

5. Klicken Sie nun in den grauen Bereich um den Ferrari. Richtig, der magische Radiergummi funktioniert wie der Zauberstab, nur dass er die Pixel innerhalb der Toleranz nicht auswählt, sondern löscht.

Die Malwerkzeuge

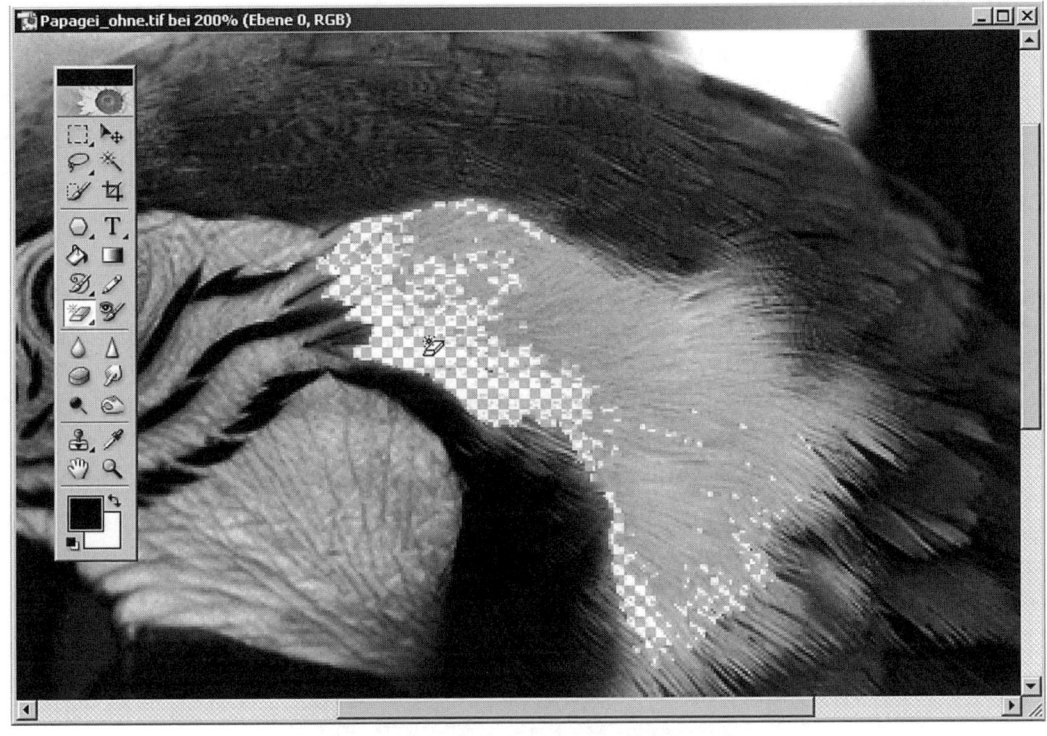

Abbildung 7.36: Der magische Radiergummi funktioniert wie der Zauberstab, löscht aber die Pixel.

6. Klicken Sie in alle grauen Bereiche, bis nur noch der Ferrari sichtbar ist.

Wenn Sie die Option **AUFEINANDERFOLGEND** nicht aktivieren würden, hätten Sie nach ein paar Klicks keine Sitze mehr in dem Ferrari, weil deren schwarze Farbe auch innerhalb der Toleranz liegt und gelöscht wird.

Bitte denken Sie beim Speichern daran, dass nicht alle Speicherformate Transparenzen und Ebenen unterstützen!

... but Goldies

Der Wischfinger

Streng genommen ist der Wischfinger kein richtiges Malwerkzeug, sondern verschmiert die Farben. Man könnte ihn eher als ein Filter-Werkzeug bezeichnen. Auch für dieses Werkzeug können Sie Werkzeugspitze, Größe und Modus variieren. Die wichtigste Einstellung ist aber die **STÄRKE**. Mit ihr wird bestimmt, wie stark das Verwischen wirkt.

 Arbeiten Sie lieber mit geringeren Stärken, dann lässt sich die Wirkung besser kontrollieren. Fangen Sie zunächst mit Werten zwischen 25 % und 40 % an. Auch ist es empfehlenswert, etwas zu warten, nachdem Sie geklickt und mit gedrückter Maustaste gezogen haben. Dieses Werkzeug ist ziemlich rechenintensiv, so dass es, je nach Rechnerleistung, ein paar Sekunden dauern kann, bis die Veränderung angezeigt wird.

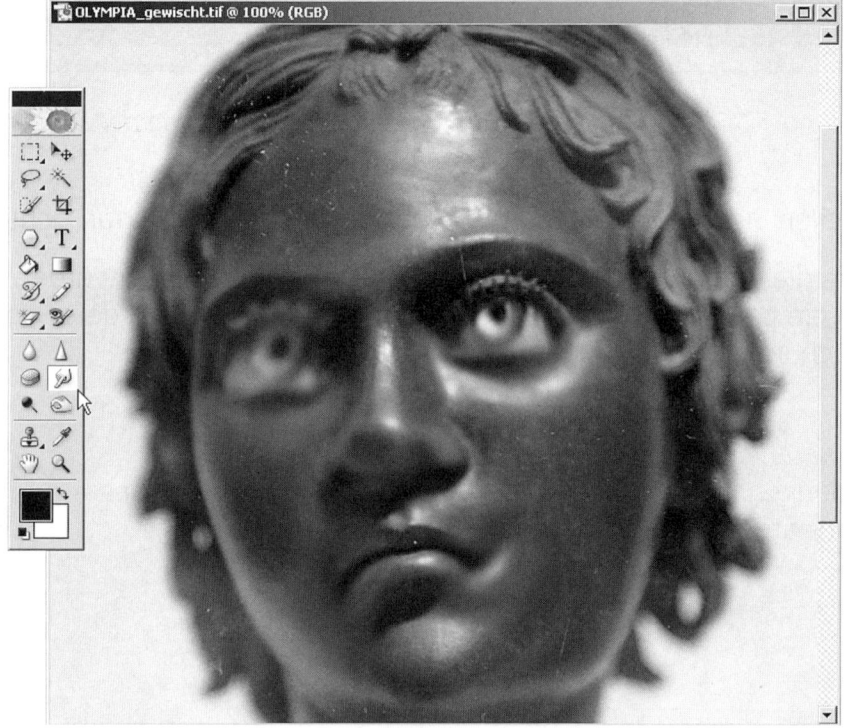

Abbildung 7.37: Comicwirkung mit dem Wischfinger

Die Pixel werden in die Richtung verwischt, in die Sie ziehen. Wenn Sie also beispielsweise kreisförmig über ein Gesicht ziehen, wird das Gesicht wie ein Strudel rotiert. Man kann Bilder seiner Lieblingsfeinde damit ganz schön verunstalten!

Wenn Sie allerdings vorsichtig und geschickt agieren, ist es möglich, mit diesem Werkzeug comicartige Effekte zu erzielen. Dabei ist es besser, lieber öfter zu klicken und kurz zu ziehen, als wenig zu klicken und lange zu ziehen.

Eine selten gebrauchte Variante ist die Option **FINGERFARBE**. Mit ihr hat der Wischfinger nach wie vor die gleiche Wirkung, malt aber zusätzlich mit der Vordergrundfarbe.

Muster und Flächen

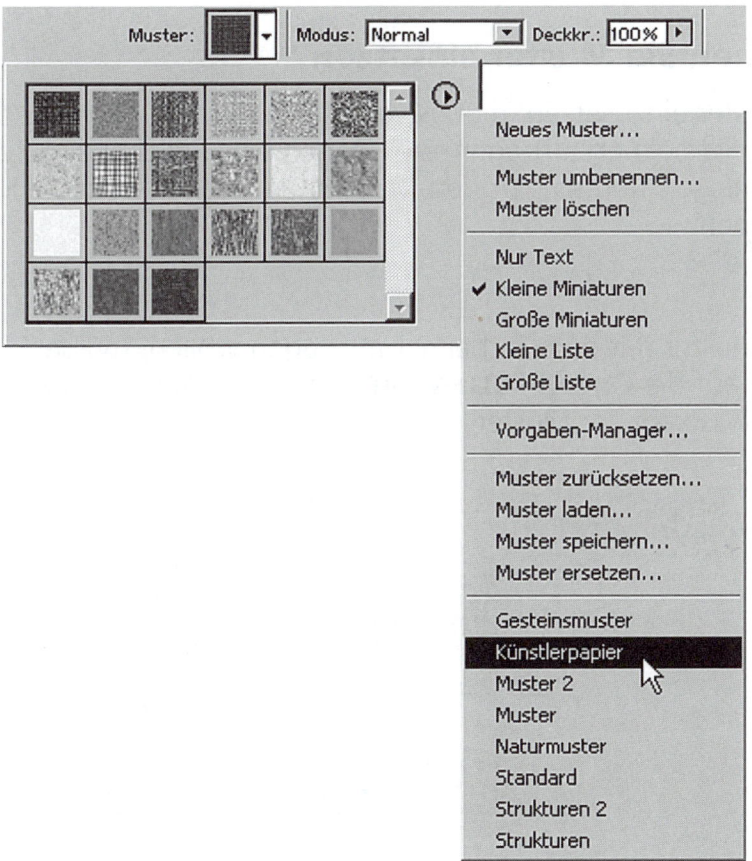

Abbildung 7.38: Musterkategorien

Kapitel 7 Mit Photoshop Elements malen

Im Kapitel über die Ebenen haben Sie bereits Bekanntschaft gemacht mit Musterfüllungen, die Sie im Rahmen von Ebenenstilen eingesetzt haben. Sehen Sie sich Muster und auch die Möglichkeit, Flächen zu füllen, einmal etwas genauer an.

Was sind Muster?

Muster sind nichts anderes als Pixelbilder, die in speziellen Dateien zusammengefasst wurden. Diese Dateien liegen in einem Unterordner des Installationsverzeichnisses von Photoshop. Das Verzeichnis finden Sie nach einer Standardinstallation unter folgendem Pfad **C:\PROGRAMME\ADOBE\PHOTOSHOP ELEMENTS 2\VORGABEN\MUSTER**.
Die Muster sind, ähnlich wie die Ebenenstile, in verschiedene Kategorien eingeteilt, die Sie im Aufklappmenü auswählen können.

Wie können Sie Muster einsetzen?

Um die Muster einzusetzen, gibt es verschiedene Möglichkeiten. Sie können sie mit dem Farbeimer auftragen, Sie können eine Füllebene mit einer Mustererfüllung anlegen und es gibt den Musterstempel, mit dem Sie Muster auftragen können.

Farbeimer

Wenn Sie Muster mit dem Farbeimer auftragen wollen, müssen Sie lediglich die Füllung auf die Option **FÜLLEN MIT** setzen und Sie haben Zugriff auf die komplette Auswahl der Muster.

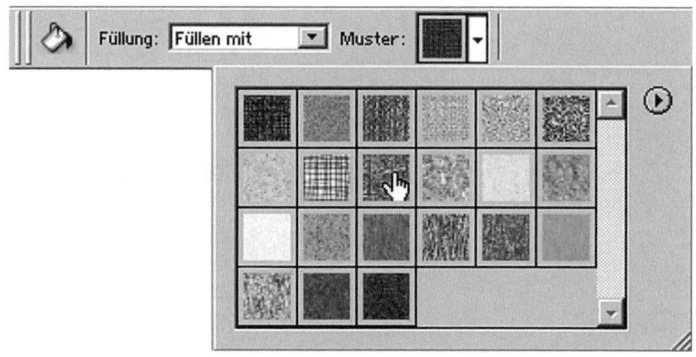

Abbildung 7.39: Option zum Füllen mit Mustern für den Farbeimer

Muster und Flächen

Ansonsten gelten die gleichen Spielregeln, die ich für das Farbeimer-Werkzeug bereits skizziert habe. Also können Sie beispielsweise eine Auswahl erstellen, klicken mit dem Farbeimer und das Muster wird auf alle Pixel übertragen, die innerhalb der Toleranz sind. Da die Muster ja aus Bildern bestehen, ist es sinnvoll, Muster mit dem Farbeimer auf möglichst einheitliche Farbflächen aufzutragen, sonst sehen Sie unter Umständen nicht allzu viel von dem Muster.

Abbildung 7.40: Muster in einer Auswahl auf einheitlicher Farbfläche aufgetragen

Wenn Sie zuerst eine neue Ebene anlegen, auf dieser die Auswahl erstellen und die Auswahl dann mit dem Farbeimer füllen, wird automatisch die komplette Auswahl mit dem Muster gefüllt.

... but Goldies

Kapitel 7 Mit Photoshop Elements malen

Füllebene

Sie können auch gleich eine spezielle Ebene anlegen und diese komplett mit dem Muster füllen lassen. Dazu gibt es die so genannten Füllebenen, die ich bereits im Kapitel über Ebenen beschrieben habe.

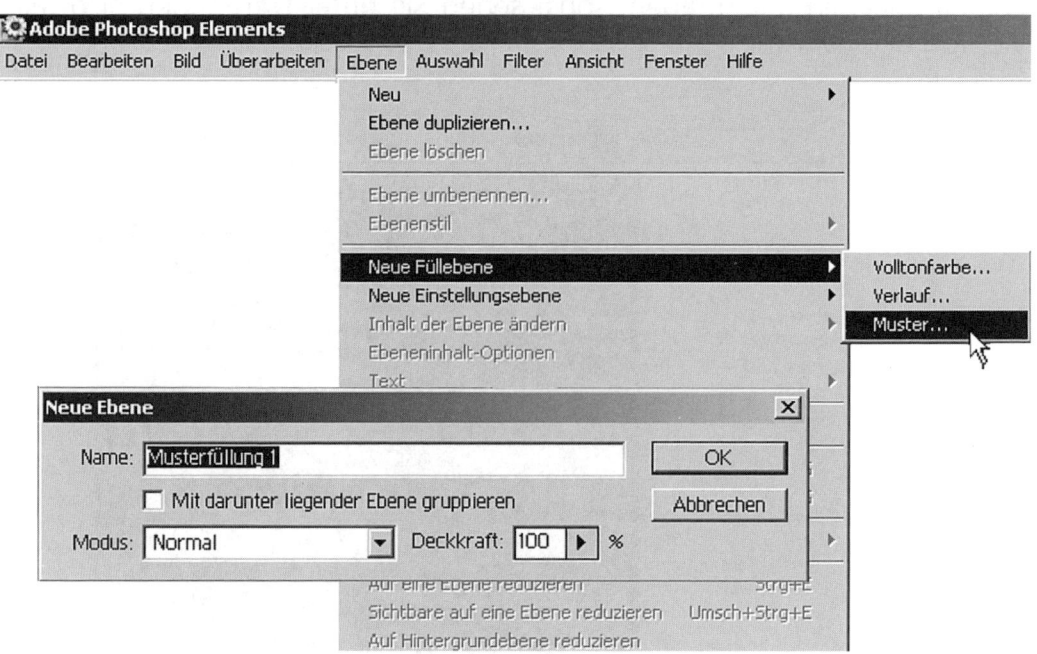

Abbildung 7.41: Anlegen einer Füllebene mit Musterfüllung

Im Falle einer Füllebene mit Musterfüllung lässt sich das Muster auch skalieren, also vergrößern oder verkleinern. Diese Option haben Sie sonst nur bei Ebenenstilen.

Musterstempel

Der Musterstempel trägt, im Gegensatz zum Farbeimer, das Muster wie ein Pinsel beim Malen auf. Dementsprechend ähneln die Optionen denen des Pinsels, Sie können also beispielsweise die Größe der Pinselspitze variieren.

Ganz rechts in der Optionsleiste finden Sie das Menü, aus dem Sie das gewünschte Muster auswählen können. Außerdem gibt es zwei weitere Optionen. Zunächst einmal können Sie dem Musterstempel beibringen, sich wie ein impressionistischer Pinsel zu verhalten. Das gibt dann meist ein unscharfes Geschmiere.

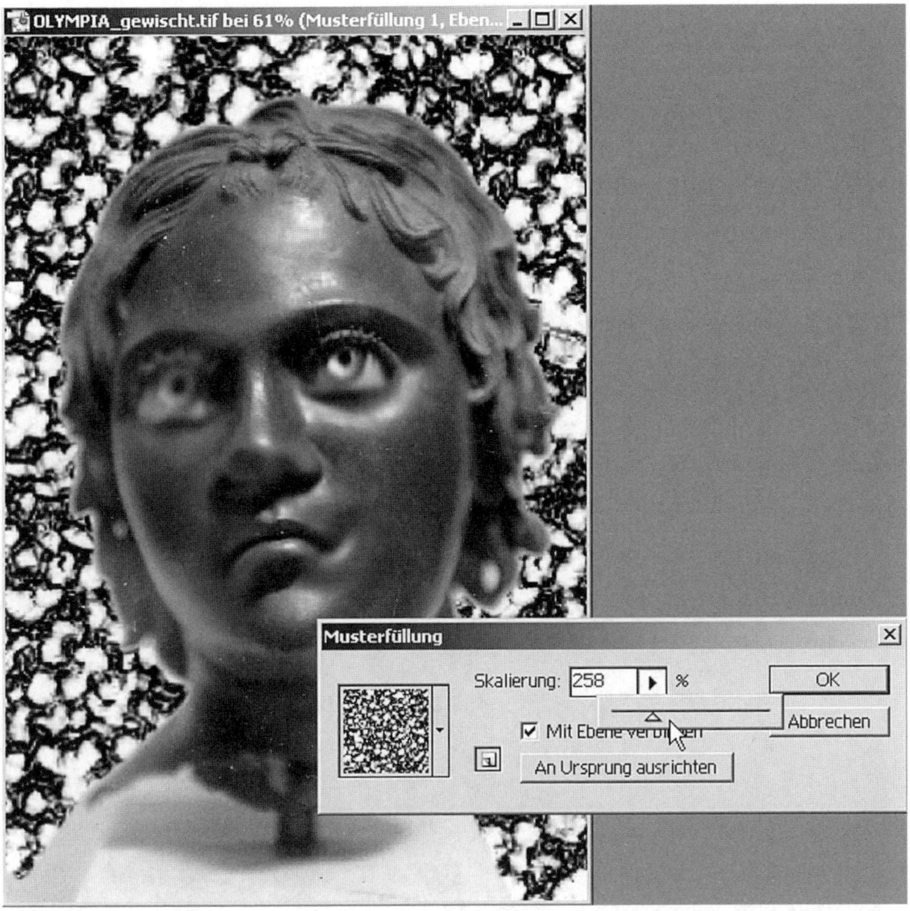

Muster und Flächen

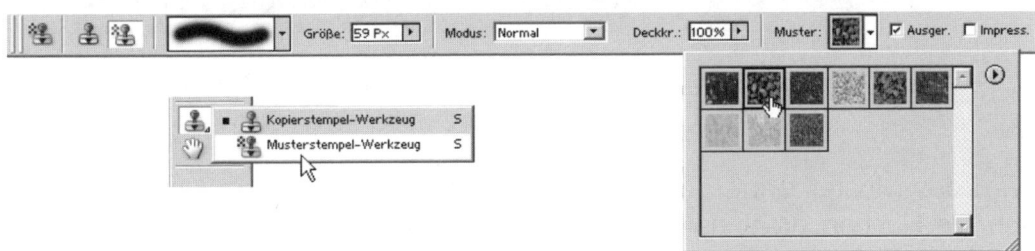

Abbildung 7.42: Option zum Skalieren eines Musters auf einer Füllebene

Abbildung 7.43: Optionen für den Musterstempel

Interessanter ist die Option **AUSGERICHTET**. Sie wird wichtig, wenn Sie beim Malen mit dem Musterstempel mehrmals absetzen und an anderer Stelle wieder anfangen. An einem Beispiel wird es wahrscheinlich deutlicher. Muster wiederholen sich ja in regelmäßigen Abständen. Die Option **AUSGERICHTET** sorgt nun dafür, dass Sie an beliebigen Stellen ansetzen können und immer eine zusammenhängende Musterfläche entsteht.

Abbildung 7.44: Malen eines Musters an verschiedenen Stellen mit der Option AUSGERICHTET

Wird das Muster ohne die Option **AUSGERICHTET** aufgetragen, überlagern sich die Flächen nicht harmonisch und ergeben kein zusammenhängendes Muster.

Muster und Flächen

Abbildung 7.45: Malen eines Musters an verschiedenen Stellen ohne die Option AUSGERICHTET

Eigene Muster

Sie sind jedoch nicht auf die angebotenen Muster beschränkt, sondern können eigene Muster erstellen und auch speichern. Dazu machen Sie am besten folgende Übung, in der Sie ein Karomuster erstellen.

Übung

1. Erstellen Sie eine neue Datei in der Photoshop-Standardgröße im Modus **RGB-FARBE** und mit transparentem Hintergrund.

2. Aktivieren Sie im Menü **ANSICHT** die **LINEALE** und das **RASTER**. Überprüfen Sie im Menü **BEARBEITEN|VOREINSTELLUNGEN|RASTER** die Rasterweite. Sie sollte auf **2 CM** stehen (= Standardeinstellung).

3. Aktivieren Sie im Menü **ANSICHT** die Option **AM RASTER AUSRICHTEN**.

4. Erstellen Sie eine quadratische Auswahl im linken oberen Rasterfeld. Da die Rasterlinien jetzt magnetisch sind, sollte das recht einfach vonstatten gehen.

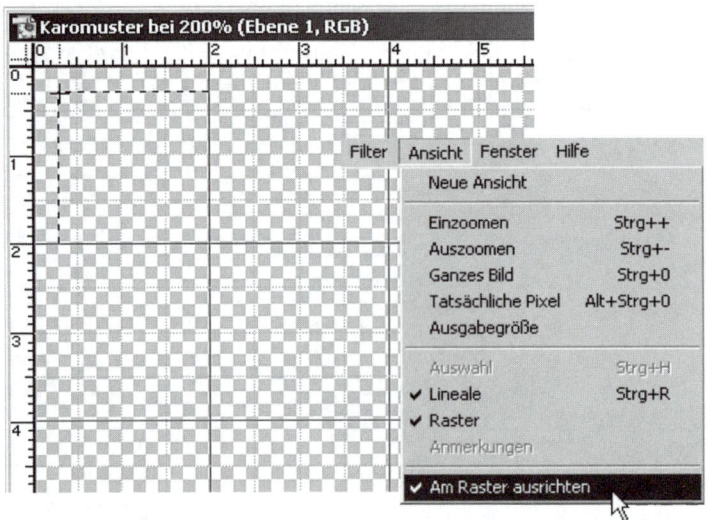

Abbildung 7.46: Quadrat mit Hilfe der Rasterlinien erstellen

5. Wählen Sie Schwarz und Weiß als Vorder- und Hintergrundfarbe (= Klick auf die winzigen schwarz-weißen Kästchen links unten in der Werkzeugpalette).

6. Drücken Sie [Alt]+[⇐], um die Auswahl mit der Vordergrundfarbe Schwarz zu füllen.

7. Aktivieren Sie das **RECHTECK-AUSWAHLWERKZEUG**, klicken Sie in die bestehende Auswahl, drücken Sie [⇧] und ziehen Sie die Auswahl nach rechts unten, so dass nun das Rasterfeld, das im 45-Grad-Winkel liegt, die Auswahl enthält. Durch Drücken der [⇧]-Taste wird die Bewegungsmöglichkeit auf horizontal, vertikal und 45 Grad eingeschränkt.

8. Füllen Sie die Auswahl wiederum mit Schwarz.

Muster und Flächen

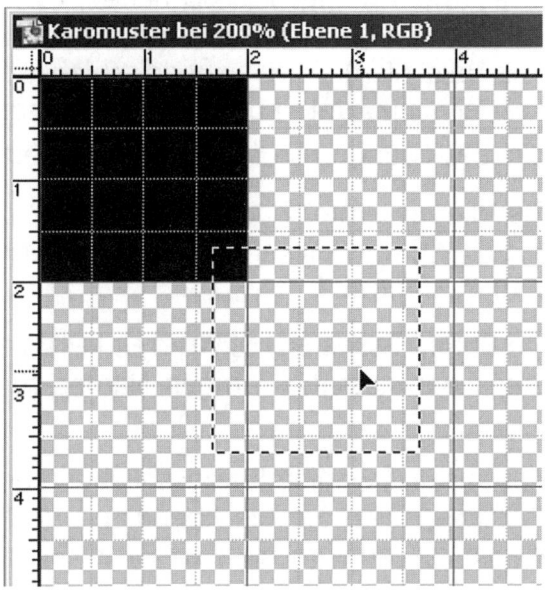

Abbildung 7.47: Auswahl nach rechts im 45-Grad-Winkel verschieben

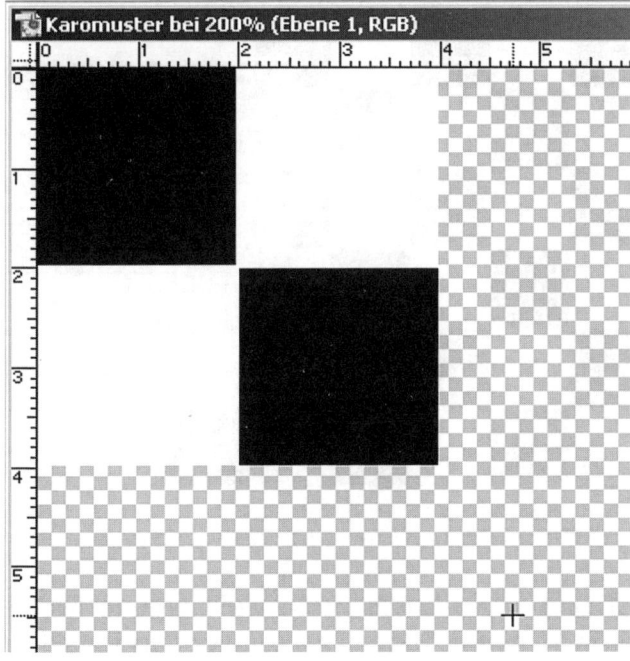

Abbildung 7.48: Grundmuster für ein Schachbrett

9. Nun schieben Sie, wie in Punkt 7 beschrieben, die Auswahl senkrecht nach oben und füllen sie mit der Vordergrundfarbe Weiß (mit Hilfe des gebogenen Pfeils umstellen). Anschließend schieben Sie die Auswahl im 45-Grad-Winkel nach links unten und füllen sie wiederum mit Weiß.

   Damit haben Sie das Grundmuster eines Schachbretts erstellt.

10. Nun sollen Sie die gesamte Fläche der vier Quadrate auswählen. Drücken Sie dazu [Strg] und klicken Sie auf die **EBENE 1** in der Ebenenpalette. Guter Trick, stimmt's?

11. Wählen Sie den Befehl **BEARBEITEN|MUSTER FESTLEGEN** und geben Sie im Dialogfenster einen aussagekräftigen Namen für das neue Muster ein.

12. Wählen Sie alles aus und wählen Sie anschließend den Befehl **BEARBEITEN|FLÄCHE FÜLLEN**. Füllen Sie die Ebene mit dem gerade erstellten Muster, indem Sie die entsprechenden Eintragungen im Untermenü auswählen.

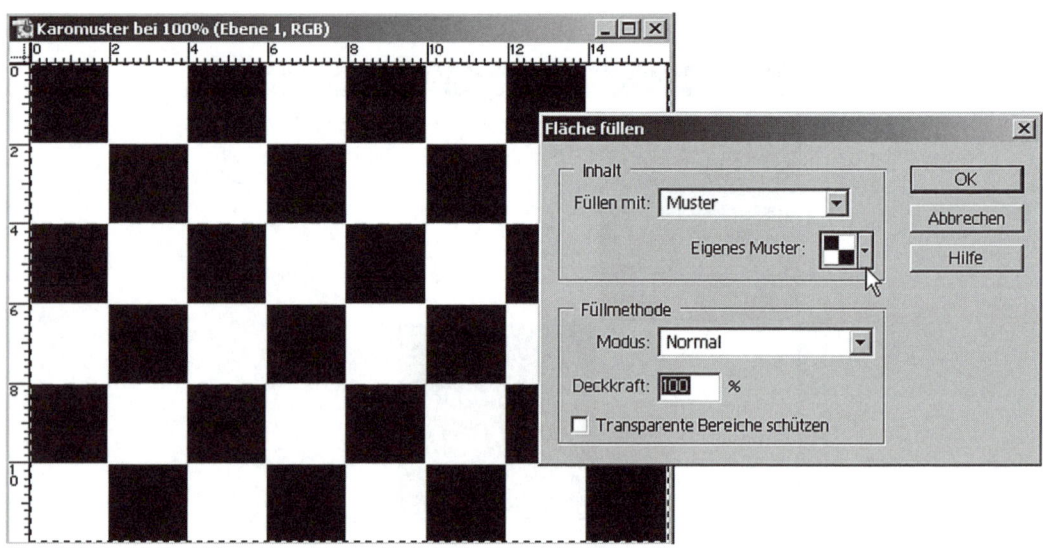

Abbildung 7.49: Füllen der Ebene mit dem gerade erstellten Muster

Auf ähnliche Art und Weise lassen sich viele eigene Muster erstellen. Sie können auch einfach einen Bildteil auswählen und als Muster speichern.

Muster und Flächen

Achten Sie darauf, dass Sie die Auswahl immer mit dem Rechteck-Werkzeug erstellen. Photoshop Elements kann anders geformte Auswahlbereiche nicht als Muster festlegen.

Füllen von Flächen

Sie haben gerade den Befehl **FLÄCHE FÜLLEN** eingesetzt. Hier nun noch einige Hinweise dazu.

Der Befehl dient prinzipiell dazu, entweder eine ganze Ebene oder eine Auswahl zu füllen. Sie können entweder mit der Vordergrund-, der Hintergrundfarbe, Schwarz, Weiß oder einem 50%igen Grau (eigentlich müsste es »50%iges Schwarz« heißen!) oder mit einem Muster füllen.

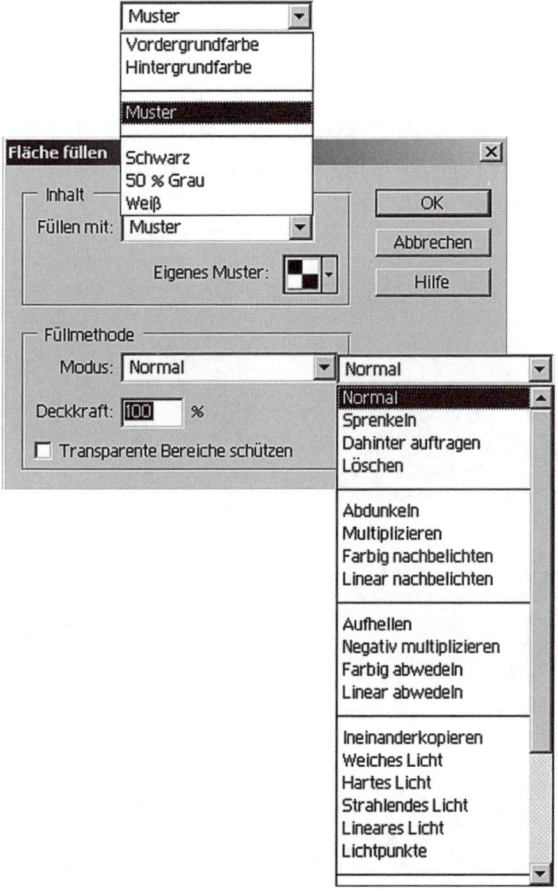

Abbildung 7.50: Optionen zum FLÄCHE FÜLLEN

Kapitel 7   Mit Photoshop Elements malen

Zusätzlich haben Sie wiederum die Möglichkeit, eine der inzwischen bekannten Füllmethoden zu nutzen und die Deckkraft zu verringern. Die Option **TRANSPARENTE BEREICHE SCHÜTZEN** bewirkt, dass Sie auf einer Ebene nicht in den transparenten Bereichen füllen können, sondern nur dort, wo die Ebene Pixel enthält.

Panoramabilder

Was sind Panoramabilder? Stellen Sie sich vor, Sie stehen auf einem Hügel und fotografieren eine Stadt. Dann haben Sie einen kleinen Ausschnitt aufgenommen. Nun drehen Sie sich etwas zur Seite und fotografieren den nächsten Ausschnitt. Wenn Sie sich einmal um die eigene Achse gedreht und in regelmäßigen Abständen Fotos aufgenommen haben, haben Sie ein 360-Grad-Panorama aufgenommen.

Das Problem ist nur – Sie haben alles in einzelnen Bildern vorliegen. An dieser Stelle kommt Photoshop Elements ins Spiel. Mit diesem Programm können Sie nämlich die Einzelbilder zu einem kompletten Panoramabild zusammenfügen, so dass alle Einzelbilder zusammenhängen.

Abbildung 7.51: Einzelbilder und das fertige Panorama

Ein paar Ratschläge für die Fotos

Zuvor aber noch ein paar Hinweise zum Fotografieren. Natürlich können Sie das Ganze per Hand machen und sich um die eigene Achse drehen. Dann müssen Sie aber darauf achten, dass Sie die **Kamera immer in der gleichen Höhe** halten. Auch sollte die Kamera immer gerade gehalten werden. Photoshop Elements kann zwar kleinere Winkelunterschiede ausgleichen, das hat aber sehr enge Grenzen.

Bleiben Sie bei der Aufnahme einer ganzen Fotoserie an derselben Position, damit die Bilder **vom gleichen Standort aus** aufgenommen werden. Ansonsten geht die Kontinuität Ihrer Bilder verloren.

Besser ist es, ein **Stativ** zu benutzen. Es ist weniger anstrengend und Sie vermeiden dabei einige Probleme. Achten Sie vor allem darauf, dass sich die Einzelbilder leicht **überlappen**. Sonst fehlt Ihnen vielleicht ein kleines Anschlussstück. Wie erwähnt, zaubern kann Photoshop Elements noch nicht! Die Empfehlung Adobes ist, möglichst mit einer Überlappung von mindestens 15 % zu arbeiten. Zu große Überlappungen führen allerdings auch zu Problemen, also sollten sich die Bilder nicht mehr als 40 % überschneiden.

Verwenden Sie bei allen Einzelbildern die **gleiche Brennweite**. Vermeiden Sie Zoomfunktionen der Kamera. Ebenso gibt es bei der Verwendung von Fischaugenlinsen oder anderen Verzerrungslinsen Probleme und Sie werden kein zufrieden stellendes Ergebnis erhalten.

Einzelbilder zusammenfügen

Zum Erstellen eines Panoramas dient der Menübefehl **DATEI|PHOTOMERGE ERSTELLEN**. Zunächst suchen Sie die Einzelbilder aus (= Schaltfläche **DURCHSUCHEN**), die zu einem Panorama zusammengefügt werden sollen.

Haben Sie alle Bilder ausgewählt, klicken Sie auf **OK** und Photoshop Elements beginnt damit, die Bilder zusammenzustellen. Dazu wird ein neues Dokument angelegt und die Einzelbilder werden auf verschiedene Ebenen verteilt. Das kann natürlich je nach Menge und Größe der Bilder einige Zeit dauern. In einem zweiten Dialogfenster können Sie das vorläufige Ergebnis begutachten und bei Bedarf korrigieren.

Kapitel 7 Mit Photoshop Elements malen

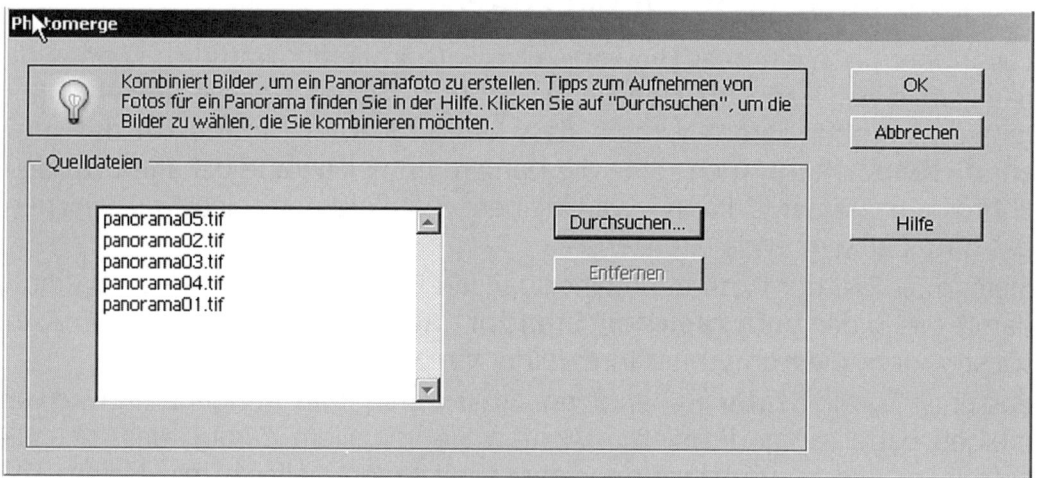

Abbildung 7.52: Dialogfenster zum Erstellen eines Panoramas

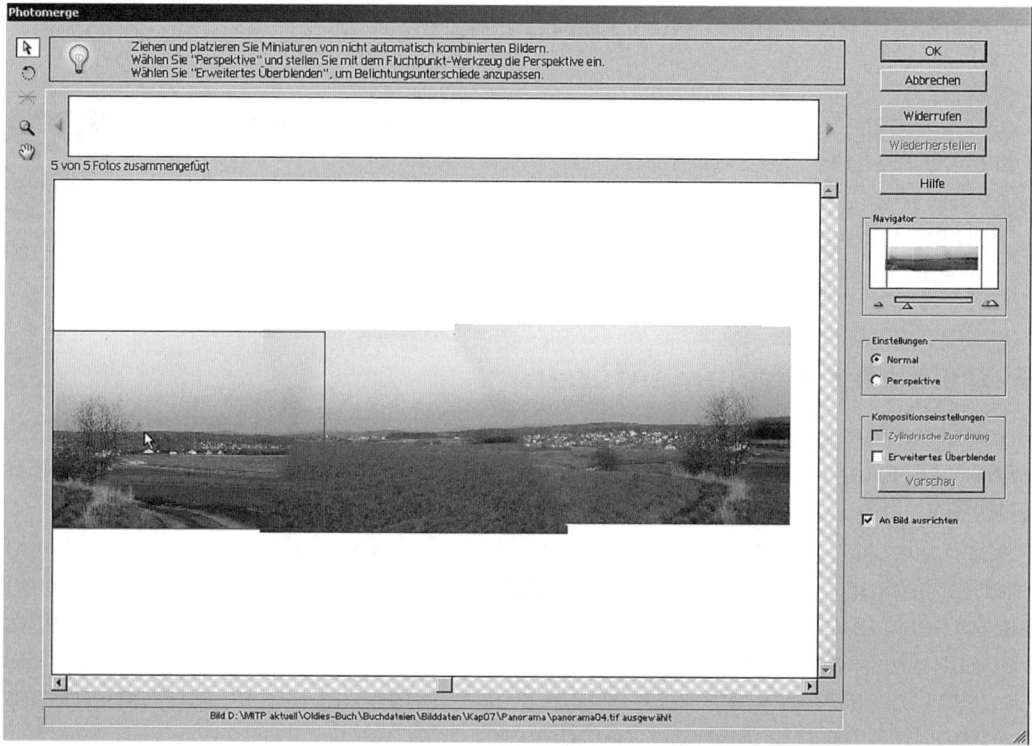

Abbildung 7.53: Das vorläufige Ergebnis kann betrachtet und ggf. korrigiert werden.

Unterschiedliche Horizontlinien, leicht gegeneinander verkantete Bilder und leichte Farbunterschiede kann Photoshop Elements automatisch ausgleichen. Wenn sich Bilder aber zu wenig unterscheiden bzw. nicht ausreichend überschneiden, kann es sein, dass Photoshop Elements die Anordnung der Bilder durcheinander bringt.

Abbildung 7.54: Falsche Zusammenstellung durch zu geringe Überschneidung

Mit dem Pfeil-Werkzeug des zweiten Panoramadialogfensters können Sie allerdings einzelne Bilder anklicken und verschieben. Bei der Detailarbeit hilft die Lupe, mit der Sie in das Panorama hinein- oder herauszoomen können.

Das Dialogfeld kennt zwei Einstellungsmodi, **NORMAL** und **PERSPEKTIVE**. Das manuelle Anpassen der Bilder sollte in jedem Fall zuerst und im Modus **NORMAL** erfolgen. Wenn Sie ein perspektivisch angepasstes Panorama erzeugen wollen, sollten Sie auf den Modus **PERSPEKTIVE** umschalten und mit dem Fluchtpunkt-Werkzeug den gewünschten Fluchtpunkt setzen.

Soll ein gerade verlaufendes Panorama erstellt werden, ist eine Anpassung der Perspektive nicht notwendig. Zum Schluss sollten Sie in jedem Fall den **ERWEITERTEN ÜBERBLENDMODUS** aktivieren, um eine farbliche und helligkeitsorientierte Anpassung der Einzelbilder durchführen zu lassen.

Kapitel 7 Mit Photoshop Elements malen

Abbildung 7.55: Bilder können auch manuell angeordnet werden.

Abbildung 7.56: Perspektivische Anpassung und Setzen des Fluchtpunktes

Zusammenfassung

Neben einer ganzen Reihe von Maltechniken haben Sie in diesem Kapitel ganz wichtige Grundlagen kennen gelernt. So haben Sie erfahren, welche Spielregeln beim Erstellen einer neuen Datei gelten und wie wichtig die richtigen Auflösungseinstellungen sind. Sie haben auch weitere Informationen über den Zusammenhang zwischen Breite, Höhe und Auflösung digitaler Bilder bekommen.

Darüber hinaus haben Sie die wesentlichen **Malwerkzeuge** in Photoshop Elements und ihre Optionen kennen gelernt. Dazu gehören der Farbeimer, der Pinsel und der Buntstift. Sie alle bieten sehr viele Einstellungen. So lassen sich u.a. Form und Größe der Pinselspitze, die Füllmethode und die Deckkraft verändern. Einige Werkzeuge wie der Pinsel besitzen spezielle Varianten wie den Impressionistenpinsel.

Sie haben gelernt, **Verläufe** einzusetzen und zu bearbeiten. Ebenso haben Sie geübt, Flächen mit Farben und **Mustern** zu füllen. Sie können nun auch eigene Muster erstellen und speichern. Muster können mit dem Farbeimer oder dem Musterstempel aufgetragen werden, oder Sie legen eine komplett neue Füllebene mit einer Musterfüllung an.

Zum Schluss haben Sie noch erfahren, was **Panoramabilder** sind und wie sie in Photoshop Elements aus vorhandenen Einzelbilder zusammengesetzt werden können. Sie wissen nun auch, auf was Sie achten sollten, wenn Sie fotografieren und aus den Ergebnissen später ein Panoramabild erstellen wollen.

Übungsfragen

1. Woher stammen die Maßeinheiten Punkt, Pica und Spalte?
2. Die Bildgröße ändert sich, wenn Breite und Höhe eines Bildes in Zentimetern definiert sind und Sie die Auflösung ändern. Warum?
3. Welche Bildauflösung benötigen Sie für die Ausgabe auf einem Bildschirm und welche auf einem Tintenstrahldrucker?
4. Welche Voreinstellungsgrößen beim Erstellen einer neuen Datei beziehen sich auf die Druckausgabe?
5. Was ist eine Bitmap-Datei und welche Auflösung benötigt sie für den Druck?

Kapitel 7 Mit Photoshop Elements malen

6. Welche Malwerkzeuge bietet Photoshop Elements?

7. Was ist der Unterschied zwischen dem Farbeimer und dem Musterstempel beim Auftragen von Mustern?

8. Was erreichen Sie durch eine weichgezeichnete Werkzeugspitze?

9. Mit welcher Tastenkombination können Sie in einem Dialogfeld alle Einstellungen wieder auf die Ausgangsbasis zurückstellen?

10. Wodurch können Sie Streifenbildung beim Druck von Verläufen vermindern?

11. Mit welchem Radiergummi können Sie am effektivsten arbeiten?

12. Mit welchem Menübefehl können Sie Einzelbilder zu einem Panorama zusammensetzen?

Kapitel 8
Filter und Effekte

Photoshop Elements bietet nicht nur mit Werkzeugen und Ebenen Möglichkeiten, Bilder qualitativ oder auch kreativ zu bearbeiten. Das Programm enthält auch eine ganze Reihe von so genannten Filtern, mit denen sich Bilder völlig verändern lassen.

Natürlich wird es nicht möglich sein, in diesem Buch auch nur annähernd alle Filter zu beschreiben, da es einfach zu viele sind, aber einige Beispiele will ich herausgreifen und Sie zum Ausprobieren ermutigen.

In diesem Kapitel erfahren Sie

- ✓ was Filter sind und wie sie eingesetzt werden
- ✓ wie Sie neue Filter installieren
- ✓ was Effekte sind

Filter in Hülle und Fülle

Einige Filter haben Sie in den Kapiteln zur qualitativen Bildbearbeitung bereits kennen gelernt, nämlich die **UNSCHARFMASKIERUNG** und den Filter **STÖRUNGEN ENTFERNEN**.

Was sind Filter?

Filter sind wieder einmal mathematische Methoden, die Farbwerte der Pixel zu verändern. In diesem Fall haben sie das Ziel, bestimmte Effekte zu erzielen. Alle installierten Filter finden Sie in Photoshop Elements im Menü **FILTER**. Sie sind unterteilt nach Kategorien. Die meisten sind ausschließlich für kreative Bildveränderungen gedacht. In jedem Fall macht es eine Menge Spaß, mit den Möglichkeiten und Einstellungen herumzuspielen.

Kategorien

Es gibt Filter, mit denen Sie Malwerkzeuge und -techniken simulieren können. Sie sind in den Kategorien **Kunst-, Mal-** und **Zeichenfilter** zu finden. Darüber hinaus gibt es etliche Kategorien von Filtern, mit denen sich Bilder verzerren, verdrehen oder auf alle möglichen Arten umrechnen lassen. Dazu gehören die **Rendering-, Stilisierungs-, Strukturierungs-, Vergröberungs-** und **Verzerrungsfilter**. Im erweiterten Sinne kann man auch einige der **Weichzeichnungsfilter** dazu zählen.

Wie werden Filter eingesetzt?

Ihre Anwendung läuft meist nach dem gleichen Schema ab. Sie erhalten beim Auswählen des Filters aus dem Menü in fast allen Fällen ein Dialogfeld, in dem Sie Einstellungen vornehmen können, mit denen die Filterwirkung verändert werden kann.

Daraus ergibt sich eine unendliche Spielwiese. Die Filter können ja nicht nur auf ein ganzes Bild angewandt werden, sondern auch nur auf eine Auswahl oder eine Ebene. Darüber hinaus lassen sich Filter kombinieren, indem sie nacheinander aufgerufen werden. Allein die Änderung der Reihenfolge bringt meist schon wieder neue Effekte.

Langer Rede kurzer Sinn – da ich nicht auf jeden Filter und jede Einstellung eingehen kann und will (schließlich soll Ihre Experimentierfreude ja nicht eingeschränkt werden), habe ich einige der interessantesten Filter ausgewählt, um Ihnen einen ersten Eindruck zu verschaffen. Zu jedem Beispiel sind auch die jeweiligen Einstellungen aufgeführt, so dass Sie den Filter an eigenen Bildern ausprobieren können.

Ausgewählte Beispiele der Filter

Bitte bedenken Sie, dass fast alle Filter enorm umfangreiche Berechnungen durchführen müssen und Sie in vielen Fällen einige Geduld mitbringen sollten, bis Sie die Ergebnisse sehen. Die Bearbeitungsgeschwindigkeit hängt natürlich in erster Linie von der Bildgröße und der Hardware-Ausstattung des Computers ab.

Zunächst ein Blick auf die Ausgangsbilder.

Abbildung 8.1: Die Originaldateien

Ich beginne mit einigen Kunst-, Mal- und Zeichenfiltern.

Kapitel 8 Filter und Effekte

Abbildung 8.2: Der Kunstfilter GROBES PASTELL

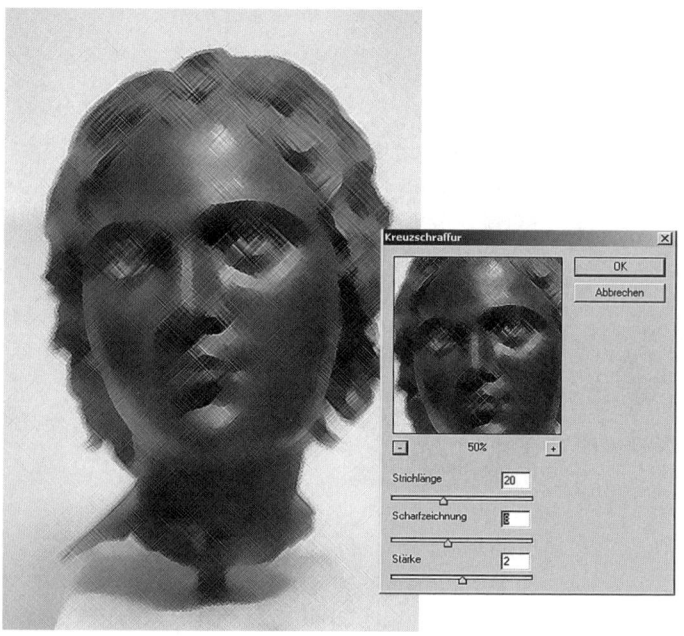

Abbildung 8.3: Der Malfilter KREUZSCHRAFFUR

Ausgewählte Beispiele der Filter

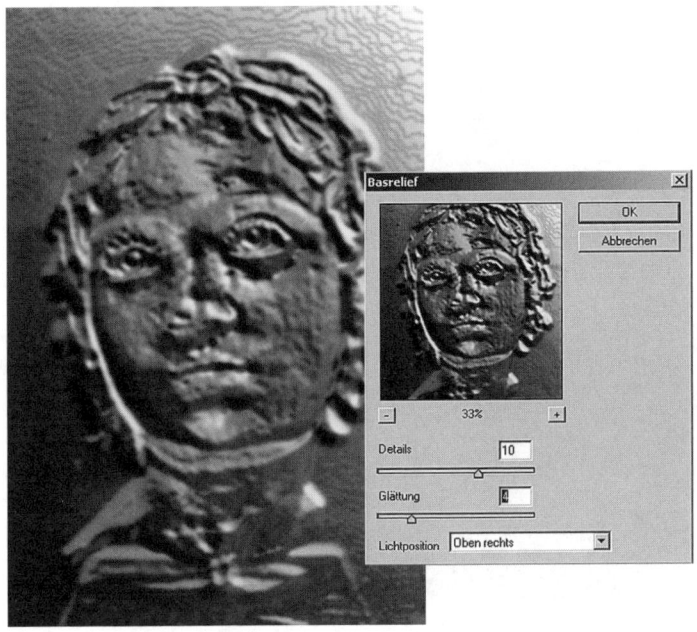

Abbildung 8.4: Der Zeichenfilter BASRELIEF

Nun folgen Beispiele für Rendering-, Stilisierungs-, Strukturierungs-, Vergröberungs- und Verzerrungsfilter.

Abbildung 8.5: Der Stilisierungsfilter LEUCHTENDE KONTUREN

Kapitel 8 Filter und Effekte

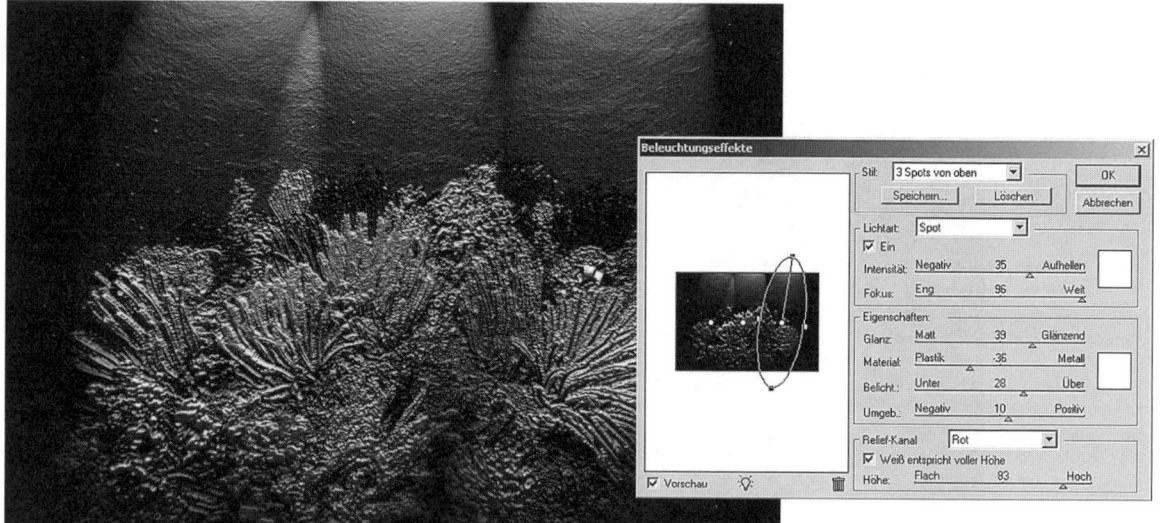

Abbildung 8.6: Der Rendering-Filter BELEUCHTUNGSEFFEKTE

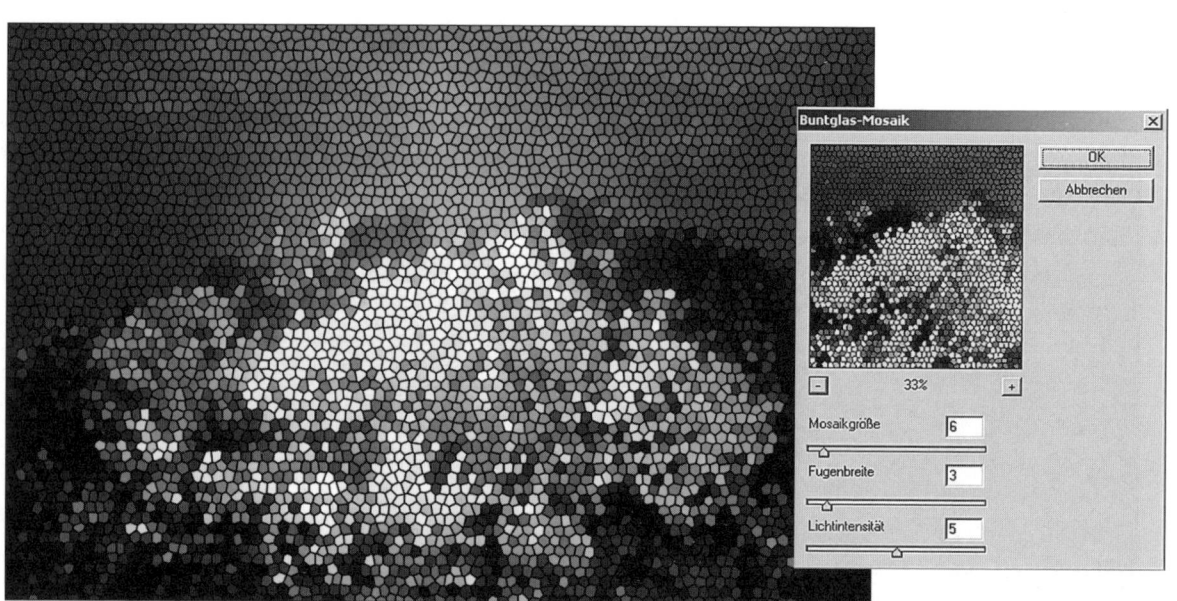

Abbildung 8.7: Der Strukturierungsfilter BUNTGLAS-MOSAIK

Ausgewählte Beispiele der Filter

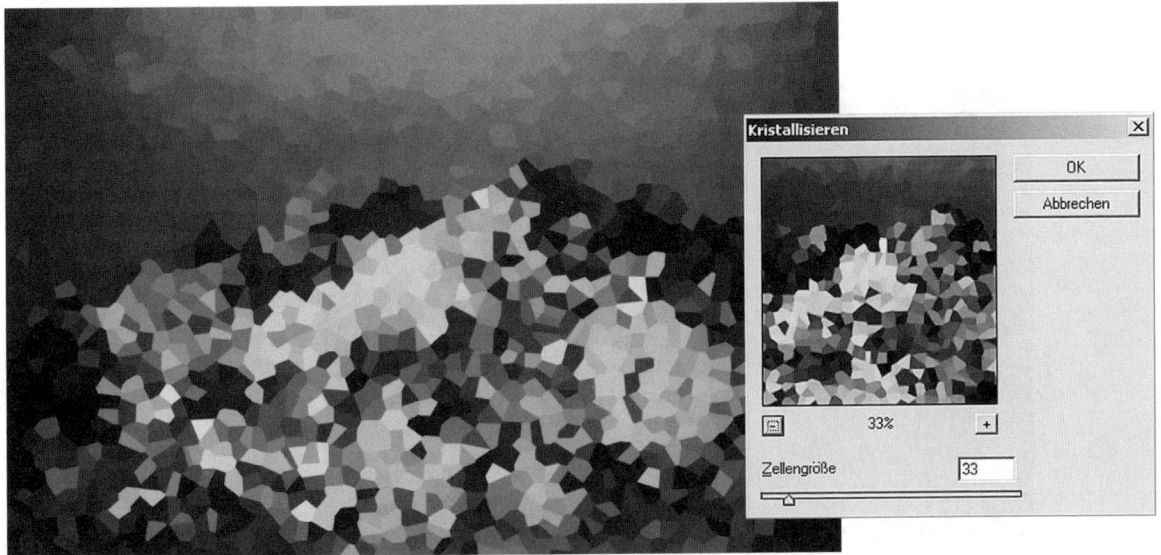

Abbildung 8.8: Der Vergröberungsfilter KRISTALLISIEREN

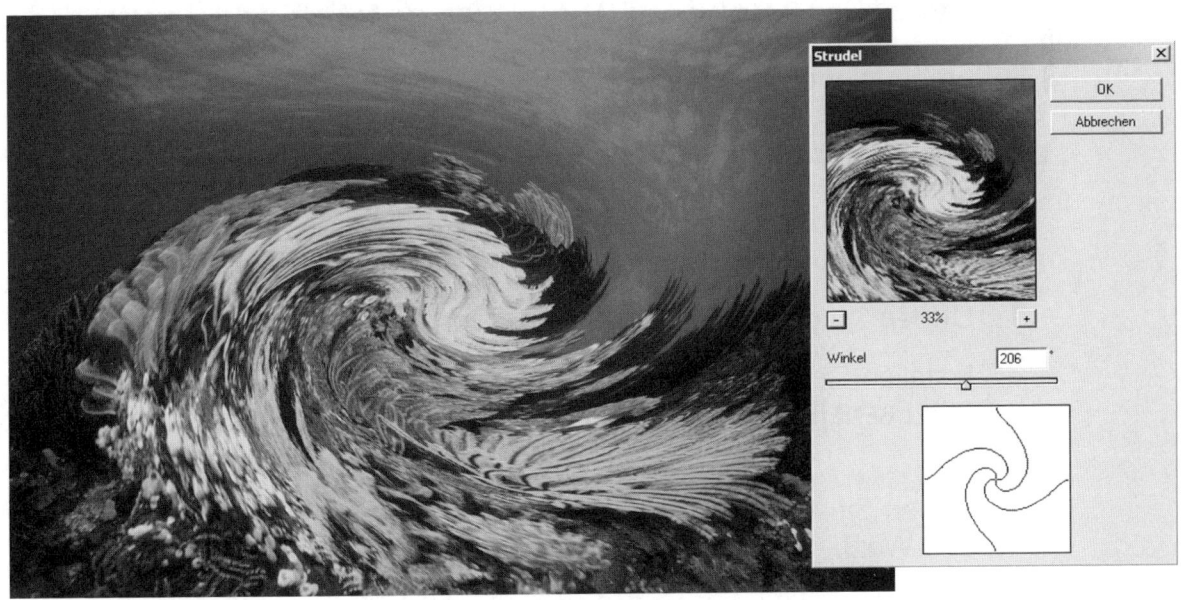

Abbildung 8.9: Der Verzerrungsfilter STRUDEL

Kapitel 8 Filter und Effekte

Auch mit Weichzeichnern lassen sich tolle Effekte erzielen. Hier ein Beispiel für den **RADIALEN WEICHZEICHNER**, mit dem die Wirkung einer Zoomlinse beim Fotografieren simuliert wird.

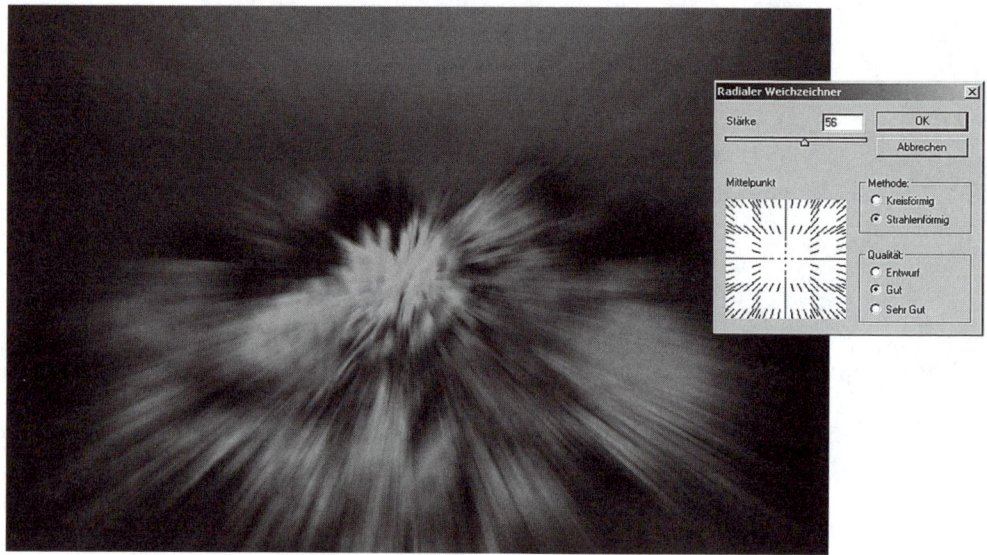

Abbildung 8.10: RADIALER WEICHZEICHNER, *strahlenförmig eingesetzt*

Mit Kombinationen verschiedener Filter lassen sich natürlich noch wesentlich komplexere Wirkungen erreichen. In der folgenden Übung wird einem Bild durch eine Kombination aus Ebenentechniken und Filtern ein Schneesturm hinzugefügt.

Übung

1. Öffnen Sie die Datei **WINTHROP.TIF** von der CD.

2. Erstellen Sie von der Hintergrundebene eine Kopie, indem Sie den Befehl **EBENE|EBENE DUPLIZIEREN** aufrufen. Die neue Ebene muss aktiviert sein.

3. Stellen Sie die Vordergrund- und die Hintergrundfarbe auf Schwarz und Weiß.

4. Rufen Sie aus dem Menü **FILTER** den Vergröberungsfilter **PUNKTIEREN** auf und stellen Sie eine Zellengröße von 6 Pixel ein.

Ausgewählte Beispiele der Filter

5. Wählen Sie **BILD|EINSTELLUNGEN|SCHWELLENWERT** und stellen Sie den Schwellenwert auf 255.

6. Setzen Sie die Füllmethode der aktuellen Ebene auf **NEGATIV MULTIPLIZIEREN**.

7. Rufen Sie den Weichzeichnungsfilter **BEWEGUNGSUNSCHÄRFE** auf. Stellen Sie den Winkel auf 45 Grad und die Distanz auf 15 Pixel.

Sie sollten nun folgendes Ergebnis auf dem Bildschirm haben:

Abbildung 8.11: Schneesturm, erzeugt durch eine Kombination aus Ebenenarbeit und Filtern

Damit der kreative Umgang mit Filtern Spaß macht und Sie zu tollen Effekten kommen, sollten Sie Zeit investieren und einfach spielen und ausprobieren! Nur so bekommen Sie einen Überblick über die vielfältigen Möglichkeiten und ein Gefühl dafür, welche Filter Sie kombinieren können oder müssen, um eine bestimmte Wirkung zu erzielen.

Effekte und Filter

Einen guten Anfang, um sich einen Überblick über die Vielfalt der Filter zu verschaffen, bietet die Palette **EFFEKTE**. Sie können die Palette über das Menü **FENSTER** auf den Bildschirm bringen.

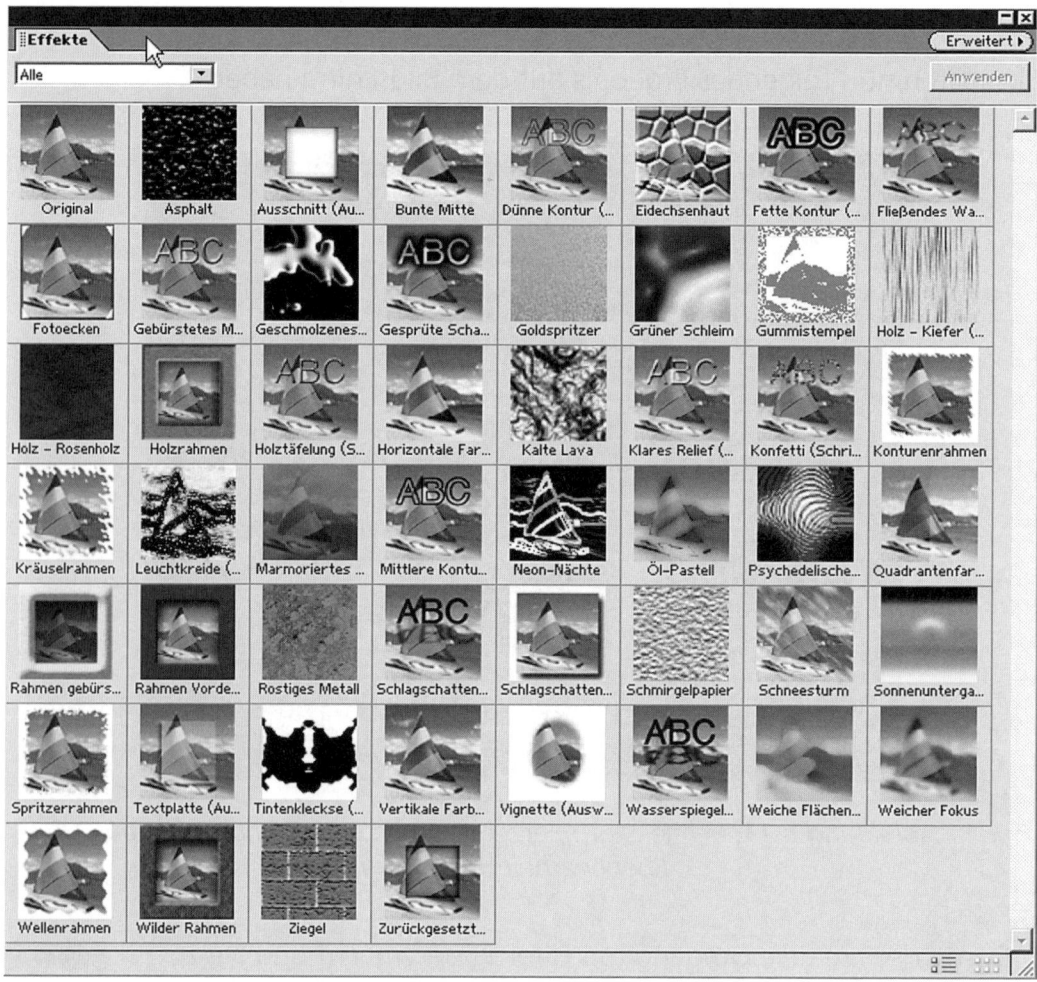

Abbildung 8.12: Palette EFFEKTE

Sie enthält eine Reihe von fertigen Filteranwendungen, die in verschiedene Kategorien eingeteilt sind. Anhand kleiner Vorschaubilder können Sie die Wirkung des jeweiligen Effekts abschätzen. Leider enthält die Palette keine Erklärungen zu den einzelnen Effekten, so dass sich in den meisten Fällen für einen ungeübten Anwender nicht nachvollziehen lässt, wie der jeweilige Effekt erreicht wurde.

Sie wählen in einer der Kategorien einen Effekt aus, klicken das Bild des jeweiligen Effekts an und anschließend auf die Schaltfläche **ANWENDEN**. In der Statusleiste am unteren Rand des Bildfensters können Sie, wenn Sie schnell genug lesen, die einzelnen Arbeitsschritte verfolgen.

Detaillierte Einblicke in den Aufbau der Effekte bietet nur die professionelle Software-Variante Adobe Photoshop.

Über eine ähnliche Palette können Sie auch die **FILTER** direkt aufrufen. Sie ist bei einer Standardinstallation im Palettenraum zu finden bzw. über das Menü **FENSTER** aufrufbar. Über ein Aufklappmenü können Sie sich nur einzelne Kategorien oder auch alle Filter zusammen anzeigen lassen. Für jeden Filter wird anhand eines kleinen Vorschaubildes gezeigt, welche Wirkung der Filter hervorruft.

Neue Filter installieren

Ähnlich wie bei den Mustern stecken hinter den Filtern Dateien. Sie liegen in einem Unterverzeichnis des Installationsordners von Photoshop Elements. Nach einer Standardinstallation finden Sie die Filter in dem Verzeichnis **C:\PROGRAMME\ADOBE\PHOTOSHOP ELEMENTS 2\ZUSATZMODULE\FILTER**.

Es gibt inzwischen ein großes Angebot weiterer so genannter Zusatzmodule für Adobe Photoshop und Photoshop Elements. Demoversionen solcher Zusatzmodule finden Sie auf der CD zum Buch bzw. über die Internetseite von Adobe unter der Adresse www.adobe.de.

Diese Zusatzmodule können nicht nur Filter sein. Viele Hersteller von Scannern bieten beispielsweise ihre Scansoftware als Zusatzmodul zu Photoshop und Photoshop Elements an, so dass Sie direkt aus dem Programm heraus scannen können. Die Bilder werden anschließend automatisch in Photoshop oder Photoshop Elements geöffnet. Scanmodule finden Sie dann meistens unter dem Menü **DATEI|IMPORTIEREN**.

Kapitel 8   Filter und Effekte

Wenn Sie neue Zusatzmodule, also Filter oder auch andere Erweiterungen erworben haben, müssen Sie diese einfach nur in den Ordner **ZUSATZ-MODULE** kopieren und Photoshop Elements neu starten. Beim Start des Programms wird der Ordner **ZUSATZMODULE** einschließlich aller Unterordner eingelesen und die Module aktiviert.

Zusammenfassung

Dieses Kapitel sollte im Großen und Ganzen darin bestehen, Sie zum Ausprobieren zu animieren. Sie haben den Einsatz von Filtern kennen gelernt, mit denen sich Bilder künstlerisch oder mathematisch, in jedem Fall aber immer kreativ verändern lassen.

Mit Hilfe der Palette **EFFEKTE** lassen sich komplexe Zusammenstellungen einzelner Filter einfach per Mausklick auf ein Bild oder eine Ebene anwenden.

Sie haben zuletzt auch erfahren, wo die Filter installiert werden müssen, wenn Sie neue Filter oder Zusatzmodule erwerben, um die Möglichkeiten von Photoshop Elements zu erweitern.

Übungsfragen

1. Was sind Filter?
2. Wie werden Filter eingesetzt und angewandt?
3. Wo sind die Filter installiert?
4. Welche Kategorien von künstlerischen Filtern kennen Sie?
5. Wodurch können Sie die Bearbeitung von Filtern beschleunigen?

Kapitel 9
Weiterverarbeitung digitaler Bilder

Sie haben in den vorangegangenen Kapiteln eine ganze Menge erfahren über die Bearbeitung digitaler Bilder, wie Sie die Qualität verbessern und sicherstellen können und welche Vielfalt an kreativen Möglichkeiten es bei der digitalen Bildbearbeitung gibt.

Nun geht es darum, die Bilder weiter zu verwenden. Dabei kristallisieren sich meist zwei Schwerpunkte heraus. Zum einen natürlich der Ausdruck der Bilder, meist auf Farbdruckern, zum anderen die Verwendung der Bilder auf Internetseiten. Dabei gibt es wieder mal einige Spielregeln und Tricks, die ich Ihnen näher bringen möchte.

In diesem Kapitel erfahren Sie

- ✓ wie Sie Bilder optimal für Internetseiten aufbereiten
- ✓ wie Sie Webbuttons konstruieren
- ✓ wie Sie kleine Animationen für Webseiten gestalten
- ✓ wie Sie eine Web-Fotogalerie erstellen
- ✓ wie Sie Bilder schnell per E-Mail verschicken können
- ✓ wie Sie Bilder auf Farbdruckern ausgeben

Bilder für Internetseiten aufbereiten

In Kapitel 5 haben Sie bereits erfahren, dass es für Internet-Anwendungen prinzipiell drei Dateispeicherformate gibt, nämlich **GIF**, **JPEG** und **PNG**. Sie haben auch schon gelernt, welche Spielregeln beim Speichern digitaler Bilder in diesen beiden Formaten gelten. Da PNG-Dateien viel zu viel Speicherplatz benötigen und es mit älteren Browsern Probleme gibt, bleiben nur noch GIF und JPEG übrig. Ich werde in diesem Kapitel auf das PNG-Format aus den genannten Gründen nicht weiter eingehen.

Nun gibt es aber, speziell für Webanwendungen, mehrere Möglichkeiten, Bilder als GIF oder JPEG zu speichern. Auch Photoshop Elements kennt zwei Möglichkeiten, genauer gesagt Menübefehle. Die Variante über **SPEICHERN UNTER** kennen Sie ja bereits. Es gib im Menü **DATEI** aber auch noch den Befehl **FÜR WEB SPEICHERN**. Dahinter stecken andere, effektivere Algorithmen, die für deutlich kleinere und qualitativ bessere Dateien sorgen.

Sollen digitale Bilder auf Internetseiten verwendet werden, sollten sie immer über das Menü **FÜR WEB SPEICHERN** abgespeichert werden.

Das Grundproblem bei Internetseiten ist die Dateigröße von Bilddaten. Sie sollte angesichts der oft unzureichenden Übertragungsgeschwindigkeiten nicht zu groß sein und sich bei maximal 15 bis 20 KB bewegen. Das sind wirklich absolute Obergrenzen, ambitionierte Webdesigner würden eher 10 KB als Grenze ansehen. Trotzdem sollen die Bilder natürlich qualitativ noch ansprechend aussehen. Es gilt also, die Balance zwischen Qualitätsanspruch und niedriger Datenmenge zu finden. Um dieses Gleichgewicht drehen sich die vielen Einstellmöglichkeiten des Dialogfelds **FÜR WEB SPEICHERN**.

Das Dialogfenster nimmt fast den gesamten Bildschirm ein. Auffallend ist zunächst natürlich die Gegenüberstellung des Bildes in zwei Rahmen, links das Original, rechts das komprimierte Internetbild. So können Sie einen direkten Qualitätsvergleich zwischen der unkomprimierten und der komprimierten Variante des Bildes anstellen.

Bilder für Internetseiten aufbereiten

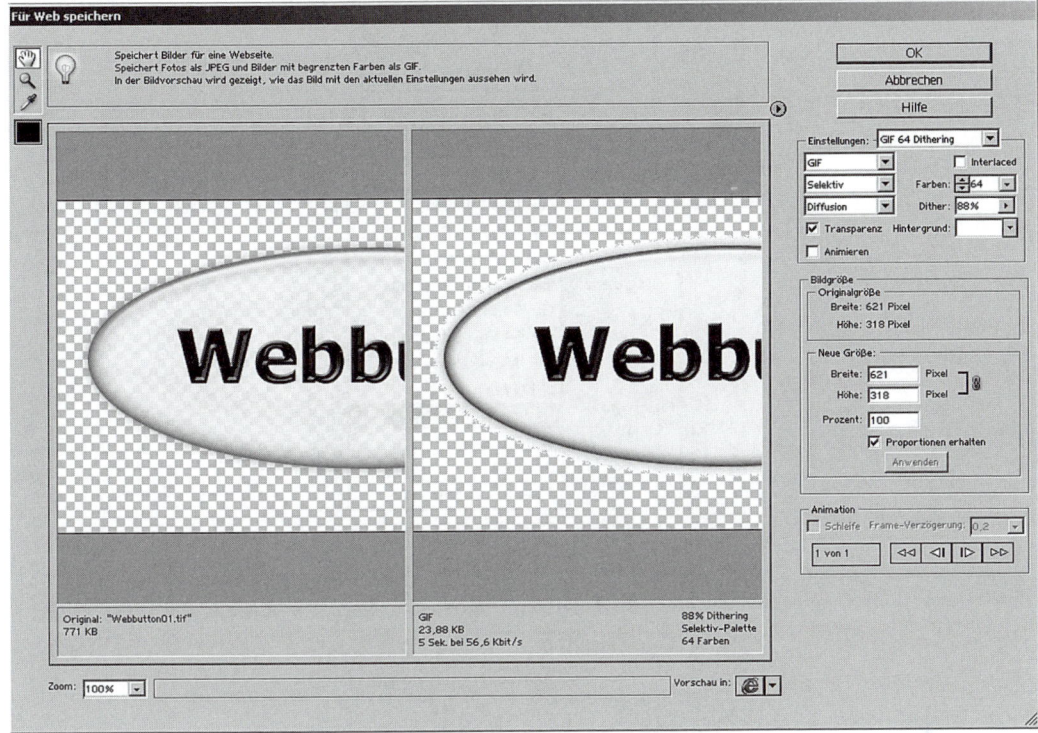

Abbildung 9.1: Das Dialogfeld FÜR WEB SPEICHERN

Ein Bild als JPEG speichern

Ich beginne mit den Einstellungen für eine JPEG-Datei. Als Erstes müssen Sie in dem Aufklappmenü auf der rechten Seite das Dateiformat JPEG auswählen. In dem Aufklappmenü, das Sie direkt unter der Schaltfläche **HILFE** finden, können Sie auch Voreinstellungen zu den einzelnen Formaten auswählen, beispielsweise die Einstellung **JPEG MITTEL.**

Die Voreinstellung **JPEG MITTEL** beinhaltet Standards, die für die meisten Internet-Bilder anwendbar sind. Allerdings lassen sich die Vorgaben noch verbessern. Zunächst können Sie natürlich versuchen, mit Hilfe des Schiebereglers **QUALITÄT** die Qualitätsstufe zu verringern und dadurch Dateigröße einzusparen. Sie sollten dabei anhand der Vorschau beurteilen, wann die »Schmerzgrenze« erreicht ist.

Kapitel 9   Weiterverarbeitung digitaler Bilder

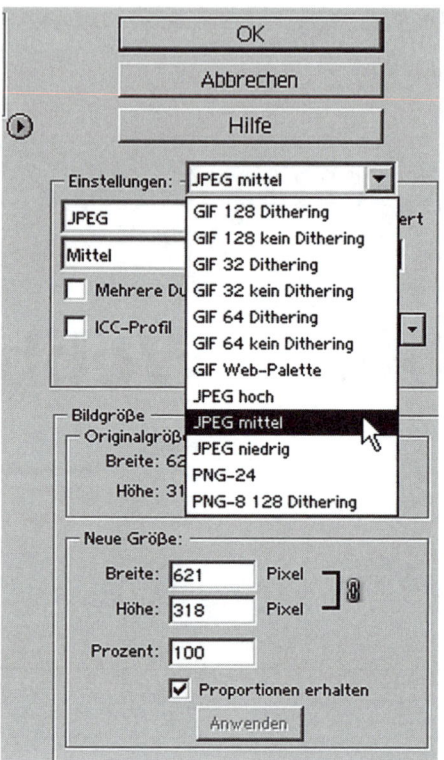

Abbildung 9.2: Die Vorgabe für JPEG auswählen

 Denken Sie bei JPEG-Dateien daran, dass bei hoher Kompression zwar kleine Dateien erreicht werden, aber die Bildqualität auch rapide abnimmt. Kompression und Qualität arbeiten sozusagen gegeneinander.

Die Dateigröße und die daraus resultierende Übertragungszeit werden unter dem rechten Vorschaubild angezeigt. Durch Klick auf das schwarze Dreieck rechts neben den Vorschaubildern können Sie in einem Menü auswählen, welche Übertragungsgeschwindigkeit Sie mit Ihrem Modem maximal erreichen können, beispielsweise 56 Kbit/Sek. (= Standardmodem) oder 64 Kbit/Sek. (= ISDN) und ob Sie die Vorschau sehen möchten, wie sie auf einem Standard-**Windows**-Bildschirm oder einem **Macintosh**-Bildschirm aussieht.

Bilder für Internetseiten aufbereiten

Da die meisten Anwender mit Windows arbeiten, ist es empfehlenswert, sich die Windows-Farbansicht anzeigen zu lassen. Die Einstellung **NICHT KOMPENSIERTE FARBE** ist in keinem Fall empfehlenswert, da sie keinerlei farbliche Orientierung bietet.

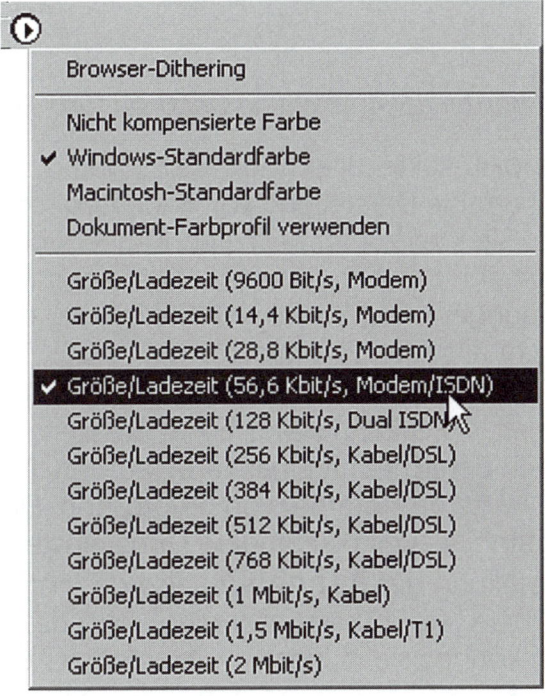

Abbildung 9.3: Vorgaben für Farbansicht und Übertragungsgeschwindigkeit

Bei den Einstellungen auf der rechten Seite sollten Sie neben der Vorgabe **JPEG MITTEL** und eventuell geänderter Qualitätseinstellung darauf achten, dass in jedem Fall die Option **OPTIMIERT** aktiviert ist. Damit ist die Baseline-Optimierung gemeint (siehe Abschnitt *JPEG – Joint Photographers Expert Group* in Kapitel 5). Darüber hinaus sollten Sie die Option **MEHRERE DURCHGÄNGE** aktivieren, da sie zu einer geringfügig kleineren Datei führt und die Ladezeit, zumindest subjektiv, verringert. Die Angabe unter **EINSTELLUNGEN** ändert sich in diesem Fall automatisch auf **EIGENE**.

Kapitel 9   Weiterverarbeitung digitaler Bilder

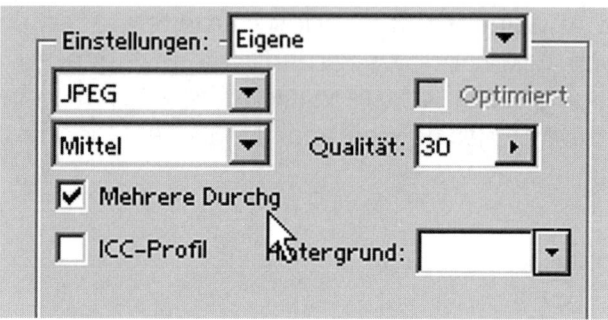

Abbildung 9.4: Wichtige Optionen für JPEG

Die Option **ICC-PROFIL** sollte deaktiviert sein. Damit sind Farbprofile gemeint, die für eine korrekte Darstellung von Bilddaten sorgen sollen. Prinzipiell eine gute Sache, Sie werden im nächsten Kapitel über Farbmanagement noch ein bisschen mehr darüber erfahren. Allerdings ist Farbmanagement bei Internetanwendungen noch wenig verbreitet, so dass die Einbindung von Farbprofilen nicht allzu viel Sinn macht.

Die Option **HINTERGRUND** kommt nur zum Tragen, wenn das Bild transparente Bereiche enthält. JPEG kann keine Transparenzen speichern, also müssen die transparenten Bereiche mit einer Farbe aufgefüllt werden. Normalerweise ist das die Hintergrundfarbe von Photoshop Elements. In diesem Dialogfenster könnten Sie auch eine andere Farbe einstellen.

Bleibt noch die Einstellung der **BILDGRÖSSE**, also das Format des Bildes in Pixelbreite und Pixelhöhe. Sie müssen also die Größe des Bildes nicht vorher definieren, sondern können sie in diesem Dialogfenster einstellen.

> Als Faustregel für Internetseiten sollte eine maximale Breite des Bildes von 250 Pixel gelten. Es ist schwierig, pauschale Vorgaben zu machen, da die Bildgröße natürlich auch durch den Einsatzzweck und die Aussage der Webseite beeinflusst wird. Es kann durchaus Webseiten geben, deren Bilder 400 oder mehr Pixel breit sind. Für Standardseiten sollten Sie sich aber an der Größe von ca. 250 Pixel Breite orientieren.

Durch Klick auf **ANWENDEN** wird das Bild auf die neue Größe gerechnet und im Vorschaufenster angezeigt.

Bilder für Internetseiten aufbereiten

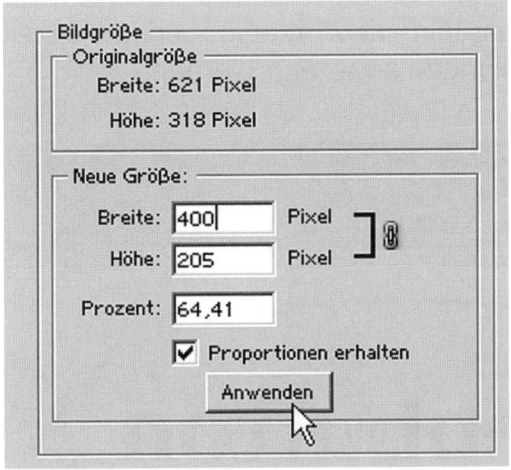

Abbildung 9.5: Bildgröße für Webbilder ändern

Wenn die Bildgröße verkleinert wird, ist es durchaus ratsam, erneut die Qualitätseinstellungen zu überprüfen, da die subjektive Wahrnehmung eines Bildes durch die Größe stark beeinflusst wird. In den meisten Fällen können Sie die Qualitätsregelung weiter herabsetzen, sobald die Bildgröße verkleinert wurde.

Mit der Lupe können Sie auch in das Bild hineinzoomen, um zu überprüfen, ob der Kacheleffekt des JPEG-Algorithmus zu sehen ist. Wenn er auch im 200%-Zoom nur schwach erkennbar ist, sind Ihre Qualitätseinstellungen in Ordnung.

Rechts unterhalb der Vorschaubilder finden Sie noch eine Schaltfläche, mit der Sie einen der beiden **Internet-Browser** Netscape Communicator oder Microsoft Internet Explorer auswählen und sich dort das Bild anzeigen lassen können.

Abbildung 9.6: Das aktuelle Bild an einen Browser übergeben

Kapitel 9   Weiterverarbeitung digitaler Bilder

Photoshop Elements ruft den gewählten Browser auf und generiert eine Internetseite, auf der das Bild, die Abmessungen, die Dateigröße und die aktuellen Qualitätseinstellungen angezeigt werden.

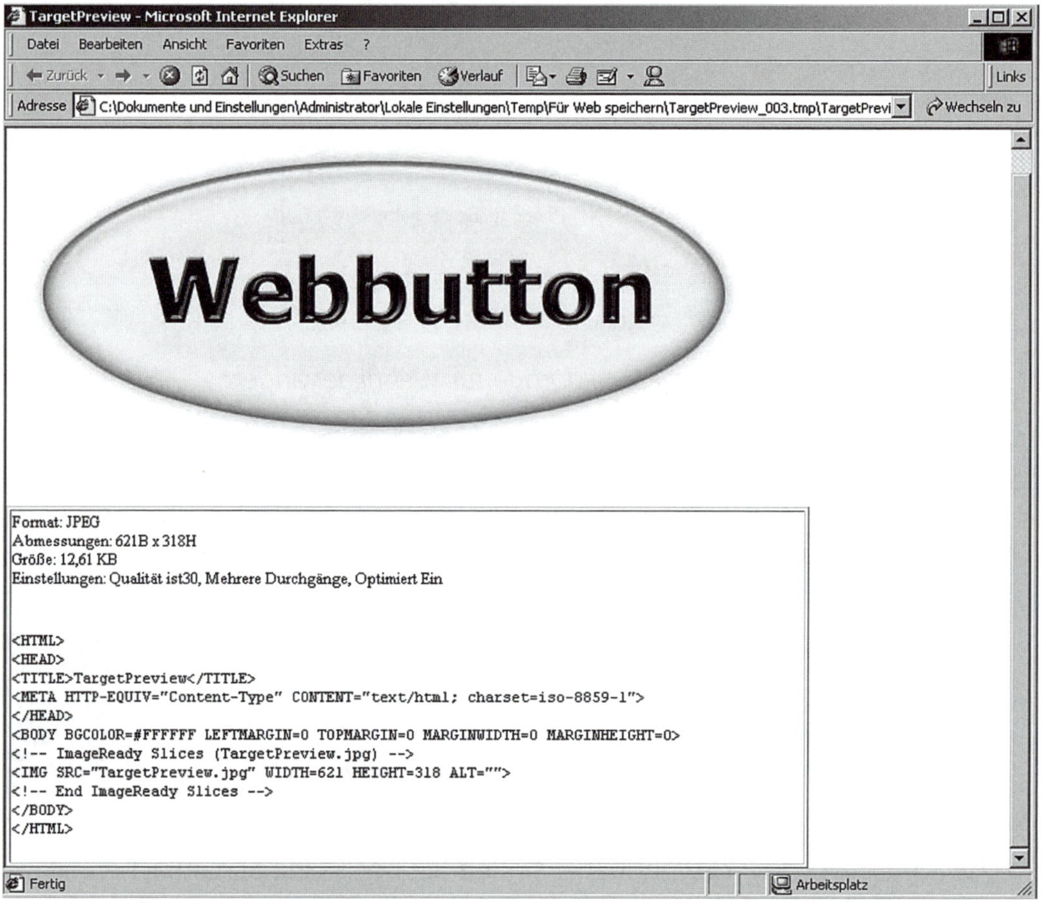

Abbildung 9.7: Vorschau im Browser mit Qualitätsangaben

Bitte denken Sie daran, dass Dateinamen von Internetbildern keine deutschen Sonderzeichen, also Umlaute und scharfes ß, enthalten dürfen. Beschränken Sie sich auf normale Buchstaben und Zahlen. Auch Leerzeichen dürfen nicht enthalten sein. Halten Sie den Dateinamen möglichst kurz!

Bilder für Internetseiten aufbereiten

Durch Klick auf **OK** können Sie die fürs Internet optimierte Version des Bildes mit beliebigem Namen und in einem beliebigen Verzeichnis speichern.

Bilder im GIF-Format abspeichern

Die Vorgehensweise ist ähnlich wie bei JPEG-Bildern. Sie wählen am besten eine Voreinstellung aus dem Menü **EINSTELLUNGEN** und modifizieren sie. Natürlich gelten an dieser Stelle dieselben Einwände, die ich in Kapitel 5 über den Einsatz von GIF und JPEG im Internet gemacht habe.

JPEG wird im Internet für Fotos verwendet, GIF für grafische Elemente auf Webseiten, insbesondere wenn transparente Bereiche gefordert sind.
Würden Sie Fotos als **GIF** speichern, müssten Sie mindestens 64 oder gar 128 Farben erhalten (mit Dithering), damit die Darstellungsqualität nicht gar zu sehr leidet. Dann sind die Dateien aber meist vier- bis fünfmal so groß wie das vergleichbare JPEG-Bild und das ist für Internetseiten nicht tolerierbar.

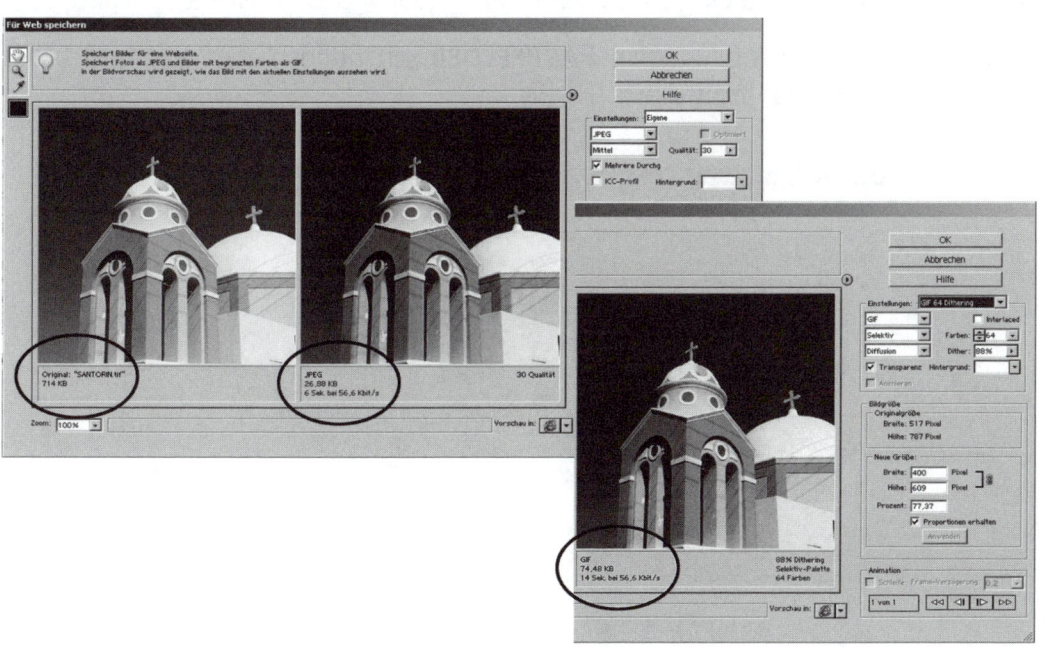

Abbildung 9.8: Vergleich der Dateigröße von GIF- und JPEG-Foto

Kapitel 9   Weiterverarbeitung digitaler Bilder

Wenn es um grafische Elemente, also beispielsweise Buttons (= Schaltflächen) geht, sind Sie bei GIF richtig. Die drei Voreinstellungen mit 32, 64 oder 128 Farben (jeweils mit oder ohne Dithering) sind für grafische Elemente allerdings zu ungenau. Die Erklärungen zu den einzelnen Einstellungsoptionen finden Sie im Abschnitt *GIF – Graphic Interchange Format* in Kapitel 5, sie sind identisch mit den Möglichkeiten im Menü **FÜR WEB SPEICHERN ...** Lassen Sie uns beispielhaft einen Webbutton erstellen.

Ein gut konstruierter Button einer Webseite sollte unter 1 KB Speicherplatz belegen!

Übung

1. Erstellen Sie eine **NEUE DATEI** in der Größe 400 x 200 Pixel. Denken Sie an **RGB-FARBE** und **TRANSPARENTEN HINTERGRUND**.

2. Aktivieren Sie das Auswahlrechteck und erstellen Sie in der Mitte der Datei eine rechteckige Auswahl, die etwa ¾ des Fensters ausfüllt.

3. Wählen Sie in der Palette **FARBFELDER** ein helles Grün aus und füllen Sie die Auswahl mit dieser Farbe.

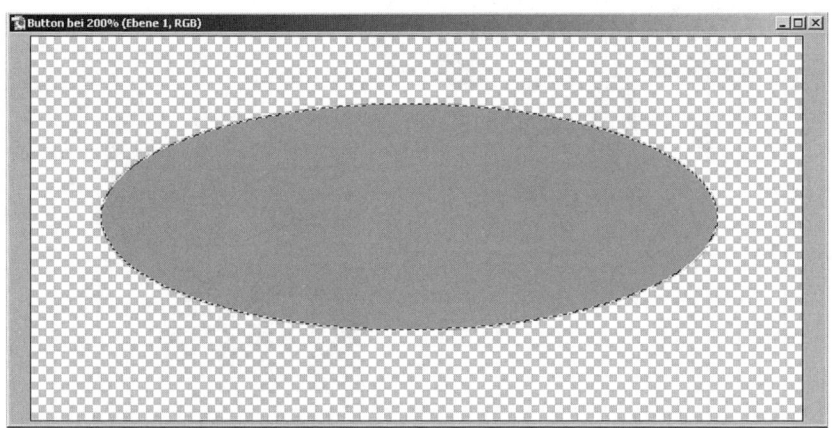

Abbildung 9.9: Auswahl mit Farbe gefüllt

Bilder für Internetseiten aufbereiten

4. Heben Sie die Auswahl auf und weisen Sie den Ebenenstil **ABGEFLACH-TE KANTEN|GEWELLTE KANTE** zu.

5. Öffnen Sie die Einstellungen zu diesem Ebenenstil durch Doppelklick auf das kursive **F** in der Ebenenpalette. Verstärken Sie den gewählten Effekt, indem Sie die Größe per Schieberegler auf 16 Pixel stellen.

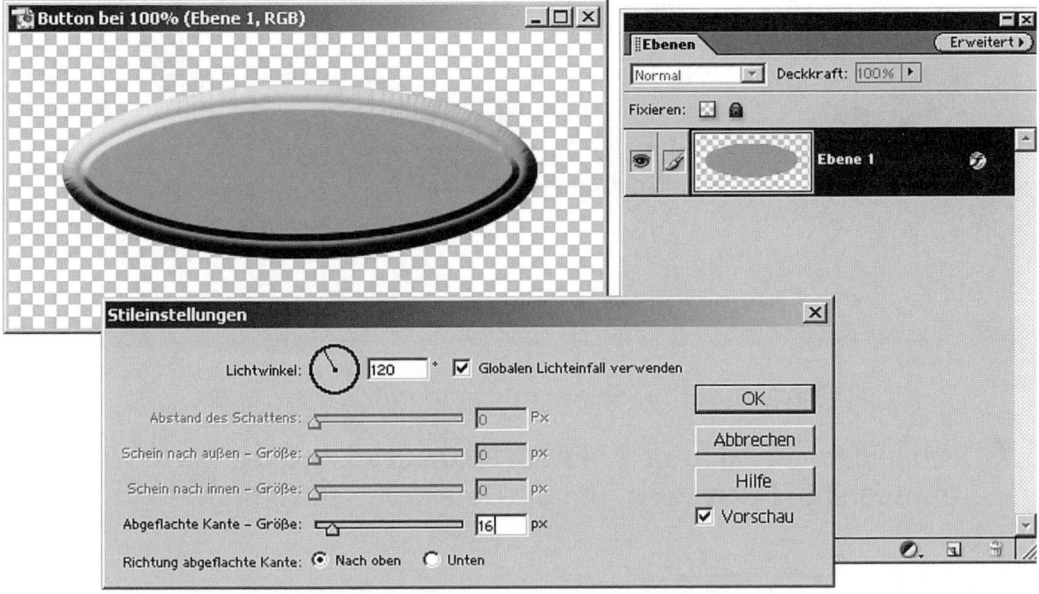

Abbildung 9.10: Stärke des Ebenenstils erhöhen

6. Aktivieren Sie das Text-Werkzeug und stellen Sie ein dunkles Blau als Vordergrundfarbe ein. Die Schriftart ist Tahoma Bold, 60 Punkt. Schreiben Sie zentriert in der Fläche des Buttons das Wort »Weiter«.

   Bei Bedarf können Sie die Position des Textes mit dem **VERSCHIEBEN-WERKZEUG** nachträglich korrigieren.

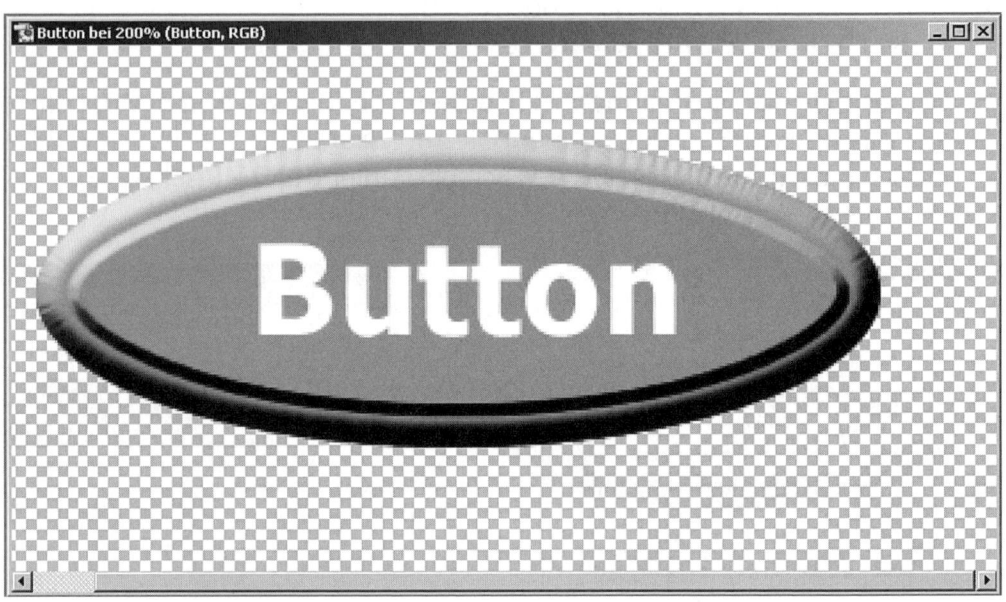

Abbildung 9.11: Der Button wird mit Text versehen.

7. Schneiden Sie mit dem **FREISTELLUNGSWERKZEUG** nicht genutzte, transparente Fläche weg, um die Dateigröße zu verringern.

Abbildung 9.12: Ungenutzte, transparente Bereiche werden entfernt

Bilder für Internetseiten aufbereiten

8. Rufen Sie den Befehl **DATEI|FÜR WEB SPEICHERN** auf.
9. Stellen Sie das Menü **VORSCHAU** auf **WINDOWS STANDARDFARBE** und **56 KBIT/SEK.**
10. Aktivieren Sie im Menü **EINSTELLUNGEN** die Option **GIF 32 DITHERING**.
11. Reduzieren Sie die Anzahl der Farben auf 8, aktivieren Sie die Option **INTERLACED** und stellen Sie den Schieberegler **DITHERING** auf 75 %.
12. Verringern Sie die Größe des Buttons auf eine Breite von ca. 125 Pixel.

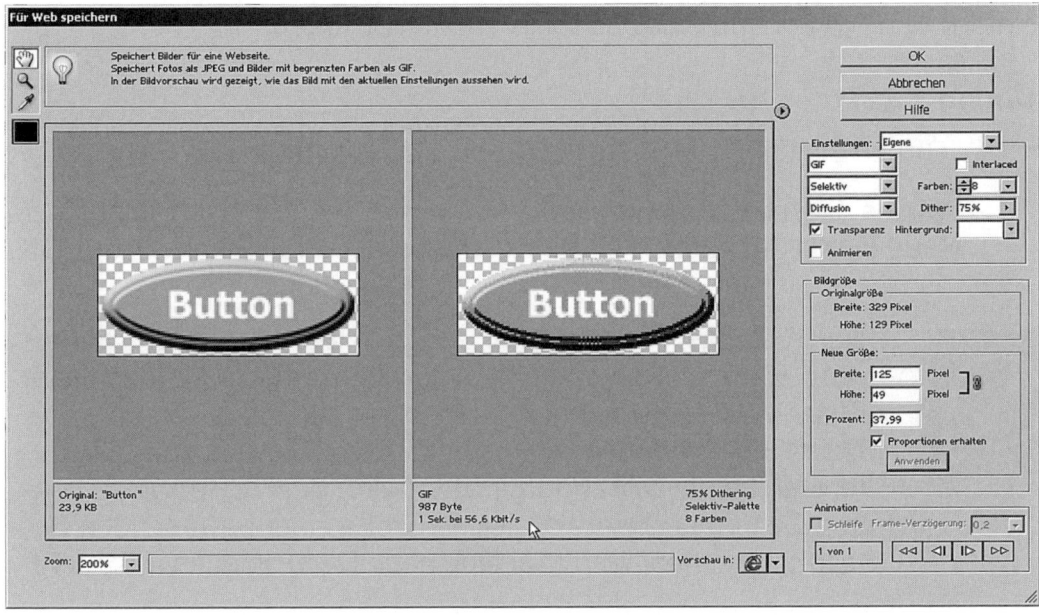

Abbildung 9.13: Die kompletten Einstellungen für den Button

Der Button sollte nun eine Dateigröße von unter 1 KB haben!

13. Speichern Sie durch Klick auf **OK** den Button unter einem beliebigen Namen.

Kapitel 9 *Weiterverarbeitung digitaler Bilder*

Animierte GIFs – Einstieg in die Animation

Im Gegensatz zu JPEG und PNG beherrscht das GIF-Format eine interessante Besonderheit, so genannte **Animierte GIFs**. Damit lassen sich einfache Animationen für Webseiten erstellen.

Animierte GIFs sind, einfach ausgedrückt, digitales Daumenkino. Diese spezielle Variante des GIF-Formats enthält mehrere Einzelbilder, so genannte **Frames**, in einer Datei. Die Einzelbilder werden, wie in einem Film, nacheinander angezeigt und erzeugen dadurch den Eindruck von Bewegung.

Photoshop Elements benutzt die Ebenen, um die einzelnen Frames einer Animation in eine Datei zu packen. Die Erstellung der Animation ist denkbar einfach und soll anhand eines Beispiels erläutert werden.

Übung

1. Öffnen Sie die Dateien **AUGE01.PSD** bis **AUGE04.PSD**.

2. Wählen Sie alles aus, kopieren Sie und rufen Sie das Dialogfenster **NEUE DATEI** auf. Geben Sie einen Namen ein und klicken Sie auf **OK**.

Durch **ALLES AUSWÄHLEN** und **KOPIEREN** überträgt Photoshop Elements die aktuelle Bildgröße in die Zwischenablage. Diese Werte werden automatisch in die Felder **BREITE** und **HÖHE** übernommen, wenn nach dem Kopieren das Dialogfenster **NEUE DATEI** aufgerufen wird. Auf diese Weise können Sie immer die exakt gleiche Größe einer bestehenden Datei übernehmen, wenn Sie eine neue Datei anlegen möchten!

3. Kopieren Sie die Augen aus allen vier Dateien in der Reihenfolge 04 bis 01 als Ebenen in die neu erstellte Datei. Sie sollten danach vier Ebenen in der Reihenfolge haben, wie in Abbildung 9.14 zu sehen.

4. Kopieren Sie Ebene 3 und verschieben Sie sie an die oberste Position in der Ebenenpalette. Das Gleiche machen Sie mit Ebene 2 und anschließend mit Ebene 1.

Bilder für Internetseiten aufbereiten

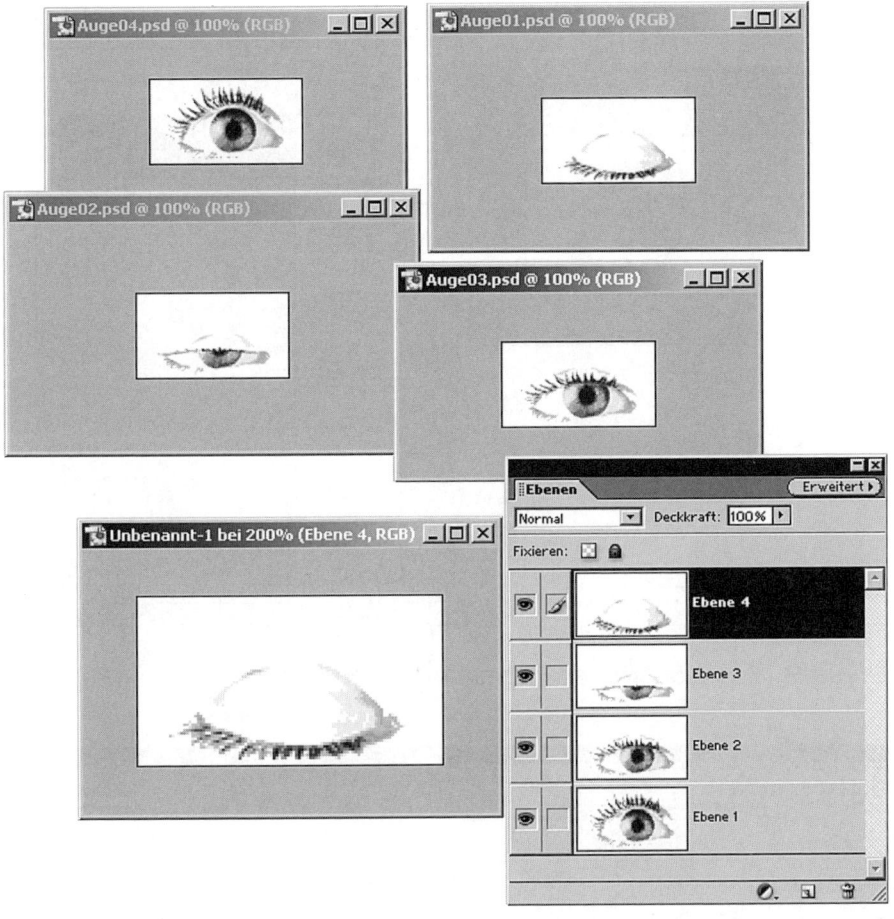

Abbildung 9.14: Alle Augen werden als Ebenen in die neue Datei kopiert.

5. Rufen Sie das Menü **FÜR WEB SPEICHERN** auf. Aktivieren Sie die Einstellung **GIF 32 DITHERING** und klicken Sie die Option **INTERLACED** an.

6. Aktivieren Sie die Option **ANIMIEREN**. Dadurch werden die Optionen am unteren Rand der Einstellungsmenüs aktiviert. Mit Hilfe der Pfeile können Sie von Bild zu Bild weiterschalten und die Animation verfolgen. Die beiden äußeren Pfeile springen zum ersten bzw. letzten Bild der Animation.

Kapitel 9 Weiterverarbeitung digitaler Bilder

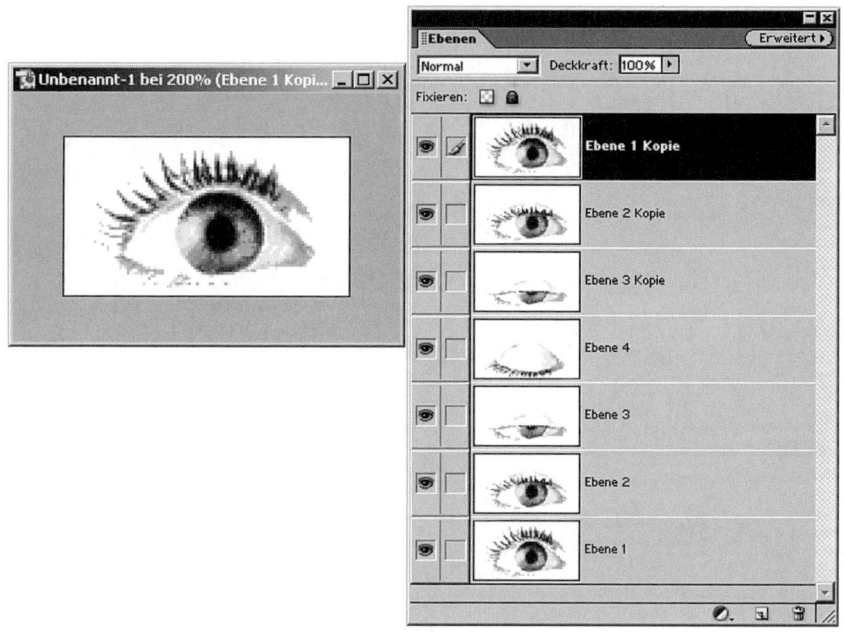

Abbildung 9.15: Sie benötigen insgesamt sieben Ebenen in dieser Reihenfolge.

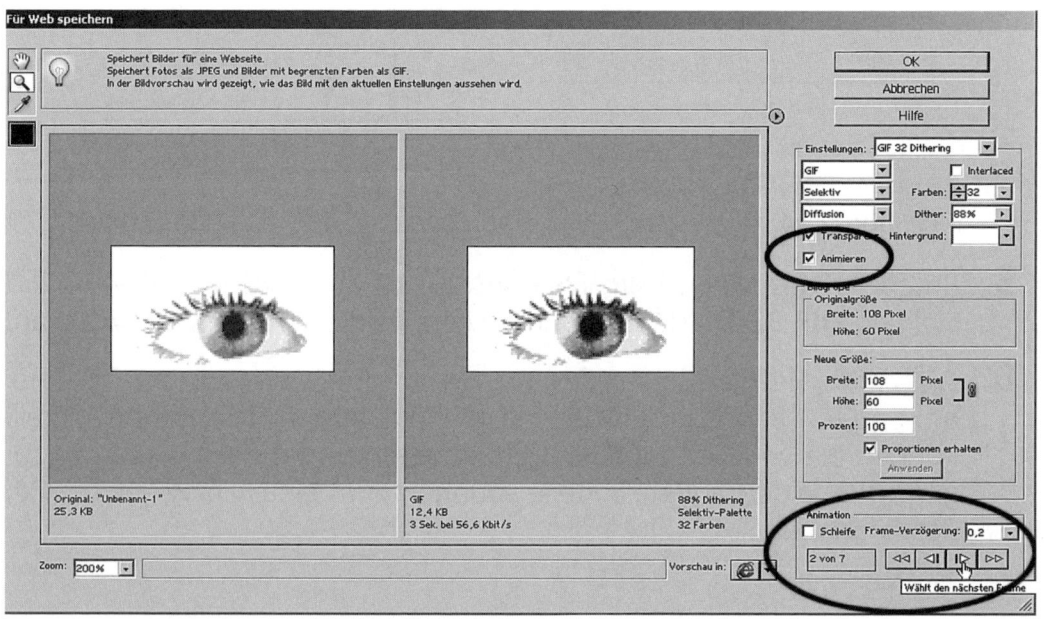

Abbildung 9.16: Die Animation kann Bild für Bild verfolgt werden.

7. Aktivieren Sie die Option **SCHLEIFE**, damit die Animation automatisch wieder von vorn anfängt, und stellen Sie die **FRAMEVERZÖGERUNG** auf 0,2 Sek. Das ist der zeitliche Abstand zwischen den einzelnen Frames.

8. Lassen Sie sich eine **VORSCHAU** im Browser anzeigen, indem Sie auf das Symbol für Netscape oder Explorer klicken.

9. **SPEICHERN** Sie die Animation als GIF-Datei.

Sie sehen, eine Internetanimation zu erstellen, ist gar nicht so schwer. Das größte Problem dürfte die Auswahl der geeigneten Bilder für die einzelnen Frames der Animation sein.

Sie können eine Animation auch aus Textebenen aufbauen, indem Sie jeden einzelnen Buchstaben eines Wortes auf eine eigene Ebene legen. Das Wort wird dann Buchstabe für Buchstabe auf den Bildschirm geschrieben. Ein Beispiel finden Sie in der Datei **TEXTANIMATION.GIF** auf der CD.

Websichere Farben

Alle Welt redet davon, dass das Internet unsicher sei (was nicht unbedingt stimmen muss), und nun sollen zumindest Farben im Netz der Netze sicher sein? Was steckt denn dahinter?

Ohne dem nächsten Kapitel, in dem es um Farbmanagement geht, zu sehr vorzugreifen, spreche ich hier ein Thema an, mit dem viele Anwender kämpfen und das nur mit sehr viel Wissen zu meistern ist. Sicher haben Sie schon einmal bemerkt, dass ein und dieselbe Bilddatei auf einem anderen Monitor völlig anders aussieht, ganz abgesehen davon, dass farbige Ausdrucke meist sowieso sehr stark von der Bildschirmdarstellung abweichen.

Dies hängt mit technischen Eigenarten der verwendeten Geräte zusammen, mehr dazu in Kapitel 10. An dieser Stelle geht es um eine relativ einfache Methode, die zumindest im Internet anwendbar ist. Sie haben bei den Speicheroptionen zum GIF-Format bereits erfahren, dass beispielsweise eine GIF-Datei intern eine Farbtabelle enthält, die aus den Farben des Bildes zusammengestellt wird. Auch die Betriebssysteme Macintosh und Windows arbeiten mit festen Farbtabellen aus 256 Farben. Leider sind beide Systemfarbtabellen unterschiedlich, aber sie überschneiden sich.

Kapitel 9   Weiterverarbeitung digitaler Bilder

In beiden Systemfarbtabellen sind insgesamt 216 Farbtöne gleich, können also auf Windows- und Macintosh-Computern gleich dargestellt werden. Diese 216 Farben bezeichnet man als **websichere Farben**.

 Die websicheren Farben werden nämlich auch von beiden Browsern mit der größten Verbreitung, Netscape Communicator und Microsoft Internet Explorer gleich dargestellt.

Natürlich lassen sich die websicheren Farben in Fotos nicht vernünftig einsetzen, da sonst die Bildqualität zu stark leiden würde. Aber bei grafischen Webseitenelementen, die ja hauptsächlich im GIF-Format gespeichert werden, kann man sich von Anfang an bei der Farbauswahl auf die websicheren Farben beschränken.

Auch der Photoshop-Elements-Farbwähler bietet die Option, die Farbauswahl auf die websicheren Farben zu beschränken.

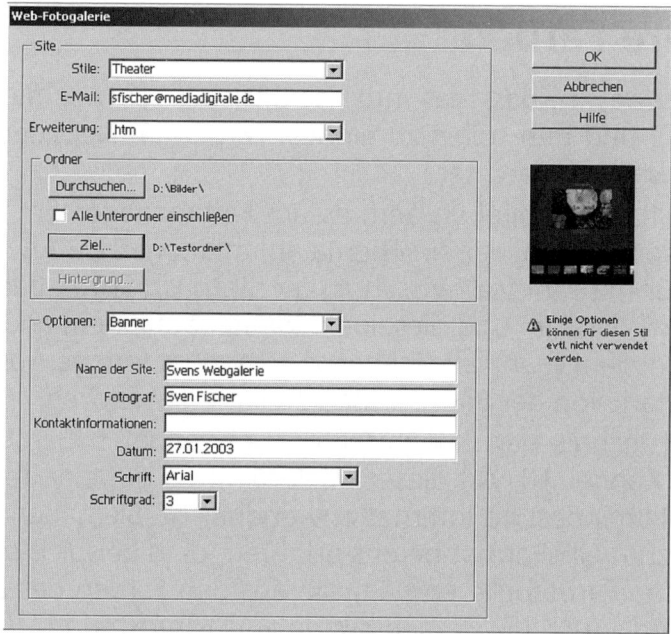

Abbildung 9.17: Websichere Farben auswählen im Photoshop-Farbwähler

Wenn Sie Schaltflächen oder andere grafische Elemente in Photoshop Elements gestalten, die Sie auf Internetseiten einsetzen wollen, sollten Sie die Farben immer aus den websicheren Farben auswählen. Damit gewährleisten Sie, dass die Farben auf den meisten Monitoren und in den meisten Browsern gleich dargestellt werden.

Eine Web-Fotogalerie zusammenstellen

Was ist das denn nun schon wieder? Diese Option ist besonders interessant für private Homepages, auf denen Sie Bilder zeigen möchten, beispielsweise von der letzten Jubiläumsfeier oder die neuesten Schnappschüsse Ihrer Enkelkinder.

Auch wenn Sie sich noch nicht mit der Erstellung von Internetseiten beschäftigt haben und kein HTML programmieren können, Sie benötigen nur Photoshop Elements dazu, um eine Sammlung eigener Bilder für das Internet aufzubereiten.

Photoshop Elements bietet Ihnen dazu den Befehl **DATEI|WEB-FOTOGALERIE ERSTELLEN.** Sie erhalten ein Dialogfenster mit Einstellmöglichkeiten.

Photoshop Elements greift auf einen Ordner mit Bildern zu und speichert die Galerie in einem anderen Ordner wieder ab. Sie sollten also, **bevor** Sie das Dialogfenster **WEB-FOTOGALERIE** aufrufen, einen Ordner mit Bildern für die Galerie vorbereiten und einen Zielordner neu anlegen, in dem die Galerie abgespeichert wird. Zum Austesten sollten Sie anfangs nicht zu viele Bilder in den Ausgangsordner kopieren!

In dem Dialogfenster können Sie zunächst einmal aus verschiedenen Stilen auswählen, die Photoshop Elements zur Gestaltung der Webseiten benutzt. Sie werden als Minivorschau auf der rechten Seite des Dialogfensters angezeigt (s. Abbildung 9.18 und 9.19 auf der nächsten Seite).

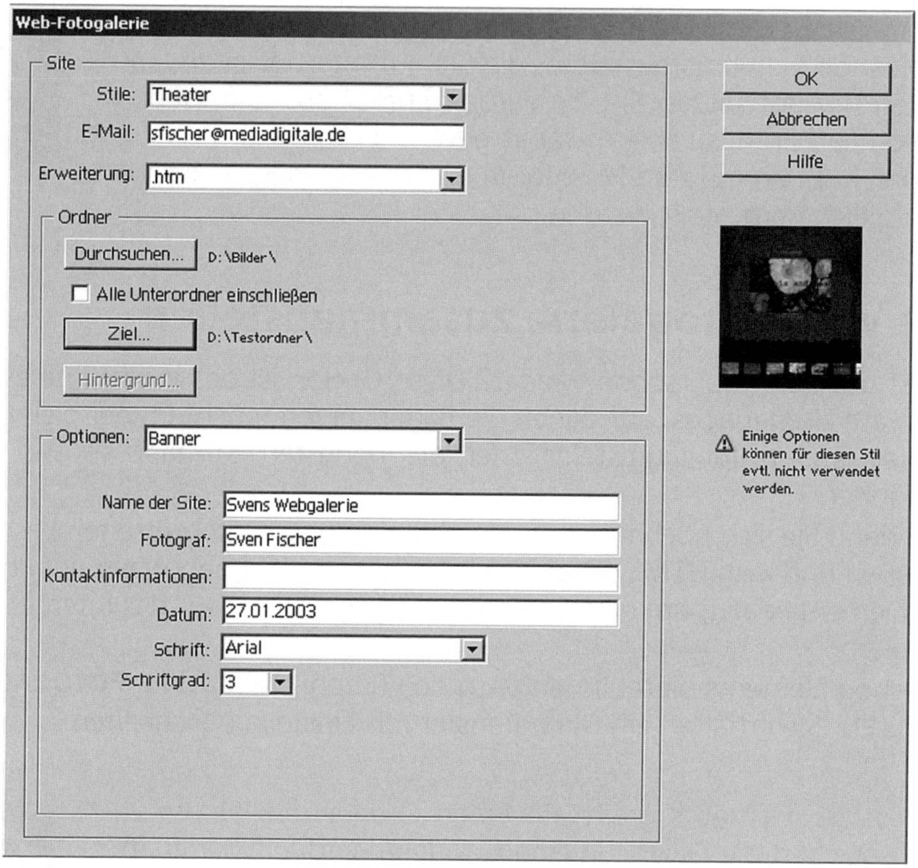

Kapitel 9 Weiterverarbeitung digitaler Bilder

Abbildung 9.18: Dialogfenster zum Erstellen einer Web-Fotogalerie

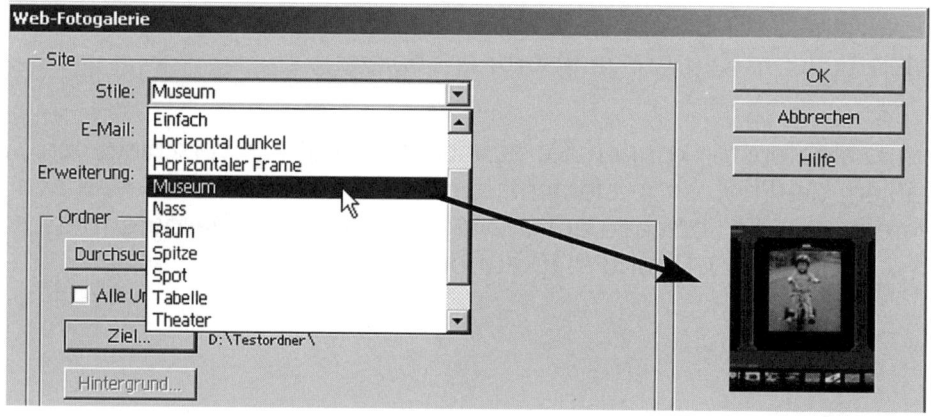

Abbildung 9.19: Verschiedene Stile für die Seitengestaltung

Eine Web-Fotogalerie zusammenstellen

Im Eingabefeld darunter können Sie Ihre **EMAILADRESSE** eintragen. Sie wird auf den Seiten als Kontaktadresse benutzt. Das Menü **ERWEITERUNG** bezieht sich auf die Dateinamenerweiterung der HTML-Dateien. Es ist ziemlich egal, welche der beiden Varianten Sie nehmen. Die meisten Internet-Server akzeptieren beide.

Als Nächstes geben Sie den **QUELLORDNER**, also den Ordner, der die Bilddateien enthält, und den **ZIELORDNER**, der die komplette Fotogalerie enthalten soll, an.

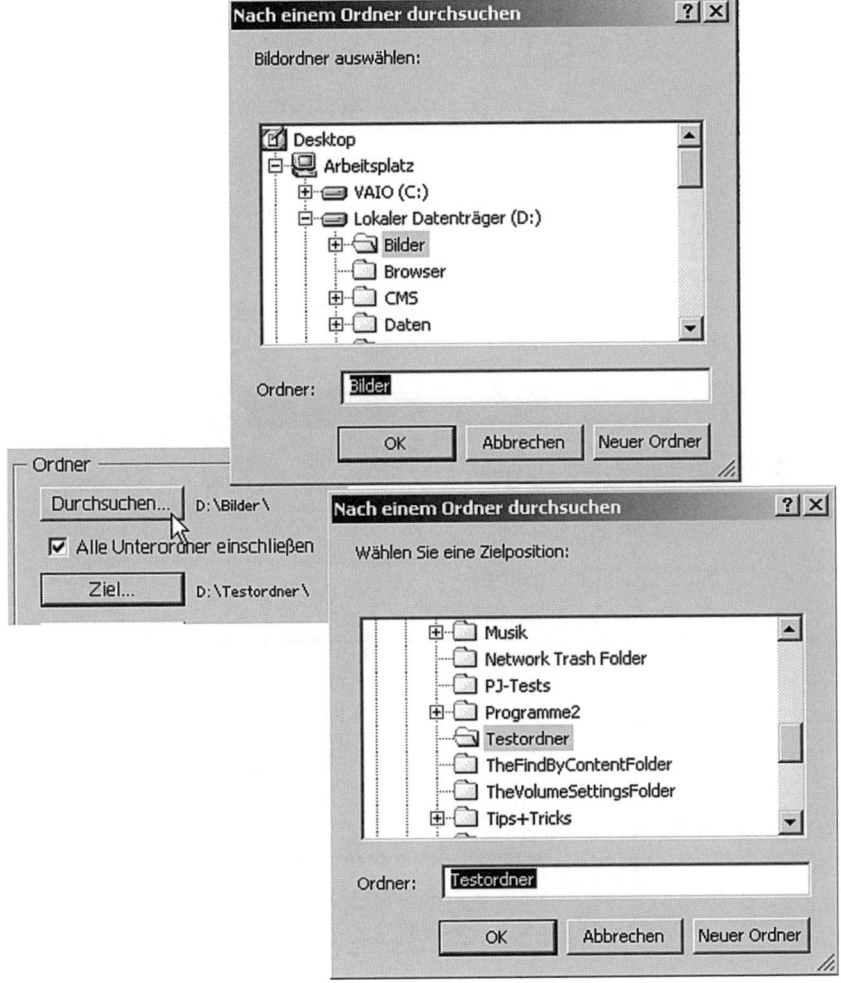

Abbildung 9.20: Festlegen von Quell- und Zielordner

Kapitel 9   Weiterverarbeitung digitaler Bilder

Im Aufklappmenü **BANNER** können Sie Titel der Galerie, Name des Fotografen (wahrscheinlich Sie selbst), Kontaktadresse und Datum eintragen bzw. die Schriftart und -größe für diese Informationen festlegen. Übernehmen Sie am besten die Voreinstellung Arial, Größe 3. Im Internet gelten wieder andere Größendefinitionen für Schrift, deren Erklärung hier zu weit führen würde.

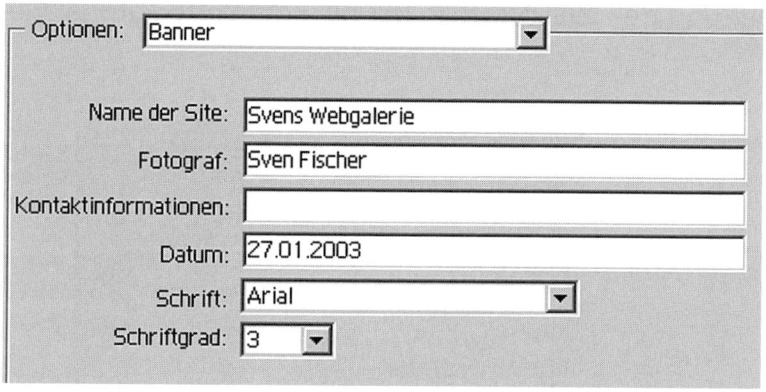

Abbildung 9.21: Eintragungen im Menü BANNER

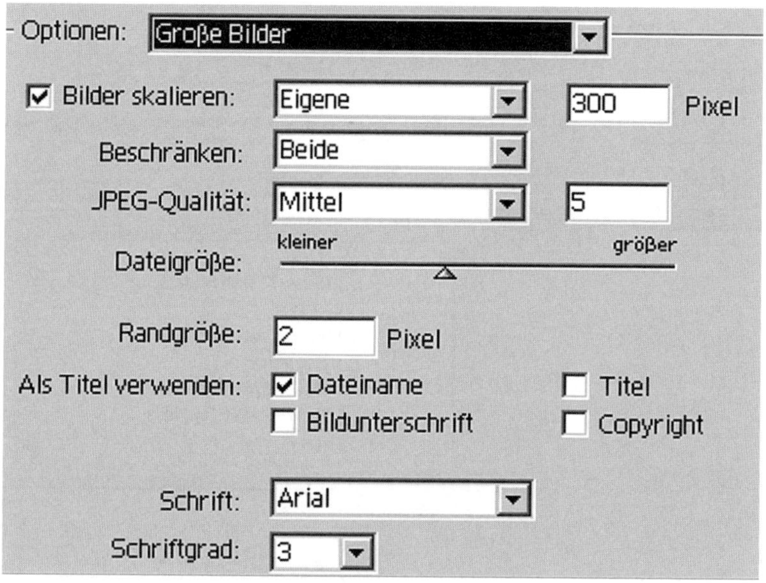

Abbildung 9.22: Eintragungen im Menü GROSSE BILDER

Im Menü **GROSSE BILDER** stellen Sie die Vorgaben für Abmessungen und Kompression der Bilddaten ein. Photoshop Elements erstellt aus den vorhandenen Dateien JPEG-Daten. Sie brauchen also nicht alle benötigten Bilder durch das Menü **FÜR WEB SPEICHERN ZU** jagen, das macht alles Photoshop Elements für Sie!

Als **MAXIMALE BREITE** bei mittlerer Größe geben Sie einen Wert zwischen 300 und 400 Pixel ein. Je breiter die Bilder sind, umso größer ist die Dateimenge und damit die benötigte Übertragungszeit. Schätzen Sie daher die Geduld der Besucher Ihrer Webseiten ein!

Die Einstellung für **JPEG** sollte bei Stufe 5 liegen. Wenn Sie wollen, können Sie um jedes Bild einen Rand ziehen lassen, vielleicht zwei bis drei Pixel.

Das Menü **MINIATUREN** betrifft die kleinen Vorschaubildchen, die automatisch auf den Webseiten positioniert werden. Hier können Sie Größe und Anordnung bestimmen.

Abbildung 9.23: Das Menü MINIATUREN

Bei den Optionen für **EIGENE FARBEN** sollten Sie die Standards übernehmen. Es geht hier um die Farben, die für Links, Text etc. auf der Webseite verwendet werden. Die Standardfarben sind die meisten Internetanwender gewohnt, daher sollte man sie beibehalten.

Kapitel 9 Weiterverarbeitung digitaler Bilder

Im Menü **SCHUTZ** ist es sicherlich sinnvoll, zumindest einen Copyright-Vermerk eintragen zu lassen. Sie können die Vorgaben übernehmen, sollten allerdings die Schriftgröße auf etwa 12 Punkt herabsetzen. Allerdings schützt der Vermerk die Bilder natürlich nicht gegen Download, d.h., jeder versierte Internetanwender wird in der Lage sein, die Bilder von den Webseiten auf seinen eigenen Rechner herunterzuladen. Das lässt sich nur durch aufwändige, zusätzliche Programmierung beispielsweise mit JavaScript verhindern.

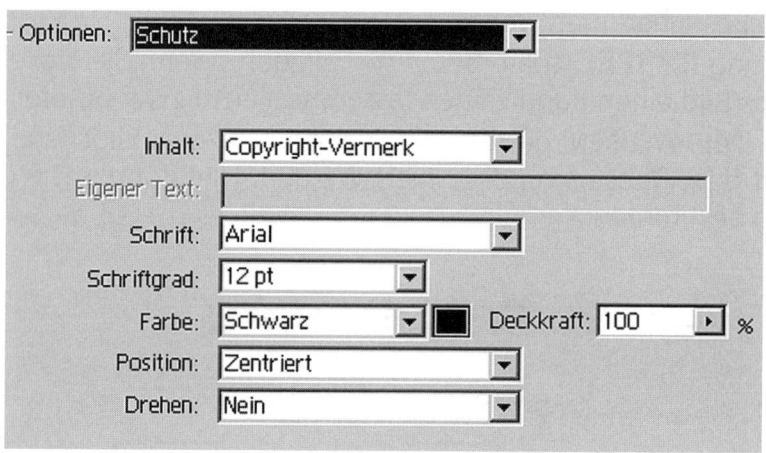

Abbildung 9.24: Einstellungen im Menü SCHUTZ

Wenn Sie alle Einstellungen durchlaufen haben, bleibt nur noch der Klick auf **OK** und Sie können sich zufrieden zurücklehnen und Photoshop Elements bei der Arbeit zusehen. Das Ergebnis der Arbeit wird Ihnen automatisch im Browser präsentiert (s. Abbildung 9.25).

Bilder als E-Mail verschicken

Vielleicht haben Sie schon einmal eine E-Mail, also eine elektronische Nachricht verschickt. Dazu benötigen Sie Programme wie **Microsoft Outlook** oder den **Messenger** von **Netscape**. Dann wissen Sie vielleicht, dass es möglich ist, an eine Textnachricht andere Dateien anzuhängen. So etwas nennt sich neudeutsch **Attachment** oder **E-Mail-Anhang**.

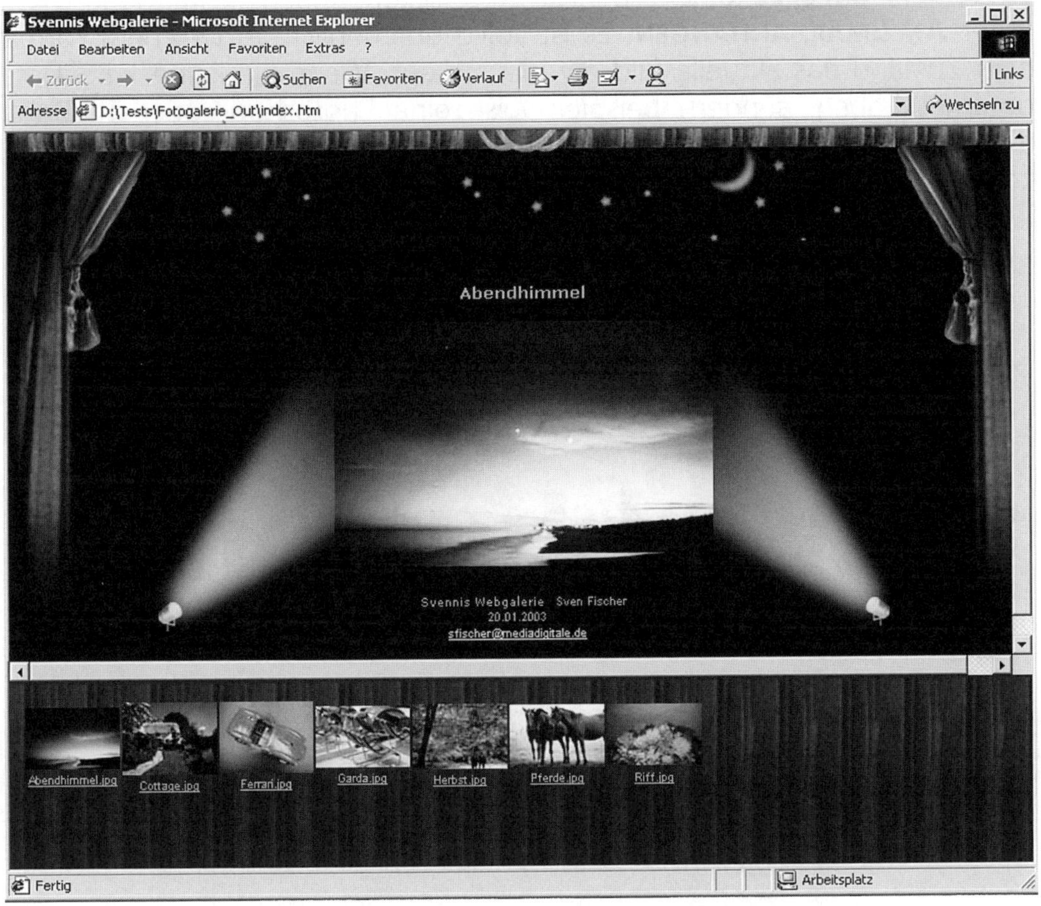

Bilder als E-Mail verschicken

Abbildung 9.25: Das Ergebnis als Fotogalerie im Browser

Aus Photoshop Elements heraus ist es möglich, ein Bild, das Sie gerade bearbeiten, direkt an eine E-Mail anzuhängen und an eine andere E-Mail-Adresse zu schicken.

Voraussetzung ist natürlich, dass sowohl ein Internetzugang als auch ein E-Mail-Programm auf Ihrem Computer eingerichtet sind.

Kapitel 9   Weiterverarbeitung digitaler Bilder

Den Befehl, um ein Bild per E-Mail zu verschicken, finden Sie im Menü **Datei** unter **An Email anhängen**. Es ist völlig unerheblich, in welchem Format oder Zustand das aktuelle Bild gerade vorliegt. Wenn Sie keine JPEG-Datei geöffnet haben, sondern beispielsweise eine Photoshop- oder TIF-Datei, meldet sich Photoshop Elements mit einer Nachfrage, ob das Bild in JPEG konvertiert oder im aktuellen Dateiformat versandt werden soll.

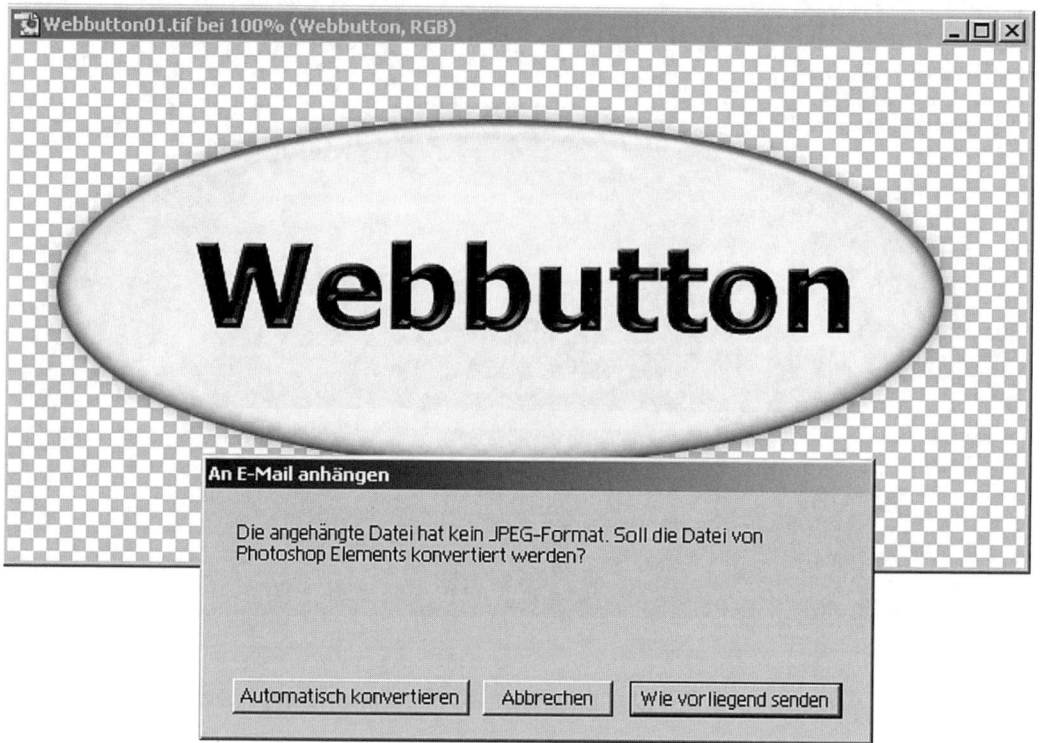

Abbildung 9.26: Nachfrage zum Speichern als JPEG für den E-Mail-Versand

Im Falle von TIF oder Photoshop setzt das natürlich voraus, dass der Empfänger auch über ein Bildbearbeitungsprogramm wie Photoshop Elements verfügt. Ein JPEG könnte er sich auch in seinem Internet-Browser ansehen.
Auch wenn die Datei im aktuellen Zustand noch nicht gespeichert wurde, erscheint ein entsprechender Warnhinweis.

Bilder als E-Mail verschicken

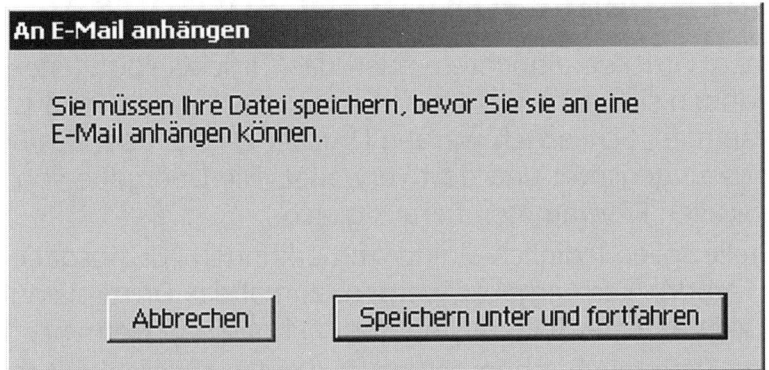

Abbildung 9.27: Aufforderung zum Speichern vor dem E-Mail-Versand

Der Dateiname wird automatisch als Betreff eingetragen. Sie müssen nur noch die Adresse des Empfängers und den gewünschten Text eingeben.

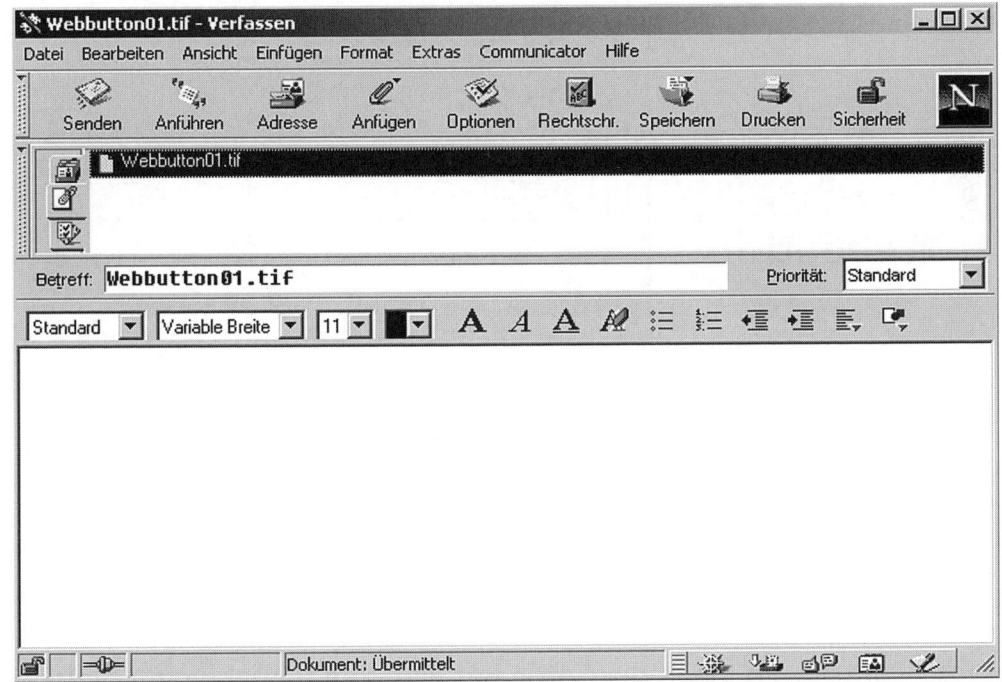

Abbildung 9.28: Übergabe der Datei an das E-Mail-Programm

Bilder auf einem Farbdrucker ausdrucken

Wie Sie einen Drucker einrichten oder das Druckdialogfenster aufrufen, brauche ich Ihnen sicherlich nicht zu erklären, das kennen Sie aus vielen anderen Programmen. Schließlich werden Drucker zentral über das Betriebssystem Windows eingerichtet und dort verwaltet. Die Übergabe von Druckaufträgen ist aus allen Programmen heraus gleich.

An dieser Stelle sollen lediglich einige Anmerkungen zur Ausgabe von Farbbildern auf Farbdruckern ergänzt werden, zumal das Druckdialogfenster einige Möglichkeiten bereithält, die Sie nur in Photoshop Elements finden.

Vielleicht sind Sie es auch schon gewohnt, den Druckbefehl mit dem Tastenkürzel [Strg]+[P] aufzurufen. Bei Photoshop Elements landen Sie damit zunächst im Dialogfenster **SEITENANSICHT**. Von hier aus lassen sich alle für den Ausdruck relevanten Menüs ansteuern.

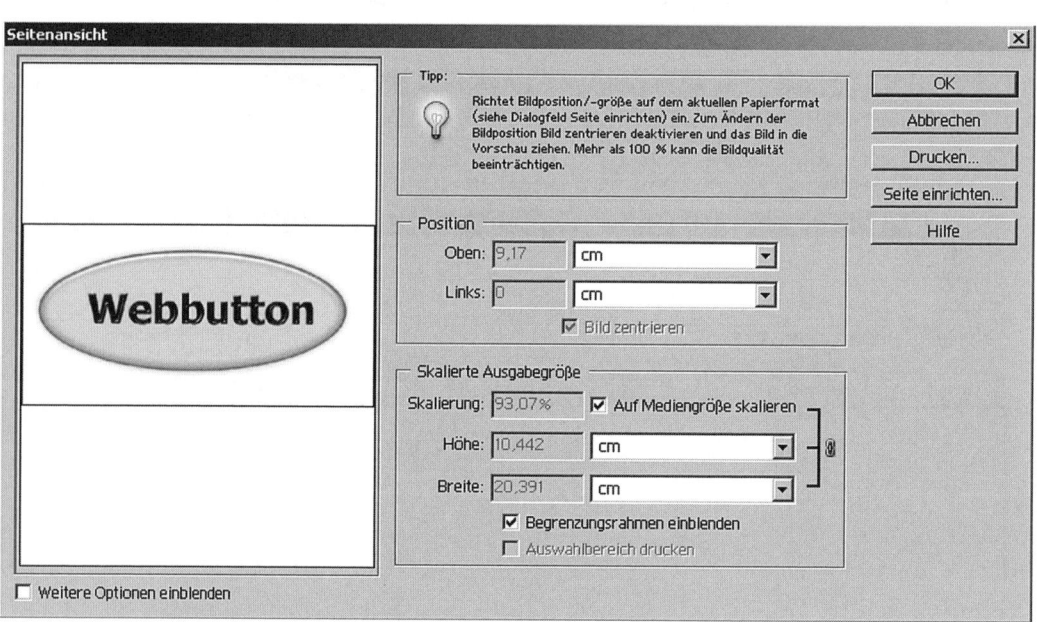

Abbildung 9.29: Druckdialogfenster SEITENANSICHT

Zunächst einmal wird Ihnen die Größe des Bildes im Verhältnis zur aktuellen Papiergröße angezeigt. Das Bild können Sie hier für den Ausdruck skalieren lassen. Dabei bleibt das digitale Bild unverändert, die Skalierung, also beispielsweise die Interpolation auf das Papierformat, betrifft nur die Berechnung des Ausdrucks. Das Papier wird optimal ausgenutzt, wenn Sie die Option **AUF MEDIENGRÖSSE SKALIEREN** benutzen. Die Seitenausrichtung, also Hoch- oder Querformat lässt sich ja über das Dialogfenster **SEITE EINRICHTEN** ändern, das Sie aus der Seitenansicht heraus aufrufen können.

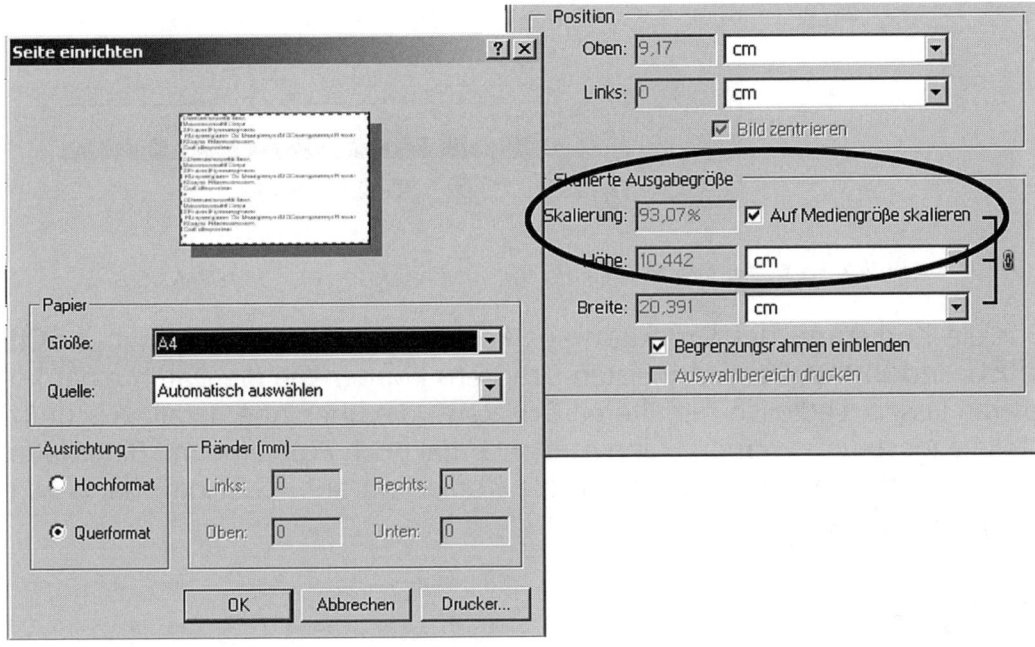

Abbildung 9.30: Skalierung auf die aktuelle Papiergröße

Bitte bedenken Sie auch, dass extreme Skalierungen nicht gerade förderlich für die Bildqualität im Ausdruck sind.

Durch Klick auf das Kästchen **WEITERE OPTIONEN EINBLENDEN** wird das Dialogfenster **SEITENANSICHT** erweitert und es werden einige zusätzliche Einstellungsmöglichkeiten angezeigt. Sie können zusätzlich eine Hintergrundfarbe, eine Umrandung oder auch Schnittmarken aktivieren.

Kapitel 9   Weiterverarbeitung digitaler Bilder

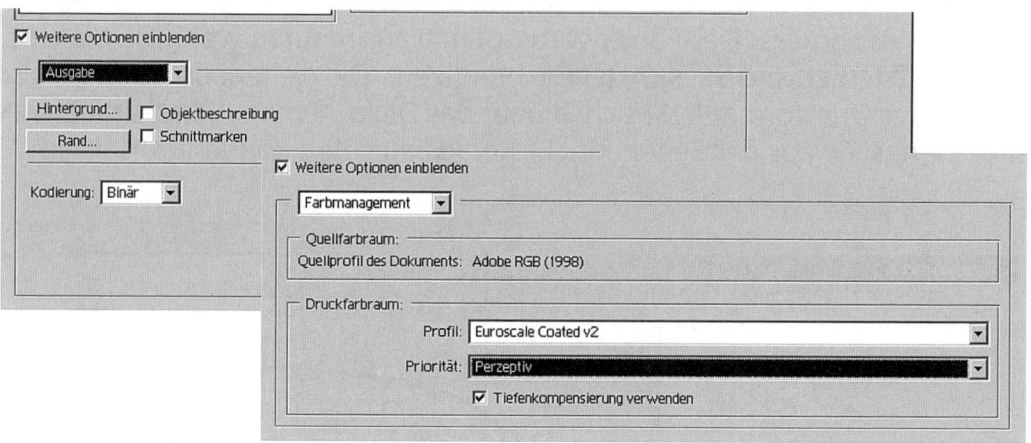

Abbildung 9.31: Weitere Optionen im Dialogfenster SEITENANSICHT

Für die Kodierung des Druckauftrags können Sie wählen zwischen **ASCII**, **JPEG** und **BINÄR**. Bei den meisten Druckern können Sie die Daten binär kodieren lassen. Lediglich mit älteren Druckern, die über eine parallele Schnittstelle angesteuert werden, kann es manchmal noch Probleme mit Binärdaten geben. In diesem Fall schalten Sie die Kodierung auf ASCII um, dann wird der Druckauftrag korrekt bearbeitet.

 ASCII ist auf jeden Fall eine Kodierung, die praktisch alle Drucker ohne Probleme verarbeiten können.

Wenn Sie in der Seitenansicht alle Einstellungen vorgenommen haben, klicken Sie auf **DRUCKEN** und Sie landen automatisch im »normalen« Druckdialogfenster, das Sie auch aus Ihren anderen Software-Programmen kennen. Da die Einstellungsmöglichkeiten im Druckdialogfenster sehr stark vom jeweiligen Drucker und seinen technischen Möglichkeiten abhängen, möchte ich an dieser Stelle nicht im Detail darauf eingehen. Dafür gibt es einfach zu viele verschiedene Druckertypen.

Zusammenfassung

Nun haben Sie als Bildbearbeiter also den Feinschliff bekommen. Sie haben in diesem Kapitel erfahren, wie Sie Bilder für verschiedene Ausgabemöglichkeiten aufbereiten, insbesondere fürs Internet.

Sie haben ein weiteres Dialogfenster kennen gelernt, um Bilder in Internetformaten abzuspeichern, nämlich **FÜR WEB SPEICHERN**. In diesem Dialogfenster haben Sie bessere Detaileinstellungen, erreichen eine bessere Bildqualität und kleinere Datenmengen als über das normale Dialogfenster **SPEICHERN UNTER**.

Sie haben außerdem eine besondere Spielart des GIF-Formats kennen gelernt, das **Animierte GIF**. Damit lassen sich einfache Animationen erstellen, die beispielsweise bei den so genannten Webbannern, also Werbeeinblendungen auf Webseiten, häufig zum Einsatz kommen.

Sie sind nun auch in der Lage, aus einer Reihe von Bildern eine **Fotogalerie** erstellen zu lassen, die Sie im Internet zeigen können. Nach diesem Kapitel können Sie auch Bilder als Anhang einer E-Mail verschicken. Für beide Zwecke benötigen Sie natürlich einen Internetzugang bzw. eine eigene Homepage und eine E-Mail-Adresse.

Zum Schluss haben Sie sich die Möglichkeit angesehen, die das erweiterte Druckdialogfenster in Photoshop Elements bietet, mit dem sich Bilder komfortabel auf eine bestimmte Mediengröße skalieren lassen, auch wenn dies oft nur mit Qualitätseinbußen möglich ist.

Übungsfragen

1. Welche Speicherformate gibt es für Internetanwendungen?
2. Worin liegt der Unterschied zwischen den JPEG- und GIF-Dateien, die mit dem Befehl **SPEICHERN UNTER** gesichert werden und denen, die mit dem Befehl **FÜR WEB SPEICHERN** gesichert werden?
3. Wie breit sollten Fotos auf Webseiten maximal sein?
4. Welche Dateigröße hat ein gut konstruierter Webbutton?
5. Womit könnte man ein animiertes GIF vergleichen?
6. Was bewirkt die Option **FRAMEVERZÖGERUNG** beim animierten GIF?

Kapitel 9   Weiterverarbeitung digitaler Bilder

7. Was sollten Sie tun, bevor Sie den Befehl **WEB-FOTOGALERIE** aufrufen?

8. Können Sie die Bilder einer Web-Fotogalerie mit Hilfe eines Copyright-Vermerks wirksam schützen?

9. Können Sie eine Datei auch im TIF-Format als E-Mail verschicken?

10. Können Sie Bilder für den Ausdruck auf einem Farbdrucker beliebig hoch vergrößern?

11. Was bewirken websichere Farben?

Kapitel 10
Farbmanagement – oder wie sehr kann ich mich auf Farben verlassen?

Sie haben nun alle wesentlichen Techniken und Tricks kennen gelernt, mit denen Sie so viel wie möglich aus Ihren digitalen Bildern herausholen können. Sie können die Bildqualität kontrollieren, Sie können Ihre Bilder kreativ einsetzen und Sie können sie für Internet und Farbdruck optimieren.

Ein wichtiges Detail fehlt aber noch. Können Sie sich wirklich auf die Darstellung eines Bildes am Monitor verlassen? Sehen die Bilder im Ausdruck nicht immer anders aus als auf dem Bildschirm? Warum eigentlich? Kann man das nicht besser hinbekommen?

In diesem Kapitel erfahren Sie

- ✓ was Farbmanagement ist
- ✓ warum Farbmanagement notwendig ist
- ✓ wie Sie Farbmanagement in Photoshop Elements nutzen

Man kann, allerdings nur mit erheblichem technischen Aufwand und teurer Spezialsoftware. Allerdings bietet Ihnen Photoshop Elements die Möglichkeit, zumindest die Ergebnisse eines solchen Aufwands zu nutzen und für die eigenen Zwecke zu nutzen.

Kapitel 10 Farbmanagement

Die Rede ist von **Farbmanagement**, einer ziemlich komplexen Materie, bei der es darum geht, die Darstellung von Farben auf verschiedenen Ausgabegeräten, also beispielsweise Monitoren oder Farbdruckern, anzupassen und vor allem auch vorhersehbar zu machen. Eine detaillierte Erörterung dieses Themas würde nicht nur den Rahmen dieses Buches sprengen, sondern auch sehr, sehr technisch werden. Daher an dieser Stelle nur ein kurzer Abriss, worum es im Wesentlichen geht sowie einige Empfehlungen, wie Sie Farbmanagement in Photoshop Elements einstellen sollten.

Warum ist Farbmanagement eigentlich notwendig?

Farbe ist nicht gleich Farbe!

Digitale Farben werden von Geräten wie Scannern, Monitoren oder Druckern erzeugt bzw. dargestellt. Dabei unterscheiden sich Farben deutlich, je nachdem von welchem Gerät sie reproduziert werden. Scanner und Monitore erzeugen zwar jeweils Bilder nach dem RGB-Farbmodell. Da sie jedoch unterschiedliche Technologien verwenden, um RGB-Farben zu erzeugen, unterscheiden sich die RGBs von Scannern und Monitoren. Es gibt sogar Unterschiede zwischen Scannern des gleichen Typs und Monitoren der gleichen Baureihe. Jedes Gerät produziert ein individuelles RGB. Man spricht dann von einem **gerätespezifischen Farbraum**.

Was bedeutet das? Ganz einfach, eine Vorlage enthält z.B. ein bestimmtes Rot. Die Vorlage wird gescannt, das Rot wird in einen digitalen Zahlenwert umgesetzt, z.B. R = 255. Anschließend wird das Rot auf einem Monitor dargestellt. Hier gibt es bereits Unterschiede in der Definition, die Sie aber nicht zu Gesicht bekommen, da Sie das Rot des Scanners erst auf einem Monitor sehen können, aber messtechnisch kann man diese Unterschiede nachweisen. Wenn Sie nun aber dieselbe Datei mit diesem Rot auf einem anderen Monitor anzeigen lassen, wird das Rot mit Sicherheit anders aussehen! Die digitalen Daten sind nach wie vor dieselben, aber die Darstellung, also die Umsetzung in sichtbare Farben, erfolgt durch ein Gerät und ist damit von Gerät zu Gerät unterschiedlich. Rot ist also nicht gleich Rot.

Bei der Druckausgabe erfolgt insofern bereits ein Wechsel, dass nicht mehr mit RGB als Farbmodell gearbeitet wird, sondern im Druck werden die Farben Cyan, Magenta, Gelb und Schwarz verwendet. Die Farbwerte einer RGB-

Datei müssen also in irgendeiner Form in CMYK umgewandelt werden. Man nennt diesen Vorgang **Farbseparation**. Im Fall von Photoshop Elements können Sie ja nur mit RGB-Daten arbeiten, also wird die Farbseparation von der Software des Druckers durchgeführt. Darauf haben Sie keinen Einfluss.

Bei einem Drucker und auch bei einer Druckmaschine werden Farben auf unterschiedliche Papiersorten aufgebracht. Dieselbe Farbe auf ein anderes Papier gedruckt, ergibt ein anderes farbliches Ergebnis. Dieselbe Datei, auf einem anderen Drucker ausgedruckt, sieht meist völlig anders aus. CMYK-Druck hängt von der verwendeten Farbe und dem verwendeten Papier ab. CMYK ist ebenfalls ein gerätespezifischer Farbraum.

RGB ist also auf jedem Gerät etwas anderes und CMYK ist auch bei jedem Drucker etwas anderes. Wie soll man nun Ordnung in dieses Chaos bringen?

Die Lösung – Farben messen und berechnen

Farben kann man mit sehr teuren Geräten messen und spektral festlegen. Das ist eine Farbdefinition, die unabhängig von den Geräten ist, mit denen ein Farbton dargestellt wird. Eine Menge Wissenschaftler und Ingenieure beschäftigen sich seit Jahrzehnten mit dieser Problematik. Es gibt Hunderte von Büchern zu diesem Thema.

Im Bereich der digitalen Farbverarbeitung existiert seit etwa zehn Jahren ein System, mit dem es möglich ist, Farben verschiedener Geräte standardisiert zu messen, zu speichern und ineinander umzurechnen. Dieses System ist bekannt unter der Bezeichnung **ICC Color Management**. ICC (= International Color Consortium) ist ein Konsortium verschiedener Hard- und Software-Hersteller, die sich auf gemeinsame Spielregeln geeinigt haben, wie Farbmanagement funktionieren sollte.

Das Ganze läuft nach folgendem Schema ab. Zuerst benötigt man Messgeräte, so genannte Spektralphotometer und Colorimeter sowie standardisierte Messvorlagen. Mit Hilfe der Messgeräte und -vorlagen wird ermittelt, welche Farben die beteiligten Geräte, also Scanner, Monitor und Drucker, wirklich darstellen können. Es wird der **Farbraum** ermittelt, den das jeweilige Gerät darstellen kann. Das Ergebnis wird in so genannten **Profildateien** gespeichert. Man nennt sie auch **ICC-Profile**.

Diese Profildateien sind inzwischen für eine Vielzahl von Scannern, Monitoren und Druckern frei verfügbar. Die Profile sind auf dem Computer gespeichert. Auch das Windows-Betriebssystem installiert eine Reihe solcher Profildateien bei einer Standardinstallation.

Mit Hilfe einer speziellen Software, die Teil des Betriebssystems ist, können verschiedene Profile miteinander verrechnet werden. Diese Software nennt sich allgemein **CMM** (= Color Matching Module), bei Windows wird sie **ICM** (= Image Color Management) genannt.

Jedes Mal, wenn es notwendig ist, Farben von einem Farbraum in einen anderen umzurechnen, kommen CMM und Profile zum Einsatz. Fast jedes Programm hat heute so genannte **Farbgrundeinstellungen**. Dabei werden für die verschiedenen Farbräume Profile vorgegeben und bei Bedarf miteinander verrechnet.

Was soll Farbmanagement bewirken?

Mit Hilfe der Profile ist bekannt, welche Farben ein bestimmtes Gerät darstellen kann, wie also ein bestimmter Rotton auf einem Drucker oder einem Monitor aussieht. Es gibt beim ICC-Farbmanagement Spielregeln, wie Profile miteinander verrechnet werden sollen und teilweise auch müssen. Wenn man sich an die Spielregeln hält, ist es möglich, Farben in den meisten Fällen so miteinander zu verrechnen, dass die Farbänderung z.B. vom Monitor zum Farbdrucker nicht ganz so extrem ausfällt.

Eine Einschränkung muss ich aber gleich machen. Es ist mit Farbmanagement **nicht** möglich, Farben auf allen Geräten immer gleich aussehen zu lassen. Das geht technisch einfach nicht und ist auch nicht Sinn der Sache!

Bestimmte grelle Farben werden auf einem Monitor immer satter und leuchtender aussehen als im Farbausdruck. Das ist nicht zu ändern, da ein Drucker, der mit Cyan, Magenta, Gelb und Schwarz arbeitet, egal ob mit Tinte, Toner oder Wachs, bestimmte leuchtende Farben einfach nicht drucken kann. Das ist z.B. besonders deutlich bei intensiven Blautönen, da sind die Abweichungen sehr deutlich.

Farbmanagement soll dafür sorgen, Farben vorhersagbar zu machen und, so weit es technisch machbar ist, zu kontrollieren.

Farbmanagement in Photoshop Elements

Wenn Sie eine bestimmte Farbe auf dem Bildschirm sehen und der Monitor richtig eingestellt ist, man nennt das **kalibrieren**, dann wissen Sie als Anwender, wie diese Farbe auf dem Drucker ausgedruckt wird, weil der Monitor die Farbe dann weitgehend ähnlich zur Druckausgabe anzeigen kann. Dazu ist aber auch notwendig, dass nicht nur für den Monitor ein Farbprofil vorhanden ist, sondern auch für den Drucker. Und zusätzlich müssen die Farben auch noch korrekt umgerechnet werden.

Sie sehen also, Farbmanagement ist eine ganz schön komplizierte Sache und erfordert sehr viel technisches Wissen und Farbverständnis.

Farbmanagement in Photoshop Elements

Die Farbeinstellungen

Sie haben in Photoshop Elements an zwei Stellen Zugriff auf Farbmanagement. Zum einen gibt es im Menü BEARBEITEN den Befehl FARBEINSTELLUNGEN. Hier können Sie zwischen drei Optionen wählen. Sie können ohne Farbmanagement arbeiten, was zwar einfacher, aber qualitativ sicher nicht befriedigend sein wird. Oder Sie können auf Voreinstellungen zugreifen, die entweder für Internetbilder oder für die Druckausgabe optimiert sind.

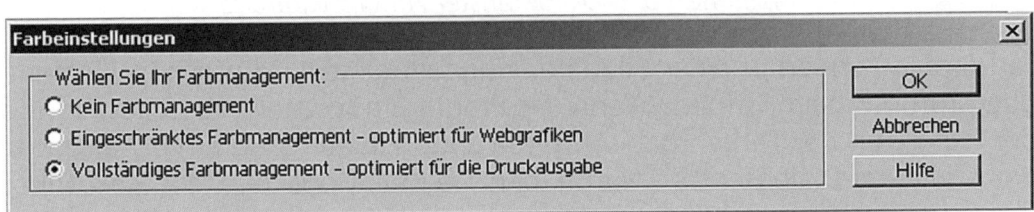

Abbildung 10.1: Grundeinstellungen für Farbmanagement

In Photoshop Elements haben Sie jedoch keinen Einfluss auf die Details dieser Vorgaben, also welche Profile dabei konkret verwendet werden. Das geht nur in der Profivariante Adobe Photoshop.

Entscheiden Sie also selbst, welche Farbvorgabe für Sie zutrifft. Wenn Sie hauptsächlich Bilder bearbeiten, die auf Internetseiten verwendet werden, dann nehmen Sie den Farbmanagement-Standard für Webgrafiken. Wollen Sie Ihre Bilder überwiegend auf Farbdruckern ausgeben, dann nehmen Sie die Vorgaben für die Druckausgabe.

Profilabfragen

Wenn Sie Farbmanagement aktiviert haben, was ich Ihnen in jedem Fall empfehlen würde, kann es oft vorkommen, dass sich beim Öffnen einer Datei ein Abfragedialogfenster meldet.

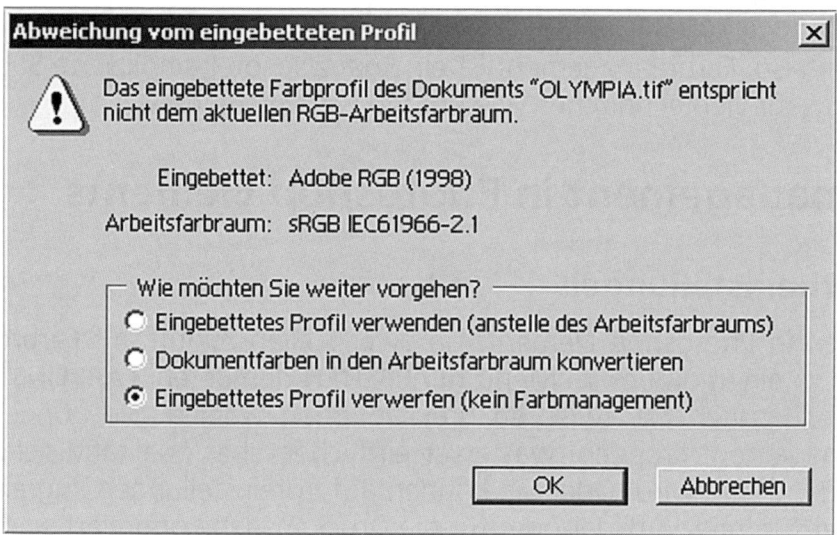

Abbildung 10.2: Dialogfenster zur Profilabfrage

Farbprofile können in einer Bilddatei eingebettet sein. Photoshop Elements überprüft das beim Öffnen. Wenn das Programm feststellt, dass das Profil in der Datei von der Farbvorgabe in Photoshop Elements abweicht, erscheint das erwähnte Dialogfenster. Nun haben Sie drei Möglichkeiten: Sie können das Farbmanagement für das betreffende Bild abschalten (was keinen Sinn macht), Sie können die Datei konvertieren oder das eingebettete Profil beibehalten.

Egal, ob Sie konvertieren oder nicht, Ihr Bild wird auf dem Monitor gleich aussehen. Das ist schon mal die erste Wirkung des Farbmanagements. Aber die RGB-Zahlenwerte der Pixel werden sich in beiden Dateien unterscheiden. Für Ihre Arbeit am Bild in Photoshop Elements hat das weder Vor- noch Nachteile. Es wird sich erst im Druck auswirken.

Was sollen Sie nun machen – konvertieren oder nicht? Da sind wir bei der berühmten Radio-Eriwan-Antwort: Im Prinzip ja. Angenommen, Sie haben

Farbmanagement in Photoshop Elements

die **FARBVORGABEN FÜR WEBGRAFIKEN** eingestellt und Sie bekommen das Profilabfragedialogfenster, würde ich Ihnen empfehlen, zu **konvertieren**.

Haben Sie jedoch die Farbvorgaben für Druckausgabe gewählt, wird es etwas komplizierter. In dem Abfragedialogfenster zeigt Ihnen Photoshop Elements an, welches Profil eingebettet ist und wie das Vorgabeprofil von Photoshop Elements, als **Arbeitsfarbraum** bezeichnet, heißt. Der Arbeitsfarbraum bei Druckausgabe nennt sich **Adobe RGB**, der bei Webgrafiken übrigens **sRGB**.

Falls in der Bilddatei ein Profil namens **ECI-RGB** eingebettet ist, sollten Sie **nicht** konvertieren. In allen anderen Fällen können Sie problemlos in den Arbeitsfarbraum **Adobe RGB** konvertieren.

Ist in der Datei dasselbe Profil eingebettet wie der Arbeitsfarbraum von Photoshop Elements, wird das Dialogfenster zur Profilabfrage **nicht** angezeigt, sondern das Bild kommentarlos geöffnet.

Ein Sonderfall ist ein fehlendes Profil, also wenn das zu öffnende Bild gar keine Profilinformation enthält. Dann meldet sich Photoshop Elements mit einem anderen Dialogfenster.

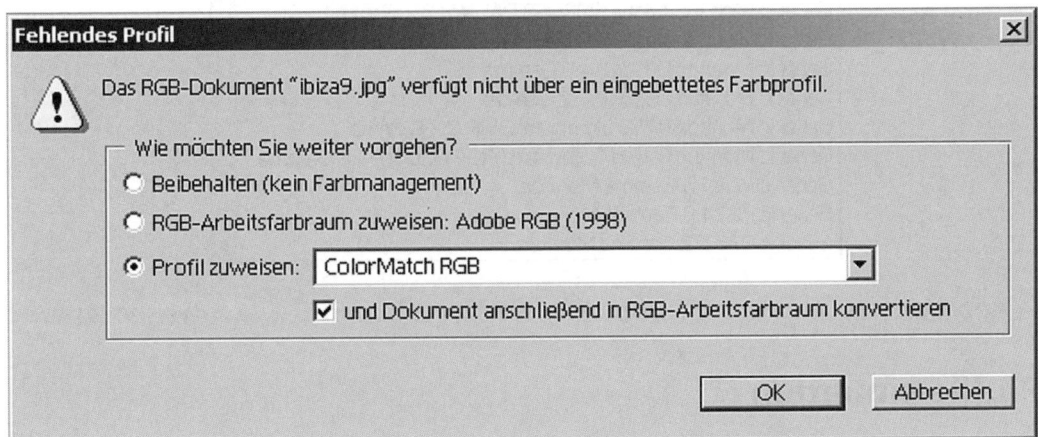

Abbildung 10.3: Profildialogfenster bei fehlendem Profil

Kapitel 10 Farbmanagement

Sie haben dann die Möglichkeit, bei diesem Bild weiterhin ohne Farbmanagement zu arbeiten, den aktuellen Arbeitsfarbraum zuzuweisen oder zunächst ein anderes Profil zuzuweisen und erst anschließend in den Arbeitsfarbraum zu konvertieren. Damit sind wir wieder bei Radio Eriwan.

Wenn Sie mit den Farbvorgaben für Webgrafiken arbeiten, weisen Sie dem Bild direkt den Arbeitsfarbraum **sRGB** zu. Arbeiten Sie jedoch mit den Vorgaben für Druckausgabe, weisen Sie zunächst den Farbraum **Colormatch RGB** zu und konvertieren anschließend in den Arbeitsfarbraum **Adobe RGB**. Den Farbraum **Colormatch RGB** finden Sie ziemlich weit oben in der Liste des Ausklappmenüs.

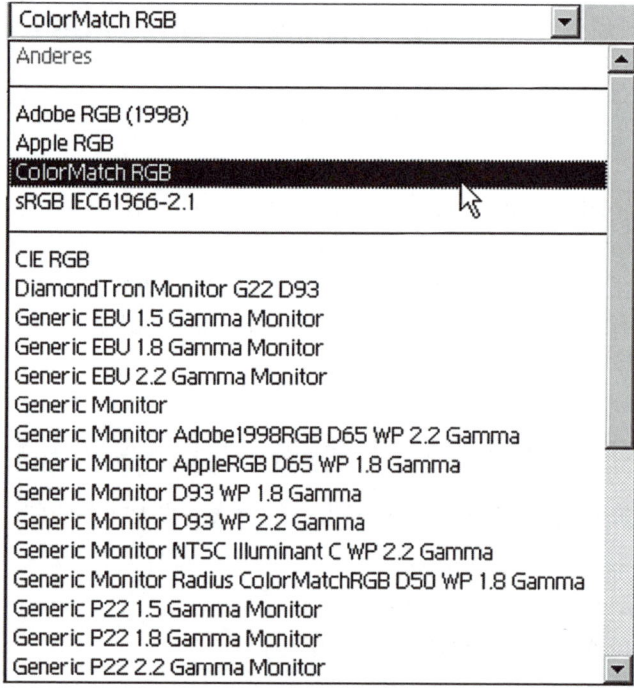

Abbildung 10.4: Liste der Farbprofile, die sich einem RGB-Bild zuweisen lassen

Profile einbetten

Wenn Sie mit aktiviertem Farbmanagement arbeiten, haben Sie auch die Möglichkeit, das verwendete Profil in eine Datei einzubetten. Es ist somit in der Datei verankert und kann beim Öffnen automatisch benutzt werden.

Farbmanagement in Photoshop Elements

Ich empfehle Ihnen generell, Farbprofile in Ihre Bilddaten einzubetten.

Um ein Profil einzubetten, ist es lediglich notwendig, im Dialogfenster **SPEICHERN UNTER** die Option **FARBE – ICC-PROFIL** zu aktivieren. Dann wird automatisch das Profil des Arbeitsfarbraums in die Datei eingebettet.

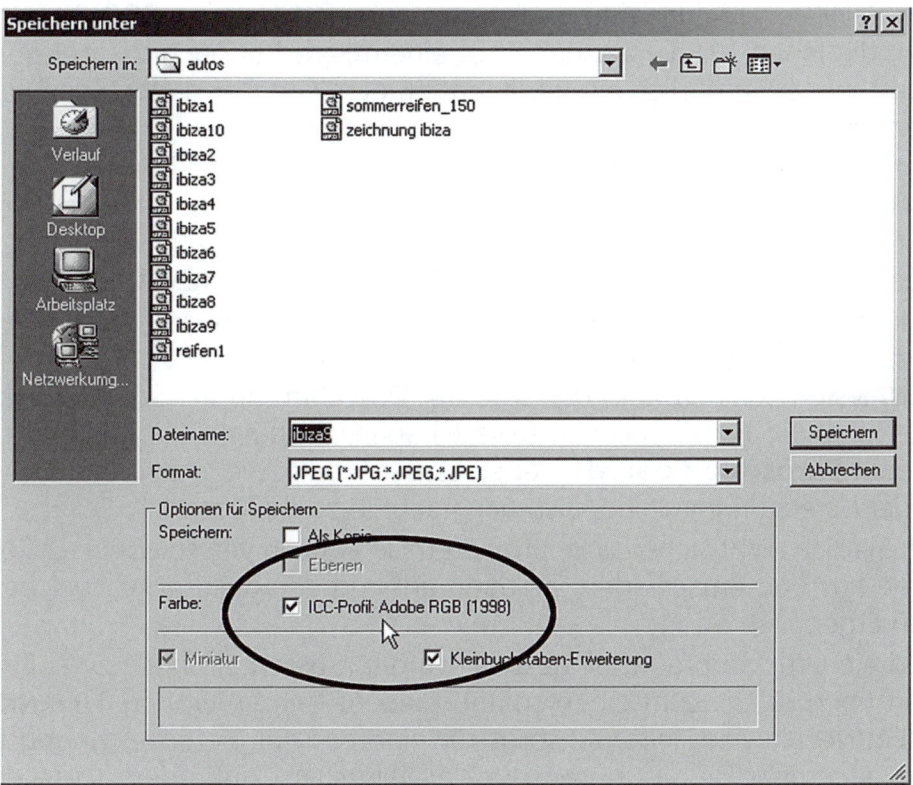

Abbildung 10.5: Einbetten eines Profils beim Abspeichern

Farbprofile bei der Druckausgabe

Auch bei der Druckausgabe spielen Profile natürlich eine große Rolle. In der **SEITENANSICHT** können Sie ebenfalls auf ein Menü **FARBMANAGEMENT** zugreifen. Sie finden es, wenn die **ERWEITERTEN OPTIONEN** eingeblendet werden.

Photoshop Elements zeigt Ihnen dann den Quellfarbraum an. Sofern die Datei beim Öffnen konvertiert wurde, ist das bei den Farbvorgaben für Webgrafiken **sRGB** und bei den Farbvorgaben für Druckausgabe **Adobe RGB**.

Unter der Angabe zum Quellfarbraum finden Sie ein Aufklappmenü, in dem Sie ein Profil für die Druckausgabe einstellen können. Das muss natürlich ein CMYK-Profil sein. Leider sind in der Liste auch jede Menge RGB-Profile enthalten, die Ihnen für die Ausgabe auf einem Farbdrucker nicht viel nützen. Am besten wäre natürlich ein Profil, das zu dem Drucker gehört, den Sie benutzen.

Oft liefern Druckerhersteller heute bereits Farbprofile für ihre Drucker mit, aber eben leider nicht alle. Falls Sie einen Drucker erworben haben, für den Farbprofile mitgeliefert wurden, und die Profile wurden auch installiert, finden Sie diese Profile im Verzeichnis **C:\WINNT\SYSTEM32\COLOR**.

Auf dieses Verzeichnis greift auch Photoshop Elements zu. Wenn Sie also Profile für Ihren Drucker installiert haben, suchen Sie im Dialogfenster **SEITENANSICHT** das Profil in der Liste der Druckfarbräume. Sollten Sie keine Profile für Ihren Farbdrucker installiert haben, probieren Sie entweder den Farbraum **Euroscale Coated** oder eines der Profile, die in der letzten Abteilung der Liste zu finden sind, also nach dem letzten Querstrich.

Wenn Sie sich nicht sicher sind, probieren Sie einfach verschiedene Druckfarbräume aus und entscheiden Sie dann anhand der Ausdrucke, welcher die besten Ergebnisse bringt.

Sobald ein Druckfarbraum eingestellt wurde, müssen Sie noch zwei Einstellungen überprüfen. Zum einen sollte in jedem Fall die Option **TIEFENKOMPENSIERUNG** aktiviert sein. Sie sorgt für eine bessere Tiefenzeichnung beim Druck, also mehr Details in den dunklen Bildteilen. Außerdem sollte die so genannte **PRIORITÄT** auf die Option **PERZEPTIV** gesetzt werden. Damit ist die Umrechnungsmethode gemeint, die benutzt wird, um das RGB-Bild in das CMYK-Profil umzurechnen. Falls Sie mit dem Ergebnis nicht zufrieden sein sollten, können Sie auch die Variante **RELATIV FARBMETRISCH** ausprobieren.

Farbmanagement in Photoshop Elements

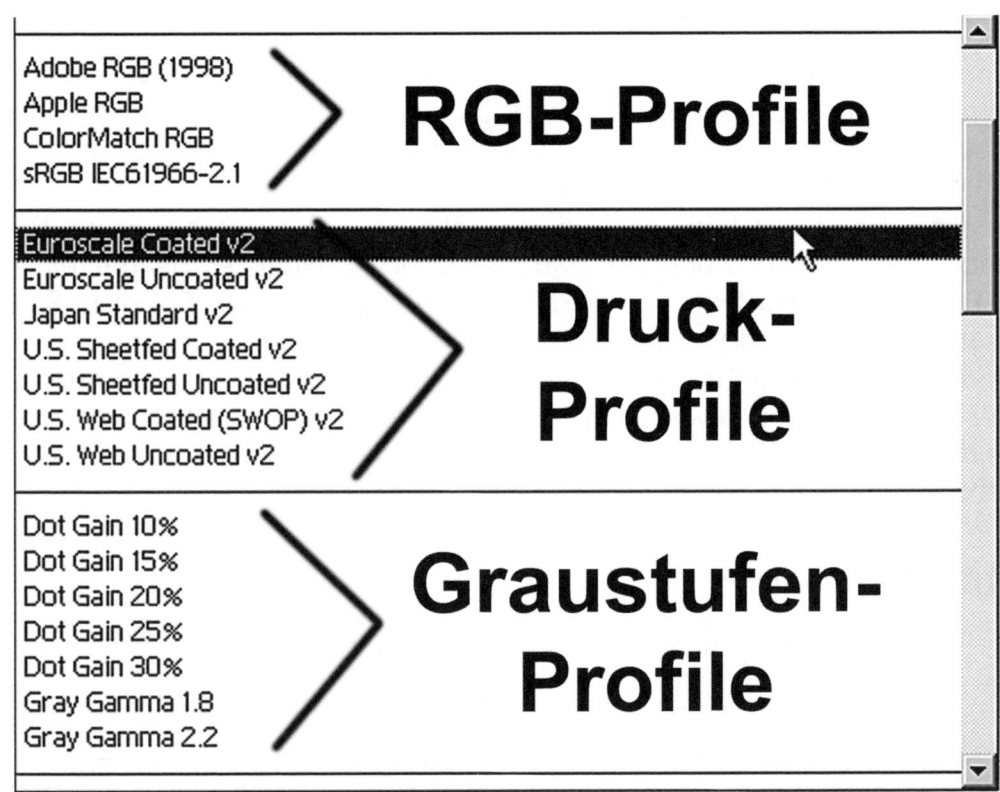

Abbildung 10.6: Profile, die als Druckfarbraum genutzt werden können

Die Varianten **ABSOLUT FARBMETRISCH** und **SÄTTIGUNG** sollten Sie möglichst nicht verwenden.

Falls Sie an Farbmanagement Interesse gefunden haben sollten, würde ich Ihnen allerdings empfehlen, auf die professionelle Variante Adobe Photoshop umzusteigen, da dort die Einstellungsmöglichkeiten noch viel ausgiebiger sind. Allerdings setzen diese Möglichkeiten auch voraus, dass Sie sich vorher eingehend mit dem Thema Farbmanagement beschäftigt haben. Literatur gibt es dazu jede Menge (z.B. *Farbmanagement* von Rolf Gierling, mitp-Verlag).

Zusammenfassung

Nun haben Sie die letzte qualitative Hürde genommen und sicherlich eine, die nicht ganz leicht zu verstehen ist. Zumindest haben Sie erfahren, dass Farben auf jedem Gerät anders dargestellt werden, weil es technisch gar nicht anders geht.

Mit Hilfe des Farbmanagements gibt es aber eine Möglichkeit, etwas Ordnung in das Chaos zu bringen. Dabei wird mit Profildateien gearbeitet, die die Farbmöglichkeiten der verwendeten Geräte beschreiben. Auf diese Profile kann auch Photoshop Elements zugreifen.

Sie können Farbvorgaben wählen, je nachdem ob Sie Webgrafiken erstellen oder Bilder ausdrucken wollen. Sie können diese Profile in Dateien beim Abspeichern einbetten lassen und Sie können die Profile bei der Druckausgabe nutzen.

Übungsfragen

1. Was ist die Hauptaufgabe von Farbmanagement?
2. Welches RGB-Profil wird bei Webgrafiken benutzt?
3. Welches RGB-Profil benutzen Sie für Bilder, die gedruckt werden?
4. Welches Profil wird für die Druckausgabe benötigt?
5. Müssen Bilder beim Öffnen konvertiert werden?
6. Wo stellen Sie das Profil für die Druckausgabe ein?
7. Welche Prioritäten sollten Sie für die Umrechnung in das Druckprofil wählen?
8. Was macht die Tiefenkompensierung?

Kapitel 11
Hilfen für ein effektives Arbeiten mit vielen Bildern

Wenn Sie erst einmal Spaß an der digitalen Bildbearbeitung gefunden haben und zudem vielleicht noch eine digitale Kamera besitzen, werden sich schnell stattliche Mengen digitaler Bilddaten ansammeln. Da geht rasch der Überblick verloren.

Es kann nicht schaden, wenn man ein paar Wege kennt, um große Datenmengen schnell und einfach durchforsten bzw. bearbeiten zu können.

In diesem Kapitel werden Sie zum einen den Dateibrowser kennen lernen, mit dem Sie Verzeichnisse mit Bilddaten schnell und komfortabel durchwühlen können. Zum anderen werden Sie einige Funktionen zur automatisierten Verarbeitung von Bilddaten kennen lernen.

In diesem Kapitel erfahren Sie

- ✓ wie der Dateibrowser Ihnen helfen kann
- ✓ welche Automatisierungsfunktionen es in Photoshop Elements gibt und wie Sie sie einsetzen können

Der Dateibrowser

In der Zwischenzeit haben Sie sicherlich einige Verzeichnisse angelegt, in denen Sie Ihre Bilddateien sammeln. Ich denke, nach einiger Zeit werden Sie nicht mehr jedes Bild kennen und sich bei einer Reihe von Bildern nicht mehr genau an den Inhalt erinnern können. Genau da kann Ihnen der Dateibrowser gute Dienste leisten.

Den Dateibrowser können Sie über den Menübefehl **DATEI|DURCHSUCHEN** aufrufen. Sie erhalten ein ziemlich großes Fenster, das Sie natürlich auch noch vergrößern oder verkleinern können.

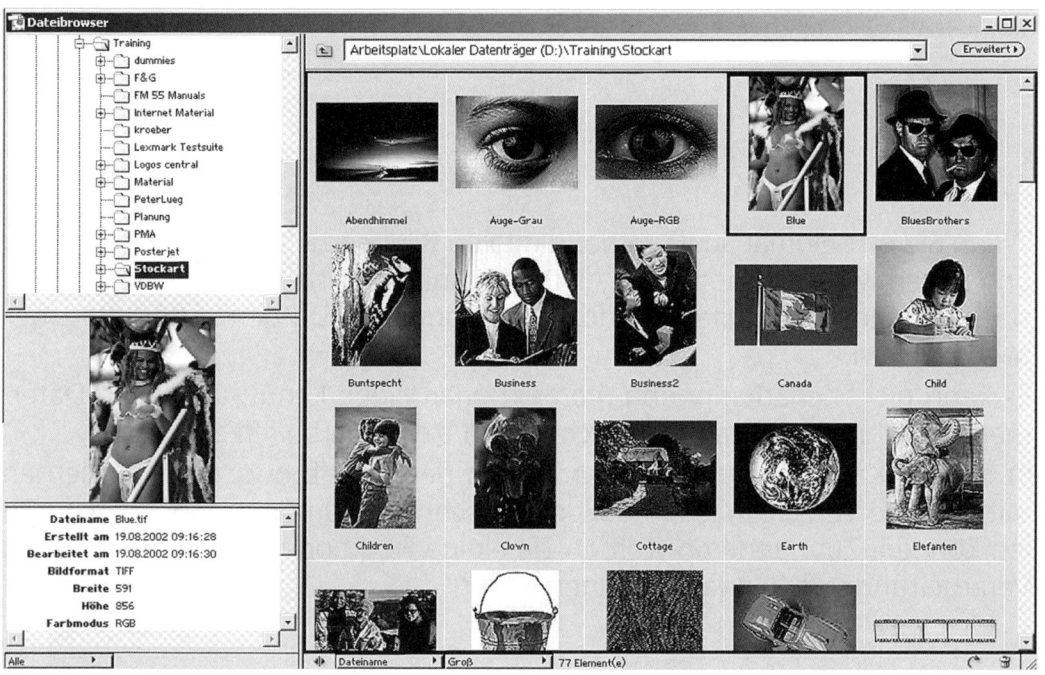

Abbildung 11.1: Der Dateibrowser

Er erinnert stark an den Windows-Explorer, schließlich hat er ja auch eine ähnliche Funktion, nur dass er auf Bilddaten spezialisiert ist. In der linken oberen Ecke sehen Sie eine Auflistung der Verzeichnisse Ihrer Festplatte, die praktisch mit dem Windows-Explorer identisch ist. Durch Klick auf die Ordner öffnen sich diese und offenbaren die weitere Verzeichnisstruktur. Enthält ein Ordner Bilddaten, werden diese nach einer kurzen Zeit als kleine Vorschaubilder in der rechten Bildhälfte angezeigt.

Der Dateibrowser

Ein Klick auf eines der Bilder zeigt auf der linken Seite eine weitere Vorschau an, zusammen mit Daten zu der jeweiligen Datei, beispielsweise Name, Dateiformat, Breite und Höhe in Pixel sowie die Dateigröße. Oberhalb der Bilder zeigt Ihnen Photoshop Elements den Verzeichnispfad zu dem gerade angezeigten Ordner an.

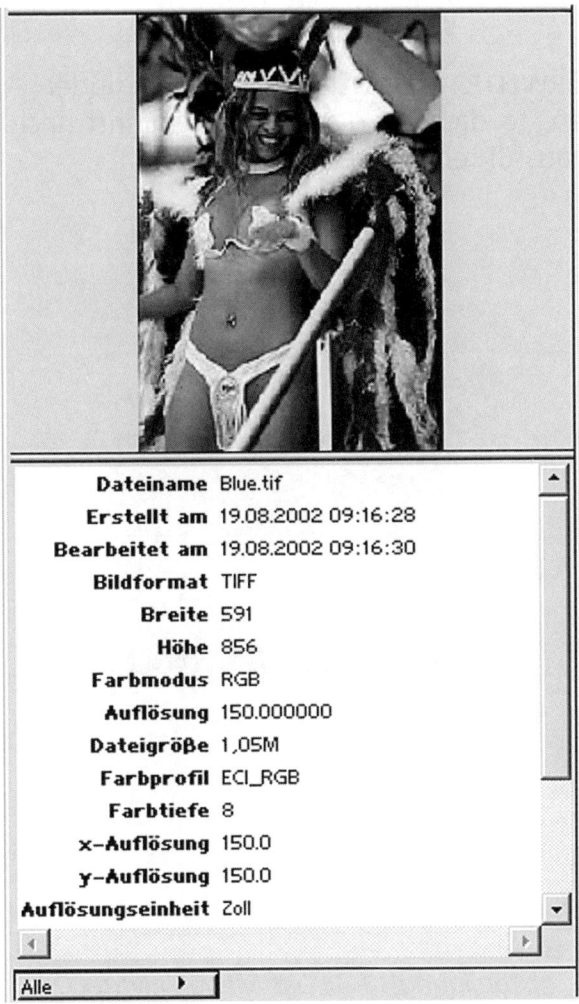

Abbildung 11.2: Erweiterte Vorschau einer Datei mit Daten zum Bild

Durch Verschieben der horizontalen und vertikalen Trennlinien können Sie die erweiterte Vorschau vergrößern oder verkleinern.

Kapitel 11   Hilfen für ein effektives Arbeiten mit vielen Bildern

 Photoshop Elements benutzt für die Bilder und Ordner einen speziellen Speicher, einen so genannten **Cache**. Dieser bleibt auch erhalten, wenn Sie Photoshop Elements beenden, so dass beim erneuten Aufrufen des Ordners im Dateibrowser die Bilder sofort angezeigt werden. Der Cache muss nicht jedes Mal neu berechnet werden.

Über das Menü **ERWEITERT**, das Sie rechts oben finden, können Sie Bilder auch gleich drehen, so dass Sie diesen Arbeitsschritt nach dem Öffnen des Bildes nicht mehr ausführen müssen.

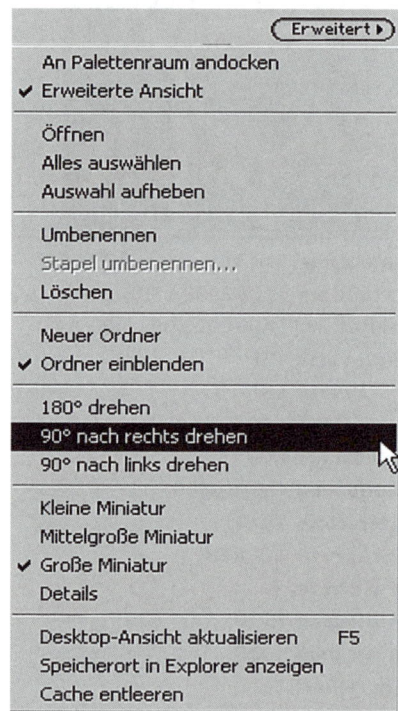

Abbildung 11.3: Das Menü ERWEITERT

In diesem Menü können Sie auch festlegen, in welcher Größe die Vorschaubilder angezeigt werden sollen. Sie können auch neue Ordner anlegen oder sogar Bilder löschen. Durch Doppelklick auf eine Bildvorschau können Sie das betreffende Bild in Photoshop Elements öffnen.

Alles in allem ist der Dateibrowser ein erweitertes **ÖFFNEN**-Dialogfenster mit komfortablen Möglichkeiten. Ich schätze, wenn Sie sich einmal daran gewöhnt haben, möchten Sie ihn nicht mehr missen.

Automatisierung

Im Kapitel über die Speicherformate haben Sie bereits einiges über das PDF-Format erfahren. Da es, wie Photoshop Elements, aus dem Hause Adobe stammt, wird es nicht verwundern, wenn in einigen Punkten das Zusammenspiel zwischen **Photoshop Elements** und **Adobe Acrobat** bzw. **Acrobat Reader** optimiert wurde. Darauf beziehen sich die Automatisierungsfunktionen, die Sie über das Menü **DATEI|AUTOMATISIERUNGSWERKZEUGE** aufrufen können.

PDF-Präsentation

Acrobat und PDF-Dateien bieten eine interessante Möglichkeit, die vielen Anwendern gar nicht richtig bewusst ist. Beide lassen sich nämlich hervorragend für **Präsentationen** einsetzen. Acrobat, und natürlich auch der kostenlose Acrobat Reader, besitzen einen so genannten Vollbildmodus. Dabei wird eine PDF-Datei bildschirmfüllend angezeigt, ohne Menü- und Werkzeugleisten. Sie können dann per Tastendruck oder Mausklick von Seite zu Seite weiterschalten.

Mit Photoshop Elements haben Sie nun die Möglichkeit, aus einem Ordner mit Bildern eine PDF-Datei zu generieren und sich diese sofort in Acrobat als Präsentation anzeigen zu lassen. Dazu dient das Menü **DATEI|AUTOMATISIERUNGSWERKZEUGE|PDF-PRÄSENTATION.** Es erscheint das Dialogfenster aus Abbildung 11.4.

Klicken Sie zuerst auf die Schaltfläche **DURCHSUCHEN**. Sie können nun alle Dateien sammeln, die in der Präsentation enthalten sein sollen.

In dem Dialogfenster **ÖFFNEN** können Sie auch mehrere Dateien auf einmal auswählen, indem Sie aufeinander folgende Dateien mit ⇧ anklicken. Um mehrere, nicht aufeinander folgende Dateien auszuwählen, klicken Sie die Dateinamen mit gedrückter Strg-Taste an.

Kapitel 11 Hilfen für ein effektives Arbeiten mit vielen Bildern

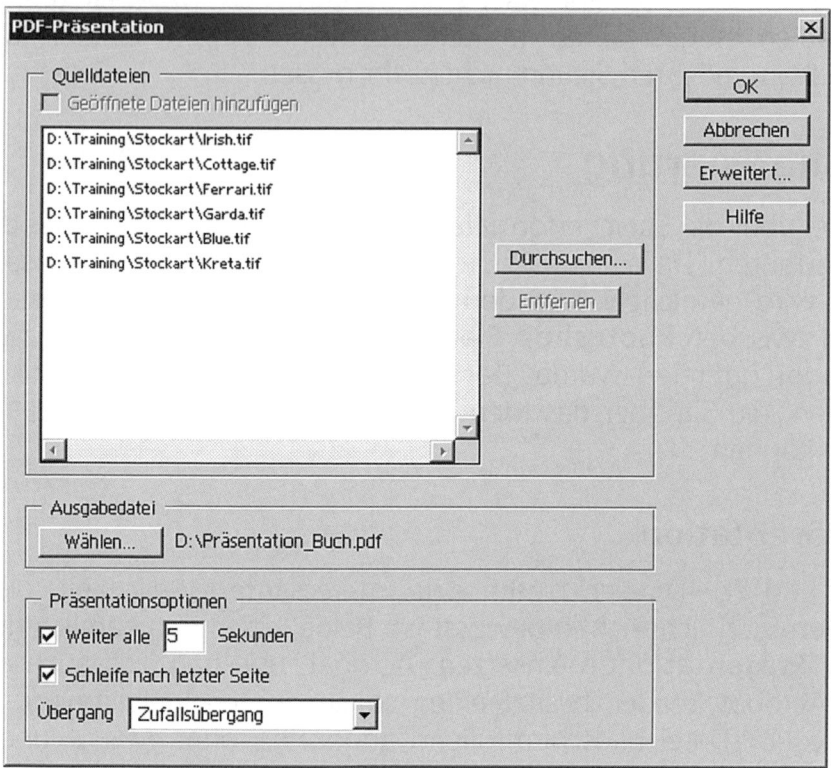

Abbildung 11.4: Dialogfenster für PDF-PRÄSENTATION

Die ausgewählten Dateien werden anschließend in einer Liste aufgeführt. Wenn Sie alle Dateien zusammenhaben, klicken Sie auf die Schaltfläche **AUSGABEDATEI|WÄHLEN**. Sie können nun Name und Speicherort der PDF-Präsentation angeben.

Darüber hinaus können Sie zwischen einigen Optionen wählen. Die Option **WEITER ALLE X SEKUNDEN** bewirkt, dass nach der Zeitspanne, die Sie hier eintragen, automatisch das nächste Bild angezeigt wird. Wenn Sie zusätzlich die Option **SCHLEIFE NACH LETZTER SEITE** aktivieren, läuft die Präsentation völlig automatisch durch und startet nach dem letzten Bild erneut.

Zwischen den einzelnen Seiten können Sie, wie Sie das vielleicht von dem Präsentationsprogramm Microsoft Powerpoint gewohnt sind, **ÜBERGÄNGE** verwenden, die die Präsentation etwas aufpeppen. Sie können aus einer Liste mit Übergängen wählen. Am interessantesten ist die Option **ZUFALLS-ÜBERGANG**, da dann per Zufallsgenerator zwischen jedem Bild ein anderer Übergang gewählt wird.

Automatisierung

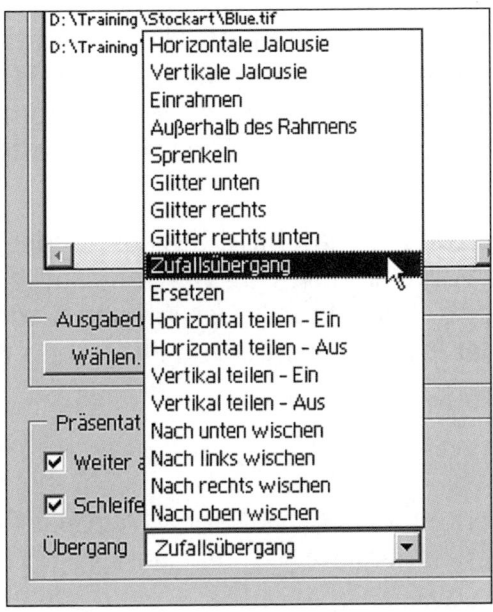

Abbildung 11.5: ZUFALLSÜBERGANG auswählen

Durch Klick auf die Schaltfläche **ERWEITERT** kommen Sie in das Dialogfenster, in dem Sie die Kompression für die einzelnen Bilder einstellen können. Die Optionen in diesem Dialogfenster entsprechen den normalen PDF-Einstellungen, die im Abschnitt *Photoshop PDF – Portable Document Format* in Kapitel 5 bereits beschrieben wurden. Es gelten natürlich auch die dort erwähnten Vorgaben.

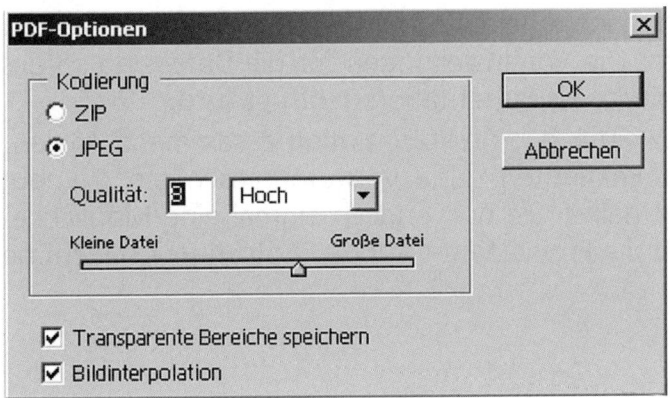

Abbildung 11.6: Optionen zur Kompression der PDF-Bilder

Kapitel 11 Hilfen für ein effektives Arbeiten mit vielen Bildern

Dann müssen Sie nur noch auf **OK** klicken und Photoshop Elements beginnt, die einzelnen Bilder aufzurufen, als PDF abzuspeichern und anschließend alle Einzelbilder in einer einzigen, mehrseitigen PDF-Datei zusammenzufassen. Wenn die PDF-Datei fertig ist, wird automatisch der Acrobat Reader bzw. Adobe Acrobat aufgerufen und die Präsentation läuft durch.

Voraussetzung ist natürlich, dass entweder **Acrobat Reader** oder die Vollversion **Adobe Acrobat** auf Ihrem Computer installiert sind. Eine aktuelle Version des Acrobat Reader finden Sie auf der Installations-CD von Photoshop Elements 2.0.

Die Präsentation in Acrobat bzw. Acrobat Reader können Sie abbrechen, indem Sie [Esc] drücken.

Damit die Generierung der PDF-Datei in Photoshop Elements wirklich vollautomatisch durchläuft, ist es sinnvoll, vorher die **FARBEINSTELLUNGEN** zurückzusetzen, so dass kein Farbmanagement angewandt wird. Sonst kommt nämlich unter Umständen bei jedem Bild das Profilabfragedialogfenster, das Sie manuell bestätigen müssen.

Sie können natürlich jederzeit die PDF-Datei wieder in Acrobat öffnen und ablaufen lassen. Die Voreinstellungen für die Datei sind so gesetzt, dass sie automatisch wieder als Präsentation geöffnet wird.

Es ist also ganz einfach, eine Präsentation zusammenzustellen, die Sie Ihren Freunden und Bekannten dann vollautomatisch am Computer vorführen können. Damit haben Sie nun endlich einmal eine Möglichkeit kennen gelernt, die selbst die Profivariante Adobe Photoshop 7.0 nicht beherrscht!

Mehrseitige PDF-Dateien und Photoshop Elements

Nachdem Sie Kapitel 5 gelesen haben, wissen Sie ja, dass Photoshop Elements beliebige PDF-Dateien nicht nur speichern, sondern auch öffnen kann. Beim Öffnen einer mehrseitigen PDF-Datei erscheint automatisch ein Dialogfenster, in dem Sie durch die PDF-Datei blättern und die gewünschte Seite auswählen können, die dann in Photoshop Elements geöffnet wird.

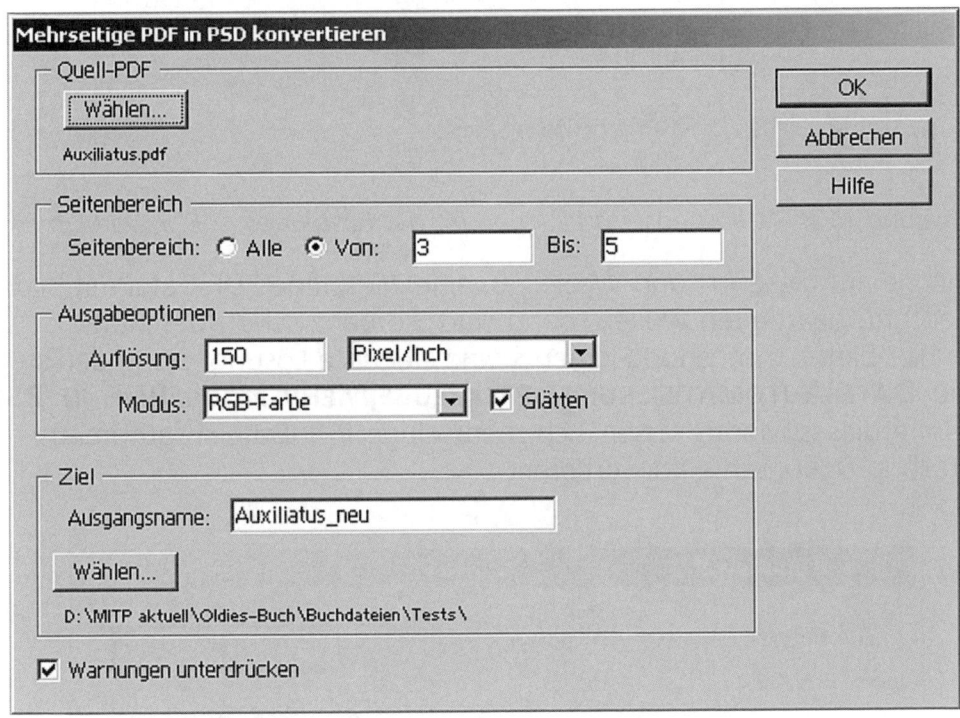

Abbildung 11.7: Öffnen einer mehrseitigen PDF-Datei

Auch wenn die PDF-Datei nur Bilddaten, also Pixelinformationen enthält, muss Photoshop Elements die PDF-Datei beim Öffnen rastern, also angeblich Vektoren in Pixel umwandeln. Dazu müssen Sie in einem weiteren Dialogfenster die gewünschte Breite, Höhe, Auflösung und Farbmodus angeben.

Kapitel 11   Hilfen für ein effektives Arbeiten mit vielen Bildern

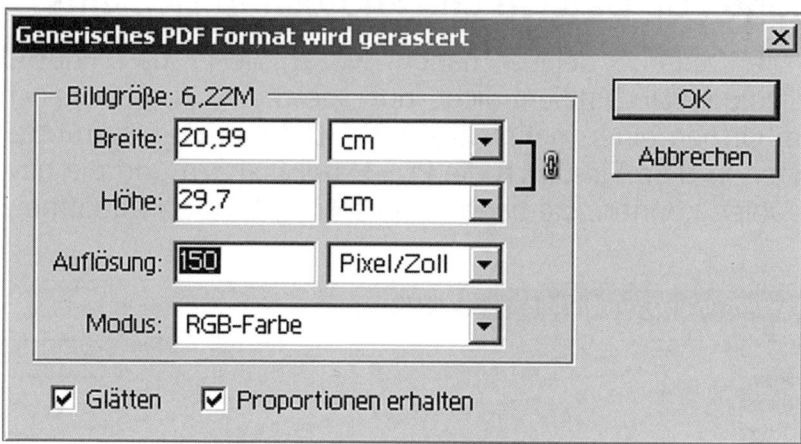

Abbildung 11.8: Auflösungseinstellungen für das Rastern einer PDF-Datei in Pixel

Wenn Sie auf diese Art und Weise z.B. eine 20-seitige PDF-Datei mit Bildern öffnen und bearbeiten wollen, dann sind Sie ganz schön beschäftigt. Aber auch hier bietet Photoshop Elements eine elegante Lösung. Sie finden sie im Menü **DATEI|AUTOMATISIERUNGSWERKZEUGE|MEHRSEITIGE PDF IN PSD**. Mit Hilfe dieses Menüs lassen sich mehrseitige PDF-Dateien automatisch in Photoshop-Dokumente konvertieren.

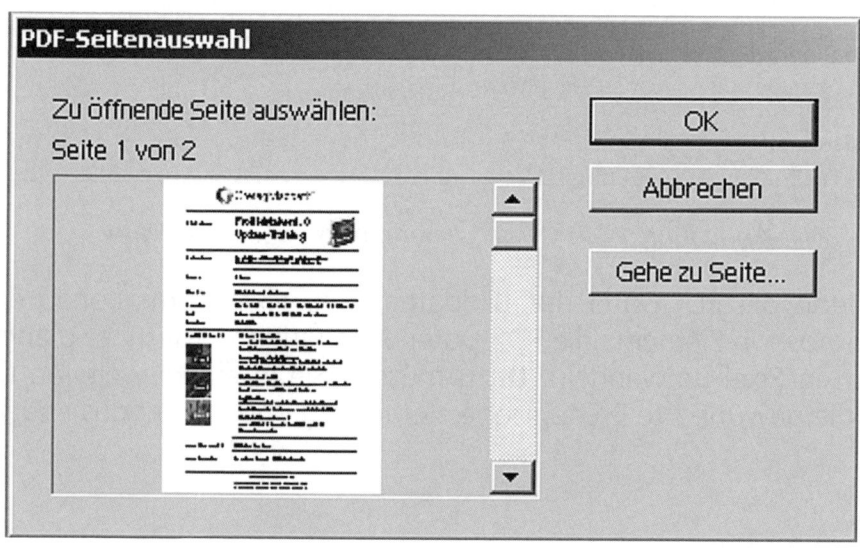

Abbildung 11.9: Konvertierung mehrseitiger PDF-Dateien in Photoshop-Dokumente

Zunächst einmal **WÄHLEN** Sie die PDF-Datei aus, deren Seiten konvertiert werden sollen. Sie können sogar bestimmen, ob alle Seiten oder nur bestimmte Seiten konvertiert werden sollen. Dazu müssen Sie natürlich wissen, wie viele Seiten die Datei enthält.

Es kann also nicht schaden, sich die PDF-Datei, die konvertiert werden soll, zuvor in Acrobat anzusehen.

Wie beim »normalen« Öffnen von PDF-Dateien müssen Sie Auflösung und Farbmodus vorgeben. Lediglich die Größe der Bilder wird in diesem Fall automatisch übernommen. Die Option **GLÄTTEN** sollte aktiviert bleiben, sie sorgt für glattere Kanten in den Bildern.

Zum Schluss geben Sie Name und Speicherort der Photoshop-Dokumente an. Der Name wird für jede Einzeldatei übernommen und durch eine dreistellige, fortlaufende Nummerierung ergänzt, also beispielsweise **PDFBILDER001**, **PDFBILDER002** usw.

Die Option **WARNUNGEN UNTERDRÜCKEN** sorgt schließlich dafür, dass Warnmeldungen, wie etwa das Dialogfeld zur Profilabfrage unterdrückt werden, sonst müssten Sie wieder bei jedem Bild manuell eingreifen.

Zusammenfassung

Nun haben Sie zum Schluss noch ein paar Tricks kennen gelernt, die Ihnen die Arbeit in vielen Fällen erleichtern können.

Mit Hilfe des **Dateibrowsers** ist es relativ leicht, auch Verzeichnisse mit vielen Bildern zu durchforsten und bestimmte Dateien zu suchen. Der Dateibrowser ist stark an den Windows-Explorer angelehnt und kann zu jedem Bild Detailinformationen anzeigen. Bilder lassen sich mit diesem Dialogfenster nicht nur aufspüren, sondern auch gleich öffnen.

Die **Automatisierungswerkzeuge** können hervorragend eingesetzt werden, wenn es darum geht, in Photoshop Elements mit **PDF-Dateien** zu arbeiten. Zum einen können Sie sehr einfach eine PDF-Präsentation aus einer ganzen Reihe von Einzeldateien generieren, wobei es völlig egal ist, in welchem Speicherformat die Einzelbilder vorliegen. Einzige Voraussetzung ist, dass Photoshop Elements dieses Speicherformat kennt.

Kapitel 11   Hilfen für ein effektives Arbeiten mit vielen Bildern

Ebenso einfach und automatisch lassen sich mehrseitige PDF-Dateien in einzelne Photoshop-Dokumente konvertieren, die anschließend mit Photoshop Elements bearbeitet werden können.

Übungsfragen

1. Welche Dateiinformationen zeigt Ihnen der Dateibrowser an?
2. Lassen sich Bilder im Dateibrowser automatisch drehen?
3. Können Sie mehrere Bilder, die in verschiedenen Speicherformaten vorliegen, in einer PDF-Präsentation zusammenfassen?
4. Welche Voraussetzung muss gegeben sein, damit Sie eine PDF-Präsentation ablaufen lassen können?
5. Wie können Sie eine Präsentation in Acrobat wieder abbrechen?
6. Mit welchen Tasten können Sie mehrere Dateien im Dialogfenster **ÖFFNEN** auswählen?

Anhang
Antworten zu den Übungsfragen

Kapitel 1

1. Pixel sind die Bildpunkte, aus denen ein digitales Bild besteht.

2. Als Bitmap bezeichnet man die Anordnung der Pixel in horizontalen Zeilen und senkrechten Spalten. Jedes digitale Bild ist eine solche Bitmap.

3. Auflösung, also Anzahl der Pixel, und Datentiefe, also Anzahl der Farbnuancen, die für jedes Pixel definiert werden können.

4. RGB ist die Abkürzung für Rot-Grün-Blau, die drei Grundfarben, aus denen ein digitales Bild aufgebaut ist. Es sind die Grundfarben der additiven Farbmischung.

5. Etwa 200 bis maximal 300 dpi.

6. Mit Hilfe eines Kabels über den USB-Anschluss.

7. Die Größe kann verändert werden, allerdings nur mit Qualitätseinbußen, sowohl beim Verkleinern als auch vor allem beim Vergrößern.

Anhang Antworten zu den Übungsfragen

Kapitel 2

1. Im Menü **ÜBERARBEITEN**.

2. Durch Verschieben der Paletten sowie durch Abreißen und Neu-Zusammenfügen der Einzelpaletten. Dazu klicken Sie auf den Karteireiter und ziehen mit gedrückter Maustaste.

3. Einstellungsvarianten zu den einzelnen Werkzeugen.

4. Um Bildteile auszuwählen, damit sie kopiert werden können bzw. Bearbeitungsfunktionen auf die ausgewählten Bereiche begrenzt werden.

5. Die Umwandlung von Vektoren in Pixel, beispielsweise die Umwandlung einer Vektorebene in eine Pixelebene.

6. Zum Verschieben des Bildausschnitts im Bildfenster.

7. Durch Drücken der **FUNKTIONSTASTE** [F1], durch Klick auf ein **FRAGEZEICHEN** in einem Dialogfenster, durch Klick auf die Schaltfläche **HILFE** in einem Dialogfenster oder durch den Menübefehl **HILFE|PHOTOSHOP ELEMENTS HILFE**.

8. Anleitungen für Arbeitstechniken. Sie sind in einer eigenen Palette zusammengefasst.

9. Nur in dieser Darstellung ist die Qualität eines Bildes zu überprüfen, da es die einzige Darstellung des Bildes ist, bei der nicht für die Bildschirmdarstellung interpoliert wird.

10. Nein, die Bildpixel werden nur größer dargestellt.

11. Um stufenlos und in Echtzeit in einem Bild zoomen zu können.

12. Durch Drücken der Tasten [Strg]+[Z].

13. **RÜCKGÄNGIG** macht nur den letzten Arbeitsschritt rückgängig. **ZURÜCK ZUR LETZTEN VERSION** macht alle Arbeitsschritte seit dem letzten Speichern der Datei rückgängig.

14. Im Protokoll werden im Normalfall die letzten 20 Arbeitsschritte gespeichert.

15. Ja, indem Sie auf den entsprechenden Arbeitsschritt im Protokoll klicken.

16. Beim Schließen einer Datei bzw. durch den Befehl **BEARBEITEN|ENTLEEREN|PROTOKOLLE**.

17. Programme benutzen virtuelle Arbeitsdateien, um Datei- und Arbeitsinformationen zwischenzuspeichern, die nicht mehr im RAM-Speicher des Computers gehalten werden können.

Kapitel 3

1. Licht.

2. Die Abfolge der Farben im Spektrum ist Rot, Gelb, Grün, Cyan, Blau, Magenta.

3. Unsere Augen reagieren auf rote, grüne und blaue Wellenlängen des Lichtspektrums.

4. Rot – Cyan, Grün – Magenta, Blau – Gelb.

5. Die additiven Farben sind Rot, Grün, Blau und die subtraktiven Farben sind Cyan, Magenta und Gelb.

6. Der Unterschied zwischen hellster und dunkelster Farbe in einem Bild bzw. der Helligkeitsabstand zweier Farben.

7. Schwarz und Weiß.

8. Wir können bei höherem Kontrast Details besser erkennen.

9. Er erhöht den Kontrast.

10. Ein unscharf aufgenommenes Bild wieder scharf stellen.

11. Mit den Menüs **ÜBERARBEITEN|QUICKFIX**, **ÜBERARBEITEN|HELLIGKEIT/KONTRAST ANPASSEN|HELLIGKEIT/KONTRAST** und **ÜBERARBEITEN|HELLIGKEIT/KONTRAST ANPASSEN|TONWERTKORREKTUR**.

12. Die Intensität und Leuchtkraft von Farben

13. Ein Histogramm ist eine statistische Verteilung der Pixelmengen in den einzelnen Tonwertbereichen.

14. Die Breite des Histogramms zwischen hellstem und dunkelstem Tonwert eines Bildes.

15. Maximal 256.

16. Wenn weniger Tonstufen vorhanden sind, als ein menschlicher Betrachter unterscheiden kann, also weniger als ca. 170.

17. Zur Verdeutlichung der Beziehungen zwischen den Farben des Lichtspektrums.

18. Farbton (= **H**ue), Sättigung (= **S**aturation) und Helligkeit (= **B**rightness).

19. Die Lupe können Sie mit dem Kürzel [Strg]+[   ] aufrufen und das Handwerkzeug mit der Leertaste.

20. Wie ähnlich Pixelfarben der Ausgangsfarbe sein müssen, damit sie von der Farbänderung betroffen werden. Je kleiner die Toleranz, umso ähnlicher muss die Pixelfarbe sein.

21. Zum Aufnehmen von Farbwerten der Pixel.

22. Alterungsprozesse des Filmmaterials, Beleuchtungsverhältnisse, an die das Filmmaterial nicht angepasst ist, fehlerhafte CCDs in einer Digitalkamera.

Kapitel 4

1. Mit dem Rote-Augen-Pinsel.

2. Über das entsprechende Aufklappmenü in der Optionsleiste.

3. Farben laufen an den Kanten sanft aus, es gibt keine harten Striche.

4. Um Farben nach verschiedenen Farbmodellen auswählen zu können. Sie können als Vorder- oder Hintergrundfarbe oder auch bei Verläufen zum Einsatz kommen.

5. Mit der Pipette.

6. Durch Klick auf die kleinen schwarz-weißen Kästchen in der linken unteren Ecke der Werkzeugleiste.

7. Den Filter STAUB UND KRATZER ENTFERNEN oder den Kopierstempel.

8. Filter sind im Prinzip mathematische Algorithmen, mit denen die Farbwerte der Pixel in bestimmter Weise verändert werden.

9. Der Schwellenwert bestimmt bei der Schwarz-Weiß-Umsetzung eines Bildes, welche Tonwerte schwarz werden und welche weiß.

10. Ein Scharfzeichner erhöht den Tonwertunterschied zwischen Pixeln, also deren Kontrast. Er kann ein unscharf aufgenommenes Bild nicht wieder scharf stellen.

11. Schleifpapiereffekt, das Aufrauen glatter Flächen.

12. Dass der Schwellenwert möglichst hoch ist, also ein hoher Kontrastunterschied vorhanden sein muss, damit die Unscharfmaskierung wirkt.

13. Mit dem Freistellungswerkzeug.

14. Entweder mit dem Menübefehl **BILD|DREHEN|BILD GERADE AUSRICHTEN** bzw. mit Hilfe des Freistellungswerkzeugs.

15. Lange Rechenzeiten.

16. Zum Ansetzen neuer Bildteile, bei Bildmontagen oder um einen Rand um ein Bild zu setzen.

17. Vergrößern oder Verkleinern eines Bildes.

18. Mit Weiß.

Kapitel 5

1. Zum Austausch von Daten zwischen verschiedenen Programmen.

2. **SPEICHERN** überschreibt kommentarlos die letzte Version der Datei, **SPEICHERN UNTER** bringt immer ein Dialogfenster, in dem Name und Speicherort der Datei bestimmt werden können. Er schützt vor unbeabsichtigtem Überschreiben von Daten.

3. Einsparen von Speicherplatz und Datenmenge.

4. Verlustfreie und verlustbehaftete Kompression.

5. Nein, sie sind unwiederbringlich verloren.

6. Mit **LZW-KOMPRESSION**, Byte-Anordnung **IBM PC**; falls Ebenen vorhanden sind, sollten diese mit ZIP komprimiert werden. Das Farbprofil sollte eingebettet werden.

Anhang   Antworten zu den Übungsfragen

7. Ebenen; Text- und Formebenen werden beim erneuten Öffnen gerastert.

8. Effektive, aber verlustbehaftete Kompression, bei der Bildinformationen verloren gehen; Kacheleffekt.

9. GIF, JPEG und, rein theoretisch, PNG.

10. Einen speziellen Farbmodus, mit dem nur maximal 256 Farben in einem Bild enthalten sein können. Sie werden in einer Farbtabelle im Bild gespeichert.

11. Maximal 32 Farben.

12. Es kann Transparenzen speichern und es kann als animiertes GIF mehrere Bilder enthalten, die nacheinander abgespielt werden.

13. Das Übertragen der Dateiinformationen in mehreren Durchgängen.

14. Als Dokumentenaustauschformat, das es ermöglicht, Dateien ohne Layoutverschiebung zwischen verschiedenen Computersystemen auszutauschen, ohne dass die Erstellungsprogramme installiert sein müssen.

15. Es kann Schriften einbetten, die Dateien sind in jedem Fall kleiner.

16. Sofern die anderen Programme über einen PDF-Importfilter verfügen, ja. Mit Adobe Acrobat oder Acrobat Reader lassen sich die Dateien direkt öffnen.

17. Eigentlich nicht mehr. Die Standardformate TIF, EPS, PDF oder auch JPEG bieten mehr und bessere Möglichkeiten.

Kapitel 6

1. Zum Auswählen von Bildteilen, damit sie kopiert werden können bzw. Bearbeitungsfunktionen auf die ausgewählten Bereiche begrenzt werden. Um Bildteile zu maskieren, also zu schützen.

2. Rechteck- und Ellipsen-Auswahlwerkzeug, Zauberstab, die Lasso-Werkzeuge und den Auswahlpinsel.

3. Bei bestehender Auswahl können mit Hilfe der ⇧-Taste Bereiche einer Auswahl hinzugefügt, mit Alt aus ihr entfernt werden. Ohne bestehende Auswahl dient die ⇧-Taste dazu, einen exakten Kreis bzw. ein exaktes Quadrat zu erstellen, die Alt-Taste dient dann dazu, eine Auswahl von der Mitte her aufzuziehen.

4. Beim Auswahl-Lasso muss ständig die Maustaste gedrückt werden, beim magnetisches Lasso nicht. Das magnetische Lasso sucht sich weitgehend selber die Kontur für die Auswahl.

5. Mit [Esc].

6. Er nimmt Farbwerte auf, vergleicht in den angrenzenden Bildteilen die Farbwerte der dortigen Pixel und fasst sie zu einer Auswahl zusammen, solange sie innerhalb einer vorgegebenen Toleranz liegen.

7. Mit einem Stapel Folien.

8. Skalieren, drehen, spiegeln, verzerren, neigen.

9. Mit [⇧].

10. Pixelebenen, Formebenen, Textebenen, Einstellungsebenen, Füllebenen.

11. Eine Bildebene enthält Pixel-, eine Formebene Vektorinformationen.

12. Um die Füllung auf einen bestimmten Bildteil zu beschränken bzw. um die Füllung weich auslaufen zu lassen.

13. Der Pinsel zeigt die Markierung zur Bearbeitung an, das Auge zeigt an, dass eine Ebene sichtbar ist.

14. Durch den für Photoshop Elements verfügbaren RAM-Speicher und die Größe der Festplatte für die virtuelle Arbeitsdatei.

15. Mathematische Berechnungen der Farbwerte übereinander liegender Pixel.

16. Beim **Abdunkeln** kommen nur die dunkleren Pixel zum Tragen, beim **Aufhellen** nur die helleren.

17. Sie enthalten Vektorinformationen, sind beliebig skalierbar und sind auch bei Verkrümmung und Ebenenstilen noch inhaltlich editierbar.

18. Ja, jederzeit.

19. Das Rastern, also die Umwandlung der Vektor- in Pixelinformationen.

20. Vorgaben für visuelle Effekte wie Schlagschatten und Plastizität.

21. **Schlagschatten** und **Abgeflachte Kanten**.

22. Nein, nur auf darunter liegende Ebenen.

Anhang Antworten zu den Übungsfragen

23. Gleicher Lichteinfallswinkel auf allen Ebenen und bei allen Effekten.

24. Nachdem die Hintergrundebene per Doppelklick auf die Ebene in der Ebenenpalette in die **EBENE 0** umgewandelt wurde, lassen sich Ebenenstile anwenden.

25. Die Einstellungen einer Korrektur können jederzeit wieder editiert werden, eine Korrektur kann auf mehrere Ebenen gleichzeitig wirken. Sie können bei Bedarf wieder deaktiviert werden. Einstellungen können mittels Ebenenmaske verlaufend in Bilder eingerechnet werden und sind insgesamt wesentlich flexibler zu handhaben.

Kapitel 7

1. Aus der klassischen Druckvorstufe.

2. Die Auflösung bestimmt die Anzahl der Pixel auf einer bestimmten Strecke in Zentimetern. Aus der Anzahl der Pixel resultiert die Datenmenge des Bildes. Wenn die Auflösung geändert wird, die Breite in Zentimetern aber gleich bleibt, muss sich zwangsläufig die Datenmenge ändern, da sich die Anzahl der Pixel verändert.

3. Für die Ausgabe auf dem Bildschirm werden 72 dpi benötigt, für die Ausgabe auf einem Tintenstrahldrucker benötigen Sie 200 dpi.

4. Die DIN-Formate der A- und B-Reihe sowie die amerikanischen Formate Letter, Legal, Tabloid, sowie 2x3, 4x6, 5x7 und 8x10.

5. Eine Bitmap-Datei enthält nur Schwarz-Weiß-Informationen. Die Bildauflösung sollte der Druckerauflösung entsprechen.

6. Farbeimer, Pinsel, Buntstift, Verlaufswerkzeuge, Radiergummi und Wischfinger.

7. Der Farbeimer trägt das Muster auf alle Pixel mit ähnlichen Farbwerten oder innerhalb einer Auswahl auf, der Musterstempel nur dort, wo mit dem Werkzeug gemalt wird. Außerdem kann für den Musterstempel eine weiche Werkzeugspitze eingestellt werden.

8. Weich auslaufende Malkanten.

9. (Alt)-Taste drücken und auf **ZURÜCK** klicken.

10. Durch die Option **DITHERING**.

11. Mit dem magischen Radiergummi.

12. Mit dem Befehl **DATEI|PHOTOMERGE ERSTELLEN**.

Kapitel 8

1. Filter sind mathematische Algorithmen, mit denen die Farbwerte der Pixel in bestimmter Weise verändert werden.

2. Filter können auf eine Auswahl wirken oder auf eine Ebene. Sie besitzen meist ein Dialogfeld, in dem Detaileinstellungen vorgenommen werden können.

3. Im Verzeichnis **C:\PROGRAMME\ADOBE\PHOTOSHOP ELEMENTS 2\ZUSATZMODULE\FILTER**.

4. Kunst-, Mal- und Zeichenfilter.

5. Durch mehr RAM-Speicher, schnellere Festplatte und kleinere Bilder.

Kapitel 9

1. GIF, JPEG und PNG.

2. Hinter beiden Menübefehlen stecken andere Algorithmen. Der Befehl **FÜR WEB SPEICHERN** erzeugt kleinere und qualitativ bessere Dateien.

3. Etwa 250 bis 300 Pixel breit.

4. Unter 1 KB.

5. Es ist digitales Daumenkino.

6. Die **FRAMEVERZÖGERUNG** bestimmt den zeitlichen Abstand, bis das nächste Bild gezeigt wird.

7. Zwei Ordner anlegen, einen, der die Original-Bilder für die Galerie enthält, und einen, in dem die Galerie komplett abgespeichert wird.

8. Nein, sie können trotzdem heruntergeladen werden.

9. Natürlich.

10. Nicht ohne Qualitätseinbußen.

11. Sie sorgen auf verschiedenen Monitoren und in verschiedenen Browsern für gleiche Farbdarstellung.

Kapitel 10

1. Farben korrekt darzustellen und zwangsläufig auftretende Farbveränderungen vorhersagbar zu machen.

2. Das Profil **sRGB**.

3. Für gedruckte Bilder wird das Quellprofil **ADOBE RGB** benutzt.

4. Das Profil, das den jeweiligen Drucker beschreibt.

5. Bei Farbvorgaben für Webgrafiken sollten alle Bilder konvertiert werden, bei Farbvorgaben für Druckausgabe alle Bilder, bis auf Bilder mit eingebettetem ECI RGB-Profil.

6. Im Menü **SEITENANSICHT**, im Aufklappmenü **FARBMANAGEMENT**.

7. **RELATIV FARBMETRISCH** oder **PERZEPTIV**.

8. Sie bewirkt eine bessere Durchzeichnung der Bildtiefen, sorgt also für mehr Details in dunklen Bildpartien.

Kapitel 11

1. Dateiname, Erstellungs- und Änderungsdatum, Speicherformat, Breite und Höhe, Farbmodus, Auflösung, Farbprofil und Dateigröße sowie eine Vorschau.

2. Ja, um 180 Grad sowie jeweils 90 Grad nach links und rechts.

3. Ja, einzige Voraussetzung ist, dass Photoshop Elements das Dateiformat kennt.

4. Acrobat oder Acrobat Reader müssen installiert sein.

5. Durch Drücken der [F8][Esc][Strg][÷][F9]-Taste.

6. Mit [⇧], wenn die Dateien aufeinander folgen, bzw. mit [Strg], wenn die Dateien nicht aufeinander folgen.

Stichwortverzeichnis

A

A/D-Wandler siehe Ananlog/Digital-Wandler
Abdunkeln *120*
Abriss *74*
Acrobat Distiller *163*
Acrobat Reader *163, 380*
Additive Farbmischung *61*
additive Grundfarben *61*
Adobe Acrobat *380*
Adobe Pagemaker *153*
Adobe RGB siehe Arbeitsfarbraum
Adobe Systems *163*
Ähnliches auswählen *193*
Algorithmen *102, 216*
Am Raster ausrichten *123*
Analog/Digital-Wandler *16*
Apple Computer *168*
Apple Macintosh *151, 159, 167, 232, 332, 345*
Arbeitsbereich *32*
Arbeitsdatei *57*

Arbeitsfarbraum *367*
Arbeitsfläche *129*
ASCII-Kodierung *153*
Aufhellblitz *66*
Aufhellen *120*
Auflösung *265*
   siehe auch Bildauflösung
Ausgabegröße *51*
Austauschformate *142*
Auswahl erweitern *192*
Auswahl laden *189*
Auswahl speichern *187*
Auswahl verändern *178*
Auswahl vergrößern *193*
Auswahlbereiche *174*
   kombinieren *188*
Auswahlpinsel *194*
Auswahl-Werkzeuge *40, 174*
Auto-Kontrast *66*
Automatisierung *377*
Automatisierungswerkzeuge *377*
Auto-Tonwertkorrektur *66*

Stichwortverzeichnis

B

Baseline-Optimierung *157*
Bild gerade ausrichten *126*
Bildauflösung *15*, *23*, *265*
Bildausschnitt *123*
Bilddatenkompression *146*
Bildgröße *23*, *127*, *334*
Bildinterpolation *165*
Bildmontage *33*
Bildpyramide *151*
Bildschirmvoransicht *153*
Binär Kodierung *153*
Bit *14*
Bitmap *15*, *165*
BMP *165*
Buntstift *275*, *283*
Button *160*
Byte-Anordnung *151*

C

Cache *376*
CCD *15*
CCITT Encoding *147*
CMM *364*
CMYK *363*
Colormatch RGB siehe Arbeitsfarbraum
Compuserve *158*

D

Dateibrowser *374*
Datenkompression *145*
Datentiefe *16*, *29*, *145*, *159*
Deckkraft *106*
Diffusion Dithering siehe Dithering
Digitale Kamera *19*
Digitalisieren *14*

Digitalkamera *145*
Discrete Cosinus Transformation *147*
Dithering *161*
Dokumentenaustausch *163*
dpi *22*, *265*
Drehen, Bild *126*
drucken *356*
Druckvorstufe *152*
Durchsuchen *374*

E

Ebene duplizieren *211*
Ebene löschen *212*, *257*
Ebene vereinfachen *258*
Ebenen *41*, *151*, *164*, *200*
Ebenenmaske *249*
Ebenenpalette *203*
Ebenenstil *228*
    einfügen *235*
    kopieren *235*
Effekte *326*
Effekte skalieren *234*
Einstellungsebene *253*
E-Mail *352*
Encapsulated PostScript *151*
Entleeren *56*
EPS siehe Encapsulated PostScript
Exportfilter *142*

F

Farbbalance *62*
Farbdrucker *356*
Farbe ersetzen *85*
Farbeimer *273*
Farbeinstellungen *365*
Farben auswählen *100*
Farbfelder-Palette *101*

Stichwortverzeichnis

Farbkontrast *63*
Farbkorrektur *77*
Farbkreis *61*, *79*
Farbmanagement *362*
farbmetrisch
    absolut *371*
    relativ *370*
Farbmodelle *77*
Farbpalette *158*
Farbprofil *149*, *152*, *164*
    Druckausgabe *370*
    einbetten *368*
Farbraum *363*
Farbseparation *363*
Farbspektrometer *78*
Farbstich *87*
Farbton *78*, *79*
Farbvariationen *90*
Farbvorgaben *367*
Filter *102*, *318*
    Kategorien *318*
Filter-Palette *327*
Fläche füllen *309*
Flächen-CCD *20*
Flash-Card *29*
Fokus *118*
Formebene *236*
Form-Werkzeug *40*, *239*
Fraktalkompression *147*
Frames *342*
Frameverzögerung *345*
Freistellungswerkzeug *121*
Füllebene *244*
Füllmethoden *120*, *215*, *274*, *288*
    Abdunkeln *219*
    Aufhellen *219*
    Ausschluss *220*
    Differenz *219*
    Farbe *221*
    Farbig abwedeln *219*
    Farbton *221*
    Hartes Licht *218*
    Ineinanderkopieren *217*
    Luminanz *221*
    Multiplizieren *217*
    Nachbelichten *219*
    Negativ Mmultiplizieren *217*
    Sättigung *221*
    Sprenkeln *217*
    Weiches Licht *218*
Füllwerkzeug siehe Farbeimer
Für Web speichern *330*

G

Gegenlicht *68*
gerätespezifischer Farbraum *362*
GIF *158*, *330*, *337*
    Animiert *342*
Globaler Lichteinfall *232*
Grafikformate *143*
Grafiktablett *42*
Graphic Interchange Format siehe GIF
Grautöne siehe Tonwertstufen

H

Helligkeit *62*, *78*
Hintergrundebene *209*, *236*, *271*
Hintergrundfarbe *100*
Histogramm *69*
HSB-Farbmodell *78*

I

ICC Color Management siehe Farbmanagement
ICC-Profil siehe Farbprofil
ICM *364*
Importfilter *142*
Impressionistenpinsel *280*

Stichwortverzeichnis

Indizierte Farben *158*
Inhalt der Ebene ändern *257*
Interlacing *162*
Internet-Browser *335*
Internetseiten *330*
Interpolation *20*

J

Jobs, Steve *168*
Joint Photographers Expert Group siehe JPEG
JPEG *154*, *164*, *330*, *331*
JPEG-Kodierung *154*

K

kalibrieren *365*
Karteireiter *37*
Komplementärfarben *62*
Kompressionsarten *147*
Kompressionsmethoden *146*
Kompressionsrate *154*
Kontrast *16*, *62*, *108*
konvertieren *367*
Kopierstempel *105*, *108*

L

Laserdrucker *268*
Lasso-Werkzeug *180*
Laufrahmen *174*
Licht *60*
LZW-Kompression *147*
LZW-Komprimierung *150*, *162*, *169*

M

Magnetisches Lasso *182*
Malwerkzeuge *42*, *272*

maskieren *34*, *174*
Megapixel *20*
Mehrere Durchgänge *157*
Menüs *32*
MIT *169*
Modus *270*
MS- DOS *167*
Muster *300*
    eigene *305*
    Farbeimer *300*
    festlegen *308*
    Füllebene *302*
Musterstempel *302*

N

Navigator *51*
neuberechnen *23*
Neue Datei *264*

O

Offsetdruck *161*
Online-Hilfe *45*
Optionsleiste *38*
OS/2-Betriebssystem *166*

P

Paletten *35*
Palettenraum *36*, *39*, *228*
Panoramabilder *310*
PCX *167*
PDF siehe Photoshop PDF
PDF-Dateien
    mehrseitige *381*
PDF-Präsentation *377*
Perspektive siehe Panoramabilder
Perzeptiv *370*
Pfeil-Werkzeug *313*

Stichwortverzeichnis

Photomerge erstellen siehe Panoramabilder
Photoshop Document *142*, *148*
Photoshop PDF *163*
Photoshop-Farbwähler *100*
Pica *265*
PICT *167*
Pinsel *275*
    Farbjitter *279*
    Malabstand *279*
    Verblassen *279*
Pinselformen *276*
Pinselvorgaben *98*
Pipette *86*
Pixar *168*
PNG *169*, *330*
Polygon-Lasso *181*
Portable Document Format siehe Photoshop PDF
Portable Network Graphics siehe PNG
PostScript *163*
PostScript-Daten *152*
Priorität *370*
Profilabfrage *366*
Protokoll *54*
Punkt *265*

Q

Quickfix *64*, *118*

R

Radialer Weichzeichner *324*
Radiergummi *294*
    Hintergrund *296*
    magischer *296*
Radius *103*, *113*
Raster *123*
rastern *41*, *162*, *258*, *381*

Rastertechnik *161*
Raw Format *170*
Rendering *169*
Rezepte *47*
RGB *18*, *362*
RGB-Composite *20*
Rote Augen *96*
Rote-Augen-Pinsel *96*
Rückgängig *52*
Run Length Encoding *147*

S

Sättigung *66*, *78*, *79*
Scanauflösung *21*
Scanner *14*
Scanprogramm *28*
Schaltfläche *160*
Scharfzeichnen *108*
Scharfzeichner *63*
Scharfzeichnungsfilter *112*
Scharfzeichnungswerkzeug *119*
Schriftart *224*
Schriftfont *164*
Schriftgröße *224*
Schriftstil *224*
Schwellenwert *103*, *113*
Scitex CT *170*
SCSI-Anschluss *29*
Seitenansicht *356*
Skalieren *127*, *207*
Spalte *265*
Speicherformate *141*
Speichern *141*, *144*
Speichern unter *144*
Spiegeln, Bild *126*
sRGB siehe Arbeitsfarbraum
Standardfarbe *99*
Standard-Photoshop-Format *269*

... but Goldies

Stichwortverzeichnis

Staub und Kratzer *101*
subtraktive Farbmischung *61*
subtraktive Grundfarben *61*
Suchfunktion *46*
Suchmaschine *25*
Symbolleiste *38*

T

Tagged Image File Format *148*
Targa *170*
Tatsächliche Größe *50*
Textebene *223*
Textformatierung *225*
Text-Werkzeug *41*, *222*
Tiefenkompensierung *370*
TIFF siehe Tagged Image File Format
Tintenstrahldrucker *268*
Tipps *47*
Toleranz *99*, *192*
Tontrennung *76*
Tonwertkorrektur *63*, *69*
Tonwertstufen *16*
Tonwertumfang *69*
Transformieren *127*, *214*
Transparenz *151*, *160*, *215*, *271*

U

Überarbeiten *64*
überschärfen *115*
Universal Serial Bus siehe USB
Unscharfmaskierung *112*
USB-Anschluss *28*

V

Vektoren *237*
Vektorinformationen *154*, *223*
vereinfachen siehe rastern

Vergrößerungsfaktor *26*
Verkrümmen *226*
Verläufe *283*
    Bearbeiten *288*
    linear *286*
    radial *286*
    Raute *288*
    reflektiert *288*
    Störung *294*
    Transparenz *292*
    Verlaufswinkel *286*
verlustbehaftete Kompression *146*
verlustfreie Kompression *146*
Verschieben-Werkzeug *40*, *207*
virtuelle Speicherverwaltung *57*
Vordergrundfarbe *100*
Voreinstellungsgrößen *268*

W

Wavelet Komprimierung *147*
Web-Fotogalerie *347*
Websichere Farben *345*
Weiche Auswahlkante *196*
Weichzeichnen *103*
Werkzeuge *39*
Werkzeugspitzen *97*
Windows *159*, *165*, *332*, *345*
Wischfinger *298*

Z

Zauberstab *191*
Zeichenfeder *238*
ZIP *151*, *164*
Zoomen *44*, *50*
Zusatzmodule *328*